WEUSTER/SCHEER

Arbeitszeugnisse in Textbausteinen

Arbeitszeugnisse in Textbausteinen

Informationstechnik
für Systeme GmbH
Rudolf-Diesel-Straße 5
65760 Eschborn
Telefon 06173/605-0
Telefax 06173/605-100

von
Professor Dr. Arnulf Weuster
und
Brigitte Scheer, Dipl.-Betriebswirtin (FH)

7., überarbeitete und erweiterte Auflage, 1997

RICHARD BOORBERG VERLAG
Stuttgart · München · Hannover · Berlin · Weimar · Dresden

Angaben zu den Autoren

Prof. Dr. Arnulf Weuster lehrt nach einer mehrjährigen Praxis im Personalmanagement eines internationalen Unternehmens an der Fachhochschule Offenburg Personalwirtschaft, Personalführung und Organisation.

Diplom-Betriebswirtin (FH) Brigitte Scheer ist nach ihrem Studium an der Fachhochschule Offenburg seit mehreren Jahren in der Industrie im Bereich Controlling tätig.

Die Verfasser sind sehr am Gedankenaustausch mit den Lesern und Anwendern des Buches interessiert. Sie sind bereit, Seminare zu Arbeitszeugnissen durchzuführen. Auch sind sie bereit, Arbeitgeber und Arbeitnehmer bei der Formulierung und bei der Analyse von Zeugnissen zu unterstützen. Sollten Sie Anregungen, Kritik oder Fragen zu Arbeitszeugnissen haben, so wenden Sie sich bitte an Herrn Prof. Dr. Arnulf Weuster, Nachtwaide 17 a, 77654 Offenburg, Tel. 07 81/9 48 04 20 oder an Frau Brigitte Scheer, Heinrich-v.-Fürstenberg-Straße 25, 78183 Hüfingen-Fürstenberg.

Das ergänzend zu diesem Buch angebotene Programm „Zeugnis-Manager" zur EDV-gestützten Zeugniserstellung wurde entwickelt von Prof. Dr. Gundolf Riese.

Die Deutsche Bibliothek – CIP-Einheitsaufnahme

Weuster, Arnulf:
Arbeitszeugnisse in Textbausteinen /
von Arnulf Weuster und Brigitte Scheer. –
7., überarb. und erw. Aufl. – Stuttgart ; München ; Hannover ; Berlin ; Weimar ;
Dresden : Boorberg 1997
 ISBN 3-415-02239-0

NE: Scheer, Brigitte

Satz und Druck: C. Maurer, Geislingen/Steige
Verarbeitung: Clemens Maier, L.-Echterdingen
© Richard Boorberg Verlag GmbH & Co, 1989

Inhaltsverzeichnis

Vorwort		9
Abkürzungsverzeichnis		11

I. Formulierung und Analyse von Zeugnissen ... 13

1. Gesetzliche und tarifliche Zeugnisansprüche ... 13
   - 1.1. Der Anspruch auf ein Endzeugnis ... 13
   - 1.2. Der Anspruch auf ein Zwischenzeugnis ... 18

2. Grundlagen der Zeugniserstellung ... 21
   - 2.1. Untersuchungen zu Zeugnissen ... 21
   - 2.2. Informationsquellen für die Zeugniserstellung ... 22
   - 2.3. Grundsätze der Zeugniserstellung ... 23
     - 2.3.1. Die Wahrheitspflicht ... 23
     - 2.3.2. Die Wohlwollenspflicht ... 26
     - 2.3.3. Verschiedene Zeugnistechniken ... 27
   - 2.4. Motive bei der Zeugniserstellung ... 29

3. Der Inhalt des Arbeitszeugnisses ... 32
   - 3.1. Die Anordnung der Zeugniskomponenten ... 32
   - 3.2. Überschrift und Einleitung ... 34
   - 3.3. Die Positions- und Aufgabenbeschreibung ... 36
   - 3.4. Die Beurteilung der Leistung und des Erfolges ... 47
     - 3.4.1. Die Beurteilung der Arbeitsbereitschaft ... 47
     - 3.4.2. Die Beurteilung der Arbeitsbefähigung ... 47
     - 3.4.3. Die Beurteilung der Arbeitsweise ... 51
     - 3.4.4. Die Beurteilung des Arbeitserfolges ... 52
     - 3.4.5. Generelle Bemerkungen ... 53
     - 3.4.6. Krankheit und Behinderung ... 55
     - 3.4.7. Herausragende Erfolge des Mitarbeiters ... 57
     - 3.4.8. Die Beurteilung der Führungsleistung ... 60
     - 3.4.9. Zusammenfassende Leistungsbeurteilung ... 63
   - 3.5. Die Beurteilung des Sozialverhaltens ... 67
     - 3.5.1. Das Verhalten gegenüber Internen ... 67
     - 3.5.2. Das Verhalten gegenüber Externen ... 70
     - 3.5.3. Weitere Verhaltensaspekte ... 71
   - 3.6. Der Schlußabsatz des Zeugnisses ... 75
     - 3.6.1. Die Beendigungsformel ... 76
     - 3.6.2. Dank, Bedauern und Zukunftswünsche ... 81
   - 3.7. Daten und Unterschrift ... 84

4. Grundsätzliche Probleme der Erstellung und der Analyse ... 88
   - 4.1. Generelle Formulierungs- und Gestaltungsfragen ... 88
   - 4.2. Die Standardisierung der Zeugniserstellung ... 94
   - 4.3. Grenzen der Zeugnisanalyse ... 96
   - 4.4. Der Informationswert bei der Personalauswahl ... 98

5. **Empfehlungen an Arbeitnehmer** ... 104

Inhaltsverzeichnis

II. Die Textbausteine 113
1. Übersicht 113
2. Beurteilungsbogen 117
3. Hinweise 126
4. Die Textbausteine 128

1000000 **Überschrift und Einleitung** 128
1110000 Überschrift für alle Arbeitnehmergruppen 128
1510000 Überschrift für Auszubildende 128
1610000 Überschrift für Praktikanten und Volontäre 128
1120000 Einleitung für alle Arbeitnehmergruppen 128
1520000 Einleitung für Auszubildende (Ziel und Dauer der Ausbildung) 132
1620000 Einleitung für Praktikanten und Volontäre 133

2000000 **Aufgabenbeschreibung** 134
2200000 Aufgabenbeschreibung für Gewerbliche Arbeitnehmer 134
2300000 Aufgabenbeschreibung für Tarifangestellte 136
2400000 Aufgabenbeschreibung für Außertarifliche und Leitende Angestellte 139
2500000 Art der Ausbildung und erworbenen Fertigkeiten und Kenntnisse bei Auszubildenden 142
2600000 Aufgabenbeschreibung für Praktikanten und Volontäre 144

3000000 **Leistungsbeurteilung** 145

3200000 **Leistungsbeurteilung von Gewerblichen Arbeitnehmern** 145
3210000 Arbeitsbereitschaft 145
3220000 Arbeitsbefähigung 147
3230000 Wissen und Weiterbildung 149
3240000 Arbeitsweise 152
3250000 Arbeitserfolg 156
3251000 Arbeitserfolg – Arbeitsgüte 156
3252000 Arbeitserfolg – Arbeitsmenge und -tempo 158
3260000 Herausragende Erfolge 160
3280000 Zusammenfassende Leistungsbeurteilung 161

3300000 **Leistungsbeurteilung von Tarifangestellten** 166
3310000 Arbeitsbereitschaft 166
3320000 Arbeitsbefähigung 169
3330000 Wissen und Weiterbildung 172
3340000 Arbeitsweise 178
3350000 Arbeitserfolg 180
3351000 Arbeitserfolg – Arbeitsgüte 180
3352000 Arbeitserfolg – Arbeitsmenge und -tempo 182
3360000 Herausragende Erfolge 185
3361000 Erfolge – Vertrieb, Marketing, Außendienst 185
3362000 Erfolge – Projektarbeit, Reorganisation, Verbesserungen 186
3365000 Erfolge – Erweiterung von Kompetenzen 187
3366000 Erfolge – Beförderung und Förderungswürdigkeit 187
3369000 Erfolge – Verschiedene Erfolge 187
3370000 Führungsleistung – siehe Bausteingruppen 3471 und 3472 188
3380000 Zusammenfassende Leistungsbeurteilung 188

Inhaltsverzeichnis

3400000	**Leistungsbeurteilung von Außertariflichen und Leitenden Angestellten**	**193**
3410000	Arbeitsbereitschaft	194
3420000	Arbeitsbefähigung	196
3430000	Wissen und Weiterbildung	199
3440000	Arbeitsweise	203
3450000	Arbeitserfolg	206
3460000	Herausragende Erfolge	210
3461000	Erfolge – Vertrieb, Marketing, Außendienst	210
3462000	Erfolge – Projektarbeit, Reorganisation, Verbesserungen	213
3463000	Erfolge – Forschung und Entwicklung	214
3464000	Erfolge – Produktion und Lagerung	215
3465000	Erfolge – Erweiterung von Kompetenzen	216
3466000	Erfolge – Beförderung und Förderungswürdigkeit	217
3469000	Erfolge – Verschiedene Erfolge	217
3470000	Führungsleistung	218
3471000	Führungsleistung – Führungsumstände	219
3472000	Führungsleistung – Führungserfolg	219
3480000	Zusammenfassende Leistungsbeurteilung	227
3500000	**Leistung und besondere fachliche Fähigkeiten von Auszubildenden**	**232**
3510000	Ausbildungsbereitschaft	232
3520000	Ausbildungsbefähigung	235
3530000	Fertigkeiten und Kenntnisse	236
3540000	Lern- und Arbeitsweise	237
3550000	Arbeitserfolg	239
3560000	Besondere fachliche Fähigkeiten	240
3580000	Zusammenfassende Leistungsbeurteilung	241
3600000	**Leistungsbeurteilung von Praktikanten und Volontären**	**243**
3610000	Lern- und Arbeitsbereitschaft	243
3620000	Lern- und Arbeitsbefähigung	245
3630000	Wissen	246
3640000	Lern- und Arbeitsweise	247
3650000	Lern- und Arbeitserfolg	249
3660000	Herausragende Erfolge	250
3680000	Zusammenfassende Leistungsbeurteilung	250
4000000	**Sozialverhalten**	**252**
4200000	**Sozialverhalten von Gewerblichen Arbeitnehmern**	**252**
4210000	Sozialverhalten gegenüber Internen	252
4220000	Sozialverhalten gegenüber Externen	255
4230000	Sozialverhalten – Sonstiges Verhalten	257
4300000	**Sozialverhalten von Tarifangestellten**	**260**
4310000	Sozialverhalten gegenüber Internen	260
4320000	Sozialverhalten gegenüber Externen	264
4330000	Sozialverhalten – Sonstiges Verhalten	267
4400000	**Sozialverhalten von Außertariflichen und Leitenden Angestellten**	**270**
4410000	Sozialverhalten gegenüber Internen	270
4420000	Sozialverhalten gegenüber Externen	273
4430000	Sozialverhalten – Sonstiges Verhalten	278
4500000	**Sozialverhalten von Auszubildenden**	**283**
4510000	Sozialverhalten gegenüber Internen	283

4520000	Sozialverhalten gegenüber Externen	285
4530000	Sozialverhalten – Sonstiges Verhalten	287
4600000	**Sozialverhalten von Praktikanten und Volontären**	289
4610000	Sozialverhalten gegenüber Internen	289
4620000	Sozialverhalten gegenüber Externen	290
4630000	Sozialverhalten – Sonstiges Verhalten	291
5000000	**Beendigungsformel**	293
5100000	**Beendigungsformel für alle Arbeitnehmergruppen**	293
5110000	Arbeitnehmerseitige Kündigung	293
5111000	Arbeitnehmerseitige Kündigung mit Begründung	293
5112000	Arbeitnehmerseitige Kündigung ohne Begründung	295
5113000	Arbeitnehmerseitige Kündigung mit Vertragsbruch	296
5120000	Beendigung durch Aufhebungsvertrag oder Vergleich	296
5130000	Arbeitgeberseitige Kündigung	297
5131000	Betriebsbedingte arbeitgeberseitige Kündigung	297
5132000	Andere Formeln für eine arbeitgeberseitige Kündigung	298
5133000	Fristlose arbeitgeberseitige Kündigung	299
5140000	Beendigung durch Vertragsablauf bei befristetem Arbeitsverhältnis	299
5150000	Grund für Zwischenzeugnis	300
5151000	Feststehendes Ende des Arbeitsverhältnisses	300
5152000	Mögliches Ende des Arbeitsverhältnisses	300
5153000	Versetzung und andere Änderungen des Arbeitsverhältnisses	301
5154000	Wechsel des Vorgesetzten	302
5155000	Eigentümerwechsel und Rechtsformänderung	302
5156000	Unterbrechung des Arbeitsverhältnisses	303
5157000	Vorlage bei externen Institutionen	303
5158000	Übernahme von (politischen) Mandaten	303
5159000	Weitere Gründe	303
5500000	**Beendigungsformel für Auszubildende**	304
5540000	Beendigungsformel bei Vertragsablauf	304
5541000	Information zum Prüfungsergebnis	304
5542000	Ausbildungsende mit Übernahme	306
5543000	Ausbildungsende ohne Übernahme	307
5544000	Ausbildungsende durch Ausbildungsabbruch	307
5550000	Grund für Zwischenzeugnis	308
5600000	**Beendigungsformel für Praktikanten und Volontäre**	308
6000000	**Dankes-Bedauern-Formel**	309
6100000	**Dankes-Bedauern-Formel für alle Arbeitnehmergruppen**	309
6110000	Dankes-Bedauern-Formel im Endzeugnis	309
6150000	Dankes-Bedauern-Formel im Zwischenzeugnis	315
6500000	**Dankes-Bedauern-Formel für Auszubildende**	316
6510000	Dankes-Bedauern-Formel im Endzeugnis	316
6550000	Dankes-Bedauern-Formel im Zwischenzeugnis	317
6600000	**Dankes-Bedauern-Formel für Praktikanten und Volontäre**	318
7000000	**Zukunftswünsche**	319
7100000	Zukunftswünsche für alle Arbeitnehmergruppen	319
7500000	Zukunftswünsche für Auszubildende	322
7600000	Zukunftswünsche für Praktikanten und Volontäre	324
	Literatur	325
	Sachregister	333

Vorwort zur 7. Auflage

Zeugnisse müssen wahr sein, sollen aber das berufliche Fortkommen des Beurteilten auf dem Arbeitsmarkt nicht ungerechtfertigt erschweren. Der hier mögliche Zielkonflikt zwischen der Wahrheitspflicht und der Wohlwollenspflicht hat im Laufe der Zeit zu einer Zeugnistechnik und Zeugnissprache geführt, bei der die Aussagen und Wertungen der Aussteller nicht immer in Klartext, sondern verdeckt ausgedrückt werden. Vielen Zeugnisausstellern in der Wirtschaft und im Öffentlichen Dienst und vielen Arbeitnehmern ist diese Zeugnissprache nicht ausreichend bekannt. Mit dem alltäglichen Sprachverständnis aber können Zeugnisse kaum richtig ausgestellt und verstanden werden. So kommt es vor, daß wider besseres Wollen weniger gute Zeugnisse ausgestellt werden. Arbeitnehmer wiederum nehmen Zeugnisse entgegen und setzen sie bei Bewerbungen ein, ohne die in ihnen enthaltene Beurteilung einschätzen zu können.

Das vorliegende Buch stellt in Auswertung der einschlägigen Praxis, Literatur und Rechtsprechung ein Textbaustein-System mit annähernd 2700 Bausteinen sowie mit Beurteilungsbögen für verschiedene Arbeitnehmergruppen sowie für Auszubildende und für Praktikanten bereit. So wird es möglich, in rationeller Weise die gewünschten Aussagen für ein wahres und verständig-wohlwollendes Zeugnis zusammenzustellen. Das Buch und das darauf aufbauende windowsfähige PC-Programm ZEUGNIS-MANAGER (nähere Informationen finden Sie auf der Umschlagrückseite und auf Seite 12) unterstützen damit ein empfehlenswertes Verfahren der Zeugniserstellung. Weiterhin können die Textbausteine bei der Zeugnisanalyse dienen und so Fehlentscheidungen bei der Bewerberauswahl in beiderseitigem Interesse vermeiden helfen. Arbeitnehmer können mit Hilfe der Bausteine die Aussagen in ihren Zeugnissen prüfen oder selbst Formulierungsvorschläge machen.

Für die 7. Auflage wurden die Erläuterungen (Teil I) überarbeitet und um neuere Erfahrungen der Verfasser aus der Analyse von Originalzeugnissen und aus Zeugnis-Seminaren erweitert. Weiterhin wurden neuere gerichtliche Entscheidungen eingearbeitet.

Das gesamte Bausteinsystem wurde überprüft und überarbeitet. Zahlreiche Bausteine wurden um zusätzliche Aspekte angereichert. Die Unterschiede zwischen den Notenstufen der einzelnen Bausteine wurden deutlicher herausgearbeitet. Die Zahl der Textbausteine wurde gegenüber der Vorauflage weiter gesteigert.

Im Dezember 1996 Arnulf Weuster
Brigitte Scheer

Abkürzungsverzeichnis

AP	=	Arbeitsrechtliche Praxis
AiB	=	Arbeitsrecht im Betrieb (Zeitschrift)
ArbG	=	Arbeitsgericht
ARST	=	Arbeitsrecht in Stichworten (Zeitschrift)
AuR	=	Arbeit und Recht
BAG	=	Bundesarbeitsgericht
BAT	=	Bundesangestelltentarifvertrag
BB	=	Betriebs-Berater (Zeitschrift)
BBiG	=	Berufsbildungsgesetz
BGB	=	Bürgerliches Gesetzbuch
BGH	=	Bundesgerichtshof
b + p	=	betrieb + personal (Zeitschrift)
DB	=	Der Betrieb (Zeitschrift)
EzA	=	Entscheidungssammlung zum Arbeitsrecht
GewO	=	Gewerbeordnung
JZ	=	Juristenzeitung (Zeitschrift)
KG	=	Kammergericht
KHB	=	Küchle / Bopp 1997 (siehe Literatur)
LAG	=	Landesarbeitsgericht
LAGE	=	Entscheidungen der Landesarbeitsgerichte (Loseblattsammlung)
n. rkr.	=	nicht rechtskräftig
NJW	=	Neue Juristische Wochenschrift
NZA	=	Neue Zeitschrift für Arbeits- und Sozialrecht

Der Richard Boorberg Verlag liefert zur Erstellung von Arbeitszeugnissen das unter Windows laufende Programm „ZEUGNIS-MANAGER 1.0". Mit Hilfe des Programmes können aussagekräftige und rechtlich einwandfreie Zeugnisse zeit- und kostensparend erstellt werden. Das Programm umfaßt sämtliche in diesem Buch enthaltenen Zeugnis-Bausteine, und zwar in männlicher und weiblicher Fassung. Jeder Anwender kann das Programm auch um selbst formulierte Bausteine erweitern. Mit dem Programm können alle vorkommenden Zeugnisarten (qualifizierte und einfache Arbeitszeugnisse, Ausbildungszeugnisse und Praktikantenzeugnisse sowie Endzeugnisse und Zwischenzeugnisse) erstellt werden.

Der Aussteller gibt an, welcher Arbeitnehmergruppe (z. B. Tarifangestellter) der Zeugnisempfänger angehört. Er wird dann vom Programm schrittweise durch die entsprechenden Zeugniskomponenten geführt. Bei jeder wertenden Aussage kann erneut die Beurteilungsnote gewählt werden. Das Programm präsentiert sodann die passenden Textbausteine, aus denen der Aussteller den gewünschten auswählt.

Der Aussteller kann sich während der Erstellung jeden beliebigen Zwischenstand am Bildschirm ansehen. Gewählte Bausteine können jederzeit nachträglich durch andere ersetzt werden. Die mit ZEUGNIS-MANAGER 1.0 komponierten Zeugnisse werden anschließend vom Aussteller mit seinem Textprogramm in die gewünschte endgültige Fassung gebracht.

Mit Hilfe von ZEUGNIS-MANAGER 1.0 können für häufig wiederkehrende Fälle, z.B. für Ausbildungszeugnisse, auch Musterzeugnisse entwickelt und gespeichert werden. Diese können geladen, zur Textverarbeitung weitergeleitet und dort mit individuellen Angaben versehen werden.

Voraussetzungen: IBM-PC oder Kompatible mit mindestens 4 MB Hauptspeicher (empfohlen 8 MB), MS-DOS und MS-Windows ab 3.1. Das Programm läuft auch unter MS-Windows 95 oder MS-Windows NT.

Eine Demo-CD-ROM liegt diesem Buch in einer Umschlagtasche bei und kann außerdem beim Verlag gegen eine Schutzgebühr von 25 DM angefordert werden.

RICHARD BOORBERG VERLAG – Zeugnis – 70551 Stuttgart

I. Formulierung und Analyse von Zeugnissen

1. Gesetzliche und tarifliche Zeugnisansprüche

1.1. Der Anspruch auf ein Endzeugnis

Alle Arbeitnehmer können gemäß § 630 BGB bei Beendigung des Arbeitsverhältnisses ein Zeugnis fordern, das Auskunft über die Dauer des Arbeitsverhältnisses und ihre Aufgaben gibt (einfaches Arbeitszeugnis). Auf Verlangen des Arbeitnehmers muß das Zeugnis auch eine Beurteilung der Leistung und der Führung im Dienste (Sozialverhalten) enthalten (qualifiziertes Arbeitszeugnis). In Deutschland stellt rund die Hälfte der Unternehmen unaufgefordert Zeugnisse aus.[1] Diese Praxis ist auch mitarbeiter- und branchenabhängig. So soll es im Baugewerbe weithin unüblich sein, Arbeitern unaufgefordert Zeugnisse auszustellen.

Der Arbeitnehmer bzw. Auszubildende entscheidet, ob ein einfaches oder ein qualifiziertes Zeugnis auszustellen ist. Eine Unternehmens-Befragung ergab, daß Unternehmen bei Arbeitern in etwa einem Drittel der Fälle einfache und in etwa zwei Dritteln der Fälle qualifizierte Zeugnisse ausstellen. Bei Tarifangestellten und bei Leitenden Mitarbeitern werden in über 90 % der Fälle qualifizierte Zeugnisse ausgestellt.[2]

Auch in der Schweiz kann ein Arbeitnehmer gemäß § 330a Obligationenrecht zwischen einem qualifizierten (Vollzeugnis) und einem einfachen Zeugnis wählen.[3]

Kaufmännische Angestellte (Handlungsgehilfen) stützen ihren Zeugnisanspruch zusätzlich auf § 73 Handelsgesetzbuch. Für gewerbliche Arbeitnehmer (Gesellen, Gehilfen, Betriebsbeamte, Werkmeister, Techniker, Fabrikarbeiter) bildet § 113 Gewerbeordnung eine zusätzliche Anspruchsgrundlage. Weitere Zeugnisvorschriften enthalten § 32 Soldatengesetz, § 46 Zivildienstgesetz und § 18 Entwicklungshelfergesetz.

Auszubildenden ist gemäß § 8 Berufsbildungsgesetz bei Beendigung oder bei Abbruch der Berufsausbildung unaufgefordert ein Zeugnis auszustellen, das Angaben über Art, Dauer und Ziel der Ausbildung sowie über die erworbenen Fertigkeiten und Kenntnisse enthalten muß. Dieser Anspruch besteht auch, wenn die für die Abschlußprüfung zuständige Institution ein Prüfungszeugnis ausstellt. Auf Verlangen sind im Ausbildungszeugnis auch Angaben über Führung, Leistung und besondere fachliche Fähigkeiten aufzunehmen. Praktikanten, Volontäre, Hospitanten und Schüler in einer „Schnupperlehre" haben, sofern ausnahmsweise kein Arbeitsverhältnis besteht, Anspruch auf ein Zeugnis gemäß den §§ 8 und 19 Berufsbildungsgesetz.

---

[1] WEUSTER 1994a, S. 22
[2] WEUSTER 1994a, S. 20f.
[3] CLASS/BISCHOFBERGER 1994, S. 12ff.

Es besteht ein Zeugnisanspruch[4] auch bei einem mündlichen Arbeitsvertrag, bei Teilzeitbeschäftigung, bei einer sog. geringfügigen Beschäftigung, bei einem Probearbeitsverhältnis, einem befristeten Arbeitsverhältnis, einem Beschäftigungsverhältnis im Rahmen einer Arbeitsbeschaffungsmaßnahme (ABM), bei Heimarbeit und bei einem Leiharbeitsverhältnis gegen den Verleiher (Mitwirkungspflicht des Entleihers[5]). Ein Arbeitnehmer, der nach einem Konkurs aus einem Unternehmen ausscheidet, hat einen Anspruch auf ein qualifiziertes Zeugnis gegenüber dem Konkursverwalter, und zwar auch für die Zeit vor der Konkurseröffnung.[6] Es besteht auch ein Anspruch, wenn ein Arbeitsverhältnis nach einer Anfechtung für nichtig erklärt wird, sofern es tatsächlich bestanden hat.[7] Schließlich können Arbeitnehmer auch bei ihrer Pensionierung ein Zeugnis fordern. Es kann ihnen z. B. dabei helfen, ein Arbeitsverhältnis zur Aufbesserung ihrer Rente einzugehen.

Selbständige Handelsvertreter nach § 84 Abs. 1 HGB haben keinen Zeugnisanspruch[8]; eine Ausnahme besteht nur für Einfirmenvertreter.[9] Auch GmbH-Geschäftsführer und AG-Vorstände, die nicht Mehrheitsgesellschafter sind, haben einen Zeugnisanspruch.[10]

Die Formulierung „bei der Beendigung" in § 630 BGB wird im Sinne von „aus Anlaß der Beendigung" interpretiert.[11] Demnach entsteht der Zeugnisanspruch zum Kündigungszeitpunkt bzw. bei Abschluß eines Aufhebungsvertrages.[12] Im Öffentlichen Dienst ist der Anspruch zum Kündigungszeitpunkt ausdrücklich in § 71 BAT geregelt. Das Zeugnis soll den Arbeitnehmer, der vielleicht noch keine neue Arbeitsstelle hat, bei der Arbeitsplatzsuche unterstützen. Der Arbeitgeber hat das Recht, ein zum Kündigungszeitpunkt erstelltes Zeugnis als „Vorläufiges Zeugnis" zu bezeichnen. Bei befristeten Arbeitsverhältnissen ist das Zeugnis schon angemessene Zeit vor dem Vertragsende auszustellen[13], z. B. bei Beginn der fiktiven Kündigungsfrist.[14] Bei fristloser Kündigung ist das Zeugnis ohne schuldhafte Verzögerung, also innerhalb weniger Tage auszustellen.[15] Ein Zeugnisanspruch auf ein Endzeugnis und nicht nur auf ein Zwischenzeugnis besteht auch dann, wenn der

---

4 DIETZ 1995, S. 12; SCHLESSMANN 1994, S. 27 ff.; KÜCHLE/BOPP 1997, S. 166 ff. KRUMMEL 1983, S. 52 und 72
5 SCHULZ 1995, S. 12
6 BAG 30. 1. 1991, DB 1991, S. 1626; vgl. auch SCHMIDT 1991, S. 1930
7 SCHLESSMANN 1994, S. 35 f.; KRUMMEL 1983, S. 54 und 56
8 OLG Celle 23. 5. 1967, BB 1967, S. 775
9 SCHLESSMANN 1994, S. 25 f.; KÜCHLE/BOPP 1997, S. 167; GÖLDNER 1989, S. 23; GRIMM 1987 (A) III. 4.
10 KG Berlin 6. 11. 1978, BB 1979, S. 988; BGH 9. 11. 1967, DB 1967, S. 2214; WEUSTER 1993e, S. 75 ff.; KÜCHLE/BOPP 1997, S. 165; GÖLDNER 1989, S. 23 f.; GRIMM 1987 (A) III. 2.
11 SPIEGELHALTER 1988, Nr. 405, S. 4; GAUL 1986, S. 218 f.; KRUMMEL 1983, S. 79; RUPPERT 1983, S. 446; LUDWIG 1967, S. 2163
12 KÜCHLE/BOPP 1997, S. 171
13 DIETZ 1995, S. 13; RUNGGALDIER 1992, Sp. 477; SABEL 1995, S. 20; GRIMM 1987, B. 5.; KRUMMEL 1983, S. 85
14 EISBRECHER 1994, S. 25
15 KRUMMEL 1983, S. 85

Der Anspruch auf ein Endzeugnis I./1.1.

Arbeitnehmer Kündigungsschutzklage erhoben hat.[16] Dies gilt auch, wenn wegen eines Kündigungsrechtsstreits der Zeitpunkt der rechtlichen Beendigung des Arbeitsverhältnisses noch offen ist.[17] Kehrt ein Arbeitnehmer nach einer Kündigungsklage zum Arbeitgeber zurück, so muß er diesem das Zeugnis über ein zwischenzeitlich bei einem anderen Arbeitgeber durchgeführtes Arbeitsverhältnis nicht vorlegen.[18]

Der Arbeitnehmer kann nicht vor Beendigung des Arbeitsverhältnisses auf den Zeugnisanspruch verzichten.[19] Es ist strittig, ob ein Arbeitnehmer nach Beendigung des Arbeitsverhältnisses auf den Zeugnisanspruch verzichten kann. Das ArbG Berlin hat diese Frage für den Fall bejaht, daß der Arbeitnehmer nach Beendigung des Arbeitsverhältnisses im Rahmen eines arbeitsrechtlichen Rechtsstreits darauf verzichtet.[20] Allgemein formulierte Ausgleichsquittungen ohne ausdrückliche Nennung des Zeugnisses beinhalten dagegen keinen Verzicht.[21] Der Anspruch auf Zeugnisberichtigung wird auch dann nicht durch eine allgemeine Ausgleichsquittung ausgeschlossen, wenn das Zeugnis am Tage vor deren Unterzeichnung dem Arbeitnehmer bereits erteilt worden ist und es wesentliche formale Mängel enthält.[22]

Der Zeugnisanspruch ist grundsätzlich eine Holschuld, worauf unseres Erachtens aber nur kleinkarierte Arbeitgeber oder Personalleiter bestehen. Im Einzelfall wandelt sich die Holschuld in eine Schickschuld, z. B., wenn das Abholen für den Arbeitnehmer mit unzumutbaren Belastungen[23] oder unverhältnismäßigen Schwierigkeiten[24] verbunden ist, wenn der Arbeitnehmer verzogen[25] oder wenn der Aussteller in Verzug[26] ist.

Ein Zurückbehaltungsrecht, z. B. wegen noch nicht zurückgezahlter Lohnvorschüsse oder wegen eines vom Arbeitnehmer zurückbehaltenen Zwischenzeugnisses, hat der Arbeitgeber nicht.[27] Allerdings muß er ein berichtigtes Zeugnis erst gegen Rückgabe des zuvor erstellten unrichtigen Zeugnisses aushändigen.[28] Verlangt ein Arbeitnehmer längere Zeit nach Beendigung des Arbeitsverhältnisses ein Zeugnis nach einem inzwischen erfolgten

---

16 BAG 27.2.1987, DB 1987, S. 1845
17 LAG Nürnberg 20.9.1985, ARST 12/1986, S. 187 n.rkr.
18 BAG 21.5.1981, DB 1981, S. 2496
19 RUPPERT 1983, S. 445
20 ArbG Berlin 3.12.1968, DB 1969, S. 91
21 BAG 16.9.1974, DB 1975, S. 155 f.; SCHAUB 1987, S. 990; KRUMMEL 1983, S. 98 f.; FRIEDRICH 1981, S. 10; PALME 1979, S. 264
22 LAG Düsseldorf 23.5.1995, BB 1995, S. 2064
23 BAG 8.3.1995, BB 1995, S. 625 + 1355 = DB 1995, S. 1518 = NZA 1995, S. 671
24 LAG Frankfurt 1.3.1984, DB 1984, S. 220
25 ArbG Wetzlar 21.7.1971, AuR 1972, S. 219
26 ArbG Celle 13.7.1972, ARST 7/1973, S. 110; LAG Frankfurt 1.3.1984, DB 1984, S. 220: SCHLESSMANN 1994, S. 37; DIETZ 1995, S. 31
27 ArbG Passau 15.10.1973, ARST 4/1974, S. 62; ArbG Oberhausen 27.1.1971, AuR 1972, S. 26; ArbG Wilhelmshaven 7.3.1960, DB 1960, S. 627; LUCAS 1993, S. 31; KÜCHLE/BOPP 1997, S. 196; SCHAUB 1987, S. 990
28 KÜCHLE/BOPP 1997, S. 196; LUCAS 1993, S. 29 und 31

Betriebsübergang (§ 613 a BGB), so richtet sich sein Anspruch gegen den ursprünglichen Betriebsinhaber.[29]

Der Arbeitnehmer kann den Zeugnisanspruch gemäß der allgemeinen Verjährungsregel nach § 195 BGB 30 Jahre lang erheben. Oft bestehen aber tarifvertragliche Ausschlußfristen, z. B. im Öffentlichen Dienst gemäß § 70 Abs. 2 BAT sechs Monate.[30] Im Baugewerbe beträgt die Ausschlußfrist für Angestellte und Poliere sogar nur zwei Monate. Ob der Zeugnisanspruch von tariflichen Ausschlußfristen erfaßt wird, hängt von deren Inhalt ab.[31] Erfaßt eine allumfassende tarifliche Verfallklausel „alle anderen / sonstigen Ansprüche", so gilt sie auch für den Zeugnisanspruch.[32] Langer appelliert an die Tarifvertragsparteien, den Zeugnisanspruch deutlich von den Ausschlußfristen auszunehmen.[33]

Ausschlußfristen können grundsätzlich auch einzelvertraglich vereinbart werden.[34] Dann sollte der Zeugnisanspruch ausdrücklich erwähnt werden. Im Falle der Berichtigung beginnt die Frist mit dem Zeitpunkt, an dem der Arbeitnehmer das Zeugnis erhalten hat, da der Arbeitnehmer erst ab diesem Zeitpunkt überprüfen kann, ob der Arbeitgeber ein gesetzlich korrektes Zeugnis ausgestellt hat.[35]

Praktische Voraussetzung für die Erteilung eines Zeugnisses ist, daß man sich noch an den Arbeitnehmer erinnern kann. Deshalb wird der Zeugnisanspruch auch ohne tarifliche oder einzelvertragliche Ausschlußfristen nach einiger Zeit als verwirkt anzusehen sein. Wir stimmen Göldner zu, welche betont, die Einrede der Verwirkung sei dem Arbeitgeber so lange verwehrt, wie im Unternehmen noch eine Personalakte mit zeugnisspezifischen Informationen über den ehemaligen Mitarbeiter vorhanden sei.[36]

Ein Ersterfüllungsanspruch ist nicht so schnell verwirkt wie ein Berichtigungsanspruch.[37] Dabei läßt sich ein einfaches Zeugnis meist noch lange Zeit nach Vertragsende mit Hilfe der Personalakte oder anderer Aufzeichnungen erstellen. Anders ist die Lage bei einem Zeugnis mit Leistungs- und Verhaltensbeurteilung. Hier hängt die Möglichkeit der Erstellung unter anderem von der Dauer des Arbeitsverhältnisses, von der Position des Arbeitnehmers, von der Existenz schriftlicher Beurteilungen in der Personalakte oder davon ab, ob frühere Vorgesetzte noch im Unternehmen tätig oder noch erreichbar sind.

---

29 LAG Bayern 28. 7. 1972, ARST 9/1973, S. 144
30 BAG 23. 2. 1983, BB 1983, S. 1859 = AP Nr. 10 zu § 70 BAT
31 GÖLDNER 1989, S. 46 f.
32 BAG 23. 2. 1983, BB 1983, S. 1859; LAG Hamm 24. 8. 1977, BB 1977, S. 1704; ArbG Wilhelmshaven 26. 2. 1971, AuR 1972, S. 25
33 LANGER 1993, S. 72 f.
34 SCHULZ 1995, S. 33
35 Sächsisches LAG 30. 1. 1996, AiB 1996, S. 506
36 GÖLDNER 1989, S. 44
37 LAG Saarland 28. 2. 1990, LAGE 43 zu § 630 BGB Nr. 9

Der Anspruch auf ein Endzeugnis   I./1.1.

Was ein relativ spätes erstmaliges Zeugnisverlangen anbelangt, so kann man folgende Überlegung anstellen. Auch wenn ein Zeugnis zum Zeitpunkt der Beendigung des Arbeitsverhältnisses ausgestellt wird, muß es oft aus der Erinnerung erstellt werden. So müssen vielleicht frühere Aufgaben des Arbeitnehmers, die er seit einer Versetzung vor Jahren nicht mehr ausübt und die es so im Unternehmen nicht mehr gibt, beschrieben werden. Oder die Beurteilungen müssen von einem Vorgesetzten vorgenommen werden, der den langjährigen Mitarbeiter erst seit wenigen Monaten führt und kennt, wobei Personalbeurteilungen und Zwischenzeugnisse, die ihm helfen könnten, nicht existieren.[38] In all diesen in der Praxis gar nicht so seltenen Fällen werden ganz selbstverständlich Zeugnisse erstellt. Selbst Konkursverwalter müssen die Arbeitnehmer des Unternehmens auch für die Zeit vor der Konkurseröffnung beurteilen. Für die beschriebene Praxis gibt es selbstverständlich gute Gründe. Man kann dem Arbeitnehmer kein Zeugnis zumuten, in dem der Aussteller betont, er kenne den langjährigen Mitarbeiter erst kurze Zeit. Bedenkt man diese Umstände bei der unverzüglichen Zeugnisausstellung, so erscheint eine Verwirkung des Anspruches auf ein qualifiziertes Zeugnis schon nach wenigen Monaten zumindest in den Fällen inakzeptabel, in denen das Zeugnisverlangen erstmals erhoben wird, im Unternehmen eine Stellenbeschreibung und vielleicht sogar eine schriftliche Personalbeurteilung über den Mitarbeiter vorliegen und der ehemalige Vorgesetzte des Mitarbeiters noch im Unternehmen tätig ist.

Nach der Rechtsprechung des BAG ist der Zeugnisanspruch verwirkt, (1) wenn der Arbeitnehmer ihn längere Zeit nicht geltend gemacht hat (Zeitmoment), (2) wenn er beim Arbeitgeber die Überzeugung hervorgerufen hat, er werde sein Recht nicht mehr geltend machen und sich der Arbeitgeber darauf eingerichtet hat (Umstandsmoment) und (3) vom Arbeitgeber die Erfüllung des Zeugnisanspruches nach Treu und Glauben unter Berücksichtigung aller Umstände des Einzelfalles nicht mehr zumutbar ist.[39] Das BAG hat einen Erfüllungsanspruch auf Ergänzung und Berichtigung nach zehnmonatigem Zuwarten verneint.[40] In einer früheren Entscheidung hat das BAG einen Berichtigungsanspruch und einen Schadensersatzanspruch anläßlich eines eindeutig nicht ordnungsgemäßen Zeugnisses sogar schon nach fünfmonatigem Zuwarten des Arbeitnehmers abgelehnt.[41] Das LAG Düsseldorf hat einen Berichtigungsanspruch als verwirkt angesehen, weil der Arbeitnehmer seinen Anspruch elf Monate lang trotz anwaltlicher Fristsetzung mit Klageandrohung nicht mehr verfolgt und mit der Formulierung *„zu vollsten Zufriedenheit"* eine sprachlich unmögliche Formulierung verlangt hat.[42]

---

38 Auch SCHWARB 1991, S. 35
39 BAG 17. 2. 1988, DB 1988, S. 1071 = BB 1988, S. 978
40 BAG 17. 2. 1988, DB 1988, S. 1071 = BB 1988, S. 978 = NZA 1988, S. 427
41 BAG 17. 10. 1972, AP Nr. 8 zu § 630 BGB (AP 1973 H. 7/8, Blatt 308)
42 LAG Düsseldorf 11. 11. 1994, DB 1995, S. 1135

Schleßmann spricht bezüglich „Durchschnittskräften" als „grobe Faustregel" von einer Verwirkung des Anspruches in etwa einem halben Jahr.[43] Dietz spricht von einer Verwirkung nach wenigen Monaten.[44] Friedrich und Monjau nennen im Unterschied dazu einen Zeitraum von etwa drei Jahren und für Ausnahmefälle einen Zeitraum von mehr als fünf Jahren.[45]

Nachdrücklich unterstützen wir das Argument, wonach dann keine Verwirkung geltend gemacht werden kann, wenn der Aussteller durch ein scheinbar gutes Zeugnis mit verdeckt negativen Aussagen (Geheimfloskeln nach § 113 Abs. 3 GewO) das späte Berichtigungsverlangen verursacht hat.[46] Hier ist das für eine Verwirkung notwendige Umstandsmoment nicht erfüllt. Dabei ist zu bedenken, daß ein Zeugnis häufig nicht dem nächsten Arbeitgeber, sondern bei einem späteren erneuten Arbeitgeberwechsel erst dem übernächsten Arbeitgeber vorgelegt wird. Ein Arbeitnehmer wird daher unter Umständen erst einige Jahre nach der Ausstellung durch kritische Fragen auf verdeckte Urteile aufmerksam.[47]

Hat der Arbeitnehmer das Zeugnis, zum Beispiel durch einen Brand, verloren, so ist der Arbeitgeber zu einer Ersatzausstellung verpflichtet.[48] Allerdings geht es dabei nicht um eine Neuformulierung. Es genügt eine Abschrift der vorhandenen Zeugniskopie oder eine Rekonstruktion aus dem Gedächtnis. Sind keine Unterlagen mehr vorhanden, so muß das Unternehmen keine Nachforschungen anstellen.

Abschließend betonen die Verfasser, daß sie, von extremen Grenzfällen abgesehen, wenig Verständnis für Arbeitgeber und Personalleiter haben, welche den Wunsch nach einem Zeugnis nicht erfüllen. Was spricht denn dagegen, z. B. einem selbständigen Handelsvertreter oder einem freien Mitarbeiter ein Zeugnis auszustellen? Das Schadensersatzrisiko ist doch äußerst gering und durch Einhaltung des Wahrheitsgebotes beherrschbar. Was spricht denn dagegen, auch ein spätes Zeugnisverlangen möglichst zu erfüllen? Personalarbeit erringt Anerkennung durch den Service-Gedanken und nicht durch das unnachgiebige Pochen auf Rechtsstandpunkte. Die Zeugnisablehnung als Druckmittel oder als Retourkutsche erscheint wenig souverän und zeitökonomisch oft geradezu irrational.

1.2. Der Anspruch auf ein Zwischenzeugnis

Kann ein Arbeitnehmer auch ohne Vorliegen einer Kündigung ein Zwischenzeugnis verlangen? Vielfach enthalten Tarifverträge einen Anspruch auf ein Zwischenzeugnis bei speziellen Anlässen bzw. auf ein Vorläufiges

---

43 SCHLESSMANN 1994, S. 51
44 DIETZ 1995, S. 14
45 FRIEDRICH 1981, S. 11; MONJAU 1970, S. 20
46 HUBER 1994, S. 34 f.; siehe auch FRIEDRICH 1981, S. 91; MÖLLER 1990, S. 221 f.
47 HUBER 1994, S. 35 f.; WEUSTER 1994 a, S. 116
48 SCHLESSMANN 1994, S. 37; BOLDT 1987, S. 1136; KRUMMEL 1983, S. 88 ff.; RUPPERT 1983, S. 447

Zeugnis nach Kündigung.[49] Die Verfasser empfehlen Arbeitnehmern, den Anspruch auf ein Zwischenzeugnis in den Arbeitsvertrag aufzunehmen. Auch ohne Vorliegen einer tariflichen Bestimmung besteht ein Anspruch, wenn der Arbeitnehmer einen triftigen und anzuerkennenden Grund hat.[50] Als triftig ist ein Grund anzusehen, wenn dieser bei verständiger Betrachtungsweise den Wunsch des Arbeitnehmers als berechtigt erscheinen läßt. Das ist der Fall, wenn das Zwischenzeugnis geeignet ist, den mit ihm angestrebten Erfolg zu fördern. Dabei ist bei der Auslegung des Begriffes „triftiger Grund" nicht kleinlich vorzugehen.[51] Als triftige Gründe nennt das BAG: Bewerbung um eine neue Stelle, Vorlage bei Behörden und Gerichten, Stellung eines Kreditantrages, strukturelle Änderungen innerhalb des Betriebsgefüges (insbesondere bei Führungskräften), z. B. Betriebsübernahme durch einen neuen Arbeitgeber oder Konkurs, sowie bevorstehende persönliche Veränderungen des Arbeitnehmers, z. B. Versetzung, Fort- und Weiterbildung oder eine geplante längere Arbeitsunterbrechung etwa ab einem Jahr, ferner auch Wehr- und Zivildienst.[52]

Weitere Gründe und Anlässe können sein:[53] Wesentliche Änderungen im Aufgabengebiet, Beförderung, Vorgesetztenwechsel (Sicherung der Position), insbesondere bei Ausscheiden des maßgeblichen oder eines renommierten branchenbekannten Vorgesetzten, mit dem man lange Zeit zusammengearbeitet hat, beschlossene Stillegung, konkrete Möglichkeit arbeitgeberseitiger Kündigung (z. B. Aufnahme von Sozialplanverhandlungen, längere Kurzarbeit, Freistellung vom Dienst), Beginn eines mehrjährigen Erziehungsurlaubes (evtl. später keine Rückkehr in den Betrieb), längere befristete Auslandsentsendung mit Unsicherheiten hinsichtlich der Position nach der Repatriierung, Projektleitung oder Vollzeit-Delegation in ein längeres Projekt mit unklarer Anschlußverwendung, Wahl in eine Funktion als Arbeitnehmervertreter, insbesondere bei einer Freistellung für die Betriebsratsarbeit, beabsichtigte Aufnahme eines zweiten Arbeitsverhältnisses (bei Teilzeit-Mitarbeitern), Abschluß eines Traineeprogramms, klar erklärter Abkehrwille oder bevorstehendes Ausbildungsende.

Ein sehr wichtiger Grund für ein Zwischenzeugnis ist auch der Übergang eines Betriebes oder eines Betriebsteiles nach § 613 a BGB auf einen anderen Inhaber. Mit solch einem Übergang sind oft Änderungen der Vorgesetztenverhältnisse sowie die Zuständigkeit einer neuer Personalabteilung verbunden, so daß einige Zeit nach dem Betriebsübergang für die Zeit vor dem Übergang überhaupt nicht mehr sachgerecht ein Zeugnis erstellt werden

---

49 WEUSTER 1994b, S. 281
50 KÜCHLE/BOPP 1997, S. 173; GÖLDNER 1989, S. 15 f.; KRUMMEL 1983, S. 100; PALME 1979, S. 261 f.; MONJAU 1970, S. 17
51 BAG 21. 1. 1993, BB 1993, S. 2309 = DB 1993, S. 2134 = NZA 1993, S. 1031
52 BAG 21. 1. 1993, BB 1993, S. 2309 = DB 1993, S. 2134 = NZA 1993, S. 1031
53 WEUSTER 1994b, S. 282 ff.; SCHLESSMANN 1994, S. 42 ff.; KÜCHLE/BOPP 1997, S. 173 f.; SABEL 1995, S. 18 f.; COELIUS 1992, S. 109 f.; DITTRICH 1988, S. 45; GRIMM 1987, C. 4. KRUMMEL 1983, S. 104 f.; FRIEDRICH 1981, S. 58 f.; TILKA 1958, S. 79 ff.

kann. Beim Wechsel in ein anderes Unternehmen desselben Konzerns ist ein Arbeitgeberwechsel und damit ein Anspruch auf ein Endzeugnis gegeben.

Ein triftiger Grund (im Sinne von § 61 BAT) liegt nicht vor, wenn das Zwischenzeugnis zum Zwecke der Klärung von Streitigkeiten über eine tarifliche Höhergruppierung verlangt wird.[54] Widerstände von Arbeitgebern gegen die Ausstellung von Zwischenzeugnissen sind zum Teil durch die Befürchtung motiviert, einem guten Zwischenzeugnis folge der Wunsch nach einer Einkommenserhöhung.

Es sei noch angemerkt, daß Haupt und Welslau unter Hinweis auf das Grundrecht der freien Arbeitsplatzwahl (Art. 12 GG) dafür plädieren, dem Arbeitnehmer unabhängig von einem triftigen Grund einen Anspruch auf ein Zwischenzeugnis zuzubilligen.[55] In der Schweiz können Arbeitnehmer jederzeit auch ohne Vorliegen eines berechtigten Interesses ein Zwischenzeugnis verlangen.[56]

Nur noch gelegentlich wird die Frage gestellt, ob der Arbeitgeber sich beim Verlangen eines Zwischenzeugnisses auf die Anfertigung einer Personalbeurteilung beschränken bzw. ob er auf einen vorliegende aktuelle Personalbeurteilung verweisen kann. Wir verweisen noch einmal auf die obigen triftigen Gründe, bei denen das BAG einen Anspruch auf ein auszuhändigendes Zwischenzeugnis und nicht lediglich auf eine einfache Beurteilung bejaht hat. Ein Zeugnis unterliegt auch anderen Regeln und Kriterien als eine interne Beurteilung.[57] So ist ein Zwischenzeugnis mit verständigem Wohlwollen auszustellen. Es enthält im Unterschied zu einer Beurteilung auch eine Positions- und Aufgabenbeschreibung.

Man kann wohl sagen, daß in der Praxis der Wunsch nach einem Zwischenzeugnis oft auch ohne Vorliegen eines Rechtsanspruches erfüllt wird, zumal dieser Wunsch nach Auskunft befragter Unternehmen eher selten vorgetragen wird.[58] In der Unternehmensbefragung (siehe Punkt 2.1.) gaben 67 % von 385 Unternehmen an, „in nahezu allen Fällen" dem Wunsch des Mitarbeiters nach einem Zwischenzeugnis zu entsprechen.[59] Schließlich ist ein Zwischenzeugnis aus Arbeitgebersicht eine gute Vorlage für ein späteres Endzeugnis.[60] Zumindest sollte bei einer Versetzung oder bei einem Vorgesetztenwechsel eine zeugnistaugliche schriftliche Beurteilung als Basis für ein späteres Zeugnis angefertigt werden.

Verlangt ein Arbeitnehmer wiederholt ein Zwischenzeugnis, so kann im jüngsten Zwischenzeugnis wohl auf die früheren verwiesen und nur der letzte Zeitabschnitt dargestellt und beurteilt werden. In einem Endzeugnis kann

---

54 BAG 21.1.1993, BB 1993, S. 2309 = DB 1993, S. 2134 = NZA 1993, S. 1031
55 HAUPT/WELSLAU 1993, S. 52
56 CLASS/BISCHOFBERGER 1994, S. 18
57 Hess. VGH 27.1.1994, DB 1994, S. 2140
58 WEUSTER 1994 a, S. 32
59 WEUSTER 1994 a, S. 33
60 SCHWARB 1991, S. 50

aber nicht auf ein früheres Zwischenzeugnis verwiesen werden. Hier ist das gesamte Arbeitsverhältnis noch einmal als Einheit darzustellen.

Der Arbeitnehmer hat keinen Anspruch darauf, daß der Arbeitgeber bei Ausstellen des späteren Endzeugnisses exakt die gleichen Formulierungen wie im Zwischenzeugnis verwendet.[61] Dies gilt grundsätzlich auch für ein Zwischenzeugnis (vorläufiges Zeugnis), das zum Zeitpunkt der Kündigung ausgestellt wird. Wird allerdings ein Zwischenzeugnis in großer zeitlicher Nähe zum Endzeugnis ausgestellt, so kann aufgrund seiner Bindungswirkung nur ein sehr triftiger Grund zu einer teilweisen Revision der Beurteilung führen.[62]

Ein Zwischenzeugnis wird wie ein Endzeugnis mit seiner Aushändigung Eigentum des Arbeitnehmers. Es muß daher bei Erhalt des Endzeugnisses nicht zurückgegeben werden[63], sofern es keine entsprechende Verpflichtung gemäß Tarifvertrag (z. B. § 61 Abs. 1 Satz 2 BAT für ein vorläufiges Zeugnis), Betriebsvereinbarung oder Arbeitsvertrag gibt. Das Bundesarbeitsgericht hat den Anspruch auf ein Zwischenzeugnis im Falle triftiger Gründe nicht durch eine Rückgabepflicht zeitlich beschränkt. Auch wenn das Endzeugnis eine abweichende Formulierung und Beurteilung enthält, behält das Zwischenzeugnis in der Regel für seinen Bezugszeitraum seine Gültigkeit. Insofern ist auch der vereinzelt zu findende Satz *„Dieses Zwischenzeugnis verliert bei Ausstellung eines Endzeugnisses seine Gültigkeit"* unüberlegt und überflüssig.

Es erscheint zweifelhaft, ob eine Einschränkung des Anspruches auf ein Zwischenzeugnis in Form einer Rückgabeverpflichtung vor Entstehen des Anspruches rechtlich zulässig ist. Weiterhin erscheint zweifelhaft, ob eine bloße Rückgabeverpflichtung es rechtlich ausschließt, daß ein Arbeitnehmer von dem Zwischenzeugnis vor der Rückgabe (beglaubigte) Kopien anfertigt und diese auch nach der Rückgabe des Originals noch zu Bewerbungs- und anderen Zwecken einsetzt. Das Original könnte ja, falls erforderlich oder gewünscht, beim ehemaligen Arbeitgeber eingesehen werden.

2. Grundlagen der Zeugniserstellung

2.1. Untersuchungen zu Zeugnissen

Beschäftigt man sich mit Arbeitszeugnissen, so ist es empfehlenswert, nicht nur die einschlägige Rechtsprechung, sondern auch die Praxis der Zeugniserstellung und der Zeugnisanalyse zu beachten. An verschiedenen Stellen

---

61 LAG Düsseldorf 2.7.1976, DB 1976, S. 2310 = BB 1976, S. 1562; KRUMMEL 1983, S. 101; PALME 1979, S. 261 ff.
62 LAG München 14.9.1976, ARST 10/1977, S. 160; CLASS/BISCHOFBERGER 1994, S. 18; HAUPT/WELSLAU 1993, S. 52; KÜCHLE/BOPP 1997, S. 176; SABEL 1995, S. 20; LUCAS 1993, S. 15; DITTRICH 1988, S. 46; PALME 1979, S. 263
63 KÜCHLE/BOPP 1997, S. 197; SABEL 1995, S. 20; KRUMMEL 1983, S. 83 und 102 f.

dieses Buches wird daher auf die Untersuchungen von Preibisch, Möller und Schwarb sowie auf eigene Untersuchungen hingewiesen.

Preibisch stützt ihre Forschungsergebnisse auf die Analyse von 652 Arbeitszeugnissen. Sie sieht in ihrem Material die Zeugnispraxis hinreichend repräsentiert.[64] Der linguistischen Studie von Möller liegen 802 Zeugnisse zugrunde.[65] Schwarb befragte 14 mittlere und größere Unternehmen in der Schweiz nach ihrer Praxis bei der Zeugniserstellung und der Zeugnisanalyse.[66]

Die eigenen Untersuchungen[67] umfassen erstens eine Unternehmens-Befragung zur Zeugniserstellung. Es liegen die Antworten von 390 Unternehmen vor. Sie umfassen zweitens eine Inhaltsanalyse von 1 000 Originalzeugnissen aus den Jahren 1971 bis 1991. Sie umfassen drittens eine Befragung von Personalberatern über die Praxis ihrer Zeugnisanalyse. Es liegen die Antworten von 256 Personalberatern vor. Werden im folgenden zu einzelnen Punkten geringere Antwortzahlen als 256 bzw. 390 genannt, so liegt dies daran, daß nicht immer alle Fragen des Bogens beantwortet wurden. Die eigenen Untersuchungen beinhalten viertens eine Analyse von 68 arbeitsgerichtlichen Zeugnisprozessen.[68]

2.2. Informationsquellen für die Zeugniserstellung

Der Arbeitgeber kann die Zeugniserstellung an Führungskräfte delegieren. Das Zeugnis muß geradezu von einem Vorgesetzten erstellt werden, wenn der Arbeitgeber mangels Kontakt mit dem Arbeitnehmer nicht in der Lage ist, ein Urteil abzugeben.[69]

Das Arbeitszeugnis sollte möglichst von der fachkundigen Personalabteilung ausgefertigt werden. Die dazu nötigen Informationen können in erster Linie vom Vorgesetzten gewonnen werden. Dies gilt insbesondere für die fachmännische Aufgabenbeschreibung und die Leistungs- und die Verhaltensbeurteilung. Die Mitwirkung bei der Zeugniserstellung sollte daher zu den Aufgaben eines Vorgesetzten gehören, zumal durch diese Tätigkeit auch Kenntnisse für das Analysieren von Zeugnissen erworben werden. In der Unternehmens-Befragung gaben 84,1 % von 389 Unternehmen an, daß der direkte Vorgesetzte die Beurteilung vornimmt oder neben anderen Personen daran beteiligt ist.[70]

Es ist empfehlenswert, die Informationen vom Vorgesetzten mit Hilfe eines Zeugnis-Fragebogens einzuholen (Beurteilungsbogen siehe am Ende dieses

---

64 PREIBISCH 1982, S. 4
65 MÖLLER 1990, S. 229 f.
66 SCHWARB 1991, S. 20
67 Siehe WEUSTER 1994 a
68 Siehe WEUSTER 1995
69 BOLDT 1987, S. 1135; KRUMMEL 1983, S. 68
70 WEUSTER 1994 a, S. 26

Buches).[71] In der Unternehmens-Befragung gaben 22,4 % von 389 Unternehmen an, einen solchen Zeugnis-Beurteilungsbogen einzusetzen.[72] Wir plädieren aber nicht dafür, daß die Linienvorgesetzten die Zeugnisse allein schreiben. Sie kennen oft die Zeugnissprache zu wenig, um fachkundig ein Zeugnis erstellen zu können.[73] Eine Bemerkung am Rande: Geht man vom Teilnehmerkreis der Zeugnis-Seminare aus, welche die Verfasser durchführen, so werden Zeugnisse in hohem Maße von Frauen formuliert.

Als Quelle für die Zeugniserstellung kann, insbesondere für die Aufgabenbeschreibung[74], auch der Mitarbeiter selbst genannt werden. Eine vorherige Besprechung des Zeugnisinhalts mit dem Mitarbeiter erscheint empfehlenswerter und rationeller als ihn durch kommentarloses Übergeben oder gar Übersenden des Zeugnisses zu überraschen. Die Zeugniserstellung ohne Beteiligung des Mitarbeiters kann, insbesondere bei Verärgerung über die Kündigung durch den Mitarbeiter, auch als Machtritual interpretiert werden.[75]

Eine weitere wichtige Quelle ist die Personalakte, die Informationen über die Betriebsbiographie des Mitarbeiters enthalten kann, z. B. über Versetzungen, Beförderungen, Gehaltserhöhungen, Beurteilungen, Weiterbildungsaktivitäten, Verbesserungsvorschläge oder auch über Abmahnungen. Es ist also empfehlenswert, bei Versetzungen eine Aufgabenbeschreibung und eine Beurteilung in die Personalakte aufzunehmen, um eine spätere Zeugniserstellung zu vereinfachen. Ferner können bei der Zeugnisformulierung helfen: Aktuelle Stellenbeschreibungen, Tätigkeitsbeschreibungen in Lohn- bzw. Gehaltsrahmentarifverträgen, Stellenprofile, analytische Stellenbewertungen, Anforderungsprofile, interne und externe Stellenausschreibungen, Personalinserate, Arbeitsverteilungs-Diagramme von Abteilungen, Kompetenzregelungen, Leistungsstatistiken über z. B. Umsatz oder Stückzahlen und bei Auszubildenden deren Berichtshefte über ihre Tätigkeiten in verschiedenen Ausbildungsstationen. Bei Endzeugnissen kann ggf. auf ein Zwischenzeugnis zurückgegriffen werden.

2.3. Grundsätze der Zeugniserstellung

2.3.1. Die Wahrheitspflicht

Wer ein Zeugnis ausstellt, muß sich bewußt sein, daß er mit diesem Dokument mit Langzeitwirkung in gewissem Maße über das Grundrecht der freien Wahl des Arbeitsplatzes (Art. 12 GG) und somit über die berufliche und soziale Mobilität und Zukunft eines Menschen mitentscheidet.[76]

---

71 Beispiele für Fragebogen siehe auch bei KADOR 1992, Anhang 3 und 4 sowie bei SABEL 1995, S. 101 – 114
72 WEUSTER 1994 a, S. 27
73 SCHWARB 1991, S. 34; LIEGERT 1975, S. 19
74 WEUSTER 1994 a, S. 24
75 SCHWARB 1991, S. 32 f.
76 SCHWERDTNER 1980, S. 1538

Oberster Grundsatz der Zeugniserstellung ist die Wahrheitspflicht.[77] Ohne Wahrheitspflicht wären Arbeitszeugnisse für Arbeitgeber wie für Arbeitnehmer wertlos. Dieser Grundsatz dient der Informationsfunktion von Zeugnissen. Künftige Arbeitgeber und auch der Arbeitnehmer selbst sollen aus dem Zeugnis einen richtigen Eindruck von den Aufgaben des Arbeitnehmers, von der arbeitgeberseitigen Beurteilung sowie von weiteren Umständen des Arbeitsverhältnisses gewinnen können.

Man kann ein Zeugnis als wahr bezeichnen, wenn es drei Bedingungen erfüllt. Erste Wahrheitsbedingung: Das Zeugnis muß Unterschiede zwischen den beurteilten Arbeitnehmern wiedergeben und objektiv werten. Aus dieser Wahrheitsbedingung kann man ein Differenzierungsgebot und damit den Grundsatz der Individualität ableiten.[78] Wird gegen diese Bedingung durch Fortloben verstoßen (Potemkinsche Zeugnisse), so ist dies für einen Zeugnisleser nicht zu erkennen.

Die erste Bedingung ist eine notwendige Voraussetzung für die folgenden zwei Bedingungen. Da der Hauptzweck des Zeugnisses seine Informationsfunktion bei der Personalauswahl ist, zeigt sich letztlich die Wahrheit eines Zeugnisses im Verständnis, das es beim Leser erzeugt. Zweite Wahrheitsbedingung: Das Zeugnis muß so formuliert sein, daß seine Aussagen für den beurteilten Arbeitnehmer erkenntlich sind. Zeugnisse haben nach dem BAG „für den Arbeitnehmer auch die Bedeutung, daß sie für ihn Maßstab dafür sind, wie der Arbeitgeber seine Leistungen und Führung beurteilt."[79] Wir hielten es für grotesk, ein Zeugnis als wahr zu bezeichnen, dessen Aussage vom Betroffenen und Inhaber selbst nicht erkannt wird.[80] Spätestens wenn sich der Arbeitnehmer beim Aussteller nach dem Aussagegehalt bestimmter Formulierungen erkundigt, ist ihm wahrheitsgemäß zu antworten.

Dritte Wahrheitsbedingung: Das Zeugnis muß so formuliert sein, daß seine Aussagen für Dritte, insbesondere für Entscheidungsträger der Personalauswahl, klar erkenntlich sind. Die Wahrheitsbedingungen 2 und 3 setzen für viele Zeugnisleser eine klare Formulierung der Beurteilung voraus. Insofern ist Zeugnisklarheit Voraussetzung für Zeugniswahrheit.

Die Begriffe „wahr" oder „Wahrheit" werden beim Arbeitszeugnis in zweifacher Hinsicht gebraucht. Sie beziehen sich zum einen auf den Beurteilungsvorgang. Die Beurteilung ist wahr, wenn sie zwischen den zu Beurteilenden objektiv (nachvollziehbar) und mit stets gleichem Maßstab (reliabel) differenziert. Zum anderen beziehen sich die Begriffe „wahr" oder „Wahrheit" auf den Kommunikationsvorgang zwischen Aussteller und Leser (Arbeitnehmer und Dritte). Hierbei kann man von Wahrheit sprechen, wenn beim Empfänger der Botschaft ein richtiges (wahres) Bild von den Aufgaben,

---

77 BAG 23. 6. 1960, DB 1960, S. 1042 = BB 1960, S. 983
78 LAG Baden-Württemberg 6. 2. 1968, BB 1968, S. 381 = DB 1968, S. 534; RUNGGALDIER 1992, Sp. 473 f.; SCHMID 1988, S. 2253; SCHMID 1986, S. 1335
79 BAG 8. 2. 1972, BB 1972, S. 618 = DB 1972, S. 931; BAG 16. 11. 1995 - 8 AZR 983/94
80 BERNOLD 1983, S. 48

der Leistung und dem Verhalten des Beurteilten und den sonstigen Umständen des Arbeitsverhältnisses entsteht. Ob ein Kommunikationsvorgang die Kennzeichnung „wahr" verdient, ist aus Empfängersicht zu entscheiden. Der Zeugnisaussteller muß seine Botschaft so formulieren, daß die Empfänger sie verstehen. Da der Zeugnisaussteller, abgesehen vom beurteilten Arbeitnehmer, die Empfänger der Botschaft gar nicht kennt, muß er seine Aussagen in eine verständliche Sprache bringen, um ein breites Verständnis sicherzustellen.[81]

Relativ unproblematisch zu realisieren ist der Wahrheitsgrundsatz, soweit im Zeugnis Fakten wie die Dauer des Arbeitsverhältnisses genannt oder die Tätigkeit beschrieben werden. Schwieriger zu erfüllen ist die Wahrheitspflicht, wo es um die Beurteilung der Leistung und des Verhaltens geht. Bei den Wertungen in Arbeitszeugnissen handelt es sich nicht um ethische oder moralische Werturteile, sondern um sog. sekundäre Werturteile, deren Wahrheitsgehalt nach Festlegung von Kriterien und Maßstäben (gerichtlich) überprüft werden kann.[82] Der Aussteller ist gehalten, nicht seine vielleicht extreme subjektive Überzeugung auszudrücken, sondern sich als verständig und gerecht denkender und handelnder Beurteiler um Objektivität zu bemühen.[83] Die Erfahrung zeigt, daß das Anspruchsniveau und die Urteilsstrenge von Vorgesetzten unterschiedlich sind. Hier sollte die Personalabteilung auf eine Gleichbehandlung und möglichst gerechte Beurteilung der ausscheidenden Mitarbeiter hinwirken.[84]

Von den zahlreichen Fehlern, die es bei Beurteilungen geben kann, erwähnen wir kurz:[85] Von einem Überstrahlungseffekt spricht man, wenn die Beurteilung eines einzelnen Aspektes auf andere Beurteilungssachverhalte übertragen wird. Dies ist z. B. der Fall, wenn aus einer guten Leistung auch auf ein gutes Sozialverhalten geschlossen wird. Ein zweiter Fehler ist der Hierarchieeffekt, wobei Mitarbeiter um so ausführlicher und besser beurteilt werden, je höher sie in der betrieblichen Hierarchie stehen.[86] Von einem Milde- oder einem Strengefehler spricht man, wenn der Beurteiler nur milde bzw. strenge Wertungen vornimmt. Beim Nivellierungsfehler schließlich wählt der Beurteiler nur mittlere Bewertungen. Die Wahrscheinlichkeit solcher Fehler ist bei Arbeitszeugnissen deshalb hoch, da diese oft auf dem Wege der freien Eindruckschilderung bzw. mit Hilfe einfacher Einstufungsverfahren entstehen.[87]

---

81 BAG 23.6.1960, DB 1960, S. 1042 = BB 1960, S. 983; FAESCH 1984, S. 47 und 103
82 LAG Hamm 16.3.1989, BB 1989, S. 1486
83 SCHLESSMANN 1994, S. 63; GÖLDNER 1991, S. 237 ff.; GÖLDNER 1989, S. 69 und 71 ff.; SCHAUB 1987, S. 992; KRUMMEL 1983, S. 136 ff.; BERNOLD 1983, S. 62 ff.; MONJAU 1970, S. 27; NIKISCH 1961, S. 861
84 SCHWARB 1991, S. 34, 39 und 50
85 SCHWARB 1991, S. 9 f. und 43; LUCAS 1993, S. 174 ff.; INSTITUT 1994, Teil 1, S. 28 f.; DACHRODT 1984, S. 18 ff.; WEUSTER 1994 a, S. 7 ff.
86 SCHWARB 1991, S. 17 f.; WEUSTER 1994 a, S. 252
87 WEUSTER 1994 a, S. 27; WEUSTER 1991 a, S. 179

Aus der Wahrheitspflicht und der Informationsfunktion kann man den Grundsatz der Vollständigkeit ableiten.[88] Ein qualifiziertes Zeugnis darf nichts auslassen, was der Leser üblicherweise erwartet.[89] Der Grundsatz der Vollständigkeit liegt im Interesse Dritter, aber auch im Interesse des Arbeitnehmers, soweit im Zeugnis Fakten genannt werden und er positiv beurteilt wird. Bei negativer Beurteilung kann ein Arbeitnehmer im Hinblick auf Bewerbungen an Leerstellen interessiert sein. Allerdings kann die Unvollständigkeit Rückfragen beim Aussteller anregen.

2.3.2. Die Wohlwollenspflicht

Die Informationsfunktion bedeutet keine Pflicht zu schonungsloser und vernichtender Offenheit. Es geht um Beurteilung, nicht um Verurteilung. Der Arbeitgeber ist wegen seiner Fürsorgepflicht gehalten, das Zeugnis mit „verständigem Wohlwollen" auszustellen, um dem Arbeitnehmer das weitere Fortkommen auf dem Arbeitsmarkt nicht unnötig zu erschweren.[90] Das österreichische Zeugnisrecht kennt die Grundsätze des Erschwerungsverbots und der Fortkommensförderung.[91]

Der Grundsatz des verständigen Wohlwollens dient der Unterstützungsfunktion (Förderfunktion, Werbefunktion) des Zeugnisses. Die meisten Arbeitnehmer können nicht mit Arbeitsproben für sich werben, müssen also ihre Zeugnisse als Werbemittel einsetzen. Darüber hinaus „beglaubigen" sie in gewissem Maße die Angaben im Lebenslauf und im Vorstellungsgespräch. Potentielle Arbeitgeber sind also nicht ausschließlich auf das Eindrucksmanagement der Bewerber angewiesen.[92] Schließlich hat der Grundsatz des verständigen Wohlwollens aus der Sicht des Ausstellers eine Akzeptanzfunktion, da wohlwollend formulierte Zeugnisse eher als Zeugnisse mit offener Kritik vom Mitarbeiter akzeptiert werden.[93] Insoweit ist „Wohlwollen" oft nur fehlender Mut zur Wahrheitspflicht.[94]

Das verständige Wohlwollen äußert sich in der Konzentration auf den Gesamteindruck (Gesamtwürdigung). So sollen atypische Fehlhandlungen, kleine Schwächen oder kurze Zeiten labiler Leistung, insbesondere, wenn diese Sachverhalte lange zurückliegen, nicht im Zeugnis „verewigt" werden.[95] Diese Ausprägung des Wohlwollens ist auch im Arbeitgeberinteresse, da ein verständiger Arbeitgeber nur an einem typischen Gesamtbild interessiert ist. Die Konzentration auf den Gesamteindruck ist die einzige Wohlwollens-Technik, die eindeutig im Mitarbeiter-Interesse ist.

---

88 LAG Frankfurt 23. 1. 1968, DB 1969, S. 887; CLASS/BISCHOFBERGER 1994, S. 28 ff.; RUNGGALDIER 1992, Sp. 473; MÖLLER 1990, S. 108, 110 und 150; LUCAS 1993, S. 25 f.; SCHMID 1988, S. 2253; SCHMID 1986, S. 1334 f.
89 BAG vom 29. 7. 1971, DB 1971. S. 1923 = BB 1971, S. 1280
90 BGH 26. 11. 1963, DB 1964, S. 517
91 RUNGGALDIER/EICHINGER 1989, S. 79 ff.
92 RUNGGALDIER/EICHINGER 1989, S. 49 f.
93 SCHWARB 1991, S. 36; WEUSTER 1992 a, S. 64 f.; NIKISCH 1961, S. 861
94 BAUNSCHEIDT 1989, S. 68
95 BAG 23. 6. 1960, DB 1960. S. 1042 = BB 1960, S. 983

2.3.3. Verschiedene Zeugnistechniken

Das verständige Wohlwollen besteht weiterhin darin, daß Urteile in oberflächlich positive Formulierungsvarianten gebracht werden (Positiv-Skala-Technik).[96] Das wohl bekannteste Beispiel ist die Zufriedenheitsformel, bei der auch bei einer mangelhaften Leistung noch Zufriedenheit ausgedrückt wird: *„Mit den Leistungen von Herrn X waren wir im großen und ganzen zufrieden."* Solche positiven Formulierungen helfen dem Arbeitnehmer nur, wenn sie bei Bewerbungen überlesen werden. Entscheidend ist aber, daß vielen Arbeitnehmern die verdeckten Urteile selbst nicht auffallen. Sie mindern die Möglichkeit zur Gegenwehr.[97] In der Personalberater-Befragung gaben 62,4 % von 250 Beratern an, daß Kandidaten oft erst im Bewerbungsgespräch durch kritische Fragen auf negative Aussagen im Zeugnis aufmerksam würden.[98]

Weiterhin wird das Wohlwollen dadurch praktiziert, daß offen negative Urteile oder negativ wirkende Tatsachen, soweit vertretbar, durch eine Auslassung übergangen werden (Leerstellen-Technik). Solche Leerstellen reichen vom Auslassen einzelner Worte in wichtigen Aussagen über das Fehlen von einzelnen Aussagen bis hin zum Verzicht auf eine ganze Zeugniskomponente.[99] Beispiele: Auf das negative Verhältnis zum Vorgesetzten wird nicht eingegangen: *„Sein Verhalten gegenüber den Kollegen war stets einwandfrei."* Oder: Bei einem Filialleiter wird nicht erwähnt, daß er nur eine Halbtagskraft führte.[100] Vor einer überzogenen Leerstellen-Auslegung ist aber zu warnen.[101] Oft liegt keine bewußte, sondern nur eine aus Unachtsamkeit oder Unkenntnis entstandene Leerstelle vor.

Ein Arbeitnehmer hat, wenn er ein qualifiziertes Zeugnis verlangt, keinen Anspruch auf das Verschweigen wesentlicher negativer Tatbestände oder auf das Auslassen einer Zeugniskomponente. Im übrigen dürfte das Fehlen ganzer Zeugniskomponenten meist bei der Zeugnisanalyse auffallen. Als problematische Auswege bleiben ihm nur, lediglich ein einfaches Zeugnis zu fordern oder ein negatives Zeugnis bei Bewerbungen unaufgefordert nicht vorzulegen. Freilich nehmen Personalleiter in der Regel an, daß „vergessene" Zeugnisse nicht die besten sein werden.

In Reaktion auf die Pflicht zu verständigem Wohlwollen haben sich verschiedene Codierungstechniken entwickelt, welche die Funktion haben, durch taktischen Sprachgebrauch[102] bzw. durch „gezielt initiierte Mehrfachinterpretierbarkeit"[103] die Informationsfunktion des Zeugnisses in verdeckter

---

96 WEUSTER 1992a, S. 58 ; MÖLLER 1990, S. 3; PRESCH 1985, S. 328 f.
97 WEUSTER 1992a, S. 65 f.; GÖLDNER 1991, S. 237
98 WEUSTER 1994a, S. 116
99 WEUSTER 1994a, S. 154 ff.; WEUSTER 1992a, S. 59; PRESCH 1985, S. 329 f.
100 LAG Saarland 28. 2. 1990, LAGE 43 zu § 630 BGB Nr. 9
101 GÖLDNER 1991, S. 233
102 MÖLLER 1990, S. 133
103 MÖLLER 1990, S. 141

Form zu wahren.[104] Hier kann man nicht mehr von Wohlwollens-Techniken sprechen. Diese Techniken verstoßen zum Teil gegen das Geheimmerkmal-Verbot nach § 113 Abs. 3 Gewerbeordnung.[105]

Bei der Reihenfolge-Technik (Satzstellungs-Technik, Klimax-Technik) wird Unwichtiges oder weniger Wichtiges vor Wichtigem genannt. Diese Technik kann z. B. bei der Auflistung der Aufgaben praktiziert werden, wodurch die Bedeutung der Stelle abgewertet wird. Ausweich-Technik: Auch die besondere Hervorhebung von Unwichtigem, weniger Wichtigem oder von Selbstverständlichem anstatt Wichtigem wertet ab, so z. B., wenn bei einem Außendienst-Mitarbeiter von gepflegtem Auftreten und geordneten Produktprospekten, nicht aber vom erreichten Umsatz die Rede ist. Einschränkungs-Technik: Hier erfolgt eine subtile, teils zeitliche Einschränkung der Geltung der Aussage oder der Beurteilungsbasis. Beispiele: *„Herr X gilt im Verband (= nicht bei uns) als Fachmann."* Oder: *„Wir wünschen ihm, daß er Erfolg haben wird (= hatte er bisher nicht)."* Oder: *„Während des viermonatigen Arbeitsverhältnisses hat Frau X stets zu unserer vollen Zufriedenheit gearbeitet."*

Andeutungs-Technik (Orakel-Technik, Signalsprache): Dem Leser werden durch auslegbare Leerformeln oder durch Worte, die oft schon in der Alltagssprache mehrdeutig gebraucht werden, negative Schlüsse nahegelegt. Beispiele: *Er hat sich im Rahmen seiner Fähigkeiten (= geringen Fähigkeiten) eingesetzt."* Oder: *„Sie erledigte ihre Aufgaben immer ordnungsgemäß"* (= *bürokratische Arbeitsweise)*. Eine Sonderform der Andeutungs-Technik ist die Negations-Technik. Im Gegensatz zum allgemeinen Sprachgebrauch, wo doppelte Verneinungen (Litotes) der Betonung dienen *(„nicht unvermögend"* = *„reich")* erfolgt hier in der Zeugnissprache die Abwertung durch die Verneinung des Gegenteils oder die Verneinung negativ besetzter Begriffe. Beispiele: *„Die Zusammenarbeit verlief ohne Beanstandungen"* = *„aber nicht sehr angenehm"* oder *„nicht unbedeutender Umsatz"* = *„auch nicht bedeutender Umsatz".*

Als subtiles Mittel der Andeutung kann auch die gehäufte Passivierung dienen. Durch Aussagen wie *„wurde er eingestellt", „wurde ihm übertragen", „wurde er versetzt"* wird der Mitarbeiter durchgängig als unselbständiges Objekt und damit ohne Initiative und ohne Engagement präsentiert. Auch die Betonung von Zuständigkeiten anstelle von Erfolgsaussagen und die Betonung von Passivmerkmalen wie Belastbarkeit oder Offenheit für neue Ideen werden manchmal so gedeutet. Durch ein Zwischenzeugnis, das als Schreiben an den Arbeitnehmer gestaltet ist und das weitgehend in der Vergangenheitsform verfaßt ist, kann angedeutet sein, daß das Arbeitsverhältnis zu Ende geht und der Arbeitnehmer freigestellt ist.

Bei der Knappheits-Technik erfolgt die Abwertung durch ein betont kurzes Zeugnis oder durch lakonische Aussagen. Besteht z. B. die Leistungsbeurteilung ausschließlich in einer sehr guten Zufriedenheitsformel, so entsteht

---

104 WEUSTER 1992 a, S. 60 ff. mit vielen Beispielen
105 GÖLDNER 1991, S. 234; BOLDT 1987, S. 1136

dennoch kein positiver Eindruck. Die kümmerlichen Aussagen sollen negative Rückschlüsse und Rückfragen auslösen.[106]

Schließlich ist die Widerspruch-Technik zu nennen. Sie verletzt die Homogenität des Zeugnisses als Ganzes.[107] Hierbei sind Aussagen in sich widersprüchlich formuliert, stehen Aussagen im Widerspruch zu ihrem Kontext, oder das Zeugnis enthält Widersprüche (Brüche) zwischen den Zeugniskomponenten. Beispiele: *Herr X hat insgesamt (= nicht immer) zur Zufriedenheit unserer Kunden gearbeitet (= mangelhaft), so daß wir mit seiner Leistung stets sehr zufrieden (= sehr gut) waren (= negative Gesamtwirkung).* Oder: *„Er arbeitete nach Vorgaben selbständig."* Der Widerspruch hebt die positive Aussage auf. Ein Widerspruch ist es auch, wenn auf eine sehr gute Leistungsbeurteilung am Ende des Zeugnisses kein Dank für die geleistete Arbeit und kein Bedauern über das Ausscheiden folgen. Widersprüche oder Brüche im Zeugnis sind oft das Ergebnis von Verhandlungen über das Zeugnis, bei denen der Arbeitnehmer verdeckte Kritik aus Unkenntnis übersehen oder bei denen er nur einige Änderungen durchsetzen konnte.

Die genannten Techniken liefern dem kundigen Dritten verdeckte, aber für ihn verständliche Aussagen. Zum Teil deuten sie ihm Probleme an, legen ihm also Nachforschungen nahe.[108]

Es ist klar, daß zwischen der Wahrheitspflicht und der Wohlwollenspflicht ein Spannungsverhältnis und ein Zielkonflikt bestehen. Nach rechtlicher Auffassung muß ein Zeugnis in erster Linie wahr und erst in zweiter Linie wohlwollend sein.[109] Das Zeugnis muß ein wahres Gesamtbild vermitteln. Das verständige Wohlwollen findet seine Grenze beim Interesse an einer zuverlässigen Beurteilungsgrundlage.[110] Kein Arbeitnehmer hat einen Anspruch darauf, besser beurteilt zu werden, als es den Tatsachen entspricht. Gravierende Vorfälle und charakteristische Fehlverhaltensweisen sind also in angemessen wohlwollender Formulierung im Zeugnis zu vermerken. Ein Verbot erkennbarer Kritik besteht nicht.[111] Eine Aussage wie *„ihre Führung im Dienst gab mehrfach zu Beanstandungen Anlaß"* war zumindest im Jahre 1956 möglich.[112]

2.4. Motive bei der Zeugniserstellung

Motive und Gründe, ein besonders wohlwollenden Zeugnis auszustellen, können sein:

---

106 LAG Baden-Württemberg 6.2.1968, BB 1968, S. 381 = DB 1968, S. 534; DIETZ 1995, S. 39; SCHWARB 1991, S. 28; MÖLLER 1990, S. 204; MELL 1990, S. 33, 173 und 183
107 MÖLLER 1990, S. 152; LIST 1994, S. 17
108 WEUSTER 1989, S. 49 f.; PRESCH 1984, S. 182 f.; SCHMID 1983, S. 769
109 BGH 26.11.1963, DB 1964, S. 517
110 BGH 26.11.1963, DB 1964, S. 517
111 HAUPT/WELSLAU 1992, S. 38; GÖLDNER 1989, S. 5 und 67; SCHAUB 1987, S. 992; BECKER-SCHAFFNER 1983, S. 49; FAESCH 1984, S. 69
112 LAG Düsseldorf, Kammer Köln 21.8.1956, BB 1956, S. 1196; FRIEDRICH 1981, S.12; SABEL 1995, S.40

(1) Leistung und Verhalten des Mitarbeiters sind sehr gut. Man ist mit dem Arbeitnehmer wirklich sehr zufrieden.

(2) Man ist mit dem Arbeitnehmer unzufrieden und möchte sich von ihm trennen. Die Gründe reichen für eine Kündigung aber nicht aus. Bei den Verhandlungen über eine einvernehmliche Trennung mit Abfindungsregelung fordert der Arbeitnehmer ein positives Arbeitszeugnis. An diesem kostenfreien Zugeständnis möchte man die Trennung nicht scheitern lassen.[113]

In dieser Situation verlangen Arbeitnehmer manchmal auch ein positives Zwischenzeugnis, um leichter ein neues Arbeitsverhältnis zu finden. Ein ausnahmslos positives Zwischenzeugnis kann zum Bumerang für den Arbeitgeber werden. Gibt der Arbeitnehmer seine Abkehrbereitschaft nach einiger Zeit wieder auf und will der Arbeitgeber ihm nun kündigen, so muß er sich in einem eventuellen Kündigungsschutzprozeß sein „Vorschußzeugnis" entgegenhalten lassen.[114] Die Erklärung der Entstehensumstände hilft ihm nicht.

(3) Der Aussteller ist konfliktscheu. Er möchte, daß der Arbeitnehmer das Zeugnis ohne langwierige Diskussion akzeptiert. Er will so Streit vermeiden, der ihm kaum Nutzen bringt.[115]

(4) Der Arbeitnehmer ist mit dem ausgehändigten Zeugnis nicht einverstanden und droht mit einer Klage. Der Arbeitgeber ändert das Zeugnis, weil er für einen unproduktiven Gerichtsstreit weder Zeit noch Kosten aufwenden will. Es ist im Einzelfall auch denkbar, daß ein positives Zeugnis durch den Hinweis erreicht wird, in einem eventuellen Gerichtsstreit bestimmte Interna publik zu machen.[116]

(5) Dem Arbeitnehmer muß wegen Auftragsmangel oder zwecks Rationalisierung betriebsbedingt gekündigt werden. Man ist der Ansicht, daß bei dieser Sachlage ein wohlwollendes Zeugnis (sog. Gefälligkeitszeugnis) das mindeste ist, was man für den Arbeitnehmer tun kann.

(6) Der Arbeitgeber überbewertet die Wohlwollenspflicht. Diese scheint in der Praxis mehr bekannt zu sein als der Wahrheitsgrundsatz.[117]

Motive und Gründe für ein weniger wohlwollendes oder für ein bewußt realistisches Zeugnis können sein:

(1) Der Aussteller erstrebt aus Gerechtigkeitsüberlegungen Arbeitszeugnisse, die hinreichend zwischen den einzelnen Arbeitnehmern differenzieren. Es erzeugt vielleicht auch bei den Arbeitnehmern Unzufriedenheit, wenn geringe und hohe Leistungen unterschiedslos beurteilt werden.

---

[113] FRIEDRICH 1981, S. 59 f.
[114] LAG Bremen 22. 11. 1983, BB 1984, S. 473 f.
[115] WEUSTER 1992 a, S. 65; SCHWARB 1991, S. 12 und 36
[116] van VENROOY 1984, S. 25
[117] SCHWARB 1991, S. 28 und 35; NEUMANN 1951, S. 227

Motive bei der Zeugniserstellung I./2.4.

(2) Der Aussteller bemüht sich um differenzierte, wahre und informative Zeugnisse, da er anderen Arbeitgebern eine zuverlässige Beurteilungsgrundlage liefern möchte. Dies ist entgegen dem Vorurteil, alle Zeugnisse seien Lobeshymnen, die Haltung vieler Aussteller.

(3) Der Aussteller fürchtet, unrealistische Arbeitszeugnisse könnten dem Ruf des Unternehmens schaden. Dies gilt insbesondere dann, wenn in einer Region die Arbeitgeber bzw. die Personalleiter persönlich miteinander bekannt sind.

(4) Zur Realistik von Zeugnissen trägt ferner bei, daß man Schadensersatzansprüche von Nachfolgearbeitgebern vermeiden möchte.[118]

(5) Der Aussteller nimmt die Beurteilungen nach seinen individuellen hohen Maßstäben und weniger nach objektiven Maßstäben vor.

(6) Auch bei Differenzen zwischen Aussteller und Arbeitnehmer sind weniger wohlwollend formulierte Zeugnisse zu erwarten. Es scheint Arbeitgeber und Vorgesetzte zu geben, die allein schon in der Kündigung durch den Arbeitnehmer einen Affront oder Undankbarkeit sehen (z.B. bei Kündigung nach aufwendiger Weiterbildung, nach einer Beförderung oder während wichtiger Projekte oder Verhandlungen) und darauf im Zeugnis reagieren. Außerdem scheint es Aussteller zu geben, welche den Grad ihres Wohlwollens davon abhängig machen, ob der Arbeitnehmer Kündigungsschutzklage erhebt oder nicht[119] oder ob er einem Aufhebungsvertrag zustimmt.[120] Manchmal entstehen Differenzen auch erst durch ein unkluges Verhalten des Arbeitnehmers während der Kündigungsfrist. Hier hat das Zeugnis manchmal die Funktion eines Disziplinierungsmittels[121] für die Restlaufzeit des Arbeitsverhältnisses.

(7) Schließlich ist auch zu beachten, daß in sich widersprüchliche und weniger gute Zeugnisse erstellt werden, weil der übliche Zeugnisaufbau und die subtile Zeugnissprache nicht allen Zeugnisausstellern bekannt sind.

Die Formulierungssouveränität liegt beim Arbeitgeber.[122] Baunscheidt stützt sie auf das Grundrecht der freien Meinungsäußerung nach Art. 5 GG.[123] Es kommt aber in der betrieblichen Praxis vor, daß man den scheidenden Mitarbeiter sein Zeugnis selbst entwerfen läßt, um so Auseinandersetzungen und Nachbesserungen aus dem Wege zu gehen.[124] Diese Selbstausstellung erscheint dann hinnehmbar, wenn der Arbeitgeber das Zeugnis ohne Bedenken hinsichtlich des Inhalts durch seine Unterschrift zu „seinem" Zeugnis machen kann.[125]

---

118 KÜCHLE/BOPP 1997, S. 206 ff.
119 BAG 12. 8. 1976, EzA § 630 BGB, Nr. 7
120 LAG Hamburg 3. 7. 1991, LAGE § 611 BGB, Nr. 6
121 SCHWARB 1991, S. 33
122 BAG 29. 7. 1971, DB 1971, S. 1923 = BB 1971, S. 1280; LAG Hamm 20. 2. 1976, BB 1976, S. 603
123 BAUNSCHEIDT 1989, S. 68 f.
124 WEUSTER 1994 a, S. 38 und 164
125 SCHLESSMANN 1994, S. 88

Man kann Arbeitnehmern den Rat geben, daß sie ihrem Arbeitgeber nach vorheriger Abklärung einen Zeugnisvorschlag unterbreiten. Oft wird diese Arbeitserleichterung dankbar aufgegriffen, da manche Vorgesetzte und Personalleiter die „leidige Pflicht" schriftlicher Beurteilungen scheuen.[126] Einen Anspruch auf das selbständige Erstellen des Zeugnisses hat der Arbeitnehmer aber nicht. Er hat auch keinen Anspruch auf bestimmte Formulierungen, wenn der Arbeitgeber die gleiche Aussage nur mit anderen Worten schon gemacht hat. So hat das LAG Düsseldorf das Verlangen eines Arbeitnehmers, im Zeugnis als *„versierter Fachmann auf dem Gebiet der Elektrotechnik"* bezeichnet zu werden, abgelehnt, da im Zeugnis bereits ein zehnjähriger *„fach- und sachgerechter sowie äußerst umsichtiger Arbeitseinsatz als Betriebselektriker"* bescheinigt worden war.[127]

Es ist ratsam, ein selbst formuliertes Zeugnis mit einem Fachmann durchzusprechen. So wird vermieden, daß in Unkenntnis der Zeugnissprache ein nachteiliges Zeugnis erstellt wird. Es ist oft nur ein scheinbares Entgegenkommen, wenn ein vom Arbeitnehmer formuliertes Zeugnis ohne fachkundiges Redigieren einfach unterschrieben wird.[128]

Es ist zu beachten, daß nicht eine einzelne Formulierung zu einem positiven oder negativen Arbeitszeugnis führt, sondern daß ein Zeugnis als einheitliches Ganzes bewertet werden muß.[129] So irritiert es, wenn die Leistung des Mitarbeiters gelobt, sein Ausscheiden aus dem Unternehmen aber nicht bedauert wird (Widerspruch-Technik). Auch verliert eine Beschreibung anspruchsvoller Aufgaben an Bedeutung, wenn das Arbeitsverhältnis insgesamt nur kurze Zeit dauerte.

3. Der Inhalt des Arbeitszeugnisses

3.1. Die Anordnung der Zeugniskomponenten

Ein Arbeitnehmer sollte sich möglichst ein qualifiziertes Zeugnis ausstellen lassen. Es sollte die in der folgenden Übersicht genannten Komponenten enthalten:

Die nachfolgend vorgestellte Ordnung der Zeugniskomponenten sollte eingehalten werden. Möller spricht von den Prinzipien der Vollständigkeit, der Geordnetheit (Reihenfolge) und der Wohlgeschiedenheit (trennscharfe Abgrenzung = keine Vermengung der Komponenten).[1] Es kann eine Abwertung signalisieren, wenn vorrangig und ausführlich gute Umgangsformen und die Kollegialität und erst nachrangig und knapp die Leistung gelobt wird (Reihenfolge-Technik).[2] Eine deutliche Verletzung des üblichen Auf-

---

126 KADOR 1992, S. 47; INSTITUT 1994, Teil 2, S. 20
127 LAG Düsseldorf 2. 7. 1976, DB 1976, S. 2310
128 NASEMANN 1993a, S. 114; KADOR 1992, S. 24; DACHRODT 1984, S. 11
129 BAG 23. 6. 1960, DB 1960, S. 1042 = BB 1960, S. 983; MÖLLER 1990, S. 46
  1 MÖLLER 1990, S. 108, 110 und 150 ff.
  2 LUCAS 1993, S. 165; van VENROOY 1984, S. 96

Die Anordnung der Zeugniskomponenten I./3.1.

Aufbau und Bestandteile eines vollständigen und wohlgeordneten Zeugnisses				
Eingangssatz				
Titel, Vorname, Name, (Geburtsname), Geburtsdatum, (Geburtsort), Tätigkeitsbezeichnung(en), Dauer des Arbeitsverhältnisses				
Positions- und Aufgabenbeschreibung				
Hierarchische Position Einordnung, Berichtspflicht Stellvertretung		Haupt- und Sonderaufgaben Projekte, Ausschüsse Versetzungen Unternehmensskizze (Unternehmerverbund, Markt, Mitarbeiter)		Vollmachten, Prokura Kreditkompetenz Umsatzverantwortung Budgetverantwortung Investitionsvolumen Kapital, Bilanzsumme
Beurteilung der Leistung und des Erfolges				
Arbeitsbereitsch. Motivation	Arbeitsbefähigung Können	Fachwissen Weiterbildung	Arbeitsweise Arbeitsstil	Arbeitserfolg Ergebnisse
Identifikation Engagement Initiative Dynamik, Elan Pflichtbewußtsein Zielstrebigkeit Energie, Fleiß Interesse Einsatzwille Mehrarbeit	Ausdauer Belastbarkeit Flexibilität Streßstabilität Optimismus Positives Denken Auffassungsgabe Denkvermögen Urteilsvermögen Konzentration Organisationstal. Kreativität	Inhalt Aktualität Umfang Tiefe Anwendung Nutzen Eigeninitiative Bildungserfolg Zertifikate	Selbständigkeit Zuverlässigkeit Sorgfalt Systematik Methodik Planung Sicherheit Sauberkeit	Qualität Verwertbarkeit Quantität Tempo Produktivität Umsatz, Rendite Intensität Termintreue Zielerreichung Sollerfüllung
Konkrete herausragende Erfolge				
Führungsumstände und Führungsleistung (bei Vorgesetzten)				
Zahl der Mitarbeiter Art der Mitarbeiter		Abteilungsleistung Arbeitsatmosphäre		Betriebsklima Mitarbeiterzufriedenheit
Zusammenfassende Leistungsbeurteilung (Stetigkeit und Grad der Zufriedenheit)				
Beurteilung des Sozialverhaltens				
Verhalten zu Vorgesetzten und Kollegen		Verhalten zu Externen (Kunden)		Soziale Kompetenz
Einwandfreiheit Vorbildlichkeit Wertschätzung Anerkennung Beliebtheit		Auftreten Kontaktfähigkeit Gesprächsverhalten Verhandlungsstärke Akquisitionsfähigkeit		Vertrauenswürdigkeit Ehrlichkeit, Integrität Loyalität, Diskretion Teamfähigkeit, Kooperation Kompromißbereitschaft Überzeugungsfähigkeit Durchsetzungsvermögen
Schlußabsatz				
Beendigungsformel (Beendigungsinitiative) evtl. mit Begründung		Dankes-Bedauern-Formel Empfehlung, Verständnis Wiedereinstellungsaussage Wiederbewerbungsbitte		Zukunftswünsche Erfolgswünsche
Ausstellungsdatum				Unterschriften

baus läßt auf ein mit wenig Fachkunde erstelltes Zeugnis („Dilettanten-Zeugnis"), zum Beispiel ein „typisches Vorgesetzten-Zeugnis", schließen.[3] Eine Vermischung von Aufgabenbeschreibung und Beurteilungen fand sich nach Preibisch allerdings in immerhin 34 % der Zeugnisse.[4] Vielfach wird in den Zeugnissen von Führungskräften auch nicht sauber zwischen der Beurteilung der Führungsleistung (Beurteilung als Vorgesetzter) und des Sozialverhaltens geschieden.

3.2. Überschrift und Einleitung

Ein Zeugnis ist in der Überschrift als solches zu bezeichnen[5] (z. B. „Zeugnis" oder „Arbeitszeugnis"). Die Bezeichnung „Arbeitsbescheinigung" genügt nicht.

Eine übliche Einleitung lautet: „Herr/Frau..., geboren am..., war vom... bis zum... in unserer Abteilung... als... tätig." Im einzelnen werden nach Preibisch im Eingangspassus genannt:[6] Name (100 %), Geburtsdatum (91,4 %), Geburtsort (32 %) und derzeitiger Wohnort (27,5 %). Die Beschäftigungsdauer und die Art der Beschäftigung werden in nahezu allen Zeugnissen genannt. Dem Namen sind akademische Grade (Namensbestandteile) und öffentlich-rechtliche Titel[7] beizufügen. Die Erwähnung des Geburtsnamens kann manchmal bei der Identitätsklärung helfen.

Das Geburtsdatum darf nach Schulz nur in Absprache mit dem Arbeitnehmer ins Zeugnis aufgenommen werden.[8] Es informiert in indirekter Weise über das Alter während der Betriebszugehörigkeit. Das Geburtsdatum bzw. das daraus ableitbare Alter können bei Bewerbungen zu altersbedingten Zurückweisungen führen, was selbstverständlich nicht offen gesagt oder zugegeben wird. Allerdings dürfte der Verzicht auf das Geburtsdatum im Zeugnis diesen Sachverhalt wohl kaum ändern.

Die Angabe der Wohnanschrift ist überflüssig bzw. für den Arbeitnehmer möglicherweise schädlich, wenn auf viele Wohnungswechsel oder auf „schlechte Adressen" geschlossen werden kann.[9]

Das Zeugnis hat sich auf die gesamte Rechtsdauer des Arbeitsverhältnisses zu beziehen.[10] Der Arbeitgeber darf im Endzeugnis nicht lediglich auf ein früher ausgestelltes Zwischenzeugnis verweisen. Allerdings kann auch ein Arbeitnehmer, der während einer längeren Freistellung schon beim nächsten Arbeitgeber tätig ist, nicht die Angabe eines fiktiven früheren Vertragsendes verlangen.

---

3 FREY 1980, S. 76; MÖLLER 1990, S. 61
4 PREIBISCH 1982, S. 5
5 LAG Düsseldorf 14.12.1994, BB 1995, S. 2064
6 PREIBISCH 1982, S. 4 f.; Institut 1994, Teil 1, S. 8
7 SCHULZ 1995, S. 56
8 SCHULZ 1995, S. 58
9 SCHWARB 1991, S. 7 und 36
10 BGH 9.11.1967, DB 1967, S. 2214; LAG Frankfurt 14.9.1984, DB 1985, S. 820 = NZA 1985, S. 27

Überschrift und Einleitung	I./3.2.

Zeigt der Einleitungssatz ein „krummes" Austrittsdatum, so kann schon dies eine fristlose Kündigung oder einen gerichtlichen Vergleich signalisieren. Es empfiehlt sich, bei der Personalvorauswahl stichprobenweise die Daten im Zeugnis mit den entsprechenden Angaben im Lebenslauf zu vergleichen.

Bei Teilzeit-Mitarbeitern, deren Arbeitszeitvolumen erheblich unter der Vollzeit liegt, ist der Teilzeitstatus zu erwähnen, da nur so ein richtiges Bild vom Umfang der Berufserfahrung entsteht. Beispiel: „Frau X war bei uns im Umfange von 25 Stunden wöchentlich tätig."

Manchmal wird in der Einleitung darauf hingewiesen, daß der Arbeitnehmer zuvor im Unternehmen seine Berufsausbildung absolviert hat. Wurde ein Ausbildungszeugnis ausgestellt, so ist dieser Hinweis überflüssig. Der Eingangssatz im Ausbildungszeugnis informiert über Ziel und Dauer der Ausbildung. Man kann sehen, ob die Ausbildung in verkürzter, normaler oder in verlängerter Dauer absolviert wurde. Der Vergleich von Geburtsdatum und Ausbildungsbeginn zeigt, in welchem Alter die Ausbildung begonnen wurde.

Das Wort „tätig" zeigt schon im Eingangssatz einen aktiven Mitarbeiter. Weniger gut sind Formeln wie „wurde beschäftigt" oder „hatte zu erledigen", die auf ein mehr passives Verhalten des Mitarbeiters hindeuten. Wird im Eingangssatz nur die rechtliche Existenz eines Arbeitsverhältnisses betont („Das Arbeitsverhältnis dauerte von/bis", „war von/bis Angehöriger unseres Unternehmens"), so kann dies andeuten, daß der Mitarbeiter aufgrund langer Fehlzeiten nur kurze Zeit wirklich arbeitete.[11]

Die Dauer des Arbeitsverhältnisses erlaubt unter Berücksichtigung des jeweiligen Berufes eine Einschätzung der Mobilität bzw. Immobilität des Arbeitnehmers[12] und eine erste Beurteilung des Informationswertes eines Zeugnisses. Je kürzer das Arbeitsverhältnis dauerte, um so geringer ist die zeitliche Beurteilungsbasis des Ausstellers.[13] Ein sehr kurzes Arbeitsverhältnis, insbesondere die Beendigung schon in der Probezeit, wirkt meist sehr negativ. Hier ist auch durch eine gute Beurteilung nur eine teilweise Schadensbegrenzung möglich.

Gelegentlich heben Aussteller die Kürze des Beurteilungszeitraumes hervor. Beispiel bei einem Werkstatt-Techniker: „Da Herr X bereits am . . . zur Bundeswehr einberufen wurde, ist uns eine Beurteilung seiner Leistung leider nicht möglich. Wir bescheinigen ihm jedoch, daß er die ihm übertragenen Arbeiten ohne Beanstandungen und bei einwandfreiem persönlichen Verhalten erledigt hat. . . . Er hat noch während seines Wehrdienstes sein Arbeitsverhältnis fristgerecht gekündigt." Hier ist anzumerken, daß das Unternehmen sehr wohl ein Zeugnis mit Leistungsbeurteilung hätte ausstellen müssen. Das LAG Düsseldorf hat einen solchen

---

11 FRIEDRICH 1981, S. 94
12 MÖLLER 1990, S. 63 und 186
13 WEUSTER 1994 a, S. 169

Anspruch bei einem auf Dauer angelegten Arbeitsverhältnis schon nach nur zweitägiger tatsächlicher Arbeit bejaht.[14]

Wird das Arbeitsverhältnis noch zum Zeitpunkt der Zeugniserstellung durch eine längere Abwesenheit mitgeprägt (Wehrdienst, Zivildienst, [wiederholter] Erziehungsurlaub, Delegation in außerbetriebliche Organisationen, Freistellung für Studium, Freiheitsstrafe), so kann diese Fehlzeit nach Auffassung verschiedener Autoren erwähnt werden.[15] Kurzzeitige Freistellungen im Zusammenhang mit der Beendigung des Arbeitsverhältnisses werden im Zeugnis nicht angegeben. Schleßmann bietet die Faustregel, daß eine Unterbrechung zu erwähnen sei, wenn sie etwa die Hälfte des Arbeitsverhältnisses ausmache.[16] Wie die Beispiele zeigen, müssen Abwesenheitszeiten nicht zwangsläufig negativ gewertet werden. Allerdings ist auch klar, daß in dieser Zeit keine Berufserfahrung erworben wurde. Schulz betont, es käme im Zeugnis allein auf die rechtliche Dauer des Arbeitsverhältnisses an. Er wendet sich daher gegen die Erwähnung auch längerer Fehlzeiten im Zeugnis.[17] Ähnlich argumentiert Göldner, welche längere Fehlzeitangaben nur in einem qualifizierten Zeugnis bei der Leistungsbeurteilung zulassen will.[18] Bezüglich Krankheitsfehlzeiten verweisen wir auf den Gliederungspunkt 3.4.6.

Wurde ein Arbeitnehmer während eines von ihm letztlich verlorenen Kündigungsschutzprozesses weiterbeschäftigt, ist im Zeugnis nicht die rechtliche, sondern die tatsächliche Dauer anzugeben. Da sich dabei das Dilemma eines „krummen" Austrittsdatums ergibt, plädiert Schleßmann für diesen seltenen Fall für eine wahrheitsnahe, wohlwollende Abrundung des Austrittsdatums auf den nächstliegenden unverdächtigen Termin.[19]

3.3. Die Positions- und Aufgabenbeschreibung

Die Position bezeichnet die hierarchische Einordnung des Mitarbeiters im Unternehmen. Es ist bei Führungskräften wichtig, daß die hierarchische Einordnung, z. B. die direkte Unterstellung unter die Unternehmensleitung, klar zum Ausdruck kommt.[20] Die Bedeutung einer hierarchischen Position variiert mit der Unternehmensgröße. Im allgemeinen steigt bei gleicher Positionsbezeichnung die Verantwortung mit zunehmender Unternehmensgröße. In kleinen und mittleren Unternehmen, die vom Eigentümer geleitet werden, haben die Führungskräfte oft nur einen eingeschränkten Entscheidungsspielraum. Bei der Zeugnisanalyse ist gegenüber Leitungsbezeichnungen Skepsis geboten. Abteilungsleiter oder Filialleiter können sehr gro-

---

14 LAG Düsseldorf, 8. Kammer Köln, 14. 5. 1963, BB 1963, S. 1216
15 HAUPT/WELSLAU 1992, S. 38; RUNGGALDIER 1992, Sp. 475; DIETZ 1995, S. 19; ; KÜCHLE/BOPP 1997, S. 180; FAESCH 1984, S. 65
16 SCHLESSMANN 1994, S. 58
17 SCHULZ 1995, S. 68 ff. und 89
18 GÖLDNER 1989, S. 58 f. und 84 ff.
19 SCHLESSMANN 1994, S. 58 f.
20 WEUSTER 1994 a, S. 124

ßen Einheiten vorstehen, es kann sich aber auch um organisatorische Ein-Mann-Gebilde handeln.

Die Beschreibung der Position und der Aufgaben ist eine wichtige Zeugniskomponente, da sie über die Berufserfahrung des Arbeitnehmers informiert.[21] Der Leser des Zeugnisses muß sich von der Tätigkeit ein klares Bild machen können.[22] Die Bedeutung der Position und der Aufgaben sollte im Zeugnis nicht abgewertet, aber auch nicht beschönigt oder aufgebauscht werden. So kann die Aussage, der Arbeitnehmer habe zur „erweiterten Geschäftsführung" (er ist also kein Geschäftsführer) gehört, im Einzelfall überzogen wirken. Aus Arbeitnehmersicht empfiehlt es sich, die Positions- und Aufgabenbeschreibung durch einen Funktions- und Branchenfremden auf Verständlichkeit prüfen zu lassen.

Bei der Tätigkeitsbeschreibung müssen die verkehrsüblichen Bezeichnungen verwendet werden.[23] Worte wie „Hilfskraft", „Schreibkraft", „Jung-Geselle" oder „Handlanger", die möglicherweise abwertend wirken, sind zu vermeiden.[24] In den letzten Jahren findet man in den Zeugnissen international ausgerichteter Unternehmen Positions- sowie Aufgabenbezeichnungen in englischer Sprache. Beispiel: „Herr X war bei uns als Technical Support Engineer für den Second Level Support im Bereich Internetworking tätig." Solche Formulierungen sind außerhalb des Kreises der jeweiligen Funktionsangehörigen bzw. außerhalb der jeweiligen Branche oft nicht verständlich. Auch die Aufgabenbeschreibung hilft dem Leser oft nicht weiter. Dies kann u. U. zu Benachteiligungen im Bewerbungsprozeß führen. Aussteller sollten sich daher zumindest bemühen, in Klammern erklärende Zusätze in deutscher Sprache zu machen.

Eine bloße Bezeichnung von hierarchischer Position oder Zuordnung (Meister, Vorstandssekretärin), Beruf (Industriekaufmann), akademischem Abschluß (Diplom-Ingenieur), Funktion (Einkäufer oder gar nur kaufmännischer Angestellter) oder Abteilung (in der Kostenrechnung) sowie in Ausbildungszeugnissen des erlernten Berufes genügt aber nicht, da sich in der Praxis hinter gleichen Begriffen extrem unterschiedliche Aufgaben und Kompetenzen verbergen können.[25] So gibt es z. B. „Disponenten" in sehr unterschiedlichen Funktionen und Branchen. Oder: Der Begriff „Projektleiter" kennzeichnet nicht immer eine Führungskraft, sondern es kann sich im Rahmen des Stabs-Projektmanagements um eine Ein-Mann-Aufgabe mit rein sachlicher Koordinierungsfunktion handeln. Auch ist „im Sekretariat des Divisionsleiters tätig" nicht unbedingt mit „Sekretärin des Divisionsleiters" identisch. Schließlich kommt es vor, daß die gleiche Aufgabe unterschiedlich bezeich-

---

21 WEUSTER 1994a, S. 60 und 120
22 BAG 12. 8. 1976, EzA § 630 BGB, Nr. 7
23 LAG Bremen 16. 9. 1953, DB 1954, S. 352
24 RUNGGALDIER/EICHINGER 1989, S. 89
25 KÜCHLE/BOPP 1997, S. 177 f.; GÖLDNER 1991, S. 228

net wird. So können sich z. B. die Tätigkeiten eines Leiters des Controlling und eines Leiters der Betriebswirtschaft inhaltlich entsprechen.

Das LAG Hamm hat die Kennzeichnung „für das Aufgabengebiet Personalangelegenheiten tätig" als zu unbestimmt und inhaltsleer abgelehnt.[26] Das ArbG Wilhelmshaven hat die Bezeichnung „Angestellte im Schulsekretariat" als nicht ausreichende Beschreibung angesehen.[27] Dennoch besteht nach Preibisch die Positions- und Aufgabenbeschreibung in mehr als einem Viertel der untersuchten Zeugnisse nur in einer Berufsbezeichnung, einer Tätigkeitsbezeichnung oder einer Nennung des Einsatzortes.[28]

Die notwendige Ausführlichkeit der Beschreibung hängt von der Position, von der Qualität der Aufgaben und von der Dauer der Aufgabenerfüllung ab. Zum Teil wird eine knappe Aufgabenbeschreibung dahingehend ausgelegt, der Arbeitnehmer habe nicht zufriedenstellend gearbeitet.[29] Eine Anlerntätigkeit wird man oft schon mit einigen Worten zutreffend beschreiben können. Das Aufgabengebiet eines Leitenden Angestellten, eines Spezialsachbearbeiters oder eines qualifizierten Facharbeiters verlangt dagegen eine ausführliche Darstellung. Aufzunehmen sind alle Aufgaben, die im Rahmen der weiteren beruflichen Entwicklung des Arbeitnehmers Bedeutung erlangen könnten. Es sollten alle Tätigkeiten aufgeführt werden, die für eine Einstellentscheidung relevant sein könnten.[30] Nur für eine Bewertung Unwesentliches darf ausgelassen werden.[31] Unzureichend sind zum Beispiel folgende Aussagen über den Leiter eines kleineren Unternehmens mit acht Mitarbeitern: „Herrn X oblag im Rahmen seiner Tätigkeit sowohl die kaufmännische als auch die technische Leitung und Führung des Unternehmens. Im Hinblick auf die Betriebsgröße mußte er sich mit sämtlichen anfallenden Tätigkeiten und Problemen befassen. . . . Eine Einzelaufstellung der Tätigkeiten kann unterbleiben, da er, wie erwähnt, zwangsläufig mit allen Aufgaben innerhalb des Unternehmens konfrontiert wurde." Andererseits empfiehlt es sich nicht, umfangreiche Stellenbeschreibungen komplett in ein Zeugnis zu übernehmen.[32] Der Arbeitnehmer hat darauf auch keinen Anspruch, da die Formulierungssouveränität beim Arbeitgeber liegt.

Um die Bedeutung der beschriebenen Aufgaben deutlich zu machen, sind in die Aufgabenbeschreibung auch informative Angaben zum Schwierigkeitsgrad und Komplexitätsgrad („Herstellung komplizierter Einzelteile", „schrieb und redigierte laufend schwierige technisch-wissenschaftliche Texte", „leitete das komplexe Großprojekt") sowie zum Arbeitsumfeld aufzunehmen.

---

26 LAG Hamm 3. 1. 1969, BB 1969, S. 834
27 ArbG Wilhelmshaven 26. 9. 1971, DB 1972, S. 241 f.
28 PREIBISCH 1982, S. 5
29 SCHWARB 1991, S. 33
30 KÜCHLE/BOPP 1997, S. 178; GÖLDNER 1991, S. 227; WEUSTER 1994 a, S. 124
31 BAG 12. 8. 1976, BB 1976. S. 1516 = DB 1976, S. 2211 ff.; GAUL 1986, S. 221
32 KADOR 1992, S. 50 f.; GÖLDNER 1991, S. 227

Die Positions- und Aufgabenbeschreibung I./3.3.

Wichtig sind auch Angaben zum Verantwortungsumfang und zu Vollmachten und Kompetenzen.[33] Man kann als Einkäufer für ein kleines oder ein großes Einkaufsvolumen (Zentraleinkäufer) zuständig sein. Ein Kreditreferent kann eine große oder nur eine kleine Kreditkompetenz bzw. nur eine Gemeinschaftskompetenz haben. Ein Produktmanager kann die Produktbetreuung lediglich in einer Stabsfunktion ohne eigene Entscheidungsbefugnis durchführen, er kann aber auch den Hauptumsatzträger gewinnverantwortlich steuern. Beispiele: „Er war in seiner Position für ein Budget von X DM verantwortlich." Oder: „Er konnte selbständig Mitarbeiter einstellen und entlassen." Oder: „Ihr Schadenslimit bei der Unfallschaden-Bearbeitung betrug . . . DM." Oder: „Die Kreditkompetenz von Frau X wurde schrittweise auf X DM erhöht." Oder: „Am DATUM wurde Herrn X Prokura / Handlungsvollmacht erteilt." Oder: „Alle bestandsverändernden Maßnahmen durften ausschließlich von Herrn X durchgeführt werden." Oder: „Für die Bereinigung von Reklamationsfällen mit Hauptkunden war ausschließlich Frau X zuständig." Wenig informativ wäre: „Ihm wurden die erforderlichen Kompetenzen erteilt."

Im Zeugnis eines Außendienst-Mitarbeiters muß deutlich werden, ob er lediglich am Geschäftssitz als Stadtreisender oder ob er in einem größeren Bezirk als Handlungsreisender beschäftigt war und welche Vollmachten er hatte.[34]

Um die Bedeutung und Wertigkeit einer Stelle klarzumachen, kann im Einzelfall auch die Tarifgruppe ins Zeugnis aufgenommen werden, was in der Praxis aber fast nie geschieht.

Hat eine Prokura nicht während der gesamten Dauer des Arbeitsverhältnisses bestanden, so hat der Arbeitnehmer nach einer umstrittenen Entscheidung nur Anspruch auf die Nennung der Prokura unter exakter Zeitangabe.[35] Dabei wirkt es sicherlich negativ, wenn die Prokura schon vor dem Ausscheiden entzogen wird.[36] GmbH-Geschäftsführer können ggf. die Aussage verlangen, daß sie in ihrer Position volle Entscheidungsfreiheit besaßen, da dies zeigt, unter welchen Bedingungen sie sich bewähren mußten und was ihnen zukünftig zuzutrauen ist.[37]

Die Beschreibung wird oft mit einem Hinweis auf den Grad der Selbständigkeit oder Eigenverantwortlichkeit bei der Aufgabenerfüllung verbunden. Bei einem Projektmitarbeiter klingt es besser, wenn es heißt, er habe die genannten komplexen Projektteile selbständig oder zumindest maßgeblich betreut und gelöst, als wenn nur seine Beteiligung am Projekt erwähnt wird. Im Zeugnis eines Bilanzbuchhalters kann es als Einschränkung seiner Qualifikation und Selbständigkeit interpretiert werden, wenn ausgeführt wird, daß

---
33 WEUSTER 1994 a, S. 124 und 166
34 LAG Bremen 16. 9. 1953, DB 1954, S. 352
35 LAG Baden-Württemberg 19. 6. 1992, DB 1993, S. 1040 = NZA 1993, S. 127
36 PFLEGER, DB 1993, S. 1041; HAUPT/WELSLAU 1993, S. 53 f.
37 KG Berlin 6. 11. 1978, BB 1979, S. 989

wichtige Arbeiten seines Aufgabengebietes von einem speziell engagierten Steuerberater durchgeführt wurden.[38]

Ist der Arbeitnehmer in einer Tarifgruppe tätig, die eine selbständige Aufgabenerledigung beinhaltet, so kann der Begriff „selbständig" ins Zeugnis aufgenommen werden. Daß man wichtige Fragen und Entscheidungen mit seinem Vorgesetzten abstimmt, ist selbstverständlich. Wird dies in einer Aufgabenaufzählung mehrmals erwähnt, so nimmt dies der Position den Charakter der Selbständigkeit. Der Passus „selbständig im Rahmen vorgegebener Richtlinien" entspricht wohl meist der betrieblichen Realität, kann aber bei der Zeugnisinterpretation als deutliche Einschränkung der Selbständigkeit mißverstanden werden. Wer „nach Vorgaben / unter Anleitung / mit Unterstützung selbständig" arbeitet, arbeitet wohl unselbständig. Es ist aus Arbeitnehmersicht wohl empfehlenswert, entweder die Begriffe „selbständig" oder „eigenverantwortlich" zu verwenden, oder aber auf auffällige Einschränkungen wie „zum Teil selbständig" zu verzichten. Bei den Formulierungen „ganz weitgehend selbständig" oder „weitestgehend selbständig" kann man fragen, ob diese feine Abstufung von einer uneingeschränkten Selbständigkeit wirklich notwendig ist. Wichtig ist auch, bei welchen Aufgaben Selbständigkeit oder eine eingeschränkte Selbständigkeit testiert wird. Negativbeispiel: „Er erledigte weitgehend selbständig alle Routine-Aufgaben."

Viele Arbeitnehmer üben eine Doppelfunktion oder eine gemischte Tätigkeit aus. So haben zum Beispiel Ingenieure und Meister oft eine technisch-administrative Mischfunktion inne. In diesen Fällen ist nur ein Zeugnis auszustellen, in dem auf alle Funktionen einzugehen und ein zutreffender Gesamteindruck zu vermitteln ist (Grundsatz der Einheitlichkeit).[39] Eine Aussage zu einer Nebentätigkeit, die mit dem Arbeitsverhältnis nichts zu tun hat, gehört nicht ins Zeugnis.[40]

Ist der Arbeitnehmer im Unternehmen versetzt oder befördert worden, so ist seine Betriebsbiographie chronologisch mit ihren Daten, Arbeitsinhalten und eventuell den Wechselgründen (z. B. eigene Bewerbung auf eine innerbetriebliche Stellenausschreibung) zu beschreiben. Die Grundsätze der Wahrheit und der Vollständigkeit schließen eine zeitliche und sachliche Einschränkung der Aufgabenbeschreibung aus.[41] Das gilt auch, wenn zuvor bei einer Versetzung ein Zwischenzeugnis ausgestellt wurde.[42] Eine sachliche Einschränkung ist auch kaum im Arbeitnehmerinteresse. Man kann nicht ausschließen, daß ein Arbeitnehmer später einmal wieder in einem früheren Aufgabenbereich tätig sein will. Allerdings wird bei Versetzungen die letzte

---

38 RUNGGALDIER/EICHINGER 1989, S. 89
39 LAG Frankfurt 23. 1. 1968, DB 1969, S. 887; SCHLESSMANN 1993, S. 60; GAUL 1986, S. 222; GÖLDNER 1991, S. 227; BOLDT 1987, S. 1137; BERNOLD 1983, S. 67
40 SCHULZ 1995, S. 90
41 LAG Frankfurt 14. 9. 1984, DB 1985, S. 820 = NZA 1985, S. 27; RUNGGALDIER 1992, Sp. 474
42 LAG Baden-Württemberg 6. 2. 1968, BB 1968, S. 381

Die Positions- und Aufgabenbeschreibung　　　　　　　　　　I./3.3.

Tätigkeit meist ausführlicher als frühere („historische") Tätigkeiten beschrieben.
Nicht erklärte Versetzungen können zu Fehlinterpretationen führen.[43] Bei einem Stellenwechsel sollte, falls zutreffend, der hierarchische Aufstieg oder die Übernahme einer anspruchsvolleren Aufgabe klar herausgestellt werden. Auch kann betont werden, daß der Mitarbeiter eine Stelle aufgrund eigener Bewerbung übernahm. Die Logik des Karriereschrittes und das Eigeninteresse müssen deutlich werden. Manchmal kommt es zu beruflichen Rückschritten, die der Arbeitnehmer nicht zu vertreten hat, zum Beispiel, wenn er nach einer Rationalisierung oder wegen einer Allergie nur auf einem geringerwertigen Arbeitsplatz weiterbeschäftigt werden kann. In diesen Fällen kann es für den Arbeitnehmer förderlich sein, den Versetzungsgrund im Zeugnis zu nennen.

In Ausbildungszeugnissen genügt eine Angabe nur des erlernten Berufes oder ein Verweis auf das Berufsbild oder die Ausbildungsordnung den Anforderungen von § 8 Berufsbildungsgesetz nicht. Wechselt der Auszubildende später die Branche, so haben die Leser oft keine Vorstellung, was im einzelnen zum jeweiligen Berufsbild gehört. Es sind also die konkrete sachliche und zeitliche Gliederung der Ausbildung in Form der durchlaufenen Abteilungen und die dort erworbenen Fertigkeiten und Kenntnisse sowie der Berufsschulbesuch oder spezieller Firmenunterricht zu beschreiben.[44] Da der Gesetzgeber in § 8 Abs. 2 Satz 1 BBiG von „erworbenen" und nicht von „vermittelten" Fertigkeiten und Kenntnissen spricht, gehen auch in ein einfaches Ausbildungszeugnis Leistungsaspekte (Lernerfolg) ein.

Eine langjährige unveränderte Beschäftigung auf ein und demselben Arbeitsplatz spricht nicht für Bewerber, von denen man aufgrund ihrer Eintrittsqualifikation eine gewisse Karriere erwarten darf.[45] Die Beschreibung des Erfolges in Assessment-Positionen oder einer fachlichen Spezialisierung im Unternehmen beinhaltet zugleich eine Leistungsbeurteilung („im Rahmen seiner weiteren beruflichen Entwicklung und Förderung übertrugen wir ihm"; „konnten wir ihr im Laufe der Zeit immer größere Aufgaben übertragen").[46] Man kann sehen, ob eine Aufgabenerweiterung, ein schrittweiser Kompetenzzuwachs und ein Aufstieg stattfand oder ob man für den Mitarbeiter in absteigender Linie immer neue Verwendungen finden mußte[47]. Dabei empfiehlt sich eine kritische Zeugnisanalyse. Ist eine angebliche Beförderung vom „Leiter Versand, Import und Export" zum „Leiter Versand und Verpackung" wirklich ein Aufstieg?

---

43 WEUSTER 1991/92, S. 23; SCHWARB 1991, S. 37
44 WEUSTER 1991 b, S. 71 f.
45 KADOR 1992, S. 25; DACHRODT 1984, S. 11; LIEGERT 1975, S. 36
46 WEUSTER 1994 a, S. 166; MELL 1990, S. 29; DITTRICH 1988, S. 104
47 SCHLESSMANN 1994, S. 54; BERNOLD 1983, S. 31; FRIEDRICH 1981, S. 55 und 98 f.; LIEGERT 1975, S. 36

Eine weitere indirekte Leistungsbeurteilung kann in einem Wettbewerbsverbot (Wettbewerbsabrede) gegeben sein, wenn man dies als Anerkennung der Konkurrenzfähigkeit des Arbeitnehmers interpretiert. Eine vereinbarte Wettbewerbsabrede darf jedoch nur auf Wunsch des Arbeitnehmers genannt werden.[48] Nach Göldner darf sie überhaupt nicht ins Zeugnis aufgenommen werden.[49] Ihre Erwähnung kann im Einzelfall dazu führen, daß ein Arbeitnehmer im Rahmen der Personalvorauswahl nicht weiter berücksichtigt wird.

Nach Schweres steht dem Mitarbeiter bei der Aufgabenbeschreibung ein Vorschlagsrecht zu.[50] Es kann zweckmäßig und im Sinne einer kooperativen Führung und des verständigen Wohlwollens sein, den Arbeitnehmer bei der Aufgabenbeschreibung mitwirken zu lassen. In der Unternehmens-Befragung gaben 31,9 % von 389 Unternehmen an, den Mitarbeiter (in besonderen Fällen) an der Aufgabenbeschreibung zu beteiligen.[51] Manchmal können nach einer Versetzung nur die Mitarbeiter selbst ihre frühere Tätigkeit aus dem Gedächtnis rekonstruieren.[52] Die Mitwirkung empfiehlt sich auch, wenn Vorgesetzte bei einer diskontinuierlichen Qualifikationsstruktur die Arbeit eines Mitarbeiters fachlich nicht oder nur bedingt beherrschen.[53] Beispiele: Ein Unternehmensleiter (Betriebswirt, Ingenieur) hat einen Juristen als Mitarbeiter. Einem Vertriebsleiter untersteht ein Marktforscher mit Spezialwissen in empirischen Marktanalysen und in statistischen Methoden. Ein weiterer Grund für die Beteiligung des Mitarbeiters kann darin liegen, in Absprache mit ihm solche durchgeführten Tätigkeiten herauszustellen, die seinen weiteren beruflichen Plänen besonders entsprechen.[54]

Bei der Aufgabenbeschreibung sollte von den Hauptaufgaben zu den weniger wichtigen Nebenaufgaben gegangen werden (Antiklimax, priorisierte Aufgabentabelle).[55] Also nicht: „Er war für den Einkauf von Büromaterial, Werkzeug und Investitionsgütern zuständig" (Reihenfolge-Technik), sondern „Er war für den Einkauf von Investitionsgütern, Werkzeug und Büromaterial zuständig". Eventuell könnte auf die Nennung der Nebenaufgabe „Büromaterialbeschaffung" auch verzichtet werden. Werden nur weniger qualifizierte Aufgaben, zum Beispiel bei einer Sekretärin das Sortieren der Post sowie Korrespondenz nach Diktat, erwähnt, so ist dies eine Abwertung, welche die Berufsbezeichnung „Sekretärin" in Frage stellt.[56] Nach den Daueraufgaben sollten im Zeugnis auch nennenswerte temporäre Sonderaufgaben (Bewährungsaufgaben, Profilierungsaufgaben) und regelmäßige Vertretungsfunktionen, insbesondere von übergeordneten Funktionen, beschrieben wer-

---

48 SCHLESSMANN 1994, S. 66; SCHWERDTNER 1980, S. 1542
49 GÖLDNER 1989, S. 57
50 SCHWERES 1986, S. 1572
51 WEUSTER 1994 a, S. 24 f.
52 SCHWARB 1991, S. 27
53 FRIEDRICH 1981, S. 73; auch PRESCH 1985, S. 331
54 KADOR 1992, S. 51
55 WEUSTER 1991/92, S. 23
56 FRIEDRICH 1981, S. 94

Die Positions- und Aufgabenbeschreibung   I./3.3.

den.[57] Auch die Mitwirkung in internen Ausschüssen und die Vertretung des Unternehmens in externen Ausschüssen können genannt werden.

Werden Routineaufgaben besonders betont oder werden wichtige Tätigkeiten mit dem Wort „neben" eingeführt, so kann dies abwertend wirken. Beispiel bei einem Einkäufer: „Neben den üblichen Einkaufsaufgaben kümmerte sich Herr X insbesondere um die Einkaufsregistratur." Oder bei einer Sekretärin: „Frau X erledigte alle in einem Sekretariat vorkommenden Arbeiten, insbesondere bearbeitete sie die Routinepost sowie verschiedene Statistiken."

In sich widersprüchlich und daher wenig glaubwürdig wirken Beschreibungen, in denen neben sehr bedeutsamen und verantwortungsvollen Aufgaben eher einfache Arbeiten aufgeführt werden, so z. B., wenn im Zeugnis eines Vertriebsplaners zunächst bombastisch von „Verzahnung und Optimierung von Produktion, Absatz und Bestand" und danach von „laufender Eingabe und Pflege der diversen Einzeldaten in verschiedene EDV-Systeme", also von umfangreicher Datentypisten-Arbeit, die Rede ist. Es wird deutlich, daß schon in der scheinbar wertfreien Aufgabenbeschreibung durch die Art der aufgeführten Aufgaben und durch ihre Reihenfolge eine indirekte Bewertung erfolgen kann.

Es spricht in der Regel nichts dagegen, die Aufgaben tabellarisch anzuordnen. So können bei einzeiliger Schreibweise der Aufzählung viele Aufgaben ins Zeugnis aufgenommen werden. Manche Interpreten finden dieses Verfahren bei Leitenden Angestellten und bei sehr qualifizierten Mitarbeitern allerdings abwertend. Die Inhaltsanalyse von Originalzeugnissen ergab, daß Aufgabentabellen im Durchschnitt aus 5 – 6 Positionen bestehen.[58]

Oft wird man, um die Bedeutung der Position und der Aufgaben klarzumachen, die Struktur und die Größe des Unternehmens (Mitarbeiterzahl, Umsatz, Bilanzsumme, Beitragsvolumen) und seine Stellung im Absatz-, Beschaffungs- oder im Arbeitsmarkt skizzieren müssen. Dies gilt z. B. für Zeugnisse von GmbH-Geschäftsführern. Im Zeugnis eines Personalleiters ist die Angabe der Mitarbeiterzahl wichtig. Im Zeugnis eines Vertriebsleiters können zum Beispiel Angaben über die Marketing-Konzeption des Unternehmens, seine Branchenbedeutung (weltweiter Anbieter; Marktführer; Spezialanbieter), über die Art der Kunden und der Absatzwege sowie über den Umsatz informativ sein. Im Zeugnis eines Außendienst-Mitarbeiters sind die Produkte zu nennen, wenn der Betriebszweck oder die Branche aus dem neutralen Firmennamen nicht hervorgehen. Bei einem Konstrukteur oder einem Produktionsingenieur kann auf den technischen Stand des Unternehmens eingegangen werden. Damit die genannten Informationen zum Positionsumfeld und zum Unternehmen nicht im Sinne der Ausweich-Technik als Füllmaterial wirken, ist jedoch ein enger Bezug zur Tätigkeit des Mitarbeiters herzustellen.[59]

---
57 GÖLDNER 1991, S. 230; FAESCH 1984, S. 61
58 WEUSTER 1994 a, S. 78
59 WEUSTER 1991/92, S. 23

Die Aufgabenbeschreibung ist in der Regel wahrheitsgerecht, da man sich über Fakten meist nicht streitet.[60] Der Zeugnisaussteller hat bei dieser Zeugniskomponente einen geringeren Gestaltungsspielraum als zum Beispiel bei der Leistungsbeurteilung.[61] Auseinandersetzungen gibt es manchmal über die Ausführlichkeit der Beschreibung. Insbesondere jüngere Arbeitnehmer wünschen manchmal sehr detaillierte Zeugnisse. Dieser Wunsch liegt wohl darin begründet, daß man am Anfang der beruflichen Entwicklung nicht voraussehen kann, welche Berufserfahrungen bei nachfolgenden Arbeitgebern wichtig sein werden. Dennoch sollte eine ermüdende Schilderung kleinster Einzelheiten vermieden werden. Die Auflistung selbstverständlicher Nebenarbeiten ohne Tätigkeit wie z. B. „Aufbewahren von Personalakten" kann eine Position auch abwerten, wenn dadurch die Hauptaufgaben weniger hervortreten oder nachrangig genannt werden. So dürfte es im Zeugnis eines Laboringenieurs genügen, wenn erwähnt wird, zu seinen Aufgaben habe die selbständige Beschaffung der Laborgeräte gehört. Eine detaillierte Schilderung des Beschaffungsvorganges mit Angebotseinholung, Angebotsvergleich und Kaufverhandlungen erübrigt sich wohl. Ein Ausweg kann im Streitfalle vielleicht darin liegen, im Zeugnis auf eine detaillierte Stellenbeschreibung, welche dem Arbeitnehmer ausgehändigt wird, zu verweisen.

Wird dem Arbeitnehmer Berufserfahrung hinsichtlich Tätigkeiten, z. B. einer Leitungsaufgabe, einer Aufbauarbeit oder einer Entwicklungsarbeit, attestiert, die er gar nicht oder nicht mit dem bescheinigten Erfolg ausgeübt hat, so sind Schadensersatzforderungen Dritter gegen den Aussteller denkbar. Das Reichsgericht hat im sog. Kunstharzlack-Urteil einem Arbeitgeber einen Schadensersatzanspruch gegenüber einem Aussteller zugebilligt, der einen Arbeitnehmer als Technischen Leiter besonders lobend beurteilt hatte. Der Arbeitnehmer versagte jedoch beim nächsten Arbeitgeber, der selbst nicht Fachmann auf diesem Gebiet war, als Leiter einer Kunstharzlack-Fabrik, so daß der Betrieb stillgelegt werden mußte.[62] Die Tatsache, daß hier ein Fall des Reichsgerichts zitiert werden muß, zeigt allerdings die Seltenheit eines solchen Falles.

Bei der Aufgabenbeschreibung ist zu beachten, daß Zuständigkeitsaussagen wie „ihm oblag" oder „zu seinen Aufgaben gehörte" noch nichts darüber aussagen, ob und wie der Arbeitnehmer seine Arbeit ausführte. Auch sagen Verben, die den Anfang, den Verlauf oder das Ziel von Arbeiten ausdrücken („aufgreifen", „beginnen", „anstreben", „sich bemühen", „bearbeiten"), noch nichts über den Erfolg. Manchmal werden sie als Erfolglosigkeit interpretiert.[63] Äußerst negativ wirken Informationen über nicht realisierte Vorhaben wie z. B. „Es war vorgesehen, Herrn X nach der Einarbeitung eigenverantwortlich die Leitung

---

60 WEUSTER 1994 a, S. 127
61 BAG 12. 8. 1976, DB 1976. S. 2212
62 BISCHOFF 1973, S. 225
63 WEUSTER 1991/92, S. 24

Die Positions- und Aufgabenbeschreibung I./3.3.

des Bereiches Y zu übertragen" oder „In dieser Funktion sollte sie die Anwendung effizienter Controllinginstrumente sicherstellen".

Das Bild eines dynamischen Mitarbeiters erzeugen aktive sowie erfolgsbezogene Verben wie „erledigte", „vervollkommnete", „beendete", „verbesserte", „optimierte", „modernisierte", „realisierte", „führte ein", „beschleunigte", „erreichte", „steigerte", „senkte", „setzte durch", „erzielte", „steuerte" oder „verkaufte". Passivisch formulierte Tätigkeitsaussagen wie „wurde beschäftigt/eingesetzt als/ in", „wurde versetzt" oder gar „fand schließlich Verwendung als" sowie bloße Bereitschaftsaussagen wie „war in dringenden Fällen bereit, sich über die übliche Arbeitszeit hinaus einzusetzen" signalisieren oft fehlende Initiative, unbefriedigende Leistungen oder Unselbständigkeit. Passivisch formulierte Aussagen können so interpretiert werden, daß der Arbeitnehmer nur tat, was ihm aufgetragen wurde, aber keinen Deut mehr.[64]

Eine Tätigkeit als Betriebsrat oder Personalrat, als gewerkschaftlicher Vertrauensmann, Arbeitnehmervertreter im Aufsichtsrat oder als Vertrauensmann der Schwerbehinderten darf nur ins Zeugnis aufgenommen werden, wenn der Arbeitnehmer dies wünscht.[65] Das gleiche gilt für Jugend- und Auszubildendenvertreter.[66] Dies wird für Mitglieder von Betriebsverfassungsorganen mit dem Benachteiligungsverbot nach § 78 BetrVG sowie damit begründet, daß sie dem Arbeitgeber gleichberechtigt gegenüberstehen und insoweit nicht dessen Beurteilung unterliegen.[67] Auch eine Umschreibung und damit Andeutung der Arbeitnehmervertretung („er setzte sich für die Belange seiner Kollegen ein", „er ist inner- und außerbetrieblich ein sehr engagierter Mitarbeiter/Kollege", „zu erwähnen ist auch sein Engagement für ein öffentliches Ehrenamt") muß unterbleiben (siehe auch § 78 Abs. 2 BetrVG).[68] Auch die Aussagen „Er war für alle Vorgesetzten ein geschätzter Verhandlungspartner" oder „Er arbeitete vertrauensvoll mit der Geschäftsleitung zusammen und stand ihr kritisch und aufgeschlossen gegenüber" können auf eine Betriebsratsfunktion hinweisen. Ein indirekter Hinweis auf ein Engagement als Betriebsrat scheint in folgender Passage aus dem Zeugnis eines Service-Technikers zu stecken: „Wir lernten ihn als einen aufrechten Mitarbeiter kennen, der seine Meinung offen und überzeugend vertrat, ohne dabei die Interessen der Firma außer acht zu lassen. Seine fachliche Kompetenz und sein Verhandlungsgeschick machten ihn sowohl bei den Mitarbeitern als auch bei den Vorgesetzten zu einem geschätzten Ansprechpartner."

Nach längerer Freistellung für die Betriebsratsarbeit gemäß § 38 BetrVG kann bei inzwischen eingeführten grundlegenden technischen Neuerungen

---
64 PREIBISCH 1982, S. 29 ff.
65 BAG 19. 8. 1992 - 7 AZR 262/91 n.v.; LAG Frankfurt 2. 12. 1983 in: Arbeit und Recht 1984, S. 287; LAG Frankfurt 10. 3. 1977, DB 1978, S. 167; LAG Hamm 12. 4. 1976, DB 1976, S. 1112; LAG Frankfurt 18. 2. 1953, DB 1953, S. 404; KÜCHLE/BOPP 1997, S. 178 f.; GÖLDNER 1989, S. 55; van VENROOY 1984, S. 41 ff.; BRILL 1981, S. 617 f.
66 LAG Hamm 6. 2. 1991, DB 1991, S. 1527
67 LAG Frankfurt 10. 3. 1977, DB 1978, S. 167; KRUMMEL 1983, S. 145
68 ArbG Ludwigshafen 18. 3. 1987, DB 1987, S. 1364; DIETZ 1995, S. 19

und einer dadurch bewirkten Entfremdung von der Tätigkeit eine Nennung der Betriebsratstätigkeit unumgänglich sein, wenn der Arbeitgeber beim besten Willen nicht mehr in der Lage ist, den Arbeitnehmer mit Bezug auf die frühere Tätigkeit zu beurteilen.[69] Das ArbG Kassel war der Auffassung, eine Entfremdung vom Arbeitsplatz sei dann nicht gegeben, wenn ein seit fast vier Jahren freigestellter Betriebsratsvorsitzender bis zuletzt regelmäßig den ihm vorgesetzten Meister während dessen Urlaub vertreten habe.[70] In der Literatur wird auch der Standpunkt vertreten, wegen der Wahrheitspflicht sei auch ohne Entfremdung von der Tätigkeit eine längere erhebliche Freistellung im Zeugnis zu erwähnen, da andernfalls ein falscher Eindruck von der Berufspraxis des Arbeitnehmers entstehe.[71] Hunold will eine Ausnahme machen, wenn die Freistellung einige Jahre zurückliegt und der Arbeitnehmer seitdem wieder auf seinem früheren Arbeitsplatz arbeitete.[72] Das Hessische Landesarbeitsgericht entschied, ein Arbeitnehmer habe einen Anspruch darauf, daß eine Freistellung als Personalratsmitglied in einem Zwischenzeugnis nicht gegen seinen Willen erwähnt werde.[73]

Wird die Betriebsrats-Tätigkeit im Zeugnis genannt, so darf dies nicht in diskriminierender Weise geschehen. Eine negative Darstellung ist nur denkbar, wenn ein Betriebsratsmitglied nach § 23 BetrVG wegen grober Pflichtverletzung aus dem Betriebsrat ausgeschlossen und deshalb entlassen worden ist.[74]

Jugend- und Auszubildendenvertreter kandidieren für dieses Amt nicht selten auf ausdrücklichen Wunsch des Arbeitgebers oder des Ausbilders. Da diese Funktion zudem zur Persönlichkeitsentwicklung beiträgt, halten wir eine Aussage wie „Herr X übte zwei Jahre vorbildlich das Amt des Jugendvertreters aus, für das er sich auf Wunsch des Ausbilders zur Verfügung gestellt hatte" durchaus für förderlich.[75] Wir können jedoch nicht ausschließen, daß sich der eine oder andere in jahrzehntelanger Konfrontation mit dem Betriebsrat arbeitende Personalleiter auch daran stößt.

Bei der Eignungsdiagnose im Rahmen der Personalvorauswahl sollten bezüglich der Positions- und Aufgabenbeschreibung folgende Fragen beachtet werden:[76] Stimmen die Positionsbezeichnungen im Lebenslauf mit den Positionsbezeichnungen in den Zeugnissen überein? Welche Bedeutung hatte die Aufgabe unter Beachtung der Unternehmensgröße? Ist die hierarchische Einordnung klar? Fehlen wichtige Aufgaben, die üblicherweise mit der ge-

---

69 LAG Frankfurt 2. 12. 1983 in: Arbeit und Recht 1984, S. 287; LAG Frankfurt 10. 3. 1977, DB 1978, S. 167 f.; DÄUBLER u. a. 1992, 37, Rz. 8; RUNGGALDIER 1992, Sp. 474; DIETZ 1995, S. 19; SCHLESSMANN 1994, S. 57; BRILL 1981, S. 619
70 ArbG Kassel 18. 6. 1976, BB 1976, S. 978
71 HUNOLD 1993, S. 226; HUNOLD 1988, Teil 12, Kap. 2, S. 15; KÜCHLE/BOPP 1997, S. 179; GÖLDNER 1989, S. 56
72 HUNOLD 1993, S. 226
73 HESSISCHES LAG 19. 11. 1993, DB 1994, S. 1044 n.rkr.
74 BOLDT 1987, S. 1138
75 SABEL 1995, S. 47 f.
76 WEUSTER 1994 a, S. 123 ff.

nannten Position verbunden sind? Sind die Angaben, die der Bewerber im Anschreiben hinsichtlich seiner Berufserfahrung oder Eignung macht, durch die Aufgabenbeschreibung gedeckt? Inwieweit stimmt das Profil der beschriebenen Position mit dem Anforderungsprofil der zu besetzenden Stelle überein?

3.4. Die Beurteilung der Leistung und des Erfolges

Eine sehr wichtige Komponente von Zeugnissen ist die Beurteilung der Leistungen.[77] Die Leistungsbeurteilung ist eine Darstellung: (1) der Arbeitsbereitschaft, (2) der Arbeitsbefähigung, (3) der Arbeitsweise, (4) des Arbeitserfolges, (5) der Führungsleistung (bei Vorgesetzten) und (6) der allgemeinen Zufriedenheit. Welche Leistungsaspekte im jeweiligen Beruf als wichtig angesehen werden, darüber informieren gut Personalinserate. In einem guten Zeugnis sollten alle Leistungsaspekte angesprochen werden. Dabei sollte sich ein Beurteiler insbesondere auf die beobachtbaren Aspekte wie Arbeitsweise und Arbeitserfolg konzentrieren. In Ausbildungszeugnissen werden insbesondere die Lernleistung, daneben auch die praktische Arbeitsleistung beurteilt.

3.4.1. Die Beurteilung der Arbeitsbereitschaft

Die Arbeitsbereitschaft (Leistungsbereitschaft, Leistungswille) ist die Arbeitsmotivation eines Mitarbeiters. Sie ist eine wichtige Leistungsvoraussetzung. Ein Sprichwort behauptet sogar: Wer will, schafft mehr als der, der kann.

Zur Bewertung der Leistungsbereitschaft werden Begriffe wie Einsatzwille, Engagement, Elan, Initiative, Dynamik, Pflichtbewußtsein, Zielstrebigkeit, Fleiß, Interesse und Mehrarbeitsbereitschaft eingesetzt. Beispiele: „Sie zeigte große Eigeninitiative bei der Lösung anspruchsvoller Probleme." Oder: „Er hat mit Pioniergeist und hohem Einsatzwillen einen guten Beitrag zum Aufbau und zum gemeinsamen Erfolg geleistet." Oder: „Sie identifizierte sich stets in vorbildlicher Weise mit ihrer Aufgabe und dem Unternehmen." Oder: „Er setzte sich für die Interessen der Firma ein" (= *Selbstverständlichkeit*)[78]. In der Inhaltsanalyse von Originalzeugnissen enthielten Aussagen zur Arbeitsbereitschaft 35,4 % von 161 Arbeiter-Zeugnissen, 67 % von 521 Angestellten-Zeugnisse und 73,3 % von 101 Führungskräfte-Zeugnissen. Die häufigsten Begriffe waren Einsatzbereitschaft, Engagement, Fleiß, Interesse und Eigeninitiative.[79]

3.4.2. Die Beurteilung der Arbeitsbefähigung

Die Arbeitsbefähigung (Leistungsfähigkeit) umfaßt die Beschreibung der geistigen, psychischen und körperlichen Fähigkeiten des Arbeitnehmers. Hier werden erwähnt: (1) Auffassungsgabe und Intelligenz, logisch-analy-

---
77 WEUSTER 1994a, S. 60 und 121
78 WEUSTER 1991/92, S. 23
79 WEUSTER 1994a, S. 79f.

tisches und konzeptionelles Denkvermögen, Urteilsvermögen, Kreativität, (2) Belastbarkeit, Ausdauer, Beharrlichkeit und Streßresistenz, (3) Ausbildung, Berufserfahrung, Fachwissen und seine Anwendung und sein Nutzen sowie (4) Weiterbildungsaktivitäten. In der Inhaltsanalyse von Originalzeugnissen enthielten Aussagen zur Arbeitsbefähigung 42,2 % der Arbeiter-Zeugnisse, 72,4 % der Angestellten-Zeugnisse und 79,2 % der Führungskräfte-Zeugnisse. Besonders häufige Begriffe waren Fachwissen, Auffassungsgabe, schnelle Einarbeitung, Belastbarkeit und Weiterbildung.[80]

Intelligenz und Auffassungsgabe kann man als Schlüsselqualifikationen bezeichnen, da sie in den Stand versetzen, vielfältige Aufgaben zu übernehmen. Beispiele: „Er hat eine (ungewöhnlich) rasche Auffassungsgabe." Oder: „Er arbeitet sich rasch in neue Probleme ein." Beispiele für Belastbarkeit und Streßresistenz sind: „Er ist auch in schwierigen Situationen sehr gut belastbar und handelt dabei ruhig und überlegt." Oder: „Sie zeigt stets eine gute Übersicht und Arbeitseinteilung, vor allem auch in Situationen mit erheblicher Arbeitsbelastung."

Beispiele für Aussagen zu Flexibilität, Vielseitigkeit und Kreativität sind: „Sie ist jederzeit fähig und bereit, auch schwierige Aufgaben selbständig zu lösen." Oder: „Er stellt sich auf veränderte Arbeitssituationen schnell ein und ist daher vielseitig einsetzbar." Dagegen: „Sie hat festgefügte Ansichten" *(= stur, unbeweglich)*. Bei einigen Mitarbeitern aus dem Bereich der Werbung und auch bei Forschern und Konstrukteuren stellt Kreativität eine wichtige Qualifikation dar, die erwähnt werden sollte.

Beim Fachwissen sind der konkrete Inhalt, der Umfang (= breite Einsetzbarkeit), die Tiefe (Qualifikationsgrad), die Aktualität sowie die Anwendung (Praxistransfer) und / oder der Nutzen (Praxiswirksamkeit) für das Unternehmen herauszustellen. Da ein Arbeitnehmer auch nach der Beendigung des Arbeitsverhältnisses noch über sein Fachwissen verfügt, werden die Aussagen oft in der Gegenwartsform formuliert. Aussagen zum Fachwissen sind: „Frau X verfügt über ein umfangreiches, fundiertes und aktuelles steuerrechtliches Wissen, das sie zum Nutzen des Unternehmens stets sehr gut in der Praxis umsetzte." Oder: „Er weiß sich gut zu verkaufen" *(= mehr Schein als Sein)*. Im folgenden Fall können eher Privatgespräche angedeutet sein: „Seine umfangreiche Bildung machte ihn stets zu einem gesuchten Gesprächspartner."[81] Negativ wirkt es oft auch, wenn nur Anforderungen beschrieben werden: „Diese Aufgabe erforderte Kenntnisse in . . ."[82]

Manchmal wird hervorgehoben, daß sich ein Mitarbeiter aufgrund seiner guten Vorkenntnisse schnell eingearbeitet hat. Es sollte aber nicht vergessen werden, auch die Erweiterung und Vertiefung der Kenntnisse während der Unternehmenszugehörigkeit zu würdigen.

---

80 WEUSTER 1994 a, S. 81 f.
81 COELIUS 1992, S. 67
82 WEUSTER 1994 a, S. 204; WEUSTER 1991/92, S. 23

Presch unterscheidet (1) selbstverständliche Grundqualifikationen (bei einer Sekretärin: Schreibmaschinen-Kenntnisse), (2) Normalqualifikationen (selbständige Erledigung von Korrespondenz nach stichwortartigen Anweisungen) und (3) Sonder- und Spitzenqualifikationen (Beherrschung mehrerer Fremdsprachen durch eine Sekretärin).[83] Sonderqualifikationen liegen z. B. vor, wenn ein Arbeitnehmer Kenntnisse auch aus benachbarten oder anderen Fachgebieten hat, die ihm für seine Aufgabe zustatten kommen.

Welcher Stufe bestimmte Kenntnisse zuzuordnen sind, hängt von der jeweiligen Funktion ab. Wird einem Produktionsingenieur lediglich technisches Verständnis testiert, so wertet dies eher ab. Bei seiner Sekretärin wäre dies ein Lob. Bei einem Mitarbeiter, der für die Entwicklung von EDV-Programmen zuständig ist, wirkt es wenig überzeugend, wenn lediglich Kenntnisse in einfacher Standard-Anwendungssoftware hervorgehoben werden.

Welcher Stufe bestimmte Qualifikationen zuzuordnen sind, unterliegt auch der technischen Entwicklung. Sonderqualifikationen können im Laufe der Zeit zu Grundqualifikationen werden, zum Beispiel der Umgang mit automatischer Textverarbeitung bei einer Sekretärin, die Bedienung von Geldausgabeautomaten und automatischen Kassentresoren durch Bankmitarbeiter oder der Umgang mit CAD bei einem Konstrukteur. Manche Qualifikationen verlieren teilweise oder völlig ihre Bedeutung, so zum Beispiel Stenografie-Kenntnisse durch Diktiergeräte[84] oder die Beherrschung des Rechenschiebers durch das Aufkommen der Taschenrechner. Auch Studienkenntnisse (= Anfängerkenntnisse) verlieren wenige Jahre nach dem Examen ihre Bedeutung.[85]

Werden in einem Zeugnis Sonderqualifikationen und Normalqualifikationen genannt, so geht man davon aus, daß Grundqualifikationen vorliegen, da die Qualifikationsstufen oft inhaltlich aufeinander aufbauen. Werden Grundqualifikationen oder technisch überholte Qualifikationen besonders betont (Füllmaterial), bedeutet dies meist eine bewußte Abwertung (Ausweich-Technik).[86]

Ein mit qualifizierten technischen Aufgaben betrauter Arbeitnehmer kann eine Erwähnung seiner Kenntnisse insoweit verlangen, als sie für einen an der Einstellung des Arbeitnehmers interessierten Arbeitgeber von Bedeutung sein können.[87] Insbesondere auf die Erwähnung seiner Spezialkenntnisse sollte ein Arbeitnehmer Wert legen, da diese oft den Marktwert seiner Arbeitskraft bestimmen. Findet in einem Aufgabengebiet eine rasante technisch-wissenschaftliche Entwicklung statt, sollte ein Arbeitnehmer darauf

---

83 PRESCH 1985, S. 330 f.; PRESCH 1984, S. 183
84 SCHWARB 1991, S. 39
85 WEUSTER 1994 a, S. 205; WEUSTER 1991/92, S. 24
86 PRESCH 1985, S. 315, 325 und 331; PRESCH 1984, S. 184; KROHNE 1978, S. 289; BISCHOFF 1973, S. 228
87 BAG 24.3.1977, DB 1977, S. 1370

achten, daß ihm, wenn möglich, ein dem Fortschritt entsprechender Kenntnisstand attestiert wird.

Beispiele für Weiterbildungsausagen sind: „Herr X hatte Gelegenheit, sich auf unseren Firmenseminaren Grundkenntnisse anzueignen" (= *hat dies aber kaum getan*). Oder: „Sie erweitert ständig ihre Kenntnisse und opfert dafür auch einen Teil ihrer Freizeit." Oder: „Herr X hat sich beständig weitergebildet und die erworbenen Kenntnisse hervorragend praktisch umgesetzt." Bei der Bewertung des Weiterbildungsverhaltens klingen besser als „wurde ausgebildet in" oder „hat absolviert" (= *hat irgendwie hinter sich gebracht*) oder „hat durchlaufen" erfolgsbezogene Aussagen wie „hat sich angeeignet" oder „vervollkommnete". Da Weiterbildung aus betrieblicher Sicht kein Selbstzweck ist, wirkt es positiv, wenn die Praxiswirksamkeit des erworbenen Wissens herausgestellt wird. Dabei wirkt es besonders positiv, wenn diese Faktoren nicht auf das jeweilige Unternehmen beschränkt, sondern auf alle Unternehmen oder Arbeitgeber dieser Branche oder Art bezogen werden. Dies kann geschehen durch Formulierungen wie „besitzt umfassende Kenntnisse in Fragen der Bankorganisation" oder „aufgrund seiner sehr guten Kenntnisse der eigenen Produkte sowie der Konkurrenzerzeugnisse".

Neben einer generellen Würdigung der Weiterbildungsanstrengungen sind bei der Weiterbildung insbesondere längere Schulungen bei namhaften Fortbildungsinstitutionen[88], die mit einer staatlich anerkannten oder offiziellen Prüfung abschließen (z. B. Besuch der Sparkassen-Akademie), nennenswert. Auch Entsendungen ins Ausland zur Vervollkommnung von Sprachkenntnissen können erwähnt werden. Es ist wichtig, daß der Lernerfolg sowie die Wissensanwendung und der Nutzen für das Unternehmen deutlich werden. Die Träger der Veranstaltungen, insbesondere Gewerkschaften (evtl. Betriebsrats-Signal), dürfen nur mit Einverständnis des Arbeitnehmers genannt werden.[89] Die übliche Anpassungsfortbildung durch einzelne Tagesseminare sowie weit zurückliegende Weiterbildungsaktivitäten ohne erkennbare Gegenwartsbedeutung gehören in der Regel nicht ins Zeugnis.[90] Ein Zuviel an Weiterbildung kann auch als Flucht vor der Arbeit gedeutet werden, so vielleicht bei den Sätzen „Er nutzte jede sich bietende Gelegenheit, externe Kurse zu besuchen" oder „Besonders hervorzuheben sind seine vielfältigen Weiterbildungsaktivitäten". Auch könnte aus einer unverhältnismäßig ausführlichen Schilderung der Weiterbildung geschlossen werden, es gäbe sonst kaum Nennenswertes (Ausweich-Technik). Will man einzelne Fortbildungsmaßnahmen nicht ins Zeugnis aufnehmen, so kann man dem Arbeitnehmer vielleicht eine separate Aufstellung aushändigen. Ob erwähnt werden darf, daß es sich um eine Fortbildungsmaßnahme im Rahmen von Bildungsurlaub handelte, ist unseres Wissens bislang nicht gerichtlich entschieden. Hat ein Arbeitnehmer im Rahmen seiner Weiterbildung eine Prüfung nicht bestan-

---

[88] GÖLDNER 1989, S. 54
[89] SCHULZ 1995, S. 67
[90] HUBER 1994, S. 46

den (z. B.: Ein LKW-Fahrer schafft den Busführerschein nicht), so ist dies nicht ins Zeugnis aufzunehmen.[91] Eine Ausnahme kann vorliegen, wenn ein Arbeitnehmer mit der Auflage, eine bestimmte Prüfung abzulegen, eingestellt wurde.[92]

3.4.3. Die Beurteilung der Arbeitsweise

Die Arbeitsweise (Arbeitsstil, Arbeitsmethodik) zeigt die praktische Umsetzung von Arbeitsbereitschaft (Wollen) und Arbeitsbefähigung (Können). Dazu kann eine Würdigung der Selbständigkeit, der Sorgfalt, Gewissenhaftigkeit und Zuverlässigkeit, der Planung, Systematik und Methodik und anderer arbeitsbezogener Eigenschaften, Einstellungen, Motive und Verhaltensweisen gehören. Die fachlichen und die sozialen Anforderungen sind berufsspezifisch.[93] Was bei einzelnen Berufen wichtig ist, darüber informieren gut die in Personalinseraten genannten Anforderungen. In der Inhaltsanalyse von Originalzeugnissen fanden sich Aussagen zur Arbeitsweise in 47,8 % der Arbeiter-Zeugnisse, in 68,3 % der Angestellten-Zeugnisse und in 62,4 % der Führungskräfte-Zeugnisse. Häufig verwandte Begriffe waren: Zuverlässigkeit[94], Selbständigkeit, Sorgfalt, Gewissenhaftigkeit und Schnelligkeit.[95]

Die Selbständigkeit eines Arbeitnehmers kann bei der Aufgabenbeschreibung oder bei der Bewertung der Arbeitsweise genannt werden. Formulierungsbeispiele zur Selbständigkeit sind: „Er arbeitete mit einem steigenden Maß an Selbständigkeit und Eigenverantwortlichkeit" (= *bei jüngeren Mitarbeitern positiv*). Oder: „Hervorzuheben ist ihre große Selbständigkeit bei der Erledigung sämtlicher Arbeiten." Für Sekretärinnen im Bereich des höheren Managements ist Selbständigkeit eine wichtige Qualifikation, die im Zeugnis erwähnt werden sollte.

In 58,57 % der 659 von Preibisch untersuchten Zeugnisse wird auf Fleiß und Sorgfalt eingegangen.[96] Eine sorgfältige Arbeitsweise kann mit dem Satz „Er arbeitet sorgfältig und rationell" gelobt werden. Die Betonung besonderer Sorgfalt und Genauigkeit ohne Aussage über die Arbeitsmenge wird manchmal als Mangel in der Arbeitsschnelligkeit gedeutet. Auch ist es ein Unterschied, ob es „Herr X ist pünktlich" (= *besonders am Feierabend; persönliche Eigenschaft*) oder „Herr X erledigt seine Arbeit pünktlich" (= *termingerecht*) heißt.

In 51,59 % der 659 von Preibisch untersuchten Zeugnisse wird auf die Zuverlässigkeit des Mitarbeiters eingegangen.[97] Beispiel: „Er arbeitet auch in schwierigen Fällen unbedingt zuverlässig." Die Zuverlässigkeit (Unfallfreiheit, Betriebssicherheit der Maschine) ist eine Eigenschaft, die in Zeugnissen von Berufskraftfahrern, Straßenbahnfahrern, Lokführern, Kranführern und För-

---

91 SCHWERDTNER 1980, S. 1543
92 GÖLDNER 1989, S. 87
93 PRESCH 1984, S. 184 f.
94 Dieser Begriff wird ausführlich untersucht bei MÖLLER 1990, S. 252 ff.
95 WEUSTER 1994 a, S. 84
96 PREIBISCH 1982, S. 10
97 PREIBISCH 1982, S. 10

der-Maschinisten nicht fehlen sollte.[98] Eine Aussage zur Zuverlässigkeit ist wohl generell in Zeugnissen von Arbeitnehmern, die einer gefahrgeneigten Arbeit nachgehen, angebracht.

3.4.4. Die Beurteilung des Arbeitserfolges

Da es bei der Arbeit fast immer nicht nur auf den Versuch, sondern auf das Ergebnis ankommt, sollte bei der Leistungsbeurteilung möglichst auch der persönliche Arbeitserfolg herausgestellt werden.[99] Er zeigt sich in der Zielerreichung, der Arbeitsquantität (manchmal indirekt über die Arbeitsintensität ausgedrückt), in der Arbeitsqualität, zum Beispiel in der Verwertbarkeit der Arbeitsergebnisse, sowie in der Termineinhaltung. Insofern widersprechen wir der Auffassung[100], in einem Zeugnis sei nur das Leistungspotential eines Arbeitnehmers, nicht aber der durch ihn erreichte wirtschaftliche Erfolg, soweit er meßbar ist und individuell zugeordnet werden kann, darzustellen.

Bei der Beurteilung des Arbeitserfolges sollte auf die Positions- und Aufgabenbeschreibung Bezug genommen werden. Heißt es dort z. B., der Mitarbeiter sei für die Neukundengewinnung oder für die Produktentwicklung zuständig, so sollte die Leistungsbeurteilung konkret aussagen, ob und inwieweit er dabei Erfolg hatte. Um die Beurteilung zu objektivieren, empfiehlt es sich, nach Möglichkeit quantifizierbare Erfolge zu nennen. Eine Aussage zur Arbeitsquantität kommt insbesondere in Frage bei meßbaren Tätigkeiten, die erfolgsabhängig entlohnt werden, also zum Beispiel bei Akkordlöhnern (Stückzahl), bei Außendienst-Mitarbeitern [Umsatz, Beitragsvolumen (Versicherung), Sollerfüllung] oder bei Anlageberatern (realisierte Renditen). Will man aus Geheimhaltungsgründen exakte Erfolgszahlen vermeiden[101], so kann man überschrittene Grenzen, Bandbreiten, Verhältniszahlen (Umsatzanteil) oder verbale Rangskalen angeben bzw. verwenden.

Beispiele für Aussagen zum Arbeitserfolg sind: „Herr X zeigt bei der Aufgabenerledigung außergewöhnlichen Einsatz und hervorragende Leistungen in quantitativer und qualitativer Hinsicht." Oder: „Sie absolvierte stets ein enormes Arbeitspensum, in Zeiten des Urlaubs und der Krankheit von Kolleginnen mit enormen Belastungsspitzen." Oder: „Er war stets willens, seine Aufgaben termingerecht abzuschließen" (= hat dies aber nicht geschafft).

Die Aussage „die Aufgaben, die er aufgriff" kann andeuten, daß der Arbeitnehmer Arbeiten zwar begonnen, aber nicht erfolgreich beendet hat. Bei Außendienstmitarbeitern kann die Betonung der Kontaktfähigkeit (= Geschäftsanbahnung) ohne folgende Aussage über den Umsatz (= Geschäftsabschluß)

---

98 SCHLESSMANN 1994, S. 93; HUNOLD 1988, Teil 12, Kap. 2, S. 10; PALME 1979, S. 263; LIEGERT 1975, S. 30
99 LAG Baden-Württemberg 6. 2. 1968, BB 1968, S. 381; HUNOLD 1993, S. 225; GÖLDNER 1991, S. 247; GÖLDNER 1989, S. 84; WEUSTER 1994 a, S. 129
100 LAG Saarland 28. 2. 1990, LAGE 43 zu § 630 BGB Nr. 9; ArbG Verden 30. 5. 1973, ARST 6/1974, S. 96
101 FAESCH 1984, S. 73

ein wenig erfolgreiches Bemühen andeuten.[102] Das gleiche kann gelten, wenn bei einer Projektarbeit oder bei einer Entwicklungsarbeit zwar ein gewisser Fortschritt, nicht aber der erfolgreiche Abschluß attestiert wird. Auch bei Verbesserungsvorschlägen sollte erwähnt werden, daß sie übernommen oder prämiert wurden.

Andererseits wird man den Arbeitserfolg nicht stets auf die wirtschaftliche Verwertbarkeit des Arbeitsergebnisses abstellen können. Bei Forschern und bei Entwicklern kann der Wert einer Arbeit im Einzelfall in der Methodik und im Nachweis der technischen oder ökonomischen Nichtrealisierbarkeit bestimmter Vorhaben liegen.[103]

3.4.5. Generelle Bemerkungen

Die Verfasser empfehlen eine in Sätzen ausformulierte differenzierte Leistungsbeurteilung. Eine tabellarische Beurteilung mit Stichworten[104] findet man in der Praxis selten. Auch können die Aussagen bei dieser Methode nicht so gut wie bei einem Fließtext differenziert und nuanciert werden.

Bei den Eigenschaften, Einstellungen, Motiven und Verhaltensweisen, die im Rahmen der Arbeitsbereitschaft, der Arbeitsbefähigung und der Arbeitsweise beurteilt werden, handelt es sich meist um Größen (Konstrukte), die nicht direkt meßbar sind. Um eine tendenziell objektive Beurteilung dieser Größen zu gewährleisten, müßten eigentlich Meßgrößen (Operationalisierung durch Indikatoren) festgelegt werden, was fast nie gemacht wird.[105]

Die Formulierung der Leistungsbeurteilung ist Sache des Arbeitgebers, dem in Grenzen ein Beurteilungsspielraum zusteht. Er muß sich um eine objektive Beurteilung mit verkehrsüblichen Maßstäben bemühen. Man muß allerdings kritisch sehen, daß diese Forderung oder Empfehlung eine Leerformel ist. Der Aussteller muß seine Beurteilung im Streitfall vor Gericht beweisen.[106] Maßgebend für sein Urteil sind zum einen das Anforderungsprofil[107] und die Wertigkeit der jeweiligen Stelle(n) sowie dem Mitarbeiter speziell gesetzte Ziele. Zum anderen kann die Leistung an derjenigen vergleichbarer Mitarbeiter (Quervergleich) gemessen werden. Die Beurteilung sollte positionsbezogen formuliert werden. Die Verfasser haben wiederholt Leistungsbeurteilungen gelesen, die man ohne weiteres in jedes beliebige andere Zeugnis hätte übertragen können.

Die Beurteilung ist eine Gesamtwürdigung. Sie ist auf das charakteristische Gesamtbild im Laufe des Arbeitsverhältnisses und nicht auf atypische einzelne kritische Ereignisse oder kurzzeitige Leistungstiefs auszurichten. Insbesondere überwundene Einarbeitungs- und Anfangsschwierigkeiten oder

---

102 WEUSTER 1991/92, S. 26
103 BAG 24. 3. 1977, DB 1977, S. 1369; SCHLESSMANN 1994, S. 65
104 SCHLESSMANN 1994, S. 98 ff.; DITTRICH 1988, S. 57 ff.
105 INSTITUT 1994, Teil 2, S. 17 f.
106 DIETZ 1995, S. 22; EISBRECHER 1994, S. 30 ff.
107 GÖLDNER 1991, S. 242 f.

geringfügige Mängel beim Aufbau[108] oder bei Reorganisationen (Umstellung auf EDV) eines Arbeitsgebietes sind nicht zu erwähnen. Andererseits kann ein Auszubildender (und wohl auch ein Arbeitnehmer) mit Fehlleistungen nicht die Aussage verlangen, seine Tätigkeit sei überdurchschnittlich.[109]

Existiert im Unternehmen ein formalisiertes (tarifliches) Beurteilungssystem, so kann auf frühere Beurteilungen zurückgegriffen werden. Dies kann aber für den Arbeitgeber wie für den Arbeitnehmer problematisch sein, wenn z. B. der Arbeitgeber aus Motivationsgründen zu gut beurteilte bzw. der Arbeitnehmer aus verschiedenen Überlegungen heraus gegen eine ihm zu schlecht erscheinende Beurteilung keine Einwände erhob. Vor allem können die Formulierungen aus internen Beurteilungssystemen, welche ohne Beachtung der Wohlwollenspflicht verfaßt wurden, nicht ohne weiteres ins Zeugnis übernommen werden. Der Beweiswert von turnusmäßigen Beurteilungen in einem Gerichtsstreit dürfte unter anderem von der Unterschriftsformel („gesehen" oder „einverstanden") abhängen.

Der Grundsatz des verständigen Wohlwollens hat dazu geführt, daß offen negative Aussagen nur selten vorkommen. Die Leistungsbeurteilung (auch die Beurteilung des Sozialverhaltens) erfolgt vielmehr mit einer gewachsenen Skala nuanciert positiver oder nur schwach negativer Formulierungen (Kommuniqué-Stil, diplomatischer Stil, geschminkte Wahrheit). Wichtig ist demnach nicht, daß der Arbeitnehmer gelobt wird, sondern wie sehr er gelobt wird. Die Verdichtung des Beurteilungs-Kontinuums auf den feiner unterteilten Positivbereich führt allerdings entgegen verbreiteter Auffassung nicht zur Wertlosigkeit von Arbeitszeugnissen für die Personalauswahl. Der kundige Leser kann aus den professionell differenzierten Aussagen mit ihren Variationsstellen ein zutreffendes Urteil gewinnen. Weiterhin werden bei der Leistungsbeurteilung bewußt Schweigestellen gelassen, um offen negative Aussagen zu vermeiden. Demonstrative Leerstellen sind oft beredtes Schweigen.

Hatte der Arbeitnehmer im Zeitablauf mehr als eine Stelle/Position inne, so erfolgt doch in der Regel eine zusammenfassende Beurteilung, die sich auf alle Aufgabenbereiche bezieht. Es kann eine Kritik andeuten, wenn in diesem Falle die Leistungsbeurteilung im Zeugnis vor der letzten Positions- und Aufgabenbeschreibung steht. Möglicherweise hat der Zeugnisverfasser die letzte Stelle des Mitarbeiters bewußt nicht in seine positive Beurteilung einbezogen (Reihenfolge-Technik).[110] Das gleiche gilt, wenn sich bei einem Mischarbeitsplatz bzw. einer Doppelfunktion die Leistungsbeurteilung erkennbar nur auf einzelne Tätigkeiten bzw. nur eine Funktion bezieht.[111]

Die Leistungsbeurteilung kann auch nach Abteilungen differenziert werden: „Seine Arbeit in der Bilanzbuchhaltung erledigte er zu unserer Zufriedenheit. Nach-

---

108 LAG Hamm 3. 1. 1969, BB 1969, S. 834; LIEGERT 1975, S. 29
109 ArbG Oldeslohe 29. 10. 1974, ARST 2/1976, S. 29
110 MÖLLER 1990, S. 92 und 201
111 FRIEDRICH 1981, S. 100

dem er aufgrund einer internen Bewerbung in die Controlling-Abteilung wechselte, arbeitete er stets zu unserer vollsten Zufriedenheit."

3.4.6. Krankheit und Behinderung

In der Unternehmens-Befragung gaben 18,1 % von 386 Unternehmen an, schon einmal in einem Zeugnis gesundheitliche Probleme des Mitarbeiters erwähnt oder angedeutet zu haben.[112] Dies geschieht insbesondere dann, wenn die Krankheit zu deutlichen Leistungsmängeln und zu einer Beendigung des Arbeitsverhältnisses geführt hat.

Die Art einer Erkrankung und Krankheitsfehlzeiten sind in der Regel im Zeugnis nicht zu erwähnen. Krankheitsbedingte Fehlzeiten dürfen grundsätzlich nicht addiert und als Summe im Zeugnis angegeben werden.[113] Nach Auffassung des ArbG Frankfurt darf der Arbeitgeber Krankheitsfehlzeiten grundsätzlich auch dann nicht angeben, wenn vor Beendigung des Arbeitsverhältnisses eine eineinhalbjährige ununterbrochene Fehlzeit gelegen hat.[114] Ebenso entschied das Sächsische LAG, eine Krankheit dürfe grundsätzlich nicht im Zeugnis vermerkt werden, auch dann nicht, wenn sie den Kündigungsgrund bilde.[115]

Hochschulen fordern für Zeugnisse über studienintegrierte Praxissemester manchmal die Angabe von Krankheits- und anderen Fehlzeiten. Unseres Erachtens können sie aber nur eine entsprechende Bescheinigung, nicht aber die Aufnahme dieser Information ins Zeugnis fordern.

Die Erwähnung langer Krankheitsfehlzeiten kann wegen der Wahrheitspflicht in Betracht kommen, wenn die Fehlzeiten im Verhältnis zur Gesamtdauer des Arbeitsverhältnisses erheblich sind.[116] Haupt und Welslau wollen eine Erwähnung zulassen, wenn es dem Arbeitgeber aufgrund sehr langer Krankheit unmöglich ist, die Leistung zu beurteilen.[117] Van Venrooy hält es für erwägenswert, Fehlzeiten, die über die Zeit der Vergütungsfortzahlung gemäß Gesetz, Tarifvertrag oder Betriebsvereinbarung hinausgehen, unter Beachtung der Gesamtzeit des Dienstverhältnisses ins Zeugnis aufzunehmen.[118] Nach Auffassung des Sächsischen LAG dürfen Krankheitsfehlzeiten ohne Hinweis auf die Krankheit bei der Dauer des Arbeitsverhältnisses erwähnt werden, wenn sie etwa die Hälfte der gesamten Beschäftigungszeit ausmachen.[119]

Schaub hält die Nennung der Art der Erkrankung dann für möglich, wenn diese einen grundsätzlichen Einfluß auf das Arbeitsverhältnis hat.[120] So wäre

---

112 WEUSTER 1994 a, S. 53 f.
113 KRUMMEL 1983, S. 149
114 ArbG Frankfurt 19. 3. 1991 n.rkr., DB 1991, S. 2448
115 Sächsisches LAG 30. 1. 1996, AiB 1996, S. 506
116 Sächsisches LAG 30. 1. 1996, AiB 1996, S. 506; HUNOLD 1993, S. 226; LEPKE 1991, S. 259; GÖLDNER 1991, S. 248
117 HAUPT/WELSLAU 1992, S. 40
118 van VENROOY 1984, S. 48 ff.
119 Sächsisches LAG 30. 1. 1996, AiB 1996, S. 506
120 SCHAUB 1987, S. 992

ein Hinweis auf eine chronische Krankheit denkbar. Liegert will die Nennung einer Krankheit ausnahmsweise dann zulassen, wenn aufgrund der Krankheit der bisherige Beruf nicht mehr ausgeübt werden kann.[121] Einige Autoren bejahen die Nennung oder Andeutung („gesundheitliche Schwächen") einer Krankheit wie z. B. Epilepsie, welche zu Arbeitsunfällen führen kann.[122] Auch das ArbG Hagen hat im Zeugnis eines Angestellten in einem Kreditinstitut, der unter krampfartigen Anfällen litt, in der Zeugnisbeurteilung die Passage „trotz seiner sich von Zeit zu Zeit zeigenden gesundheitlichen Schwierigkeiten" für zulässig erachtet. Die Bemerkung des Gerichts, es komme nicht darauf an, ob durch den Gesundheitszustand der Arbeitseinsatz tatsächlich beeinträchtigt wurde, sowie die Urteilsbegründung, es sei gegenüber den Kunden wenig verantwortungsbewußt, einem solchen Arbeitnehmer in der Öffentlichkeit die Verwaltung von Geld und Wertsachen anzuvertrauen, erscheinen aber wenig überzeugend.[123] Die Erwähnung einer AIDS-Infektion (nicht zu verwechseln mit einer entwickelten AIDS-Erkrankung) im Zeugnis wird bislang abgelehnt.[124]

Da Krankheiten im Zeugnis selten genannt werden, ist klar, daß die Einstellchancen eines so „gebrandmarkten" Arbeitnehmers drastisch sinken. Dies gilt selbstverständlich auch oder vielmehr gerade bei einer nur andeutungsweise erwähnten Krankheit. Insofern würde der Arbeitnehmer schlechter gestellt als behinderte Arbeitnehmer, deren Behinderung in der Regel nicht im Zeugnis erwähnt wird. Die Erwähnung einer Krankheit erzeugt Zweifel bei anderen Arbeitgebern, ob dieser Bewerber wirklich wieder völlig gesund und voll einsetzbar ist. Aus diesem Grunde kommt die Nennung einer Krankheit kaum in Frage. Nach Schulz widerspricht die Nennung einer Krankheitsart im Zeugnis auch dem Recht des Arbeitnehmers auf informationelle Selbstbestimmung.[125]

Ein Arbeitnehmer ist grundsätzlich nicht verpflichtet, seinem Arbeitgeber die Art der Erkrankung mitzuteilen. Auch die Krankenkassen dürfen dem Arbeitgeber die Krankheitsart in der Regel nicht mitteilen. Insofern besteht erst recht keine Verpflichtung des Arbeitgebers, möglichen künftigen Arbeitgebern des Arbeitnehmers per Zeugnis entsprechende Informationen zu liefern. Es ist grundsätzlich Sache eines potentiellen Arbeitgebers, im Vorstellungsgespräch im Rahmen seines Fragerechtes nach Krankheiten zu fragen und eine Einstellungsuntersuchung zu verlangen. Ferner hat der Arbeitnehmer bei Bewerbungen selbst eine Offenbarungspflicht, wenn er erkennt, daß er aufgrund einer Krankheit die vorgesehene Arbeit nicht ordnungsgemäß ausführen kann.

---

121 LIEGERT 1975, S. 30
122 HUNOLD 1988, Teil 12, Kap. 2, S. 25 f.; HUNOLD 1987, S. 91; SCHLESSMANN 1994, S. 74 und 143; DITTRICH 1988, S. 40
123 ArbG Hagen 17. 4. 1969, DB 1969, S. 886 = BB 1969, S. 676 f., dort mit kritischen Anmerkungen von W. WOLFF; kritisch auch SCHULZ 1995, S. 95 f.
124 SCHLESSMANN 1994, S. 74
125 SCHULZ 1995, S. 96

Geht man davon aus, daß Alkoholismus eine Krankheit ist (so wird es im Kündigungsrecht gesehen), so darf im Zeugnis grundsätzlich auch keine Nennung oder Andeutung in dieser Hinsicht erfolgen. Eine Ausnahme mag im Einzelfall bei Berufskraftfahrern, z. B. bei Busfahrern, bestehen. In der Unternehmens-Befragung gaben 15,9 % von 377 Unternehmen an, sie würden ggf. Alkoholismus im Zeugnis erwähnen.[126]

Besondere Probleme der Zeugnisformulierung können sich bei Schwerbehinderten ergeben. Eine generelle Pflicht des Arbeitgebers, die Schwerbehinderung zu erwähnen, gibt es nicht. Dagegen spricht, daß bei vielen Behinderten überhaupt keine betrieblich relevanten Wirkungen (abgesehen vom Zusatzurlaub nach § 44 SchwbG), insbesondere keine Leistungseinbußen, auftreten. Auch sollte ein Aussteller die besonderen Probleme (Vorbehalte, Vorurteile) Schwerbehinderter auf dem Arbeitsmarkt berücksichtigen. Schulz verneint daher das Recht des Arbeitgebers, die Schwerbehinderung im Zeugnis zu erwähnen, und zwar auch im Falle einer Leistungsminderung.[127] Es ist also Sache künftiger Arbeitgeber, sich im Rahmen ihres Fragerechtes nach einer Behinderung des Bewerbers zu erkundigen.

Erwähnt man den Behindertenstatus nicht, so hält man dem Behinderten für spätere Bewerbungen alle Optionen offen. Die Verfasser halten es aber für bedenkenswert, ob man nicht bei erkennbar Schwerbehinderten deren besondere Leistung bei Nennung der Behinderung im Zeugnis herausstellen sollte. Wenn Arbeitnehmer bei einer Bewerbung ihre Behinderung nicht verbergen können, kann ihnen eine ausdrückliche Würdigung ihrer Leistung im Zeugnis vielleicht helfen, wobei aber der Eindruck eines Gefälligkeitszeugnisses vermieden werden muß.

3.4.7. Herausragende Erfolge des Mitarbeiters

Der Grundsatz der Individualität verlangt, daß die unverwechselbare Besonderheit des Arbeitnehmers im Zeugnis zum Ausdruck kommt.[128] Daher sollten nach Möglichkeit herausragende oder besondere Erfolge des Mitarbeiters angesprochen werden, was nach der Inhaltsanalyse von Originalzeugnissen aber nur in 41 von 1 000 Zeugnissen geschah.[129]

Es können in Abhängigkeit vom Tätigkeitsgebiet und von der Hierarchieposition viele konkrete Aussagen vorkommen:

(1) laufend hohe Bezahlung über den Tarif hinaus (bei Arbeitern und Tarifangestellten),

(2) frühe Übernahme in den übertariflichen Gehaltsbereich (AT-Angestellter),

(3) Übernahme einer Führungsposition/verantwortlichen Position in relativ jungem Alter,

---

126 WEUSTER 1994 a, S. 52
127 SCHULZ 1995, S. 91 f.
128 LAG Baden-Württemberg 6. 2. 1968, BB 1968, S. 381 = DB 1968, S. 534
129 WEUSTER 1994 a, S. 90 f.

(4) (geplante) Beförderungen/Prokura,
(5) der (maßgebliche Beitrag beim) Aufbau von Abteilungen und Filialen und die Bewältigung des dabei anfallenden besonderen Arbeitsvolumens,
(6) maßgeblicher, ausschlaggebender oder wichtiger Beitrag zur positiven Unternehmensentwicklung,
(7) deutliche Entlastung des Vorgesetzten/der Geschäftsführung,
(8) längere wirkliche Stellvertretung,
(9) effiziente, gleichwertige Urlaubsvertretung, insbesondere in übergeordneten Positionen (auch im Ausbildungszeugnis),
(10) Aufbau eines Systems funktionierender Stellvertretungen,
(11) Lösung von schwierigen Spezialaufgaben,
(12) Leitung von Projekten und Reorganisationsprozessen,
(13) Einhaltung von Lieferterminen/Übergabeterminen/Abnahmeterminen unter besonders schwierigen Bedingungen bei Projekten/Auftragsfertigung und daher Vermeidung von Konventionalstrafen,
(14) Implementierung neuer Systeme oder Methoden, die sich bewährten,
(15) Steigerung von Gewinn, Umsatz, Beitragsvolumen, Kapitalsumme um x % trotz schwieriger Wettbewerbslage,
(16) Gewinnung neuer Kunden/Steigerung des Marktanteiles,
(17) Erreichen eines neuen Jahresverkaufsrekordes oder eines neuen Saisonrekordes,
(18) Steigerung des Anteiles der Barverkäufe,
(19) Markteinführung neuer Produkte,
(20) Aufbau eines neuen Vertriebsweges,
(21) erfolgreiche Erschließung bislang nicht belieferter ausländischer Märkte,
(22) erfolgreiche Erschließung eines neuen Marktes durch Diversifizierung,
(23) Kostensenkung in Höhe von x %,
(24) Effizienzsteigerung von Abteilungen trotz organisatorischer und personaler Straffung,
(25) (fortgeschrittene) Sanierung eines Unternehmens, eines Betriebes oder Betriebsteiles,
(26) Hereinholung eines Großauftrages,
(27) Gewinnung von Großkunden oder bedeutsamen Kunden,
(28) Abbau oder deutliche Reduzierung der Abhängigkeit von einem oder wenigen Großkunden,
(29) Senkung von Forderungsverlusten durch eine verbesserte Kreditwürdigkeitsprüfung,

(30) Senkung des Lagerwertes des Rohstofflagers bei Aufrechterhaltung der Lieferfähigkeit an die Produktion,
(31) Verringern von Schwund (Nachweis durch Inventur),
(32) Senkung der Reklamationsfälle,
(33) Deutliche Steigerung der Maschinenauslastung und der Produktion durch eine gute Arbeitsvorbereitung,
(34) Deutliche Verkürzung von Durchlaufzeiten,
(35) Zertifizierung des Betriebes nach den ISO-Normen,
(36) Senkung der Ausschußquote in der Produktion,
(37) Qualitätssicherung auf hohem Niveau (z. B. in einem Zulieferer-Betrieb),
(38) Einsatz für die Arbeitssicherheit und Senkung der Zahl von Arbeitsunfällen; Unfallfreiheit bei gefahrgeneigter Arbeit,
(39) übernommene/prämierte Verbesserungsvorschläge,
(40) Neuentwicklung eines Produktes,
(41) (patentierte) Erfindungen,
(42) anerkannte Expertenstellung in Berufs- und Fachverbänden,
(43) Veröffentlichungen in Fachzeitschriften,
(44) Sparsamer Materialverbrauch und geringer Werkzeugverschleiß (bei Arbeitern),
(45) Sehr guter Ausbildungsabschluß (in Ausbildungszeugnissen),
(46) Erfolge bei längeren berufsbegleitenden Weiterbildungsaktivitäten mit qualifiziertem Abschluß (Meister, Techniker, Industriefachwirt und ähnliche),
(47) Verkürzte Ausbildungszeit durch vorzeitige erfolgreiche Abschlußprüfung (im Ausbildungszeugnissen),
(48) Erfolge in überbetrieblichen Berufswettbewerben (bei Auszubildenden oder jüngeren Arbeitnehmern),
(49) viele Jahre unfallfreies Fahren (bei Berufskraftfahrern) oder unfallfreies Arbeiten (bei gefahrgeneigter Arbeit),
(50) gut entwickeltes Potential für künftige Erfolge.

Göldner empfiehlt, ins Zeugnis ggf. auch eine positive Potentialbeurteilung aufzunehmen, also eine Einschätzung, inwieweit der Arbeitnehmer anspruchsvollere Aufgaben erledigen oder größere Verantwortung übernehmen kann.[130] Wir unterstützen diesen Vorschlag, auf High-Potentials aufmerksam zu machen. Potentialbeurteilungen sind nach unserer Erfahrung aber nur äußerst selten in Zeugnissen enthalten. Negative Potentialbeurteilungen in Zeugnissen sind wohl unzulässig.

---

[130] GÖLDNER 1991, S. 246; GÖLDNER 1989, S. 82 f.

3.4.8. Die Beurteilung der Führungsleistung

Unter Führungsleistung wird hier die Qualität der Mitarbeiterführung eines Vorgesetzten verstanden. Im Arbeitszeugnis eines Vorgesetzten ist nicht nur seine fachliche Eigenleistung, sondern auch das Ergebnis seiner Mitarbeiterführung zu beurteilen.[131] Unseres Erachtens genügt eine latente Miterfassung („in jeder Hinsicht zu unserer vollen Zufriedenheit") oder ihre knappe Erwähnung im Rahmen einer zusammenfassenden Leistungsbewertung nicht.[132]

Schmid erwähnt, daß in einer Untersuchung „von mehr als 500 Arbeitszeugnissen von Führungskräften aller Ebenen und fast aller Branchen .. nur etwa ein Viertel vollständige und individuelle Aussagen zu den Führungsleistungen"[133] enthalten habe. Er referiert weiter eine Untersuchung über 118 Arbeitszeugnisse von Führungskräften, wonach in 26 % dieser Zeugnisse „etwas ausführliche (normale)"[134] Beurteilungen der Führungsleistung enthalten waren. In der Inhaltsanalyse von Originalzeugnissen fand sich nur in 40 (= 39,6 %) von 101 Führungskräfte-Zeugnissen eine Aussage zur Führungsleistung. Diese Aussagen umfaßten im Mittel nur 1,8 Zeilen. Dabei betraf die häufigste Aussage die Zahl der Mitarbeiter, die als Faktum ja noch keine Beurteilung der Führungsleistung darstellt.[135]

Die personalistische Führungstheorie, wonach der Führungserfolg vor allem von den Eigenschaften der Führungsperson („geborener Führer") abhängt, wird heute als unrealistisch abgelehnt. Statt dessen wird ein situativer Ansatz bevorzugt, der das Führungsergebnis als Funktion der Person des Führenden, aber auch als Funktion der generellen Unternehmenslage, der speziellen Gruppen- oder Abteilungsaufgabe und der Charakteristika der Gruppe der Geführten sieht. In Abhängigkeit von diesem Führungskontext kann im Arbeitszeugnis eine Reihe von Führungsaspekten und Führungserfolgen angesprochen bzw. beurteilt werden.[136]

Aspekte und Indikatoren der Führungsleistung

(1) Leitungsspanne: Zahl der geführten Mitarbeiter,

(2) Auswirkung der Führung auf das Gruppen- oder Abteilungsergebnis,

(3) Auswirkung der Führung auf die Zufriedenheit der Mitarbeiter (Gruppenzusammenhalt, Arbeitsatmosphäre, Abteilungsklima),

(4) Führungsebene (Hierarchieebene),

(5) Dauer der Führungsfunktion,

(6) Befugnis, selbständig einzustellen und zu entlassen,

(7) Berufliche Qualifikation der geführten Mitarbeiter,

---

131 GÖLDNER 1991, S. 246 f.
132 RUNGGALDIER 1992, Sp. 475; SCHMID 1986, S. 1334 ff.
133 SCHMID 1986, S. 1335
134 SCHMID 1986, S. 1335
135 WEUSTER 1994 a, S. 93
136 Siehe auch WEUSTER 1994 a, S. 133

(8) Praktische Anwendung der Führungsrichtlinien des Unternehmens (falls vorhanden),
(9) Individueller Führungsstil (autoritär – kooperativ),
(10) Einsatz von Führungstechniken, z. B. Führung durch anspruchsvolle, aber realistische Zielvorgabe (Management by Objectives),
(11) Sach- und personenbezogenes Durchsetzungsvermögen,
(12) Arten und Mittel der praktizierten Mitarbeitermotivation (Lob, Kritikgespräche, Prämien),
(13) Gerechtigkeitssinn (z. B. bei Meistern, die beliebte und unbeliebte sowie unterschiedlich entlohnte Tätigkeiten verteilen),
(14) Umfang der Delegation von Aufgaben und von Verantwortung,
(15) Art und Weise der Information der Mitarbeiter, zum Beispiel in Form regelmäßiger Mitarbeiterbesprechungen,
(16) Erfolge bei der Bewerber- und Mitarbeiterauswahl,
(17) Erfolge bei der Einarbeitung neuer Mitarbeiter,
(18) Erfolge bei der Ausbildung von Auszubildenden,
(19) Erfolge bei der Mitarbeiterförderung (Fortbildung) und der Managementwicklung (z. B. Trainee-Förderung),
(20) Aufbau eines qualifizierten Stellvertreters/Nachfolgers sowie allgemein Aufbau eines funktionierenden Vertretungssystems in der Abteilung,
(21) Erfolge bei Besonderheiten der geführten Gruppe, z. B. hoher Anteil älterer oder behinderter oder ausländischer Mitarbeiter,
(22) Verbindung von Spezialisten zu einem kreativen Team, z. B. bei einem Projekt,
(23) Souveräne, gerechte Behandlung von Beschwerden der Mitarbeiter oder von Konflikten zwischen den Mitarbeitern,
(24) Senkung der Fluktuationsrate,[137]
(25) Senkung der Abwesenheitsquote (Absentismusquote).

Im Rahmen der Zeugnisanalyse sollte geklärt werden, wieviel Mitarbeiter eine Führungskraft führt. Die Verfasser haben wiederholt Zeugnisse gesehen, in denen von der Führung von Mitarbeitern die Rede war, obwohl die Vorgesetztenfunktion nur gegenüber einem einzigen Mitarbeiter bestand.

Wichtig bei der Beurteilung der Personalführung ist, daß sowohl zur Auswirkung der Führung auf die Mitarbeiterleistung (Abteilungsergebnis), als auch zur Auswirkung auf die Mitarbeiter (Zufriedenheit, Abteilungsklima) Stellung genommen wird. „Durch seine verbindliche, aber bestimmte Art hatte er ein ausgezeichnetes Verhältnis zu seinen Mitarbeitern, was zu einem sehr produktiven Arbeits- und Betriebsklima führte. Auch ausländische Arbeitnehmer arbeitete er mit großem Geschick ein." Oder: „Er war aufgrund seiner Führungsqualitäten anerkannt und beliebt. Dabei verhielt er sich gegenüber den Mitarbeitern aufgeschlossen, ver-

---

[137] Auch WEUSTER 1991/92, S. 24 f.

stand es aber auch, sich in schwierigen Situationen durchzusetzen und seine Mitarbeiter stets zu optimalem Arbeitseinsatz zu motivieren. Heute ist sein Bereich einer der bestgeführten und produktivsten unseres Hauses."

Sofern der individuelle Führungsstil beschrieben wird, wird überwiegend der kooperative Stil genannt. Die Bezeichnung „demokratischer Führungsstil" wird manchmal als Führungsschwäche ausgelegt.[138] Auch Beliebtheit bei den Geführten wird manchmal negativ interpretiert.[139] Bei einer patriarchalischen oder autoritären Führung wird meist verhüllend von konsequenter, straffer oder fester Führung gesprochen.[140] Begriffe wie „Anordnung" oder „Untergebener" können eine Anspielung auf eine autoritäre Führung sein. Beispiele: „Er führt mit fester Hand / äußerst konsequent / straff demokratisch." Oder: „Er verlangt von seinen Untergebenen (kategorisch), daß sie sich den Abteilungs- und Unternehmenszielen (absolut) unterordnen."

Auch bei der Führungsleistung ist es wichtig, daß die Anstrengungen Erfolg haben. Die Aussage „Er erwartete, daß seine Mitarbeiter sich voll einsetzten" läßt jedoch offen, ob die Führungskraft ihre Erwartungen auch durchsetzte.[141] Wird bei der Beurteilung der Führungsleistung durch vielversprechende Einleitungen wie „Besonders hervorzuheben ist, daß" auf Erfolge aufmerksam gemacht, so müssen dies auch bedeutsame Tatsachen sein. Das Begründen von Entscheidungen oder das Erteilen klarer Anweisungen allein sind noch keine Vorzüge. Es kann als Abwertung der Führungsleistung erscheinen, wenn Nebensächlichkeiten herausgestellt werden (Ausweich-Technik).[142]

Nicht charakteristische negative Einzelfälle gehören nach dem Grundsatz des verständigen Wohlwollens nicht ins Zeugnis. So sind überwundene Anfangsprobleme, z. B. anfängliche Autoritätsprobleme jüngerer Vorgesetzter, im Zeugnis nicht nennenswert.[143] Negativbeispiel: „Sein Durchgreifen führte zu Unzufriedenheit bei den Mitarbeitern. Im Laufe der Zeit konnte er von den Vorzügen des kooperativen Führungsstil überzeugt werden. Heute ist er ein gerechter und allseits geschätzter Vorgesetzter."

Die Formulierungen „er versuchte/bemühte sich" bezeichnen im Führungskontext nicht in jedem Falle Erfolglosigkeit. Mancher Zeugnisaussteller möchte dadurch nur die teilweise Unabhängigkeit des Führungsergebnisses von der Person des Führenden ausdrücken.[144] Zum Beispiel: „Er bemühte sich nach Kräften, die aus sehr unterschiedlichen Disziplinen stammenden Spezialisten des Projekts zu einem Team zu integrieren." Um Fehlinterpretationen bei der Analyse zu vermeiden, ist es aber ratsam, Verben wie z. B. „bemühen" auch bei der Beurteilung der Führungsleistung nicht zu verwenden.

---

138 WEUSTER 1991/92, S. 25
139 WEUSTER 1994 a, S. 206
140 COELIUS 1992, S. 92; SCHMID 1986, S. 1336
141 COELIUS 1992, S. 93
142 SCHMID 1986, S. 1337
143 SCHMID 1986, S. 1336 f.
144 SCHMID 1986, S. 1337

3.4.9. Zusammenfassende Leistungsbeurteilung

Nachdem in Abhängigkeit von den jeweiligen Gegebenheiten die vorstehenden Leistungsaspekte angesprochen wurden, erfolgt in Zeugnissen meist noch eine abschließende Leistungsbeurteilung mit der Zufriedenheitsformel, zum Teil auch mit der Erwartungs- oder Anforderungsformel. Manchmal werden diese Formeln auch als Einleitung an den Anfang der Leistungsbeurteilung gestellt. Gelegentlich besteht die Leistungsbeurteilung nur aus einer dieser Formeln (Knappheits-Technik), was aber meist negativ wirkt.

Zusammenfassende Leistungsbeurteilung mit der Zufriedenheitsformel
Sehr gute Beurteilung bei weit überdurchschnittlicher Leistung
Wir waren mit seinen Leistungen stets außerordentlich zufrieden
Sie hat ihre Aufgaben stets zu unserer vollsten Zufriedenheit erledigt.[145]
Gute Beurteilung bei überdurchschnittlicher Leistung
Sie hat ihre Aufgaben stets zu unserer vollen Zufriedenheit erledigt.[146]
Befriedigende Beurteilung bei durchschnittlicher Leistung
Er hat seine Aufgaben [] zu unserer vollen Zufriedenheit erledigt.[147]
Ausreichende Beurteilung bei unterdurchschnittlicher Leistung
Sie hat ihre Aufgaben [] zu unserer [] Zufriedenheit getan.[148]
Mangelhafte Beurteilung bei weit unterdurchschnittlicher Leistung
Er hat seine Aufgaben im großen und ganzen / zum großen Teil zu unserer [] Zufriedenheit getan.[149]

Die vorstehende Zufriedenheitsskala wird in der Literatur einheitlich so vorgeschlagen.[150] In der Praxis herrschen jedoch Auffassungsunterschiede bzw. ist diese Skala nicht überall bekannt.[151]

---

145 BAG 23.9.1992, EzA § 630 BGB Nr. 16; LAG Hamm 13.2.1992, LAGE § 630 BGB Nr. 16
146 LAG Hamm 13.2.1992, LAGE § 630 BGB Nr. 16; LAG Düsseldorf 20.11.1979, DB 1980, S. 546
147 LAG Hamm 13.2.1992, LAGE § 630 BGB Nr. 16; ArbG Passau 14.1.1991, BB 1991, S. 554
148 LAG Hamm 13.2.1992, LAGE § 630 BGB Nr. 16; LAG Hamm 19.10.1990, LAGE § 630 BGB Nr. 12; LAG Frankfurt 10.9.1987, DB 1989, S. 1071
149 LAG Hamm 13.2.1992, LAGE § 630 BGB Nr. 16; LAG Köln 18.10.1995 – 5 Sa 41/95
150 DIETZ 1995, S. 37 ff.; SABEL 1995, S. 31 ff.; SCHULZ 1995, S. 98 ff.; SCHLESSMANN 1994, S. 91 f.; NASEMANN 1993a, S. 55 ff.; LUCAS 1993, S. 160 ff.; KADOR 1992, S. 29; HUBER 1994, S. 55 ff.; SCHWARB 1991, S. 12 ff.; COELIUS 1992, S. 60 ff.; DITTRICH 1988, S. 118; ; DACHRODT 1984, S. 51
151 WEUSTER 1994a, S. 42 ff. und 131

Ein Arbeitnehmer, der eine sehr gute Beurteilung wünscht, muß mehr als eine nur beanstandungsfreie Arbeit vorweisen, z. B. ein überdurchschnittliches Arbeitstempo oder eine besondere, über die einwandfreie Erledigung hinausgehende Arbeitsqualität.[152] Er muß konkrete Tatsachen dafür vortragen, daß er mit seinen Aktivitäten überdurchschnittliche Leistungen erbracht hat.[153] Bei sehr guten Leistungen wird manchmal anstelle des Begriffes „Zufriedenheit" das Substantiv „Anerkennung" verwendet.

Ein Arbeitnehmer, dessen Leistung niemals beanstandet wurde, hat auf eine gute Wertung Anspruch.[154] Ein Aussteller, der die Leistungen des Arbeitnehmers vorher lange Zeit nicht beanstandet hat, kann bei der Zeugnisausstellung nicht argumentieren, der Arbeitnehmer habe die Anforderungen des Arbeitsplatzes nicht erfüllt. Die Fürsorgepflicht gebietet ihm eine rechtzeitige Klarstellung.[155] Bei einer unterdurchschnittlichen Beurteilung muß der Arbeitgeber darlegen und beweisen, daß der Arbeitnehmer Fehler gemacht hat und wegen dieser ermahnt oder abgemahnt worden ist.[156] Mit aller Vorsicht kann man auch sagen, daß ein Arbeitgeber, der einen Arbeitnehmer nach mehrjähriger Beschäftigung sehr schlecht beurteilt, sich damit in Widerspruch zu dieser langen Beschäftigung stellt.[157]

In der Inhaltsanalyse von Originalzeugnissen enthielten 881 von 1000 Zeugnissen die Zufriedenheitsformel. Nach dem Maßstab der vorstehenden Tabelle gab es folgende Notenverteilung: Sehr gut = 9,9 %, gut = 47,1 %, befriedigend = 33,8 %, ausreichend = 9,2 % und mangelhaft = 0 %.[158] Huber betont, die Zufriedenheitsformel könne geschönt sein, da sich Arbeitnehmer bei der Begutachtung ihres Zeugnisses auf diese Aussage konzentrieren.[159]

Eine sehr gute oder gute Zufriedenheitsformel (Noten 1 und 2) fand sich in 54 % der Arbeiter-Zeugnisse, in 53,6 % der Angestellten-Zeugnisse und in 69,8 % der Führungskräfte-Zeugnisse (Hierarchie-Effekt). Dabei wird in Zwischenzeugnissen besser als in Endzeugnissen beurteilt.[160]

Verwendet ein Aussteller die Zufriedenheitsformel, so sollte er die obige Stufung einhalten, um bei Dritten einen richtigen Eindruck zu erzeugen.[161] Ein Teil der Aussteller lehnt aber das grammatikalisch falsche Wort „vollst" ab. Die Verfasser sind der Auffassung, daß ein Aussteller seinen Sprachpurismus nicht auf Kosten des Arbeitnehmers pflegen sollte. Will er einem Arbeitnehmer eine sehr gute Leistung testieren, so sollte er von „stets vollster Zufriedenheit" sprechen oder aber die grammatikalisch korrekte Formel „stets außeror-

---

152 LAG Düsseldorf 26. 2. 1985, DB 1985, S. 2692
153 LAG Düsseldorf 12. 3. 1986, LAGE § 630 BGB Nr. 2
154 LAG Düsseldorf 20. 11. 1979, DB 1980, S. 546
155 van VENROOY 1984, S. 94 f.
156 LAG Hamm 13. 2. 1992, LAGE § 630 BGB Nr. 16
157 BAG 24. 3. 1977, DB 1977, S. 1369
158 WEUSTER 1994 a, S. 86 f.
159 HUBER 1994, S. 154
160 WEUSTER 1994 a, S. 86 und 88
161 SCHWARB 1991, S. 12 ff.; HUBER 1994, S. 56; BOLDT 1987, S. 1138

Zusammenfassende Leistungsbeurteilung I./3.4.9.

dentlich / höchst / äußerst zufrieden" oder den Klartext „stets sehr zufrieden" verwenden. Das BAG hat nunmehr praxisgerecht entschieden, daß ein Arbeitnehmer, der im Zeugnis bei allen Einzelbeurteilungen ausnahmslos sehr gut bewertet wird und dessen Tätigkeit darüberhinaus als „sehr erfolgreich" hervorgehoben wird, im Zeugnis die Formel „immer zur vollsten Zufriedenheit" oder eine alternative sehr gute Bewertung verlangen kann. Das BAG weist zur Begründung darauf hin, daß in der Zeugnissprache abweichend von den Regeln des Duden die „vollste Zufriedenheit" in Kauf genommen wird.[162] Ein Arbeitnehmer, der auf eine sehr gute Beurteilung klagt, sollte trotz des Urteils des BAG eine andere Variante als „stets vollste Zufriedenheit" fordern, da Instanzgerichte[163] zum Teil nach wie vor diese logisch falsche Formel ablehnen.

Zeugnisklagen von Arbeitnehmern konzentrieren sich in hohem Maße auf die Zufriedenheitsfloskel, wobei die Arbeitnehmer oft deutliche Verbesserungen erzielen.[164] Diese Fixierung auf die Zufriedenheitsfloskel kann aus Arbeitnehmersicht als Problem angesehen werden, da viele Arbeitnehmer andere nachteilige Aussagen übersehen oder akzeptieren, wenn sie nur die „volle / vollste Zufriedenheit" durchsetzen. Berücksichtigt man, daß zwecks Streitvermeidung viele Aussteller bei dieser Floskel vorauseilend Zugeständnisse machen, so kommt man zu der Erkenntnis, daß die Zufriedenheitsaussage nicht selten nur einen geringen Wahrheitsgrad und geringen Informationswert hat.

In der Literatur und zum Teil in der Rechtsprechung finden sich unter anderem noch folgende Varianten der Zufriedenheitsformel.

Zwischenstufen und Zusatzstufen bei der Zufriedenheitsformel
Sehr gut bis Gut (Note 1 – 2)
Er hat seine Aufgaben [] zu unserer vollsten Zufriedenheit erledigt.[165]
Befriedigend bis Ausreichend (Note 3 – 4)
Er hat seine Aufgaben stets zu unserer [] Zufriedenheit erledigt.[166]
Ungenügend (Note 6)
[] zu unserer [] Zufriedenheit zu erledigen versucht[167]

---

162 BAG 23. 9. 1992, EzA § 630 BGB Nr. 16
163 Z. B. LAG Düsseldorf 11. 11. 1994, DB 1995, S. 1135
164 WEUSTER 1995, S. 705 f.
165 DITTRICH 1988, S. 118; DACHRODT 1984, S. 51; Huber 1994, S. 59 f. dagegen bewertet diese Formel mit der Note 2 – 3
166 LAG Hamm 13. 2. 1992, LAGE § 630 BGB Nr. 16 – Diese Formel bzw. die Formel „stets zufrieden" wird sehr unterschiedlich eingestuft. Note 2 = LUCAS 1993, S. 161 / Note 3 = SCHLESSMANN 1994, S. 91; SABEL 1995, S. 32; SCHULZ 1995, S. 100; Note 3 – 4 = DIETZ 1995, S. 38; DACHRODT 1984, S. 51; Note 4 = HUBER 1994, S. 60
167 LAG Hamm 13. 2. 1992, LAGE § 630 BGB Nr. 16

Da über die notenmäßige Zuordnung der vorstehenden Formeln keine Einigkeit besteht, muß man zwecks Vermeidung von Mißverständnissen in der Regel wohl von der Nutzung abraten. Auch kann man sagen, daß differenzierte Beurteilungen eher durch detailliertes Eingehen auf verschiedene Leistungsaspekte als durch eine immer feinere Unterteilung der Zufriedenheitsskala entstehen.[168]

Es ist zu beachten, daß auch die Zufriedenheitsformel kontextabhängig ist.[169] Mittelmäßige Beurteilungen von Arbeitsbereitschaft, Arbeitsbefähigung und Arbeitsweise relativieren eine sehr gute oder gute Zufriedenheitsformel. Die Verfasser haben vereinzelt Originalzeugnisse gesehen, in denen eine gute und sogar eine sehr gute Zufriedenheitsformel mit verdeckt negativen Leistungs- und Verhaltensaussagen kombiniert war. Vermutlich wird hier die Widerspruch-Technik praktiziert. Die Arbeitnehmer werden durch die bekannte „stets volle/vollste Zufriedenheit" zur Akzeptanz der Zeugnisse verleitet und übersehen die konterkarierenden Wertungen. Folgende Varianten drücken keine sehr gute bzw. gute Beurteilung aus: „Gerne bestätigen (= weil gefordert) wir, daß er stets zu unserer vollsten Zufriedenheit gearbeitet hat." Oder: „Bei der zolltechnischen Abwicklung der Exportaufträge kam es in der Regel zu keinen nennenswerten Beanstandungen (= manchmal aber doch), so daß wir mit seiner Leistung stets voll zufrieden waren." Oder: „Wir heben hervor, daß er die Aufgaben, die wir ihm übertrugen (= sonst keine), stets zu unserer vollsten Zufriedenheit vorangetrieben (= nicht beendet) hat." Bei Arbeitnehmern mit Ambitionen auf eine Vorstandsposition kann die Formel „pflichteifrig zu unserer besonderen Zufriedenheit" wegen des Wortes „pflichteifrig" unpassend wirken.[170]

Ergänzende Beispiele für negative Leistungsbeurteilungen sind: „Sie hatte Gelegenheit *(= hat diese aber kaum genutzt)*, die ihr übertragenen Arbeiten zu unserer vollen Zufriedenheit zu erledigen" (Widerspruch-Technik). Oder: „Er war stets bestrebt, seinen Aufgaben gerecht zu werden" *(= im Ergebnis nichts geleistet)*.[171] Mangelhafte Leistungen werden auch dadurch signalisiert, daß der Begriff „Zufriedenheit" ganz vermieden wird: „Er führte die ihm übertragenen Aufgaben mit großem Fleiß und Interesse durch" (= hat sich bemüht, aber im Ergebnis nichts geleistet; vernichtendes Urteil).[172] Oder: „Er erreichte nicht unbedeutende Umsatzsteigerungen" *(= aber bedeutend waren sie auch nicht)*. Oder: „Bei der Einführung dieses neuen Produktes setzte er sich voll ein und zeigte dabei *(= in der Regel aber nicht)*, daß er ein guter Produktmanager sein kann." Negativ wirkt es auch, wenn eine knappe Leistungsbeurteilung nebenher und nachrangig in einem Halbsatz erfolgt: „Seine Führung war gut; seine Aufgaben nahm er mit Fleiß zu unserer Zufriedenheit wahr."

---

168 WEUSTER 1994 a, S. 130
169 WEUSTER 1994 a, S. 208
170 MELL 1990, S. 33
171 LAG Hamm 16. 3. 1989, BB 1989, S. 1486
172 BAG 24. 3. 1977, DB 1977, S. 1369 = BB 1977, S. 997

In der Krankenpflege und in der Sozialarbeit bezeichnen Formulierungen wie „sie bemühte sich sehr um die Patienten" nicht Erfolglosigkeit, sondern sie sollen das Engagement in der Betreuung loben. Wir empfehlen aber, auch hier nach Möglichkeit andere Formulierungen zu wählen.

Ein Aussteller sollte widersprüchliche Aussagen vermeiden. Die Verfasser haben ein Originalzeugnis mit mangelhafter Beurteilung gelesen, das dem Arbeitnehmer mit einem Begleitschreiben übersandt worden war, in welchem ihm für seine Leistung gedankt und ihm weiterhin Erfolg gewünscht wurde.

Manche Aussteller nehmen eine differenzierte Leistungsbeurteilung vor und vermeiden die Zufriedenheitsformel, die sie als Floskel ablehnen. Auch die Verfasser stehen dem Wahrheitsgehalt und dem Informationswert dieser Formel zunehmend skeptisch gegenüber. Sie plädieren dennoch dafür, ergänzend die Zufriedenheitsformel zu verwenden, um einen Leerstellen-Verdacht zu vermeiden. Bei dieser zusammenfassenden Aussage kann noch einmal der wichtige Zeitfaktor „stets" eingesetzt werden, den man aus stilistischen Gründen nicht bei jeder einzelnen Leistungsaussage einbauen kann. Außerdem dient die Zufriedenheitsformel beim diagonalen Lesen des Zeugnisses im Rahmen der Personalauswahl für eine schnelle Vorentscheidung, ob eine Bewerbung weiterhin berücksichtigt wird. In der Personalberater-Befragung gaben kumuliert 59,2 % von 250 Personalberatern an, daß sie im Rahmen der Personalvorauswahl für die Analyse eines Zeugnisses mittlerer Länge nur bis zu fünf Minuten aufwenden.[173]

3.5. Die Beurteilung des Sozialverhaltens

3.5.1. Das Verhalten gegenüber Internen

Die Zeugniskomponente Sozialverhalten (§ 630 BGB: „Führung im Dienst") ist in drei Viertel bis neun Zehntel der Zeugnisse enthalten.[174] Hier geht es allgemein um die Führung (Verhalten, Eigenschaften) des Arbeitnehmers, um die Einhaltung der Betriebsordnung und insbesondere um das Verhältnis des Mitarbeiters zu Vorgesetzten und Kollegen. Besondere Bedeutung kommt dem Sozialverhalten bei Teamarbeit zu, wo Querelen die wechselseitige Information stören und damit die Effizienz der Gruppe mindern können. In Ausbildungszeugnissen wird das Verhalten gegenüber Vorgesetzten, Mitarbeitern, Ausbildern und Mit-Auszubildenden beurteilt. Bei Auszubildenden sollte bei der Verhaltensbeurteilung bedacht werden, daß sich Jugendliche noch in der Persönlichkeitsentwicklung befinden.

Van Venrooy plädiert dafür, dem Arbeitnehmer Wahlfreiheit darüber zuzubilligen, ob er nur eine Leistungsbeurteilung oder ob er eine Leistungs- und eine Verhaltensbeurteilung im Zeugnis will. Van Venrooy ist entgegen der herrschenden Lehre der Auffassung, diese Wahlmöglichkeit sei schon heute

---

173 WEUSTER 1994 a, S. 117
174 PREIBISCH 1982, S. 5; MÖLLER 1990, S. 240 = 89,9 %; WEUSTER 1994 a, S. 95 = 89,5 %

durch § 630 Satz 2 BGB gegeben.[175] Es ist darauf hinzuweisen, daß diese Wahlmöglichkeit zu einem verzerrten Bild vom Mitarbeiter führen könnte, z. B., wenn bei einem Buchhalter zwar dessen fachliche Leistung gewürdigt werden müßte, nicht aber seine Unterschlagungen angesprochen werden dürften.[176] Bedenkt man, daß in der Untersuchung von Preibisch 98,8 % der Zeugnisse Leistungsbeurteilungen und nur 76,8 % auch Verhaltensbeurteilungen enthielten, so ist klar, daß eine Differenzierung schon in erheblichem Maße praktiziert wird.[177] Die Analyse von Originalzeugnissen zeigte, daß Aussteller bei der Beurteilung des Sozialverhaltens großzügiger als bei der Beurteilung der Leistung mit der Zufriedenheitsformel urteilen.[178]

Es ist wichtig, daß sowohl das Verhalten gegenüber Vorgesetzten als auch das Verhalten gegenüber Gleichgestellten beurteilt wird. Wird im Zeugnis die Kollegialität nicht erwähnt (Leerstelle), so deutet dies auf Differenzen mit den Arbeitskollegen hin. Wird nur die Kollegialität herausgestellt, so deutet dies auf Schwierigkeiten mit dem Vorgesetzten hin.[179] Beispielsatz: „Im Mitarbeiterkreis gilt er als toleranter Kollege" (= *aber nicht bei seinem Vorgesetzten*). Es sollten zuerst die Vorgesetzten und erst danach die Kollegen genannt werden, da Leser mit einem mehr hierarchischen Weltbild aus der umgekehrten Reihenfolge schließen könnten, das Verhältnis zu den Kollegen sei besser als das zu den Vorgesetzten gewesen.[180] Doch wird in der Praxis dieser Reihenfolge wohl wenig Bedeutung beigemessen.[181] Das Verhältnis zum Vorgesetzten kann schließlich auch erkennbar anders als das Verhalten gegenüber den Kollegen beurteilt werden.

In neuerer Zeit wird in Texten vermehrt die weibliche Sprachform miterwähnt. Der Verfasser und die Verfasserin haben bisher nur ganz wenige Zeugnisse gesehen, in denen vom Verhalten gegenüber Kollegen und Kolleginnen bzw. gegenüber KollegInnen die Rede war. Allerdings erscheinen Formulierungen wie „Sein Auftreten gegenüber Mitarbeiter(n/innen), Kursleiter(n/innen), Teilnehmer(n/innen) und Vorgesetzten war sicher, stets korrekt und aufgeschlossen", welche sich im Zeugnis eines Volkshochschul-Mitarbeiters fand, kaum lesefreundlich.

Beispiele für die Bewertung des Sozialverhalten sind: „In letzter Zeit kam es zu Konflikten mit dem Vorgesetzten / Auseinandersetzungen mit den Arbeitskollegen" (= sehr negativ; kann Alkoholkonsum andeuten).[182] Oder: „Frau X hat ein bescheidenes und zuvorkommendes Wesen" (= *Zurückhaltung, Anpassung, Unterwürfigkeit*).[183] Oder: „Im Kollegenkreis war er schnell beliebt" (= *nicht beim Vorgesetzten*).

---

175 van VENROOY 1984, S. 96 ff.
176 EISBRECHER 1994, S. 7 f.
177 PREIBISCH 1982, S. 5
178 WEUSTER 1994 a, S. 98 f.
179 MELL 1990, S. 115; SCHLESSMANN 1988, S. 1325; PRESCH 1985, S. 350; FRIEDRICH 1981, S. 53 und 94
180 SCHULZ 1995, S. 107; Capital 4/1991, S. 212
181 WEUSTER 1994 a, S. 56 f.
182 SABEL 1995, S. 43; LUCAS 1993, S. 119
183 SABEL 1995, S. 76

Das Verhalten gegenüber Internen								I./3.5.1.

Oder: „Mit ihrem Vorgesetzten ist sie immer gut ausgekommen" (= soll Anpassung um jeden Preis bedeuten).[184] Oder: „Sie war bei Vorgesetzten und Mitarbeitern gleichermaßen geschätzt und beliebt. Durch ihr kollegiales Verhalten hat sie das Arbeitsklima in der Abteilung positiv beeinflußt." Oder: „Nicht zuletzt durch seine überzeugende Persönlichkeit erwarb er sich die Anerkennung seiner Vorgesetzten und Kollegen. Für alle Mitglieder der Geschäftsführung war er stets, auch über Probleme seines Fachgebietes hinaus, ein gesuchter und respektierter Gesprächspartner."

Eine positive Formel, die häufig[185] zur Beurteilung des Sozialverhaltens eingesetzt wird, lautet: „Sein Verhalten zu Vorgesetzten und Mitarbeitern war jederzeit einwandfrei." Negativ zu werten ist unter Umständen die Aussage: „Sein Verhalten hat nie zu Klagen Anlaß gegeben." Damit kann ausgedrückt sein, das Verhalten sei aber auch nicht lobenswert gewesen. Ferner stört das Wort „Klagen", das normalerweise einen negativen Sachverhalt bezeichnet. Zu Interpretationen kann die Formel „verbindliches Verhalten" Anlaß geben. Handelt es sich um ein höfliches Verhalten oder um eine meinungslose, unproduktive Jasagerei?[186] Besser wäre also die Formel „durch sein verbindliches und zugleich bestimmtes Auftreten" Ebenso kann „Kompromißbereitschaft" als Durchsetzungsschwäche gedeutet werden.[187] Auch die Formel „schnell beliebt" wird manchmal negativ gedeutet. Eindeutig positiv ist die Formulierung „allgemein geschätzt und beliebt".

Die Formel „anspruchsvoller und kritischer Mitarbeiter" bezeichnet einen gegenüber anderen anspruchsvollen Querulanten.[188] Dieses Beispiel weist auf ein Dilemma der Zeugnissprache hin. Offiziell wird heutzutage stets der aktive, selbständig denkende und handelnde, sachkritische, entscheidungsfreudige, lebenslang lernwillige und änderungswillige Mitarbeiter propagiert. Man fragt sich aber, wie man einen solchen Mitarbeiter im Zeugnis beschreiben soll, ohne Mißverständnisse zu erzeugen.[189] Vielleicht ist dies mit dem Vorspann „Er ist ein im positiven Sinne kritischer Mitarbeiter, der . . ." möglich. Die Formulierung „Er übte sachliche Kritik, akzeptierte sie aber auch" dürfte eher negativ wirken, da in ihr auch von Kritik am Mitarbeiter die Rede ist. Negativ wirken auch die Formeln „Er bildete sich eine eigene Meinung, die er mit Engagement vertrat" und „Er scheute sich nicht, kritische Anmerkungen zu machen."[190]

Bei Dittrich finden wir die Meinung, die Passage „er paßte sich gut in die Betriebsgemeinschaft ein" besage, der Arbeitnehmer habe sich mit anderen gegen die Betriebsführung zusammengeschlossen.[191] Dies erscheint uns aber als Überinterpretation.

---

184 DACHRODT 1984, S. 53
185 WEUSTER 1994 a, S. 97; MÖLLER 1990, S. 243 f.
186 FRIEDRICH 1981, S. 43 f.
187 WEUSTER 1994 a, S. 199; WEUSTER 1991/92, S. 26
188 HUNOLD 1988, Teil 12, Kap. 2, S. 25
189 SCHWARB 1991, S. 47 f.; WEUSTER 1991/92, S. 25 f.
190 MELL 1990, S. 64 und 173
191 DITTRICH 1988, S. 35

Da Zeugnisse auf das charakteristische Gesamtbild und nicht auf atypische Einzelvorkommnisse auszurichten sind, gehören „verjährte" Verhaltensmängel nicht ins Zeugnis (Amnestiegedanke). Auch Disharmonien während der Kündigungsfrist sollten nach einem mehrjährigen guten Arbeitsverhältnis keinen Niederschlag im Zeugnis finden. Schließlich sollte der Aussteller bedenken, ob nicht manche Verhaltensweise des Mitarbeiters nur eine Reaktion auf inakzeptables Kollegen- oder Vorgesetztenverhalten war. Abmahnungen dürfen nicht erwähnt werden.[192]

Bei Mitarbeitern, die vielfältige innerbetriebliche Kontakte haben (Querschnittsfunktionen), ist auf das Verhalten besonders einzugehen. So kann z. B. bei einem Produktmanager, einem Projektmanager oder einem Organisator im Zeugnis hervorgehoben werden, daß er bei allen innerbetrieblichen Kontaktpersonen als fairer Gesprächs- und Verhandlungspartner anerkannt war und daß produktive Synergie-Effekte auftraten. Beispiele: „Als Projektleiter stellte er zu den beteiligten Abteilungen gute Kontakte her. Auftretende Prioritätskonflikte zwischen der Projektarbeit und den Dauerhaufgaben der Abteilungen meisterte er mit viel Geschick zur allseitigen Zufriedenheit. Sein überzeugender argumentativer Stil machte ihn zu einem geschätzten Gesprächs- und Verhandlungspartner, dessen Kompromißvorschläge in Sachkonflikten stets Zustimmung fanden." Oder: „Als Personalreferent für Tarifangestellte hatte er zu allen Bereichen des Hauses Kontakt. Bei den Personalangelegenheiten der Bereiche war er ein geschätzter Gesprächspartner, dessen Dienstleistung gern in Anspruch genommen wurde. Die Einführung eines analytischen Arbeitsplatzbewertungsverfahrens durch eine Unternehmensberatungsfirma führte zu schwierigen Verhandlungen über die Wertigkeit verschiedener Stellen. Diese Gespräche mit den Vorgesetzten, den Mitarbeitern und dem Betriebsrat führte er sachlich und erfolgreich im Unternehmensinteresse."

3.5.2. Das Verhalten gegenüber Externen

Die Beurteilung des Sozialverhaltens kann auf das Verhalten gegenüber Lieferanten, Kunden, Klienten, Mandanten, Patienten, Gästen, Behörden, Publikum oder Besuchern ausgedehnt werden. Bei Funktionen wie Verkauf, Schalterdienst, Reklamationsbearbeitung oder Empfang sowie in der Gastronomie und im Hotelgewerbe kann die Verhaltensbeurteilung (analog der Beurteilung der Führungsleistung bei Vorgesetzen) auch zur Zeugniskomponente „Leistungsbeurteilung" gehören. In diesem Falle sind die sozialen Qualifikationen des Arbeitnehmers unbedingt im Zeugnis darzulegen, weil andernfalls ein Leerstellen-Verdacht aufkommen kann.[193] In der Inhaltsanalyse von Originalzeugnissen enthielten 139 von 1 000 Zeugnissen Aussagen zum Verhalten gegenüber Externen. 119 der 139 Aussagen betrafen Kunden.[194]

---

192 SCHULZ 1995, S. 84 f.
193 LIST 1994, S. 21
194 WEUSTER 1994 a, S. 99

Weitere Verhaltensaspekte　　　　　　　　　　　　　　　　　I./3.5.2, 3.5.3.

Werden die Kunden in die allgemeine Verhaltensaussage einbezogen, sollten sie an erster Stelle genannt werden.[195] Beispiel: „Sein Verhalten gegenüber Kunden, Vorgesetzten und Mitarbeitern war stets vorbildlich." Beispiele für spezielle Ausführungen zum Verhalten gegenüber Kunden: „Gegenüber unseren Kunden und anderen Geschäftsfreunden trat sie stets höflich, sicher und gewandt auf." Oder: „In wichtigen Kundengesprächen zeigte er stets großes Verhandlungsgeschick." Oder: „Er verstand es, in Gesprächen und Verhandlungen mit Kunden ein vertrauensvolles Verhältnis herzustellen und zu pflegen." Oder: „Bei unseren Kunden war er schnell beliebt *(= Preisnachlässe, Rabatte, viele Werbegeschenke)*. Er erreichte dabei nicht unbedeutende *(= aber auch keine bedeutenden)* Umsatzsteigerungen."[196]

3.5.3. Weitere Verhaltensaspekte

Um die Beurteilung des Sozialverhaltens individueller und informativer zu formulieren, können auch Aspekte wie Teamfähigkeit, Loyalität, Kameradschaftlichkeit, Aufgeschlossenheit, Hilfsbereitschaft, Kooperationsbereitschaft, Kontaktvermögen oder Auftreten und Ausstrahlung angesprochen werden. Bedenkt man, daß „verbindlicher Mitarbeiter" manchmal als „meinungsloser Jasager" und daß „kritischer Mitarbeiter" oft als Querulant gedeutet wird[197], dann sieht man, welche Gratwanderungen bei der Formulierung notwendig sind (Formulierungsslalom). Auch wirken Bezeichnungen wie „Gesprächs- und Verhandlungspartner" oder „Kooperationspartner" besser als der mehr passive Ausdruck „Ansprechpartner". Es empfiehlt sich also, Eigenschaften nicht einfach zu nennen, sondern ihren Arbeits- und Leistungsbezug deutlich zu machen.

In Publikationen zur Zeugnissprache werden gelegentlich die Synonyme „Einfühlungsvermögen" = Sexualkontakt und „umfassendes Einfühlungsvermögen" = Homosexualität vorgestellt.[198] Auch die Formulierungen „kontaktfreudige Mitarbeiterin", „allseits beliebte Mitarbeiterin" oder „kontaktwilliger Mitarbeiter" können im Sinne von Sexualkontakt gedeutet bzw. mißdeutet werden. Eine Verbindung zwischen volljährigen Mitarbeiterinnen und Mitarbeitern ohne betriebliche Auswirkungen gehört aber nicht ins Zeugnis. Der Arbeitgeber ist nicht Sittenwächter seiner Arbeitnehmer. Ihm steht grundsätzlich nur ein Urteil über die Führung „im Dienst" zu.[199]

Private Verhaltensweisen können nur dann ins Arbeitszeugnis Eingang finden, wenn sie negative betriebliche Auswirkungen haben. Ein Beispiel ist eine unbefugte Privatfahrt mit einem Dienstwagen in betrunkenem Zustand.[200]

---

195 ArbG Neumünster 12. 7. 1994 - 1 c Ca 705/94
196 WEUSTER 1991/92, S. 24 und 26
197 FRIEDRICH 1981, S. 44 und 95
198 DIETZ 1995, S. 41; LUCAS 1993, S. 131, 146 und 164; HUBER 1994, S. 64; SCHMID 1988, S. 2253; PRESCH/GLOY 1977, S. 173
199 LAG München 14. 9. 1976, ARST 10/1977, S. 160; DIETZ 1995, S. 21; BEKER-SCHAFFNER 1989, S. 2106; FAESCH 1984, S. 77; NEUMANN 1951, S. 228
200 BAG 29. 1. 1986, NZA 1987, S. 384

Straftatbestände dürfen nur genannt werden, wenn sie mit dem Arbeitsverhältnis in einem unmittelbaren Zusammenhang stehen.[201] Ein bloßer Verdacht, selbst wenn er zur Verdachtskündigung berechtigt, darf nicht erwähnt werden.[202] Feststehende gravierende Fehlverhaltensweisen oder Straftaten im Unternehmen wie z. b. reichlicher Alkoholkonsum auf einer Dienstreise, Verbalinjurien, Körperverletzung, Arbeitsverweigerung, Diebstahl und Unterschlagung oder Sexualkontakt mit Abhängigen können zu einer außerordentlichen (fristlosen) oder ordentlichen verhaltensbedingten Kündigung führen. Je nach der Bedeutung der Verhaltensweise kann eine Nennung oder Umschreibung („wegen Umstimmigkeiten") in einem qualifizierten Zeugnis unumgänglich sein, wenn andernfalls das Interesse künftiger Entscheidungsträger bei der Personalauswahl an einer zuverlässigen Beurteilungsgrundlage (zum eigenen Schutz sowie zum Schutz der beschäftigten Mitarbeiter) verletzt würde.[203] Ein Heimerzieher, gegen den ein Strafverfahren wegen sittlicher Verfehlungen an seinen Pfleglingen läuft, kann nicht verlangen, daß der Arbeitgeber im Zeugnis das Verfahren unerwähnt läßt.[204]

Das Basistugend-Sortiment „ehrlich, fleißig, zuverlässig, pünktlich" wird im allgemeinen als selbstverständlich vorausgesetzt und daher in Zeugnissen meist nicht mehr erwähnt. Manchmal wird diese stereotype Wortkette mit der Einleitung „Der Vollständigkeit halber erwähnen wir, daß" ins Zeugnis eingefügt. In diesem Falle sollte man keine dieser Eigenschaften, insbesondere nicht das Wort „ehrlich" auslassen, um nicht den Verdacht einer bewußten Leerstelle zu erzeugen.[205] Insofern kann man wohl dem ArbG Bayreuth zustimmen, daß das Wort „pünktlich" in dem Satz „Wir haben Frau S in dieser Zeit als ehrliche, zuverlässige und pünktliche Mitarbeiterin kennengelernt" objektiv eine positive Bewertung der Arbeitnehmerin ausdrückt.[206] Anders wäre der Aussagegehalt, wenn der Arbeitnehmerin allein Pünktlichkeit (= insbesondere am Feierabend) testiert worden wäre.

Bei qualifizierten Arbeitnehmern und Führungskräften kann die übermäßige Betonung von Basistugenden, Selbstverständlichkeiten, Peanuts-Erfolgen, Nebenaufgaben und Nebenpflichten wie z. B. Pünktlichkeit, Ehrlichkeit[207], ordentliche Kleidung oder gepflegter Dienstwagen eine bewußte Abwertung signalisieren (Ausweich-Technik).[208] Beispiele: „Herr Dr. X war stets pünktlich" oder „Wir bestätigen gern, daß Herr X mit Fleiß und Ehrlichkeit *(= aber oh-*

---

201 DIETZ 1995, S. 21; KÜCHLE/BOPP 1997, S. 183; KRUMMEL 1983, S. 151 f.
202 EISBRECHER 1994, S. 118 ff.; SCHLESSMANN 1994, S. 70; HAUPT/WELSLAU 1992, S. 39 f.; KÜCHLE/BOPP 1997, S. 183; GÖLDNER 1989, S. 92 f.; GAUL 1975, Sp. 454; NEUMANN 1951, S. 228
203 HAUPT/WELSLAU 1992, S. 40; GÖLDNER 1989, S. 92
204 BAG 5. 8. 1976, BB 1977, S. 297
205 BECKER-SCHAFFNER 1989, S. 2106; PRESCH 1984, S. 176
206 ArbG Bayreuth 26. 11. 1991, NZA 1992, S. 799
207 WEUSTER 1994 a, S. 213
208 LUCAS 1993, S. 128 und 136; MELL 1990, S. 70; MÖLLER 1990, S. 151 und 202; MERTENS/PLÜSKOW 1985, S. 264; FRIEDRICH 1981, S. 96; PRESCH 1980b, S. 240 und 244

Weitere Verhaltensaspekte I./3.5.3.

ne fachliche Qualifikation) an seine Aufgaben herangegangen ist."[209] Oder (bei einem Vorstandsmitglied einer Genossenschaftsbank): „Für unsere Kunden zeigte er sich kontaktfähig und freundlich." Oder: „Herr X war eine ehrliche (= biedere, einfältige) Kraft, die . . ." Das Nennen von Selbstverständlichkeiten kann unter Umständen bewirken, daß auch noch diese Selbstverständlichkeiten in Zweifel gezogen werden.

Bei Mitarbeitern, die Zugang zu Betriebs- und Geschäftsgeheimnissen und zu vertraulichen Informationen haben (Forscher und Entwickler, Bilanzbuchhalter, Personalsachbearbeiter, Sekretärin[210] beim oberen Management) oder die Ziel von Bestechungsversuchen sein können (Einkäufer, Auftragsbearbeiter), sollte ihre Vertrauenswürdigkeit, Integrität oder Diskretion erwähnt werden. Ein Beispiel für eine Sekretärin: „Frau X bearbeitete als Vorstandssekretärin laufend vertrauliche Vorgänge mit absoluter Diskretion."

Bei Mitarbeitern in Vertrauenspositionen, z. B. bei Leitenden Angestellten, sollte betont werden, daß sie stets mit der Geschäftsleitung loyal zusammengearbeitet haben. Geschäftsführer haben ggf. Anspruch auf die Erwähnung, daß sie das volle Vertrauen der Gesellschafter, des Aufsichtsorgans bzw. des Managements der Muttergesellschaft besaßen.[211] Einen Vertrauensbeweis kann man auch in der Übertragung von Prokura sehen.

In der Unternehmens-Befragung gaben nur 13,1 % von 337 Unternehmen an, ggf. stets die Ehrlichkeit im Zeugnis zu erwähnen.[212] Bei Kassierern, Mitarbeitern mit Kassenbedienung oder mit Inkasso-Vollmacht[213], Mitarbeitern in der Gastronomie, Personal im Hotel und Hausgehilfinnen sind die Begriffe „ehrlich" oder „vertrauenswürdig" noch üblich. Diese Berufsgruppen haben daher einen Anspruch darauf, daß ihre Ehrlichkeit erwähnt wird.[214] Allerdings kann aus dem Fehlen des Stichwortes „ehrlich" nicht zwangsläufig auf Unehrlichkeit geschlossen werden.[215]

Eine Ehrlichkeits-Aussage kommt auch in Betracht bei Verkäufern kleiner, aber wertvoller Gegenstände, z. B. im Juwelier-Geschäft, bei Revisoren, Lagerleitern und Lagermitarbeitern, bei Werkschutzkräften und bei Wach- und Schließpersonal, bei Personal von Reinigungsfirmen, welches fremde Gebäude reinigt, bei Service-Technikern mit Reparaturen in Privathaushalten, bei Mitarbeitern mit Verfügungsbefugnis über Geld, Konten und Waren oder mit regelmäßigen Spesenabrechnungen (Außendienst-Mitarbeiter, Verkaufsfahrer) sowie bei sonstigen Mitarbeitern in besonderen Vertrauensstellungen wie z. B. Finanzbuchhaltern oder Einkäufern. Bei Führungskräften spricht man statt von Ehrlichkeit besser von Vertrauenswürdigkeit oder Integrität.

---

209 FRIEDRICH 1981, S. 96
210 MÖLLER 1990, S. 84 f. und 319
211 KG Berlin 6. 11. 1978, BB 1979, S. 989; STURN 1980, S. 179
212 WEUSTER 1994 a, S. 55
213 WEUSTER 1991/92, S. 26
214 DIETZ 1995, S. 21; RISCHAR 1985, S. 494
215 GÖLDNER 1991, S. 232 f.

Gelegentlich hört man die Auffassung, bei manchen Berufen, z. B. bei Buchhaltern, sei Ehrlichkeit eine Selbstverständlichkeit, so daß in diesen Fällen eine ausdrückliche Ehrlichkeitsbestätigung eher irritiere, ja das Gegenteil besage. Diese Auffassung ist Unsinn. Auch in der Zeugnissprache bedeuten „ehrlich" oder „vertrauenswürdig" eindeutig „ehrlich" und „vertrauenswürdig".

Hat ein Arbeitgeber sich in einem Vergleich verpflichtet, gegen den Arbeitnehmer keinerlei Vorwürfe aus dem Arbeitsverhältnis mehr zu erheben, so hat der Arbeitnehmer Anspruch auf eine ausdrückliche Erwähnung seiner Ehrlichkeit.[216] Ein subjektiver Diebstahlsverdacht reicht nicht aus, um die Ehrlichkeitsaussage zu verweigern. Hat ein Arbeitgeber einen Arbeitnehmer im Zeugnis ein Jahr nach dem Feststellen eines (strittigen) Inventurfehlbetrages als ehrlich und gewissenhaft bezeichnet, kann er ihn nicht nach dem Ausscheiden aus Mankohaftung in Anspruch nehmen.[217] Stellt ein Arbeitgeber bei gegebener Unehrlichkeit des Arbeitnehmers auf dessen Verlangen nur ein einfaches Zeugnis ohne Verhaltensbeurteilung und damit ohne Erwähnung der Unehrlichkeit aus, macht er sich nicht schadensersatzpflichtig.[218]

Die Technik des „beredten Schweigens" hat Grenzen. Wird ein Arbeitnehmer, der eine Vertrauensstellung innehat, wegen einer strafbaren Handlung im Rahmen seines Arbeitsverhältnisses fristlos entlassen, so verstößt der Arbeitgeber gegen die guten Sitten, wenn er diesen Tatbestand nicht im Zeugnis erkennen läßt, sondern nur positive Sachverhalte hervorhebt und seine uneingeschränkte Zufriedenheit betont.[219] Das Zeugnis hat nach Gaul eine „Warnfunktion".[220] Es ist bei schwerwiegendem Fehlverhalten Vorsicht vor wahrheitswidrigen Aussagen anzuraten. Auch bei länger zurückliegenden kleinen Unredlichkeiten (z. B. einem sog. Bagatell-Diebstahl) sollten möglichst die Prädikate „ehrlich", „vertrauenswürdig" und „zuverlässig" vermieden werden. Manchmal ist eine Unehrlichkeit daran zu erkennen, daß der Arbeitgeber sein Vertrauen durch Aussagen wie „Bis zu seinem Ausscheiden waren wir von seiner Ehrlichkeit überzeugt" oder „stets ehrlich gegenüber ihrem Vorgesetzten" (*= nicht jedoch gegenüber den Arbeitskollegen?*) oder „Herr X war stets bestrebt, das Vertrauen der Geschäftsleitung zu erhalten" einschränkt. Weiterhin sollte in diesem Falle die Dankes-Bedauern-Formel fortgelassen werden.

Hat der Arbeitgeber bewußt oder unbewußt ein falsches Zeugnis ausgestellt, zum Beispiel wahrheitswidrig Ehrlichkeit attestiert, so können Schadensersatzansprüche Dritter auf ihn zukommen.[221] Unbewußt und insoweit ohne Verschulden kann ein unwahres Zeugnis zum Beispiel erstellt worden sein,

---

216 ArbG Celle 22. 3. 1974, ARST 1/1975, S. 12
217 BAG 8. 2. 1972, BB 1972, S. 618 = DB 1972, S. 931
218 STURN 1974, S. 105
219 BGH 22. 9. 1970, DB 1970, S. 2224 f.; BGH 26. 11. 1963, DB 1964, S. 517; OLG Hamburg 14. 12. 1954, DB 1955, S. 172; HAUPT/WESLAU 1992, S. 44; BAUNSCHEIDT 1989, S. 68; HUNOLD 1988, Teil 12, Kap. 2. S. 29 f.; GAUL 1986, S. 220; SCHMID 1982, S. 1113
220 GAUL 1986, S. 220 und 222 ff.
221 EISBRECHER 1994, S. 66 ff.; KRUMMEL 1983, S. 206 ff.; LOEWENHEIM 1980, S. 469 ff.

wenn der Aussteller erst nach dem Ausscheiden des Arbeitnehmers Verfehlungen entdeckt. Der Arbeitgeber kann ein bewußt oder unbewußt falsch ausgestelltes Zeugnis widerrufen.[222] Einen Zeugniswiderruf gibt es aber nur bei tatsächlichen Unrichtigkeiten und nicht bei Werturteilen, es sei denn, daß neue Tatsachen den früheren Werturteilen die Grundlage entzogen haben.[223] Der Widerruf ist vollzogen, wenn er dem Arbeitnehmer zugeht.[224] Der Arbeitgeber kann bei Widerruf die Rückgabe des unrichtigen Zeugnisses verlangen, um eine weitere Verwendung gegenüber Dritten zu verhindern.[225] Ist dem Aussteller bekannt, daß der Arbeitnehmer sich (wegen des Zeugnisses) erneut in einer verantwortlichen Stellung befindet, und drängt sich überdies der Verdacht neuer Unredlichkeiten auf, so handelt ein Aussteller sittenwidrig, wenn er ein zunächst unverschuldet unrichtiges Zeugnis nicht wenigstens nachträglich durch eine umgehende (telefonische) Warnung des ihm bekannten neuen Arbeitgebers widerruft.[226]

Hoechst, der das Arbeitszeugnis aus Arbeitnehmersicht betrachtet, wendet gegen die Erwähnung von Straftaten im Zeugnis ein, daß dieser Makel einen Arbeitnehmer bis ans Ende seines Arbeitslebens begleite, da Arbeitgeber von Bewerbern meist einen lückenlos belegten Werdegang forderten. Eine spätere Tilgung durch Neuausstellung eines Zeugnisses kenne das Zeugnisrecht nicht. Damit wiege die Nennung der Straftat in einem Zeugnis unter Umständen schwerer als eine gerichtliche Strafe. Außerdem wendet Hoechst ein, daß das Zeugnisrecht damit strenger als die Rechtsprechung zum Fragerecht der Arbeitgebers im Vorstellungsgespräch sei.[227] Im Bewerbungsgespräch muß ein Arbeitnehmer nämlich nur tätigkeitsrelevante, noch nicht gemäß §§ 43, 44 BZRG im Zentralregister getilgte Vorstrafen offenbaren, und dies auch nur auf Befragen. Hoechst plädiert dafür, bei der Frage der Straftaten eine Bewährungslösung auch im Zeugnisrecht zu finden.[228]

3.6. Der Schlußabsatz des Zeugnisses

Der Schlußabsatz eines Zeugnisses kann umfassen: (1) die Beendigungsformel (Endzeugnis) oder den Ausstellungsgrund (Zwischenzeugnis), (2) die Dankes-Bedauern-Formel, und (3) Zukunftswünsche. Der Schlußabsatz im Zeugnis einer sehr erfolgreichen Führungskraft könnte lauten: „Herr X verläßt uns auf eigenen Wunsch, um sich einer größeren Aufgabe in einem anderen Unternehmen zu widmen. Er hat sich unserem Hause gegenüber bedeutende Verdienste erworben. Wir bedauern sein Ausscheiden außerordentlich und wünschen ihm an

---

222 KÜCHLE/BOPP 1997, S. 192 und 195 f.; GÖLDNER 1989, S. 122 ff.; DITTRICH 1988, S. 16; BOLDT 1987, S. 1139; GRIMM 1987, (D) II. 2.; LAG Frankfurt 25. 10. 1950, DB 1951, S. 308
223 LAG Bayern 28. 7. 1972, ARST 9/1973, S. 144
224 RUNGGALDIER 1992, Sp. 478; KRUMMEL 1983, S. 215
225 KÜCHLE/BOPP 1997, S. 195 f.; KRUMMEL 1983, S. 212 ff.; nach GÖLDNER 1989, S. 129 f. bei bewußt unrichtigen Zeugnissen
226 BGH 15. 5. 1979, DB 1979, S. 2378 ff.; EISBRECHER 1994, S. 112 ff.; DITTRICH 1988, S. 16
227 HOECHST 1986, S. 153 f.
228 HOECHST 1986, S. 154

seiner neuen Wirkungsstätte sowie für seinen weiteren Werdegang und Lebensweg alles Gute, viel Glück und weiterhin viel Erfolg."

3.6.1. Die Beendigungsformel

Die Kündigungsinitiative (wer), die Kündigungsmodalitäten (fristgemäß, fristlos) und der Kündigungsgrund (warum), gehören grundsätzlich nicht ins Zeugnis, da die gesetzlichen Zeugnisvorschriften hierzu nichts sagen.[229]

Die Kündigungsinitiative des Arbeitnehmers („auf eigenen Wunsch")[230] und auch eine betriebsbedingte Kündigung (Rationalisierung, Stillegung) müssen aber im Zeugnis erwähnt werden, wenn der Arbeitnehmer dies wünscht.[231] Auch wenn das Arbeitsverhältnis nach einem Auflösungsantrag des Arbeitnehmers in einem Kündigungsschutzprozeß aufgelöst wurde, kann der Arbeitnehmer die Formel „auf eigenen Wunsch" beanspruchen.[232] Vereinbaren beide Parteien nach einer fristlosen Kündigung die Beendigung des Arbeitsverhältnisses durch gerichtlichen Vergleich, so kann der Arbeitnehmer die Aussage „in beiderseitigem Einvernehmen" verlangen.[233] Der Grundsatz der Zeugniswahrheit schließt es aber aus, in ein qualifiziertes Zeugnis einen Beendigungsgrund aufzunehmen, der ohne gerichtsförmige Feststellung lediglich als Kompromißformel (z. B. zur Sicherung des Anspruches auf Arbeitslosengeld) in einen Prozeßvergleich aufgenommen wurde.[234]

Eine Krankheit darf gegen den Willen des Arbeitnehmers auch nicht bei einer arbeitgeberseitigen Kündigung wegen Arbeitsunfähigkeit infolge Krankheit genannt werden, da Beendigungsgründe nur mit Zustimmung des Arbeitnehmers ins Zeugnis aufgenommen werden dürfen.[235]

Nach der Untersuchung von Preibisch enthalten 74 % der Zeugnisse die Formel „auf eigenen Wunsch".[236] Nach der eigenen Inhaltsanalyse von Originalzeugnissen verteilt sich die Kündigungsinitiative in 669 Arbeitnehmer-Endzeugnissen wie folgt: 545 (= 81,5 %) Kündigungen durch Arbeitnehmer, 25 (= 3,7 %) Kündigungen ausdrücklich durch den Arbeitgeber, 33 (= 4,9 %) einvernehmliche Beendigungen, 10 (= 1,5 %) neutrale Beendigungsformeln (= vermutlich ebenfalls Arbeitgeber-Kündigung), 25 (= 3,7 %) fehlende Beendigungsformeln (= vermutlich ebenfalls Arbeitgeber-Kündigung), 25 (= 3,7 %) Vertragsablauf, 4 (= 0,6 %) Pensionierungen sowie je einmal Ablauf der Probezeit und Konkurs.[237]

---

229 LAG Hamm 24. 9. 1985, LAGE § 630 BGB Nr. 1; ArbG Bremen 4. 7. 1968, BB 1969, S. 834; LAG Bremen 16. 9. 1953, DB 1954, S. 352; dagegen bzgl. des Grundes sowie einer fristlosen Kündigung GÖLDNER 1989, S. 95 f.
230 LAG Baden-Württemberg 29. 11. 1958, BB 1959, S. 489; LAG Bremen 16. 9. 1953, DB 1954, S. 352
231 SCHLESSMANN 1988, S. 1323; van VENROOY 1984, S. 65 ff.; KRUMMEL 1983, S. 153
232 LAG Köln 29. 11. 1990, LAGE § 630 BGB Nr. 11
233 LAG Baden-Württemberg, Kammer Stuttgart 9. 5. 1968, DB 1969, S. 1319
234 LAG Frankfurt 18. 2. 1983, AuR 1984,S. 53; HUNOLD 1993, S. 226 f.
235 ArbG Frankfurt 19. 3. 1991, DB 1991, S. 2448; Sächsisches LAG 30. 1. 1996, AiB 1996, S. 506; LEPKE 1991, S. 258; SCHLESSMANN 1994, S. 73
236 PREIBISCH 1982, S. 34
237 WEUSTER 1994 a, S. 101

Der hohe Anteil von arbeitnehmerseitigen Kündigungen laut Zeugnis von 74 % bzw. 81,5 % dürfte nicht mit der Realität übereinstimmen.[238] Diese Formel wird also zum Teil auch verwendet, wenn arbeitgeberseitige Kündigungen oder Aufhebungsverträge vorliegen. Für ein Bewerbungsgespräch bedeutet dies, daß der Interviewer in Abhängigkeit von seinem Gesamteindruck den wahren Beendigungsgrund eruieren muß. So sind zum Beispiel Zweifel am Wahrheitsgehalt der Kündigung „auf eigenen Wunsch" angebracht, wenn der Lebenslauf des Arbeitnehmers nach dem Arbeitsverhältnis eine Lücke ohne Beschäftigungsverhältnis ausweist.[239] Das Gleiche kann gelten, wenn die nächste Stelle bei einem anderen Arbeitgeber einen beruflichen Abstieg bedeutet.[240]

Eine Begründung für den Beendigungswunsch wurde in der Untersuchung von Preibisch in 27 % der Zeugnisse angegeben.[241] In der eigenen Inhaltsanalyse von Originalzeugnissen enthielten 34,7 % von 669 Arbeitnehmer-Endzeugnissen eine Begründung. Häufig angeführte Gründe waren: Übernahme einer neuen Aufgabe, Weiterbildung und Studium, Vertragsablauf, Rationalisierung, persönliche Gründe sowie Vorruhestand und Pensionierung.[242]

Es spricht nichts dagegen, auf Wunsch des Arbeitnehmers plausible und akzeptable Gründe wie Heirat, Wohnortwechsel, Ablauf des Erziehungsurlaubes, Kindererziehung, Weiterbildung oder die Übernahme einer hierarchisch höheren Position als Beendigungsgrund zu nennen. Beispiel: „Da sich Herrn X die Gelegenheit bietet, im Rahmen seines beruflichen Karriereweges eine noch umfassendere Position zu übernehmen, verläßt er uns auf eigenen Wunsch." Ein plausibler Beendigungsgrund kann mögliche Zweifel an der Kündigungsinitiative des Arbeitnehmers zerstreuen. Die Hinweise „um zu studieren", „um eine Technikerschule zu besuchen", „um sich selbständig zu machen", „Auslandsaufenthalt" oder „um eine außergewöhnliche Karrierechance wahrzunehmen" können im nachhinein problematisch werden, wenn diese Pläne erfolglos enden, schon nach kurzer Zeit aufgegeben oder überhaupt nicht realisiert werden.[243] Auch sind bei Begründungen Mißverständnisse zu vermeiden. So kann die Aussage „da sich ihm bei uns keine Aufstiegsmöglichkeiten bieten" irrtümlich so gedeutet werden, als komme nur dieser Mitarbeiter für eine Beförderung nicht in Frage. Die Aussage „um sich finanziell zu verbessern" wird oft negativ gedeutet.[244] Der Satz „Herr X scheidet aus, um seine Berufserfahrung zu erweitern" kann eine arbeitgeberseitige Kündigung wegen Wissensmängeln andeuten.

---

238 PREIBISCH 1982, S. 34; LIEGERT 1975, S. 24
239 MELL 1988, S. 208; LIEGERT 1975, S. 25
240 LIEGERT 1975, S. 24 f.
241 PREIBISCH 1982, S. 34
242 WEUSTER 1994 a, S. 102 f.
243 SCHWARB 1991, S. 7
244 WEUSTER 1991/92, S. 26

Eine Besonderheit der arbeitnehmerseitigen Beendigung des Arbeitsverhältnisses kann darin liegen, daß dieser das Unternehmen ohne Einhaltung der Kündigungsfrist verläßt. Der Arbeitgeber darf diesen Vertragsbruch grundsätzlich nicht ausdrücklich erwähnen.[245] Er kann ihn aber erkennbar umschreiben. Das muß zur Vermeidung von Schadensersatzansprüchen künftiger Arbeitgeber um so eher erfolgen, je höher die Position und je größer der Verantwortungsumfang des Arbeitnehmers war.[246] Durch Urteil des LAG Hamm war der Satz „Herr L. hat seinen Arbeitsplatz vertragswidrig und vorzeitig am 31. 12. verlassen" zu ändern in „Herr L. hat ... verlassen, um sofort eine neue Tätigkeit aufzunehmen."[247] Hier wird also eine offen negative Aussage durch eine mißverständliche[248] Andeutung ersetzt.

Stoffels argumentiert, ein vorzeitiges Ausscheiden per Vertragsbruch stelle u. U. eine mehrwöchige Leistungsverweigerung und damit eine schwere Verletzung der Leistungspflicht dar. Ein Hinweis auf den Vertragsbruch sei demnach unter dem Aspekt der Vollständigkeit des Zeugnisses eine wichtige Kerninformation über die Zuverlässigkeit und die Vertragstreue eines Bewerbers. Das oft ungewöhnliche Beendigungsdatum sei in diesem Zusammenhang eine zu vage Andeutung.[249] Ein Vertragsbruch kann auch bei der Beurteilung des Sozialverhaltens, zum Beispiel durch Fehlen oder Einschränken einer Zuverlässigkeitsaussage, berücksichtigt werden.[250]

Die Formeln „einvernehmlich getrennt" oder „in gegenseitigem Einvernehmen getrennt" wirken wegen der Worte „getrennt" bzw. „gegenseitig" meist negativ. Sie können Mutmaßungen über eine arbeitgeberseitige Beendigungsinitiative oder über einen Prozeßvergleich erzeugen.[251] Verläßt ein Mitarbeiter kurze Zeit nach einer Beförderung einvernehmlich das Unternehmen, so kann vermutet werden, daß er sich der anspruchsvolleren Aufgabe nicht gewachsen zeigte (Peter-Prinzip).[252] Bei einer betriebsbedingten einvernehmlichen Beendigung des Arbeitsverhältnisses können Vermutungen über eine unter Leistungsaspekten vorgenommene Abweichung von der gebotenen Sozialauswahl entstehen. In der Personalberater-Befragung fand eine einvernehmliche Beendigung bei 246 Beratern folgende Wertungen: 30,9 % = fast immer negativ, 37,4 % = häufig negativ, 8,9 % = gelegentlich negativ und 22,8 % = besagt gar nichts.[253]

Man kann eine einvernehmliche Beendigung nicht generell mit einer arbeitgeberseitigen Kündigung gleichsetzen oder negativ werten. Einem Ge-

---

245 LAG Köln 8. 11. 1989, BB 1990, S. 856 Leitsatz
246 ArbG Siegen 30. 5. 1980, ARST 12/1980, S. 192
247 LAG Hamm 24. 9. 1985, LAGE Nr. 1 zu § 630 BGB - zur Kritik siehe HUNOLD 1993, S. 227
248 WEUSTER 1994 a, S. 143 ff.
249 STOFFELS 1994, S. 198
250 LAG Hamm 24. 9. 1985, LAGE Nr. 1 zu § 630 BGB; OEHMANN/BÜRGER/ MATTHES 1988, S. 5; SCHLESSMANN 1995, S. 42
251 SCHWARB 1991, S. 14; HUBER 1995, S. 69 f.; SCHULZ 1995, S. 108; MELL 1990, S. 147; COELIUS 1992, S. 77; BERNOLD 1983, S. 38 und 127; FRIEDRICH 1981, S. 51
252 FRIEDRICH 1981, S. 98 f.
253 WEUSTER 1994 a, S. 142

Die Beendigungsformel I./3.6.1.

schäftsführer, der es vorzieht, das Arbeitsverhältnis einvernehmlich zu beenden, statt auf Druck der Eigentümer die Bilanz zu manipulieren, gebührt Hochachtung. Manche Aussteller versuchen, eine vom Arbeitnehmer nicht zu vertretende einvernehmliche Beendigung durch die Formel „in bestem Einvernehmen" klarzustellen. Aus Arbeitnehmersicht ist es aber zur Vermeidung von Mißverständnissen in der Regel besser, den Arbeitgeber mit verständigem Wohlwollen die Formel „auf eigenen Wunsch" ins Zeugnis schreiben zu lassen, was so auch teilweise praktiziert wird.[254] Bei Aufhebungsverträgen und Vergleichen erscheint dies gerechtfertigt, da mit der Vertragsunterschrift des Arbeitnehmers seine entsprechende Willenserklärung gegeben ist. Abschließend sei noch darauf hingewiesen, daß im Rahmen von Verhandlungen über einen Aufhebungsvertrag nicht selten auch der Zeugnisinhalt festgelegt wird. Wurde ein Arbeitsverhältnis einvernehmlich beendet, ist demnach eine gewisse Skepsis hinsichtlich der Zeugniswahrheit angebracht.

Bei einer betriebsbedingten Kündigung wegen Betriebsaufgabe, Teilstillegung oder Konkurs kann es insbesondere bei „einfachen" Arbeitnehmern mit längerer Betriebszugehörigkeit förderlich sein, diesen wirklichen Beendigungsgrund und einen Hinweis auf die Notwendigkeit der Sozialauswahl anzugeben, da diese Arbeitnehmer für diesen Beendigungsgrund nicht verantwortlich sind und da sie oft nur so die Beendigung des Arbeitsverhältnisses plausibel erklären können.[255] Außerdem dürfte dieser Anlaß zumindest lokal und regional bekannt sein. Daß die Beendigung eines Arbeitsverhältnisses allein aus dringenden betrieblichen Erfordernissen resultiert, kann auch durch ein Wiedereinstellungsversprechen („würden ihn bei Bedarf jederzeit gern wieder einstellen") oder durch eine besondere Empfehlung unterstrichen werden. Bei Leitenden Angestellten und Führungskräften wirkt allerdings auch eine betriebsbedingte Kündigung disqualifizierend, wenn eine Mitverantwortung angenommen werden kann. Auch ist der Verdacht schwer auszuräumen, es sei wegen der betriebsbedingten Kündigung ein Gefälligkeitszeugnis als Abschiedsgeschenk und Trostpflaster ausgestellt worden.[256]

Die Verfasser wurden darauf aufmerksam gemacht, die Arbeitsämter würden u. U. eine Sperrzeit nach § 119 AFG verhängen, wenn im Zeugnis nicht von einer betriebsbedingten Beendigung die Rede sei. Da die Formulierungssouveränität beim Arbeitgeber liegt, können u. E. externe Stellen keine Ansprüche an den Zeugnisinhalt stellen. Die Arbeitsämter können die erforderlichen Informationen aus der Bescheinigung gemäß § 133 AFG entnehmen.

---

254 WEUSTER 1994 a, S. 57
255 BAG 23. 6. 1960, DB 1960, S. 1042; COELIUS 1992, S. 76 f.; SCHLESSMANN 1994, S. 60; SPIEGELHALTER 1988, Nr. 405, S. 3; PREIBISCH 1982, S. 36
256 MELL 1990, S. 183; MELL 1988, S. 205

Die Beendigungsformel „scheidet aus organisatorischen Gründen aus" kann, insbesondere bei Mitarbeitern mit einfachen Funktionen, auf eine arbeitgeberseitige Kündigung aus Unzufriedenheit mit dem Arbeitnehmer hindeuten.[257] Beispiel aus dem Zeugnis eines Werkstatt-Technikers, dessen Leistung mit ausreichend beurteilt worden war: „Aufgrund struktureller Veränderungen und organisatorischer Notwendigkeiten sind wir auf Wunsch von Herrn X mit ihm übereingekommen, das bestehende Dienstverhältnis am heutigen Tage in gegenseitigem Einvernehmen aufzuheben."

Eine fristlose Kündigung durch den Arbeitgeber darf im Zeugnis als Beendigungsmodalität in der Regel nicht ausdrücklich erwähnt werden. Es genügt und sichert den Aussteller gegen Schadensersatzansprüche, wenn dieser Sachverhalt indirekt aus dem ungewöhnlichen Beendigungsdatum hervorgeht. So waren im Schlußsatz „Das Anstellungsverhältnis endete am 10.6.1985 durch fristlose arbeitgeberseitige Kündigung" im Zeugnis eines Verkaufsleiters mit Prokura die letzten vier Worte zu streichen.[258] Das ArbG Bremen urteilte im Jahre 1968, daß selbst eine außerordentliche Kündigung wegen groben Vertrauensmißbrauchs dann nicht die Aufnahme des Kündigungsgrundes ins Zeugnis rechtfertige, wenn es sich um einen einmaligen Vorgang handele, der für die Gesamtbeurteilung des Arbeitnehmers mit Rücksicht auf sein späteres Fortkommen nicht von ausschlaggebender Bedeutung sei.[259]

Arbeitgeberseitige Kündigungen oder Unstimmigkeiten bei der Beendigung des Arbeitsverhältnisses sind auch daran zu erkennen, daß dem Zeugnis nicht zu entnehmen ist, von welcher Seite die Auflösung ausging („das Arbeitsverhältnis endete am").[260] Manchmal fehlen die Beendigungsformel oder der Schlußabsatz auch ganz (Leerstelle).

Werden längerdauernde befristete Arbeitsverhältnisse (Dauer mehr als ein halbes Jahr) beendet, so sollte wohlwollend erklärt werden, warum ihnen kein unbefristetes Arbeitsverhältnis folgte. Das Gleiche gilt, wenn sich an ein Ausbildungsverhältnis kein Arbeitsverhältnis im Unternehmen anschließt. Beispiel: „Herr X hat seine Ausbildung zum Bankkaufmann durch Ablegen der Prüfung vor der Industrie- und Handelskammer Freiburg mit gutem Erfolg abgeschlossen. Er verläßt uns zu unserem Bedauern auf eigenen Wunsch, um in einem anderen Unternehmen zusätzliche Erfahrungen zu sammeln."

Auszubildende haben Anspruch darauf, daß das Bestehen der Abschlußprüfung erwähnt wird.[261] Dabei wird oft offen oder indirekt die Abschlußnote angegeben. Beispiel: „Herr X beendete seine Berufsausbildung (vorzeitig) mit der Note „Sehr gut" / mit sehr gutem Erfolg." Der Wohlwollensgrundsatz verbietet es wohl, ein Bestehen der Abschlußprüfung erst im zweiten Versuch im Zeugnis zu erwähnen. Der Leser kann aber je nach den Umständen aus der Aus-

---

257 SABEL 1995, S. 64; PRESCH 1985, S. 316
258 LAG Düsseldorf 22.1.1988, NZA 1988, S. 399f. = BB 1988, S. 1463
259 ArbG Bremen 4.7.1968, BB 1969, S. 834
260 DIETZ 1995, S. 43; SCHWARB 1991, S. 37; MÖLLER 1990, S. 191; PRESCH 1985, S. 316
261 SCHULZ 1995, S. 90f.

bildungsdauer auf eine Verlängerung der Ausbildungszeit schließen. Wurde die Abschlußprüfung endgültig nicht bestanden, so kann dies durch eine Leerstelle oder durch die neutrale Formulierung „nahm an der Abschlußprüfung teil" ausgedrückt werden. Das ArbG Darmstadt entschied im Jahre 1967, der Lehrherr dürfe auch das zweimalige (= endgültige) Nichtbestehen der Lehrabschlußprüfung ins Zeugnis aufnehmen.[262]

Der Schlußabsatz eines Zwischenzeugnisses nennt statt der Beendigungsformel den Anlaß der Ausstellung wie zum Beispiel Versetzung des Mitarbeiters oder Vorgesetztenwechsel. Diese Anlässe wirken besser als die vorherrschende Formel „Das Zwischenzeugnis wurde auf Wunsch des Mitarbeiters ausgestellt", die manchmal so interpretiert wird, als stehe der Mitarbeiter zur Disposition oder als sei er bereits gekündigt.[263] Auch der ausdrückliche Hinweis im Zwischenzeugnis, das Arbeitsverhältnis bestehe ungekündigt, wird manchmal als formal korrekte, dem realen Entscheidungsprozeß aber nicht entsprechende Aussage interpretiert.[264] In der Inhaltsanalyse von Originalzeugnissen enthielten von 114 Arbeitnehmer-Zwischenzeugnissen 105 einen Ausstellungsgrund. Häufig genannte Gründe waren: Wunsch des Arbeitnehmers, Vorgesetztenwechsel und Versetzung.[265]

3.6.2. Dank, Bedauern und Zukunftswünsche

Im Anschluß an die Beendigungsformel bzw. den Ausstellungsgrund können Arbeitszeugnisse eine Dankes-Bedauern-Formel enthalten, also Dank für die Leistungen und/oder Bedauern über das Ausscheiden des Mitarbeiters. Das Bedauern bezieht sich selbstverständlich auf den Verlust und nicht auf die berufliche Veränderung oder Verbesserung des Mitarbeiters. Vereinzelt wird diese Formel noch durch eine Würdigung bleibender Verdienste, eine ausdrückliche Empfehlung, ein Wiedereinstellungsversprechen oder die Bitte um Wiederbewerbung nach Abschluß der Weiterbildung ergänzt.

Beispiele: „Herr X verläßt uns auf eigenen Wunsch. Wir bedauern dies sehr und danken ihm für seine überaus wertvolle/äußerst effektive Mitarbeit. Aufgrund seiner Verdienste können wir ihn jederzeit empfehlen." Oder: „Wir bedauern seine Entscheidung sehr, weil wir mit ihm einen fachlich und menschlich gut zu uns passenden Mitarbeiter verlieren. Wir würden ihn gern jederzeit wieder beschäftigen." Oder: „Wir bedauern ihr Ausscheiden und würden uns freuen, wenn sie sich nach dem Ende der weiterführenden Ausbildung wieder bei uns bewerben würde."

In der Inhaltsanalyse von Originalzeugnissen enthielten 331 (= 49,5 %) von 669 Arbeitnehmer-Endzeugnissen eine Dankes- und/oder Bedauerns-Aussage.[266] Die Tatsache, daß die Dankes-Bedauern-Formel nicht in jedem Zeugnis enthalten ist, gibt ihr besonderes Gewicht. Dank und Bedauern wer-

---

[262] ArbG Darmstadt 6. 4. 1967, BB 1967, S. 541
[263] FRIEDRICH 1981, S. 61; auch WEUSTER 1994 a, S. 151
[264] KADOR 1992, S. 16 und 22
[265] WEUSTER 1994 a, S. 104
[266] WEUSTER 1994 a, S. 105

den als Hinweis darauf gedeutet, daß der Aussteller seine vorangehenden positiven Aussagen bekräftigen will.[267] Umgekehrt wirkt es als Herabstufung einer guten Leistungsbeurteilung, wenn im Schlußabsatz dem Mitarbeiter nicht gedankt und/oder sein Ausscheiden nicht bedauert wird (Widerspruch-Technik).[268] In der Unternehmens-Befragung wurde die Dankes-Bedauern-Formel auf einer Skala bei 387 Unternehmen von 93,8 % eher als wichtig und nur von 6,2 % eher als unwichtig eingestuft.[269] Der Dankes-Bedauern-Formel und den Zukunftswünschen wird auch deshalb besondere Bedeutung zugesprochen, da der Arbeitgeber rechtlich nicht verpflichtet sei, diese Komponenten ins Zeugnis aufzunehmen.[270]

Am besten wirkt die volle Dankes-Bedauern-Formel. Man kann aber nicht ausschließen, daß manche Aussteller Dank und Bedauern alternativ verwenden. Es ist darauf zu achten, daß nicht lediglich für Fleiß und Interesse, sondern daß für Leistungen und Erfolge gedankt wird.[271] Auch Mehrdeutigkeiten sind zu vermeiden. Beispiel: „Für seine Mitarbeit bedanken wir uns" (= Nein danke?). Als besondere Auszeichnung gilt das Bedauern. Manche Zeugnisleser interpretieren es als sehr gute Gesamtbewertung und als implizite Wiedereinstellungsaussage.[272]

Eine seltene Form des Dankes stellen sog. (handschriftliche) Referenz-Zeugnisse dar, die einzelne (branchen-bekannte) Vorgesetzte einem ausscheidenden Mitarbeiter ergänzend zum offiziellen Arbeitszeugnis des Arbeitgebers ausstellen.[273] Es sollte aber zwecks Glaubwürdigkeit darauf geachtet werden, daß die Beurteilungen dieser Zeugnisse nicht voneinander abweichen.

Die Wohlwollenspflicht macht es nach Auffassung des LAG Köln erforderlich, nachteilige Rückschlüsse des Zeugnislesers durch eine wohlwollende Schlußformel (Zukunftswünsche) zu vermeiden.[274] Das ArbG Bremen dagegen hat eine Klage auf Aufnahme der Zukunftswünsche mit der Begründung abgewiesen, daß die Wunschformel nicht zum notwendigen über § 630 BGB gebotenen Zeugnisinhalt gehöre.[275] Die Begründung, das Weglassen der Wünsche lasse nicht den Schluß auf ein unfriedliches Ausscheiden zu, ist bezogen auf die Realität der Zeugnisinterpretation in der Praxis so nicht richtig. In der Unternehmens-Befragung stuften von 388 Unternehmen 82,4 % die Wünsche eher als wichtig und 17,6 % die Wünsche eher als unwichtig ein.[276]

---

267 LAG Köln 29. 11. 1990, LAGE § 630 BGB Nr. 11; LIST 1994, S. 24; PRESCH 1985, S. 312 und 350; PREIBISCH 1982, S. 38
268 HUBER 1994, S. 66 f.; MELL 1990, S. 25, 33, 51, 115 und 136; FRIEDRICH 1981, S. 53 und 96
269 WEUSTER 1994 a, S. 63
270 SCHMID 1988, S. 2253 f.; auch HAUPT/WELSLAU 1992, S. 40
271 WEUSTER 1991/92, S. 27
272 SCHWARB 1991, S. 36 und 41
273 SCHLESSMANN 1994, S. 52; SCHAUB 1987, S. 988; van VENROOY 1984, S. 78; SCHWERDTNER 1980, S. 1544
274 LAG Köln 29. 11. 1990, LAGE § 630 BGB Nr. 11
275 ArbG Bremen 11. 2. 1992, NZA 1992, S. 800
276 WEUSTER 1994 a, S. 64

Die Beendigungsformel I./3.6.2.

Die Personalberater-Befragung ergab überraschenderweise allerdings eine geringere Bedeutung der Zukunftswünsche.[277]

In der Untersuchung von Preibisch enthielten 83,8 % von 659 der Zeugnisse Zukunftswünsche.[278] In der eigenen Inhaltsanalyse enthielten 94,9 % von 669 Arbeitnehmer-Endzeugnissen Zukunftswünsche.[279] Auch die Zukunftswünsche sind also per Konvention zu den Grundbestandteilen eines Zeugnisses geworden. Beispiel: „Für seinen/ihren weiteren Berufs- und Lebensweg wünschen wir Herrn/Frau X alles Gute". Ausgezeichnet wären folgende Wünsche: „Wir wünschen ihm, daß es ihm in seinem neuen Wirkungskreis gelingen möge, in gleicher Weise Hervorragendes zu leisten, und wünschen ihm darüber hinaus für die Zukunft alles Gute und den Erfolg, den er sich selbst erhofft."[280]

Zukunftswünsche, Dank und Bedauern sind nicht „kosmetische Floskeln", sondern sie gehören bei qualifizierten Arbeitnehmern zu einem guten Zeugnis. Ihr Fehlen mindert den Wert vorhergehender positiver Aussagen und wird daher häufig negativ registriert. Insbesondere eine Leerstelle bei den „klassischen" Zukunftswünschen wirkt wie ein grußloser und unversöhnlicher Abschied, der auf eine tiefe Verstimmung hindeuten kann.[281] Es ist daher unseres Erachtens eine Schikane, wenn ein Aussteller dem Arbeitnehmer ohne sehr triftigen Grund Zukunftswünsche im Zeugnis verweigert.

Dankes-Bedauern-Formel und Zukunfts- und Erfolgswünsche wirken um so besser, je individueller sie formuliert sind, z. B. durch eine nochmalige kurze Würdigung der Leistung oder der Person. Zudem wird aus ihrer individuellen Formulierung geschlossen, daß auch die übrigen Aussagen und Bewertungen im Zeugnis differenziert und wahrheitsgerecht sind.[282] Beispiel: „Er hat den Vertriebsbereich mit großer Professionalität und Effizienz durch schwierige Zeiten geführt. Dafür schulden wir ihm Dank und Anerkennung, und wir wünschen ihm für die Zukunft weiterhin großen Erfolg."

In manchen Fällen wird eine Leistungs- oder Verhaltenskritik in die abschließenden Wünsche verlegt. Beispiele: „Wir wünschen ihm, daß er in seinem neuen Aufgabengebiet seine Leistungsfähigkeit voll entfalten kann" (= *was bei uns nicht der Fall war).*[283] Oder: „Wir wünschen, daß er bald wieder zu der Leistungsfähigkeit zurückfindet, die wir so sehr an ihm geschätzt haben." Oder: „Wir wünschen ihm für seinen weiteren Berufsweg in einem anderen Unternehmen alles Gute" (= *aber nicht in unserem Unternehmen; Einschränkungs-Technik).* Oder: „Wir wünschen ihm für die Zukunft alles Gute und auch Erfolg *(= bisher kein Erfolg; Einschränkungs-Technik).*[284] Oder: „Wir wünschen ihm für die Zukunft alles nur erdenk-

---
277 WEUSTER 1994 a, S. 147
278 PREIBISCH 1982, S. 38 f.; INSTITUT 1995, Teil 1, S. 8
279 WEUSTER 1994 a, S. 106
280 PREIBISCH 1982, S. 41 (geringfügig verändert)
281 SCHLESSMANN 1994, S. 94; KÜCHLE/BOPP 1997, S. 188; DITTRICH 1988, S. 42; SPIEGELHALTER 1988, Nr. 405, S. 4; PRESCH 1985, S. 325 und 350; FRIEDRICH 1981, S. 35
282 PREIBISCH 1982, S. 38
283 SCHMID 1988, S. 2255
284 WEUSTER 1994 a, S. 214; WEUSTER 1991/92, S. 27

lich Gute" (= *er hat's nötig; Ironie durch Übertreibung der Wünsche*). Gegen solche „Wünsche" spricht, daß es sich hier meist um verdeckte Urteile handelt, mit denen offen formulierte bessere Urteile relativiert oder revidiert werden (Widerspruch-Technik). Bei einem deutlichen Widerspruch zur offenen Leistungs-oder Verhaltensbeurteilung kann der Arbeitnehmer eine Anpassung an die offene Wertung verlangen.

Die Dankes-Bedauern-Formel und die Zukunftswünsche werden gelegentlich mit einer Aussage verbunden, die Verständnis für die Kündigung des Arbeitnehmers zeigt. Beispiele: „Wir haben Verständnis für ihre Entscheidung, da wir ihr zur Zeit kein Vollzeit-Arbeitsverhältnis, sondern leider nur ein Teilzeit-Arbeitsverhältnis bieten können." Oder: „Wir verlieren in ihm einen aufgeschlossenen und förderungswürdigen jungen Mitarbeiter mit guten beruflichen Perspektiven. Deshalb bedauern wir seinen Austritt, haben jedoch Verständnis für seinen Wunsch." Solche Verständnisaussagen können empfehlenswert sein, wenn die Kündigung durch den Arbeitnehmer als eine Art Untreue erscheinen könnte, z. B., wenn er als Verantwortlicher mitten während eines sehr wichtigen Projektes das Unternehmen verläßt.

3.7. Daten und Unterschrift

Nach Preibisch enthalten 92 % der Zeugnisse den offiziellen Austrittstermin.[285] Der Termin des Ausscheidens aus dem Unternehmen ist beachtenswert, wenn er nicht mit einem der üblichen Kündigungstermine übereinstimmt. Insbesondere ein „krummes Datum" (abweichend von der Monatsmitte oder dem Monatsende) kann auf eine fristlose Kündigung[286] oder einen gerichtlichen Vergleich hindeuten. Eine Ausnahme bildet aber die Beendigung des Arbeitsverhältnisses mit Ablauf des Erziehungsurlaubes. Weniger bedeutsam ist die Datumsfrage, wenn aus dem Lebenslauf ersichtlich ist, daß der Arbeitnehmer ohne zeitliche Lücke ein anderes Arbeitsverhältnis aufgenommen hat.

Gelegentlich kommt es vor, daß ein Arbeitnehmer fristgerecht kündigt, aber schon vor Ablauf der Kündigungsfrist mit Zustimmung des alten Arbeitgebers zum neuen Arbeitgeber wechselt. Dies kann z. B. so ausgedrückt werden: „Herr X kündigte das Arbeitsverhältnis fristgerecht zum 31. 3. 1995. Er verließ uns mit unserem Einverständnis aber bereits zum 31. 1. 1995." In diesem Falle eines nahtlosen Wechsels genügt in der Regel aber auch die schlichte Aussage „verließ uns auf eigenen Wunsch zum 31. 1. 1995".

Das Zeugnis muß als Dokument ein genaues Ausstellungsdatum tragen. Formulierungen wie „im Dezember 1992" können zu negativen Fehlinterpretationen führen. Manchmal wird das Endzeugnis schon einige Zeit vor dem rechtlichen Ende des Arbeitsverhältnisses, zum Beispiel zum Kündigungszeitpunkt, ausgestellt. Auch kann es sein, daß der Arbeitnehmer zwecks Urlaub

---

285 PREIBISCH 1982, S. 6
286 LAG Düsseldorf 22. 1. 1988, NZA 1988,S. 399 f. = BB 1988, S. 1463; DIETZ 1995, S. 20; PRESCH 1985, S. 350

schon einige Zeit vor dem Ende des Arbeitsverhältnisses real das Unternehmen verläßt. Ein Ausstellungsdatum, das zwei oder drei Monate vor dem Vertragsende liegt, wird oft als Andeutung einer Freistellung interpretiert.[287] Solche Freistellungen sind aber in Bereichen wie Außendienst, Datenverarbeitung oder Forschung nicht selten und sollten daher nicht von vornherein negativ gedeutet werden. Das Ausstellungsdatum, das 96 % der Zeugnisse enthalten[288], sollte also, um Fehlinterpretationen zu vermeiden, möglichst mit dem formell letzten Tag des Arbeitsverhältnisses übereinstimmen.[289] Kleinere Differenzen bis zu vier Wochen sollten aber nicht überinterpretiert werden. Großunternehmen stellen Zeugnisse in der Regel termingerecht aus; hier irritiert eine wesentlich spätere Ausfertigung.[290]

In der Inhaltsanalyse konnten bei 500 von 886 Endzeugnissen beide Daten verglichen werden. In 378 (= 75,6 %) der 500 Zeugnisse stimmten beide Daten überein. 32 (= 6,4 %) der Zeugnisse waren im Mittel 28 Tage vor dem Ausscheiden ausgestellt. 74 (= 14,8 %) der Zeugnisse waren im Mittel 63 Tage nach dem Ausscheiden erstellt. 16 (= 3,2 %) der Zeugnisse waren im Mittel erst 2,7 Jahre nach dem Ausscheiden erstellt worden.[291]

Wird das Zeugnis berichtigt und daher neu ausgefertigt, so hat der Arbeitnehmer Anspruch darauf, daß es auf das Vertragsende bzw. das Datum der Erstausstellung zurückdatiert wird.[292] Eine Bezugnahme auf einen vorangegangenen Gerichtsstreit[293] oder auf eine Kündigungsschutzklage[294] ist unzulässig. Daher ist es auch unzulässig, das Zeugnis von einem für das Unternehmen freiberuflich tätigen Anwalt auf dessen Briefbogen ausstellen zu lassen.[295] Das „neue" Zeugnis ist wie eine Erstausfertigung auszustellen, was zum Beispiel auch die Überschrift „Zweitausfertigung" oder „Duplikat" ausschließt.[296] Berichtigung und Ergänzung können in sehr seltenen Fällen durch Korrektur der Erstausfertigung oder mit Hilfe einer sehr guten Fotokopie erfolgen, wenn die Nachträglichkeit der Änderungen in keiner Weise zu erkennen ist.[297]

Ein Arbeitnehmer, der erst längere Zeit nach Beendigung des Arbeitsverhältnisses ein Arbeitszeugnis verlangt, hat keinen Anspruch darauf, daß das Ausstellungsdatum auf den Tag des Vertragsendes zurückdatiert wird. Dies folgt aus der Wahrheitspflicht, die auch den Beurteilungszeitpunkt ein-

---

287 WEUSTER 1994 a, S. 149
288 PREIBISCH 1982, S. 4 f.
289 WEUSTER 1991/92, S. 27; HUBER 1994, S. 32
290 MELL 1990, S. 33
291 WEUSTER 1994 a, S. 107 f.
292 BAG 9. 9. 1992, BB 1993, S. 729 = DB 1993, S. 644 = NZA 1993, S. 698; LAG Bremen 23. 6. 1989, BB 1989, S. 1825 = NZA 1989, S. 848; ArbG Karlsruhe 19. 9. 1985, BB 1986, S. 461
293 LAG Baden-Württemberg 27. 10. 1966, DB 1967, S. 48; van VENROOY 1984, S. 123 ff.; NEUMANN 1951, S. 228
294 LAG München 14. 9. 1976, ARST 10/1977, S. 160
295 LAG Hamm 2. 11. 1966, DB 1966, S. 1815
296 LAG Baden-Württemberg 27. 10. 1966, DB 1967, S. 48; BERNOLD 1983, S. 51 f.
297 LAG Bremen 23. 6. 1989, BB 1989, S. 1825

schließt.[298] Der Leser muß erkennen können, wenn ein Zeugnis aus der Erinnerung heraus erstellt wurde. Es empfiehlt sich bei späterer Ausstellung die Frage, ob der Aussteller den Arbeitnehmer überhaupt kannte.

Gemäß der Inhaltsanalyse von Originalzeugnissen enthalten annähernd drei Viertel der Arbeitnehmer-Endzeugnisse zwei Unterschriften.[299] Zeugnisse im Öffentlichen Dienst sowie Zeugnisse aus Kleinunternehmen tragen oft nur eine Unterschrift. Zwei Unterschriften erhöhen die Glaubwürdigkeit des Zeugnisses. Das Zeugnis sollte möglichst auch vom Vorgesetzten unterschrieben werden, denn dieser kann den Mitarbeiter am besten fachlich und persönlich beurteilen. Ist ein Zeugnis vom Personalleiter unterschrieben oder mitunterschrieben, kann man tendenziell davon ausgehen, daß es in Kenntnis der Zeugnistechnik und der Zeugnissprache ausgestellt wurde.

Es muß klar sein, daß das Zeugnis von einem hierarchisch Höhergestellten und nicht von einem Gleichrangigen unterschrieben ist, da andernfalls abwertende Interpretationen erfolgen können.[300] Überläßt ein Arbeitgeber einem Erfüllungsgehilfen, das Zeugnis eines Arbeitnehmers zu unterschreiben, so muß dieser erkennbar ranghöher sein als der Arbeitnehmer.[301] Ein „Geschäftsführer" eines Weiterbildungsvereins, der nicht Mitglied eines Vereinsorgans ist, nicht höher als ein Lehrer des Vereins vergütet wird und nicht zur Einstellung und Entlassung befugt ist, ist nicht erkennbar ranghöher als ein Lehrer (Arbeitnehmer). Dieser kann dann die Unterschrift durch ein Vorstandsmitglied des Vereins verlangen.[302]

Ein Oberarzt erreichte ein Urteil, wonach ein auf dem allgemeinen Briefbogen des Krankenhauses ausgestelltes und allein vom Geschäftsführer unterschriebenes Zeugnis dem Zeugnisanspruch nicht genüge. Er hatte Anspruch auf ein unter dem Briefkopf der chirurgischen Abteilung abgefaßtes und von den Chefärzten und dem Geschäftsführer des Krankenhauses unterschriebenes Zeugnis.[303] Hieraus kann man den generellen Grundsatz ableiten, daß ein Zeugnis von einer Person unterschrieben oder mitunterschrieben sein muß, die auch real befähigt ist, den Arbeitnehmer zu beurteilen. Dies dürfte in der Regel der Vorgesetzte sein.

Wird ein qualifiziertes Zeugnis nicht vom Arbeitgeber selbst, sondern von einem Vertreter unterzeichnet, so muß dessen Vertretungsmacht erkennbar sein, um den Verdacht zu vermeiden, das Zeugnis sei gefälscht oder stamme in dieser Form nicht vom Arbeitgeber.[304] Die Bedeutung eines Zeugnisses kann gesteigert werden, wenn es nicht nur durch den unmittelbaren Vorge-

---

298 LAG Bremen 23. 6. 1989, BB 1989, S. 1825; ArbG Karlsruhe 19. 9. 1985, BB 1986, S. 460 f.; LAG Hamm 21. 3. 1969, DB 1969, S. 886; LAG Frankfurt 3. 5. 1955, DB 1955, S. 484 = BB 1955, S. 477
299 WEUSTER 1994 a, S. 108
300 WEUSTER 1991/92, S. 27
301 LAG Köln 14. 7. 1994, NZA 1995, S. 685
302 LAG Köln 14. 7. 1994, NZA 1995, S. 685
303 LAG Hamm 21. 12. 1993, BB 1995, S. 154
304 LAG Düsseldorf, Kammer Köln, 5. 3. 1969, DB 1969, S. 534; KÜCHLE/BOPP 1997, S. 165

setzten, sondern vom Arbeitgeber oder durch ein Mitglied des Vorstandes oder der Geschäftsführung unterschrieben wird.[305]

Bei Leitenden Angestellten und vergleichbaren Mitarbeitern fällt es negativ auf, wenn ihr Zeugnis nicht von einem Mitglied der Geschäftsleitung unterschrieben ist. Dies könnte als Herabwürdigung interpretiert werden. Ein Leitender Angestellter mit direkter Unterstellung unter den Vorstand kann demnach die Ausstellung des Zeugnisses auf einem Vorstandsbogen und die Unterschrift des Vorstandsvorsitzenden verlangen.[306] Bei einem Prokuristen genügt die Unterschrift durch einen anderen Prokuristen nicht, auch wenn dieser betriebsintern eine ranghöhere Position als der Zeugnisempfänger innehat.[307] Auch bei Assistenten der Geschäftsleitung und bei Persönlichen Referenten sollte das Zeugnis, um den Eindruck einer Distanzierung zu vermeiden, von der Geschäftsleitung bzw. dem direkten Vorgesetzten unterschrieben werden.

Ausbildungszeugnisse sollen gemäß § 8 Abs. 1 Berufsbildungsgesetz auch vom Ausbilder unterschrieben werden, wenn der Ausbildende (Arbeitgeber) die Berufsausbildung nicht selbst durchgeführt hat. Der Ausbilder ist nicht zur Unterschrift verpflichtet, wenn seine Beurteilung von der des Ausbildenden wesentlich abweicht. Bei mehreren Ausbildern erfolgt die zusätzliche Unterschrift durch den Ausbildungsleiter.[308]

Das Zeugnis sollte nur am Schluß unterschrieben werden. Die Verfasser sahen einige Zeugnisse von Banken, die nach der Aufgabenbeschreibung am Ende der ersten Seite und nach dem Schlußabsatz auf der zweiten Seite jeweils mit Angabe des Firmennamens und der Filiale unterschrieben waren. Diese Unterschrift bzw. Paraphierung jeder Seite mag bei wichtigen Dokumenten sinnvoll sein, bei Zeugnissen regt sie aber zu Spekulationen an. Sie ist auch bei Bankzeugnissen unüblich.

Die Unterschrift muß original mit Federhalter oder zumindest mit Kugelschreiber und darf nicht mit Bleistift, als Faksimile oder als fotokopierte Unterschrift geleistet werden.[309] Die Angabe von Diktatzeichen ist in Zeugnissen nicht üblich, wäre aber auch nicht falsch oder nachteilig. Es ist für den Leser nützlich, wenn die Namen der Unterschreibenden, versehen mit einer Funktionsangabe, maschinenschriftlich wiederholt werden. Der Arbeitgeber ist dazu aber nicht verpflichtet. Der Arbeitnehmer hat auch keinen Anspruch auf eine maschinenschriftliche Namensleiste.[310] Weiterhin wurde den Verfassern mitgeteilt, es könne eine Distanzierung andeuten, wenn die Unterschrift unterhalb der maschinenschriftlichen Namenswiederholung erfolge (Geheimmerkmal).

---

305 NASEMANN 1993a, S. 114; WEUSTER 1994a, S. 58 und 167
306 ArbG Köln 5.1.1968, DB 1968, S. 534
307 BAG 16.11.1995 - 8 AZR 983/94
308 KNOPP/KRAEGELOH 1982, S. 30f.
309 LAG Bremen 23.6.1989, BB 1989, S. 1825; KRUMMEL 1983, S. 155
310 ArbG Frankfurt 6.3.1996 - 7 Ca 4748/95

4. Grundsätzliche Probleme der Erstellung und der Analyse

4.1. Generelle Formulierungs- und Gestaltungsfragen

Unternehmen stellen sich mit Zeugnissen in gewissem Maße selbst ein Zeugnis aus. Ein Großunternehmen, das im Laufe der Jahre Hunderte von Zeugnissen ausstellt, kann über die Zeugnisse sein Image als attraktiver Arbeitgeber oder als technisch fortschrittliches Unternehmen mitprägen. Ein Zeugnis gewinnt durch konkrete, sachliche, individuelle Formulierungen. Ein Aussteller muß aber auch die verkehrsübliche Zeugnistechnik und die eingebürgerten Formulierungen beachten, wenn er Mißverständnisse vermeiden will. Am besten ist es wohl, wenn im Zeugnis bekannte und individuelle Formulierungen fachmännisch kombiniert werden.

Ein Aussteller sollte es vermeiden, positive Sachverhalte durch die Verneinung negativ besetzter Begriffe oder durch die Verneinung des Gegenteils auszudrücken, da ein Leser dies leicht als Andeutung interpretieren kann. Es kann also zu Spekulationen und Mißverständnissen führen, wenn der Aussteller zum Beispiel in bester Absicht von einer „untadeligen Persönlichkeit", einem „ungetrübten Verhältnis", einer „reibungslosen / problemlosen Zusammenarbeit" oder von einem Verhalten, das „nie zu Klagen/Beanstandungen Anlaß gab", spricht. Das Gleiche gilt für die Aussage „Er reihte sich ohne Schwierigkeiten in den Kollegenkreis ein." Unterschiedlich interpretiert wird die Formel „tadelloses Verhalten". Sie wird zwar überwiegend als gute Beurteilung aufgefaßt, zum Teil aber als ein befriedigendes oder ausreichendes Minimalverhalten interpretiert.[1] Eindeutig positiv gemeint ist in Verhaltensbeurteilungen das Wort „einwandfrei", obwohl in ihm der kritische Begriff „Einwand" steckt. Bei der Leistungsbeurteilung wirken möglicherweise negativ Formeln wie „leistet unproblematisch Überstunden", „nicht unbedeutende Steigerung"[2], „nicht ohne Erfolg", „ohne jeden Zweifel guter Mitarbeiter", „ohne Vorbehalt zufrieden" oder „erledigte alle Arbeiten ohne Schwierigkeiten". Im Schlußabsatz wirkt der Satz „Wir können ihn ohne Bedenken/uneingeschränkt empfehlen" vielleicht negativ.

Jeder Zeugnisleser ist auf der Suche nach Andeutungen. Daher sollte ein Aussteller Begriffe vermeiden, die schon in der Alltagssprache mehrdeutig sind oder die zu Assoziationen oder Wortspielen einladen.[3] So kann die Aussage „er ist ein kritischer Mitarbeiter" schon in der Alltagssprache einen schwierigen Mitarbeiter (einen Kritikaster), also einen kritischen Fall, bezeichnen.[4] Eine „energische Mitarbeiterin" kann eine durchsetzungsstarke, aber auch eine rücksichtslose, egoistische Mitarbeiterin sein. Ein Mitarbeiter mit „originellen Ideen" kann neuartige, aber auch verschrobene Ideen haben. Die Formulierung „ein steter, ruhiger und heiterer Charakter" hätte zu Spekulationen (heiter =

---

1 WEUSTER 1994 a, S. 56 und 136 ff.
2 WEUSTER 1991/92, S. 24
3 WEUSTER 1992 a, S. 61 f.; KADOR 1992, S. 55; COELIUS 1992, S. 29; LIEGERT 1975, S. 29
4 FRIEDRICH 1981, S. 95

Generelle Formulierungs- und Gestaltungsfragen   I./4.1.

angeheitert oder Heiterkeit erregend?) Anlaß gegeben, wenn die Verfasser sie nicht in einem im übrigen sehr guten Zeugnis gefunden hätten.

Ins Zeugnis sollten keine Aussagen zu Sachverhalten aufgenommen werden, die nach der Rechtsprechung eindeutig nicht ins Zeugnis gehören. Ein Beispiel hierfür ist das außerdienstliche Verhalten. In einem Ausbildungszeugnis fanden die Verfasser die Aussage „Seine Führung im Dienst war einwandfrei. Über sein außerdienstliches Verhalten ist uns nichts Nachteiliges bekannt." Da der so beurteilte Auszubildende laut Zeugnis ins Angestelltenverhältnis übernommen wurde, war hier vermutlich eine negative Andeutung nicht beabsichtigt.

Problematisch sind oft die Verben „bestätigen / bescheinigen" („Gerne / Wunschgemäß bescheinigen wir, daß"; „Wir können ohne Bedenken *(= aber nicht mit voller Überzeugung)* bescheinigen, daß"; „Wir können vorbehaltlos versichern, daß"; Wir können Herrn X *(= aber niemandem sonst)* bescheinigen, daß er"). Sie können so gedeutet werden, als habe der Arbeitnehmer dem Arbeitgeber diese Aussagen gegen dessen Überzeugung abgehandelt (Distanzierung).[5] Allerdings bedeutet die Aussage „Wir bestätigen, daß Herr X stets ehrlich war" eindeutig, daß der Mitarbeiter uneingeschränkt ehrlich war.

Auch die Verben „gelten", „verstehen" und „kennenlernen" können zu Mißdeutungen führen. So kann die Formulierung „Herr X gilt im Verband *(= nicht in unserem Hause; Einschränkungs-Technik)* als Fachmann" so aufgefaßt werden, als sei dieser Arbeitnehmer nur dem Anschein nach ein Fachmann. Der Satz „Er verstand es, einige neue Kunden zu gewinnen" kann auf manchen Leser wie eine trickreiche, wenig systematische Arbeitsweise, wie ein zufälliger Erfolg wirken. Der Satz „Wir haben Herrn X als engagierten Mitarbeiter kennengelernt" wirkt im Sinne von „unseres Erachtens" subjektiv und daher weniger überzeugend als die einfache Aussage „Herr X ist ein engagierter Mitarbeiter".

Relativsätze relativieren. Beispiel: „Die Aufgaben, die wir ihm übertrugen *(= aber sonst keine)*, erledigte er zu unserer Zufriedenheit." Solche Relativsätze können besagen, daß der Arbeitnehmer keine Eigeninitiative zeigte, sondern nur nach Anordnung arbeitete (Innere Kündigung; Dienst nach Vorschrift). Relativierend können auch die Worte „dabei" und „auch" wirken. Beispiele: „Sie hatte dabei *(= sonst nicht)* auch *(= etwas, ein wenig)* Erfolg." Oder: „Herr X kümmerte sich auch (= leider zu wenig) um die Reklamationen der Kunden."

Die Formulierungen sollten klar und verständlich sein. Betriebsspezifische Ausdrücke (Betriebsjargon) und interne Abkürzungen („betreute unser Verkaufsgebiet III", „war in unserer Abteilung PuK 3 tätig", „reparierte unser Gerät X 26"), funktionsspezifische Abkürzungen wie „überarbeitete unser PPS-System" *(PPS = Produktionsplanung und -steuerung)* oder „nahm an einer POS-Schulung teil" *(POS = Point of Sale)* oder spezielle Funktions- oder Branchenbegriffe (z. B. in der EDV Local Support = Vor-Ort-Unterstützung oder im Speditions-

---
5 WEUSTER 1991/92, S. 25; SABEL 1995, S. 37 und 64; PRESCH 1985, S. 351; MONJAU 1970, S. 23

gewerbe Bordero = Ladeliste) sind vielen Lesern nicht verständlich.[6] Vage sind zum Beispiel auch die Aussagen, die Lehrmethoden eines Ausbilders seien „fließend variabel"[7] oder ein EDV-Mitarbeiter habe sich in die „Umwelt des Systems" eingearbeitet. Auch die positiven Leerformeln „Er hat Sinn für das Wesentliche" und „Er setzte sich für die Ziele des Unternehmens ein" können oft durch konkretere Aussagen ersetzt werden.

Weitere Empfehlungen sind:[8] Ein Zeugnis ist nicht in der persönlichen Anredeform, sondern in der 3. Person abzufassen.[9] Im Zeugnis sollten nach dem Eingangssatz nicht nur die Personalpronomen (er, sie) verwendet, sondern der Name sollte an geeigneter Stelle (Absatzbeginn) erneut erwähnt werden. Dabei können ledige Frauen zwischen den Anredeformen „Frau" und „Fräulein" wählen.[10] Amtsdeutsch oder altertümliches Kaufmannsgehilfendeutsch, insbesondere die gehäufte Substantivierung(„ung") von Verben, sind zu vermeiden. Partizip Perfekt sollte man nur da einsetzen, wo es nötig ist. Statt „die ihr zugewiesenen Aufgaben" sollte man besser „ihre Aufgaben" schreiben.

Formulierungen im Präsens unterstreichen die aktuelle Geltung einer Aussage. Insbesondere bei Aussagen über Eigenschaften und Sachverhalte, die das Ende des Arbeitsverhältnisses überdauern (z. B. bei Zuverlässigkeit oder bei Kenntnissen), ist diese Zeitform geboten. Sie verhindert den möglichen Verdacht, die Geltung der Aussage sei zeitlich begrenzt („besaß unser Vertrauen"; „galt als pflichtbewußter und selbständiger Mitarbeiter"). Ein Zwischenzeugnis muß in der Regel weitgehend in der Gegenwartsform erstellt werden, um den Eindruck zu vermeiden, die Beendigung des Arbeitsverhältnisses stehe schon fest.

Zur positiven Wirkung eines Zeugnisses trägt es bei, wenn es entsprechend den Zeugniskomponenten in Absätze gegliedert ist. Dabei sollte der Umfang der einzelnen Absätze in einem angemessenen Verhältnis zueinander stehen. Eine umfangreiche Aufgabenbeschreibung mit knapper Beurteilung irritiert ebenso wie eine kurze Aufgabenbeschreibung mit einer ausufernden Würdigung. Die Leistungsbeurteilung sollte in der Regel umfangreicher als die Verhaltensbeurteilung sein.

Der Umfang hängt unter anderem von der Dauer der Unternehmenszugehörigkeit und der Zahl der Positionen ab. Die Inhaltsanalyse von Originalzeugnissen ergab für 669 Arbeitnehmer-Endzeugnisse einen durchschnittlichen Umfang von 24,9 Zeilen.[11] Der Umfang und die Präzision sollten insgesamt so sein, daß sich Rückfragen künftiger Leser erübrigen. Als Richtwert für den Gesamtumfang kann man ein bis zwei DIN-A4-Seiten angeben. In der Per-

---

6 WEUSTER 1991/92, S. 23
7 FRIEDRICH 1981, S. 20 f.
8 KEMPE 1987, S. 128 und 130; KEMPE 1984, S. 142
9 LAG Düsseldorf 14. 12. 1994, BB 1995, S. 2064
10 ArbG Frankfurt 22. 12. 1982 – 6 Ca 365/82
11 WEUSTER 1994 a, S. 77

Generelle Formulierungs- und Gestaltungsfragen I./4.1.

sonalberater-Befragung wünschten 92,1 % von 253 Beratern Zeugnisse bis zu einer Länge von maximal zwei DIN-A4-Seiten.[12] Dreiseitige Zeugnisse sind selten. Sie kommen in Betracht, wenn nach längerer Unternehmenszugehörigkeit zwei oder mehr qualifizierte Positionen dargestellt werden müssen. Ansonsten lassen sehr lange Zeugnisse nach den Erfahrungen von Personalberatern und Rechtsanwälten oft auf eine Selbstformulierung schließen. Eine Ausnahme bilden wohl Zeugnisse für Sozialarbeiter und Erzieher, bei denen nach der Erfahrung der Verfasser mehrseitige Zeugnisse üblich zu sein scheinen.

Das Zeugnis muß eine würdige, gehörige Form aufweisen.[13] So kann der Arbeitnehmer verlangen, daß das Zeugnis auf einem ungefalteten Firmenbogen erteilt wird, wenn der Arbeitgeber Firmenbogen besitzt und diese im Geschäftsverkehr verwendet. Leitende Angestellte, die dem Vorstand direkt unterstehen, können die Ausstellung auf einem vorhandenen Vorstandsbogen verlangen.[14] Es darf durch die äußere Form nicht der Eindruck erweckt werden, der Aussteller distanziere sich vom Wortlaut seiner Erklärung.[15]

Empfehlenswert ist die Ausstellung auf einem sog. Geschäftsleitungsbogen, der nur am oberen und unteren Rand einige Firmenangaben enthält. Weniger geeignet erscheinen Geschäftpostbogen mit markiertem Anschriftenfeld und vorgedruckter Bezugszeichenzeile. Wird doch solch ein Bogen verwendet, so darf das Anschriftenfeld nicht ausgefüllt werden. Ein gefaltetes Zeugnis mit ausgefülltem Anschriftenfeld kann nach Ansicht des LAG Hamburg den Eindruck erwecken, das Zeugnis sei dem Arbeitnehmer wegen eines Hausverbots oder eines Streits per Post zugesandt worden.[16]

Zweiseitige Zeugnisse werden in der Regel auf zwei Blättern ausgestellt. Es ist aber nicht falsch, sie auf einem Blatt auf der Vor- und Rückseite auszufertigen. Der Glaube, so Fälschungen zu erschweren, erscheint allerdings angesichts der heutigen technischen Möglichkeiten und der üblichen Praxis, sich mit unbeglaubigten Zeugniskopien zu bewerben, illusionär. Darüber hinaus offenbart diese Zeugnisform eine mehr vom Mißtrauen gegenüber Arbeitnehmern geprägte Personalpolitik.

Wird der Text in Blocksatz formatiert, so sollten vorher die Zeilen durch Worttrennungen gefüllt werden, da sich andernfalls optisch störend wirkende Wortabstände ergeben.

Der Arbeitnehmer kann verlangen, daß das Zeugnis in einheitlicher Maschinenschrift (Schrifttyp) abgefaßt wird.[17] Er kann ferner eine von Rechtschreibe-, Grammatik- und Tippfehlern freie maschinenschriftliche Fassung ver-

---

12 WEUSTER 1994a, S. 170
13 KÜCHLE/BOPP 1997, S. 164
14 ArbG Köln 5. 1. 1968, DB 1968, S. 534
15 BAG 3. 3. 1993, BB 1993, S. 1439 = DB 1993, S. 1624; = NZA 1993, S. 697; SCHULZ 1995, S. 50
16 LAG Hamburg 7. 9. 1993, NZA 1994, S. 890
17 BAG 3. 3. 1993, BB 1993, S. 1440 = DB 1993, S. 1625 = NZA 1993, S. 698

langen.[18] Solche Fehler können manchmal sinnentstellend sein. Beispiele: „Furchtbare Zusammenarbeit" statt „fruchtbare Zusammenarbeit" oder „beleibter Mitarbeiter" statt „beliebter Mitarbeiter" oder „nichtige Arbeiten" statt „wichtige Arbeiten". Eine Klage auf Änderung von „integeren Verhaltens" in „integren Verhaltens" wies das ArbG Düsseldorf allerdings ab.[19]

Preibisch fand in ihrer Untersuchung in 60 von 659 Zeugnissen Fehler.[20] In der Personalberater-Befragung antworteten 42,6 % von 251 Beratern, daß in Zeugnissen für Mitarbeiter des Mittelmanagements Rechtschreibe- und Tippfehler eher oft vorkommen, 57,4 % der Berater fanden eher selten solche Fehler.[21]

Fehler im Zeugnis können bei der Personalauswahl zu Lasten des Arbeitnehmers gehen. In der Personalberater-Befragung fand die These, Rechtschreibe- und Tippfehler im Zeugnis sprächen im Mittelmanagement gegen den Bewerber (Zeugnisinhaber), bei 39 % von 249 Personalberatern eher Zustimmung.[22] Ein beachtlicher Teil dieser Entscheidungsträger erwartet also, daß ein qualifizierter Arbeitnehmer sein Zeugnis liest und Fehler (ein Beispiel: Ein Zeugnis enthält ein Beförderungsdatum, das vor dem Einstelldatum des Mitarbeiters liegt) reklamiert. Fehler werden auch dahingehend interpretiert, der Arbeitnehmer sei aus der Sicht des Ausstellers die Mühe nicht wert gewesen, ihm sorgfältig ein ordentliches Zeugnis auszustellen. Schließlich werden Fehler aber auch dem Aussteller als Schludrigkeit angekreidet.[23]

Zum Bild einer Führungskraft gehört es, daß sie Kenntnisse in der Zeugnissprache hat. Wird einer Führungskraft ein unklares oder schlecht formuliertes Zeugnis ausgestellt, so wird dies der beurteilten Führungskraft selbst angelastet.[24] Wer sich nicht für die eigenen Belange interessiert und engagiert, so die Argumentation, der werde sich auch nicht intensiv für die Firmeninteressen einsetzen.

Nach § 113 Abs. 3 Gewerbeordnung ist es untersagt, Zeugnisse mit Merkmalen zu versehen, welche den Zweck haben, den Arbeitnehmer in einer aus dem Wortlaut des Zeugnisses nicht ersichtlichen Weise zu kennzeichnen. Dieser Grundsatz gilt nicht nur für gewerbliche, sondern für alle Arbeitnehmer.[25] Als mögliche Merkmale oder Geheimzeichen werden in der Literatur genannt:[26] Unübliches Papier, bestimmte Stempel, Ausrufezeichen[27], relativierende Anführungsstriche oder Unterstreichungen im Text, besondere

---

18 SCHLESSMANN 1994, S. 83; SCHULZ 1995, S. 51 ff.
19 ArbG Düsseldorf 19. 12. 1984, NJW 1986, S. 1281 = Z 1986, S. 378
20 INSTITUT 1985, Teil 2, S. 40
21 WEUSTER 1994 a, S. 152
22 WEUSTER 1994 a, S. 153
23 WEUSTER 1991/92, S. 27
24 MERTENS/PLÜSKOW 1985, S. 260
25 ArbG Bochum 21. 8. 1969, DB 1970, S. 1086
26 SABEL 1995, S. 37 und 62 f.; SCHULZ 1995, S. 54 ff.; NASEMANN 1993a, S. 42; KRUMMEL 1983, S. 157
27 ArbG Bochum 21. 8. 1969, DB 1970, S. 1086

Tinte oder Farbe bei der Unterschrift oder Häkchen („Ausrutscher") oder Punkte bei der Unterschrift. Eine Unterschrift unter der maschinenschriftlichen Namenswiederholung bzw. Funktionsangabe soll nach einer mündlichen Information an die Verfasser angeblich eine Distanzierung des Unterschreibenden andeuten. Die Verfasser haben drei eher negative Zeugnisse aus dem Bankbereich gesehen, die nach der Aufgabenbeschreibung am Ende der ersten Seite und dann noch einmal am Zeugnisende unterschrieben waren. Dies kann den Eindruck erzeugen, die Aussteller wollten am liebsten nur ein einfaches Zeugnis ausstellen. Eine Distanzierung liegt auch vor, wenn das Zeugnis statt auf einem vorhandenen Geschäftsbogen auf einem einfachen Blatt ausgestellt wird.[28] Mißtrauen kann ferner ein gefaltetes Zeugnis mit ausgefülltem Anschriftenfeld erzeugen.[29] Eine maschinenschriftlich bei der Unterschrift angegebene Telefonnummer, welche die Verfasser in einem Originalzeugnis fanden, soll wohl zur Auskunftseinholung animieren. Neben diesen Geheimzeichen im engeren Sinne fallen auch verdeckte negative Formulierungen (Kryptoformulierungen)[30] unter das Geheimmerkmalverbot.[31]

Papiersorten, Stempel oder Unterschriftsfarben könnten nur dann als Geheimmerkmale funktionieren, wenn ihre spezielle Bedeutung explizit und exklusiv vereinbart würde. Dies erscheint aber allenfalls auf lokalen oder regionalen Arbeitsmärkten möglich. Im übrigen: Die Verfasser haben noch nie ein Zeugnis gesehen, welches auf farbigem Papier erstellt wurde. Die Ausgangsfarbe wäre zudem auf den üblichen Zeugnis-Fotokopien gar nicht mehr erkennbar. Die Vorlage der Originalzeugnisse wird sehr selten verlangt.[32] Stempel auf Zeugnissen sind, außer im Öffentlichen Dienst oder bei sehr kleinen Unternehmen, die keinen Firmenbriefbogen haben, nicht üblich.[33]

Im gesamten Zeugnis sind Ausrufezeichen unzulässig.[34] In älteren Zeugnissen findet man manchmal eine Ausrufezeichen hinter der Überschrift (Zeugnis!), ohne daß damit ein spezieller Hinweis beabsichtigt war. Anführungszeichen dürften unproblematisch sein, wenn sie lediglich zur Begriffsbildung („in unserer Abteilung 'Rechnungswesen, Finanzen und Steuern' tätig") oder zum Zitieren externer Prüfungsergebnisse („hat die Abschlußprüfung mit der Note 'Sehr gut' bestanden") dienen. In Verbindung mit anderen Aussagen in einem Zeugnis ist es in Grenzfällen denkbar, daß die Hervorhebung von sehr guten Noten (mit Anführungszeichen) als Theoretiker-Signal interpretiert wird.[35] Vorsicht ist aus Arbeitnehmersicht geboten, wenn die Tätigkeitsbe-

---

28 BAG 3.3.1993, BB 1993, S. 1439 = DB 1993, S. 1624 = NZA 1993, S. 697
29 LAG Hamburg 7.9.1993, NZA 1994, S. 890
30 WEUSTER 1994a, S. 159 ff.
31 GÖLDNER 1991, S. 234; GÖLDNER 1989, S. 64
32 WEUSTER 1994a, S. 118
33 MÖLLER 1990, S. 200
34 HAUPT/WELSLAU 1992, S. 37; auch WEUSTER 1994a, S. 186 f.
35 Auch SCHWARB 1991, S. 29

zeichnung („Verkaufsleiter") oder die Leistungsbeurteilung („voll zufrieden") in Anführungszeichen gesetzt sind. Hier kann es sich um relativierende oder distanzierende Anführungszeichen handeln.[36] Das ArbG Frankfurt hat die Entfernung von Anführungszeichen bei der Aufgabenbezeichnung „Projektcontrolling" mit der Begründung abgelehnt, Anführungszeichen bedeuteten nichts anderes als eine Hervorhebung.[37] Diese apodiktische Aussage ist falsch. Auch außerhalb der Zeugnissprache werden Anführungszeichen seit langem zur Abwertung, Ironisierung und Nichtanerkennung eingesetzt.[38]

Geheimzeichen wurden bisher kaum belegt. Schwarb vermutet, die Aussteller verwendeten unter anderem deshalb keine Geheimzeichen, weil sie eine mögliche negative Publizität scheuten.[39] Man kann auch vermuten, daß die Geheimzeichen im engeren Sinne allmählich durch verdeckte Formulierungen und durch die telefonische Auskunft substituiert wurden. Schließlich dürften viele Personalleiter in den prägenden Großunternehmen Geheimzeichen als „miese Tricks" und „Mätzchen" ablehnen.

4.2. Die Standardisierung der Zeugniserstellung

Viele Unternehmen praktizieren ein Arbeit und Kosten sparendes Verfahren, bei dem mit Hilfe von Fragebögen oder Checklisten für die Vorgesetzten sowie mit Hilfe eines Textbausteinsystems alle notwendigen Aussagen in der gewünschten Abstufung zusammengestellt werden. In der Unternehmens-Befragung gaben 20,6 % von 389 Unternehmen an, zur Zeugnisformulierung unter anderem auch Textbausteine einzusetzen.[40]

Führt die Standardisierung der Erstellung zu einer Uniformierung und zu einem sinkenden Informationswert der Zeugnisse? Man muß unterscheiden zwischen der Beurteilung des Arbeitnehmers für das Zeugnis und der Formulierung des Zeugnisses. Ein Bausteinsystem läßt dem Beurteiler bei der Bewertung freie Hand. Er kann zum Beispiel selbst entscheiden, ob er die Leistung des Arbeitnehmers als sehr gut oder gut oder befriedigend einstuft.

Die Standardisierung fördert den systematischen Aufbau von Zeugnissen und die systematische Differenzierung ihrer Aussagen.[41] Durch verkehrsübliche Bausteine erfolgen die abgestuften Wertungen in einer für den kundigen Leser einigermaßen zutreffend interpretierbaren Formulierung.[42] Auch wird sichergestellt, daß kein wichtiger Zeugnisbestandteil vergessen wird (Vollständigkeit).[43] Durch dieses Vorgehen wird vermieden, daß wider besseres Wollen ein zu schlechtes oder ein übertrieben gutes Zeugnis erstellt

---

36 WEUSTER 1994 a, S. 187; WEUSTER 1991/92, S. 23
37 ArbG Frankfurt 6. 3. 1996 –7 Ca 4748/95
38 KLEMPERER 1996, S. 78 ff.
39 SCHWARB 1991, S. 15
40 WEUSTER 1994 a, S. 29
41 GÖLDNER 1989, S. 18
42 MONJAU 1970, S. 37
43 SCHWARB 1991, S. 27

wird (Dilettanten-Zeugnis). Ohne ein Textbausteinsystem erfolgt die Zeugniserstellung oft so, daß aus einigen mehr oder minder passenden Zeugnissen für früher ausgeschiedene vergleichbare Mitarbeiter das neue Zeugnis kompiliert wird. In der Unternehmens-Befragung gaben 73 % von 389 Unternehmen an, unter anderem dieses Verfahren zu verwenden. Es war noch vor der freien Formulierung ohne Vorlagen die am häufigsten genannte Erstellungsmethode.[44] Den Arbeitnehmern ermöglicht ein Textbausteinsystem eine Beurteilungs-und Leerstellenkontrolle. Insofern trägt die Standardisierung der Zeugnisproduktion zur Gleichbehandlung der Arbeitnehmer bei.

Widerspricht die Standardisierung der Zeugnisproduktion durch Textbausteine dem Grundsatz der Individualität? Diese auf den ersten Blick berechtigt erscheinende Überlegung hält einer kritischen Prüfung nicht stand. Jeder Arbeitnehmer wird nach wie vor individuell beurteilt. Der Grundsatz der Individualität verlangt aber nicht, bei jedem der millionenfach ausgestellten Zeugnisse die Kunst der Zeugnisformulierung neu zu erfinden. Ein ineffizientes Bemühen um Originalität dürfte die schriftliche Ausdrucksfähigkeit mancher Zeugnisaussteller überfordern.[45] Es kann schwer interpretierbare Zeugnisse mit schwülstigen und kuriosen Formulierungskunststücken und Stilblüten hervorbringen. In einem Sachtext wie dem Zeugnis ist, ähnlich wie z. B. in Gebrauchsanweisungen, eine große Vielfalt des Ausdrucks unzweckmäßig.

Die Kombinationsmöglichkeiten von Textbausteinen sind enorm. Das „Institut Mensch und Arbeit" rechnet vor, daß sein System von 19 Merkmalen zur Leistungs- und Verhaltensbeurteilung mit jeweils drei Stufen pro Merkmal theoretisch $3^{19} = 1,2$ Milliarden verschiedene Zeugnistexte ermöglicht.[46] Diese Zahl vervielfacht sich noch, wenn man an die vielfältigen Variationsmöglichkeiten des Schlußabsatzes sowie an die außerordentlich große Zahl verschiedener Positions- und Aufgabenbeschreibungen denkt. Selbst wenn man zugesteht, daß viele Kombinationen praktisch ausfallen, so bleiben wohl doch hunderttausende von Möglichkeiten.

Der Grundsatz der Individualität kann darüber hinaus berücksichtigt und der Einzelfallgerechtigkeit Genüge getan werden, indem das Textbaustein-Zeugnis bei weiterem Individualisierungsbedarf als Entwurf betrachtet und speziell ergänzt und überarbeitet wird. Änderungs- und Individualisierungswünsche können insbesondere dann leicht akzeptiert werden, wenn der Zeugnistext in einem Textverarbeitungssystem gespeichert ist und daher mit äußerst geringem schreibtechnischem Aufwand überarbeitet werden kann. Die technische Entwicklung hat ein Entgegenkommen des Arbeitgebers erleichtert. Soweit die Wahrheitspflicht nicht verletzt wird, spricht nichts dagegen, den Arbeitnehmer vertrauensbildend an der Formulierung zu beteiligen. Ein wohlwollend-wahres Zeugnis ist im Sinne des Personalmarketing

---

44 WEUSTER 1994 a, S. 29
45 SCHWARB 1991, S. 10; INSTITUT 1985, Teil 2, S. 6 und 43
46 INSTITUT 1985, Teil 1, S. 14 und Beobachtungsbogen

eine Dienstleistung des Unternehmens für einen ausscheidenden Mitarbeiter. Ein bürokratisches Verhalten dagegen kann das Betriebsklima belasten, da auch nicht betroffene Arbeitnehmer darauf mit Unverständnis reagieren.

Für eine Standardisierung der Zeugnisproduktion sprechen auch Zeit- und Kostengründe. In der Unternehmens-Befragung ergab sich ein durchschnittlicher zeitlicher Gesamtaufwand von einer Stunde für das Zeugnis eines Tarifangestellten und von anderthalb Stunden für das Zeugnis eines Leitenden Mitarbeiters; als Gesamtkosten wurden entsprechend 105 DM und 180 DM angegeben.[47] Das „Institut Mensch und Arbeit" in München hat im Jahre 1984 von einem Refa-Fachmann für die traditionelle Zeugniserstellung (freie Formulierung ohne Textbausteinsystem) bei Beteiligung von Fachabteilung (143,3 Min.), Personalreferent (42,36 Min.) und Sekretärin (56,32 Min.) (aber ohne Zeit für den beurteilten Mitarbeiter) eine Gesamtzeit von 241,98 Minuten und Kosten von 270,97 DM errechnen lassen. Bei Einsatz eines Textbausteinsystems (aber noch ohne automatische Textverarbeitung) lassen sich nach der vorgelegten Rechnung der Zeitbedarf auf 148,6 Minuten senken und die Kosten auf 136,41 DM halbieren.[48] Gibt es über ein Zeugnis Streit, so daß über das Zeugnis mehrfach diskutiert und verhandelt wird, beide Seiten rechtlichen Beistand hinzuziehen und schließlich ein Gericht zwecks Vergleich oder Urteil bemüht wird, so schnellt der Zeitaufwand leicht auf mehrere zig Stunden hinauf und die Kosten summieren sich dann zu mehreren tausend Mark.

4.3. Grenzen der Zeugnisanalyse

Es kann vorkommen, daß ein Kleinunternehmer ohne fachkundige Personalabteilung, ein Handwerksmeister, ein Selbständiger, ein einzelner Vorgesetzter oder ein Ausländer als Leiter der Filiale oder des Tochterunternehmens eines multinationalen Unternehmen einem Mitarbeiter zwar kein Armutszeugnis, aber wider besseres Wollen und Bemühen doch ein weniger gutes oder ein in sich widersprüchliches Zeugnis (Dilettanten-Zeugnis) ausstellt.[49]

Den Sachverhalt eines gut gemeinten, aber schlecht gemachten Zeugnisses kann ein Fachmann bei der Zeugnisanalyse vielleicht erkennen. Ergänzend zu dieser beschwichtigenden Annahme wird oft empfohlen, man müsse insbesondere Zeugnisse aus Kleinunternehmen vorsichtig analysieren. Diese Empfehlung ist eine Leerformel. Leerformeln sind zwar richtige, aber derart allgemeine Handlungsempfehlungen, daß man im konkreten Fall nichts damit anfangen kann. Ungewollt negative Zeugnisse erkennt ein Fachmann nur, falls er sich im Rahmen der Personal-Vorauswahl aus einer großen Zahl von Bewerbungen die Zeit zu einer gründlichen Analyse nimmt. Er wird dies

---

47 WEUSTER 1994 a, S. 34 und 36
48 INSTITUT 1985, Teil 1, S. 18 und Teil 2, S. 20 ff.
49 CLASS/ BISCHOFBERGER 1994, S. 67; GÖLDNER 1991, S. 234; MELL 1990, S. 76; WEUSTER 1989, S. 51 f.; DITTRICH 1988, S. 11

aber vermutlich dann nicht tun, wenn es genügend andere gute Bewerber gibt. Im übrigen bleibt jede Motivforschung (ich denke, der Aussteller hat sagen wollen, daß ...) unsicher, da man nie weiß, ob eine bestimmte Formulierung, Leerstelle oder Satzstellung auf Absicht, Nachlässigkeit oder Unkenntnis beruht.[50]

Es gibt bislang keine einheitliche, allgemein bekannte Zeugnissprache. Für Zeugnisse gilt, wie übrigens für alle Texte, Mehrfachinterpretierbarkeit (nicht: Interpretationsbeliebigkeit).[51] Untersuchungen zur Zeugnisanalyse zeigen, daß bei einem vorgegebenen Zeugnis nahezu jede Zeugnisaussage von den verschiedenen Analytikern als unklar, positiv, neutral (weder positiv noch negativ) oder als negativ beurteilt wird. Das Gesamturteil reicht beim gleichen Zeugnis von Gut bis Mangelhaft.[52]

Eine wichtige Erkenntnis ist auch, daß es keine neutralen Zeugniskomponenten gibt. Beurteilungen treten nicht nur in der Leistungs- und der Verhaltenskomponente auf. Von der Überschrift („Dienstzeugnis" wirkt außerhalb des Öffentlichen Dienstes eventuell negativ) und der passivisch formulierten Einleitung über die in sich widersprüchliche Aufgabenliste gemäß Reihenfolge-Technik bis zu den Zukunftswünschen mit Kritik und der Unterschrift durch einen Gleichgestellten kann nahezu jedes Faktum und jedes Wort bei der Formulierung sowie bei der Interpretation für Bewertungen dienen. Ja, man kann mit Blick auf die vielfältigen Interpretations- und Wertungsmöglichkeiten, auch von Tatsachen, pointierend sagen: Es ist unmöglich, ein Einfaches Zeugnis ohne Beurteilung auszustellen.[53]

Es ist noch einmal der Ganzheitscharakter von Arbeitszeugnissen zu betonen. Nicht jeder einzelne Satz muß einen Superlativ oder den Zeitfaktor „stets" enthalten; man kann auch „totloben". Die Analyse isolierter Einzelsätze führt leicht zu einer Fehlinterpretation.[54] Ein Beispiel: „Herr X ist dieses Problem engagiert angegangen. Innerhalb kurzer Zeit realisierte er eine durchdachte Lösung, die sich bis heute ausgezeichnet bewährt hat." Stünde der erste Satz für sich allein, so könnte er ein Scheitern andeuten, da nur vom Versuch einer Problemlösung die Rede ist. In Verbindung mit dem zweiten Satz ist aber klar, daß ein erfolgreiches Engagement gelobt werden soll. Bei der Zeugnisanalyse ist also zumindest das nähere Textumfeld einer Aussage zu beachten.

Ein weiteres Beispiel: In einem Artikel wird die Passage „in seinem Verhalten war er stets ein Vorbild" übersetzt mit „sonst war er eine Niete".[55] Diese Interpretation kommt nur dann in Frage, wenn die Beurteilung fast ausschließlich

---

50 FRIEDRICH 1981, S. 19 ff., 24, 35 und 40
51 MÖLLER 1990, S. 51 und 138 ff.
52 WEUSTER 1994 a, S. 216 ff.; WEUSTER 1991/92, S. 27
53 WEUSTER 1991/92, S. 22 - 27; WEUSTER 1992 a, S. 58 ff.; MÖLLER 1990, S. 59, 63 und 186; DITTRICH 1988, S. 98
54 BAG 23. 6. 1960, BB 1960, S. 983 = DB 1960, S. 1042
55 OHNE VERFASSER 1988, S. 23

aus diesem Kommentar zum Sozialverhalten besteht. In einem Zeugnis mit guter Leistungsbeurteilung, mit Dankes-Bedauern-Formel und mit Zukunftswünschen bedeutet sie nach unserer Einschätzung ergänzend eine gute Verhaltensbeurteilung.

Die Bewertung von Zeugnisaussagen hängt nicht nur vom Zeugnistext und vom Zeugniswissen, sondern auch von den Wertmaßstäben und von der Entscheidungssituation des Lesers ab. Ein Beispiel: Aus dem Zeugnis eines Vorgesetzten gehe hervor, daß dieser zu einem mehr autoritären Führungsstil neigt. Dies kann bei der Personalauswahl negativ gewertet werden, es kann aber auch positiv gewertet werden, wenn die Entscheidungsträger der Auffassung sind, dieser Stil sei unter den besonderen Umständen der zu besetzenden Führungsstelle geboten.

4.4. Der Informationswert bei der Personalauswahl

Welchen Informationswert haben Arbeitszeugnisse bei der Personalauswahl? Viele Praktiker billigen nach Schwarb dem Arbeitszeugnis nur eine mäßige Bedeutung zu.[56] In den eigenen Befragungen sprachen sich trotz aller Probleme, die sich aus der Wohlwollenspflicht für den Informationswert ergeben, 70,2 % von 386 Unternehmen und 78,6 % von 252 Personalberatern gegen eine rechtliche Beschränkung auf Einfache Zeugnisse ohne Beurteilung aus.[57]

Die Frage nach der Bedeutung von Zeugnissen für die Personalvorauswahl wurde in der Unternehmensbefragung wie folgt beantwortet:[58]

Bedeutung	Arbeiter	Tarif-angestellte	Leitende Mitarbeiter
sehr große Bedeutung	3,0 %	7,8 %	31,6 %
große Bedeutung	12,4 %	47,8 %	39,0 %
mittlere Bedeutung	51,8 %	38,5 %	25,0 %
geringe Bedeutung	24,1 %	4,8 %	3,3 %
sehr geringe Bedeutung	7,0 %	1,3 %	1,1 %
keine Bedeutung	1,7 %	0,3 %	0 %
Zahl der Unternehmer	299	372	364

---

56 SCHWARB 1991, S. 23 ff. und S. 32
57 WEUSTER 1994 a, S. 71 und 179
58 WEUSTER 1994 a, S. 69

Nach einer Erhebung von Block haben Arbeitszeugnisse bei der Auswahl von Bewerbern für Positionen des mittleren Managements in bundesdeutschen Unternehmen der Energiewirtschaft im Rahmen der Analyse der Bewerbungsunterlagen folgende Bedeutung (sämtlich Großunternehmen): Sehr groß = 6,7 %, groß = 50 %, mittel bis groß = 30 %, mittel = 13,3 %, gering bis mittel = 0 %, gering = 0 % und gar keine = 0 % der Unternehmen.[59] Die Frage, ob sie schon einen Bewerber mit einem erkennbar negativen Zeugnis zur Einstellung empfohlen haben, beantworteten auf einer Skala 57,9 % von 247 Personalberatern eher mit oft und 42,1 % der Berater eher mit selten bzw. nie.[60]

Betrachtet man Zeugnisse detailliert, so kann man folgendes sagen:

(1) Der Informationswert eines qualifizierten Zeugnisses ist höher als der eines einfachen Zeugnisses. Legt ein qualifizierter Mitarbeiter über ein längere Zeit dauerndes Arbeitsverhältnis allerdings nur ein einfaches Zeugnis vor, so kann vermutet werden, daß er die Ausstellung eines negativen Zeugnisses vermeiden wollte. Insofern stellen einfache Arbeitszeugnisse bei qualifizierten Mitarbeitern eine Super-Leerstelle mit wirklich „vielsagendem Schweigen" und hoher Warnfunktion dar.[61]

(2) Der Informationswert steigt mit der Dauer des Arbeitsverhältnisses, da dann eine längere zeitliche Beurteilungsbasis gegeben ist.

(3) Der Informationswert der Positions- und Aufgabenbeschreibung ist relativ hoch, da es hier überwiegend um unstrittige Fakten geht. Allerdings hängt der Informationswert der Positions- und Aufgabenbeschreibung für den Leser auch davon ab, inwieweit er die Branche, den Funktionsbereich und die Aufgaben und ihre Anforderungen kennt.[62] Zeigt die Positions- und Aufgabenbeschreibung glaubwürdig Kompetenzzuwächse und Beförderungen, so ist dies für die Vergangenheit eine gute oder sehr gute Beurteilung mit Beweiskraft.

(4) Eingeschränkt ist der Informationswert durch den Grundsatz des verständigen Wohlwollens insbesondere bei der Beurteilung der Leistung und des Sozialverhaltens. Ein kundiger Leser kann aber aus den differenziert-positiven Bewertungen durchaus zutreffende Schlüsse ziehen. Insofern können die Komponenten Leistung und Sozialverhalten nicht von vornherein als informationsschwach abgetan werden.

Da sich die Zeugnisanalyse vieler Arbeitnehmer auf die Zufriedenheitsfloskel fokussiert und sie hier oft hartnäckig verhandeln und notfalls klagen, fällt diese Formel wohl nicht selten zu gut aus. Ihr Informationswert ist eher gering.[63]

---

59 BLOCK 1981, S. 234, 237 und 260 (obige Angaben); ferner KNOLL/ DOTZEL 1996, S. 349
60 WEUSTER 1994 a, S. 178
61 NASEMANN 1993a, S. 109; GÖLDNER 1991, S. 227; FRIEDRICH 1981, S. 34, 37 und 99
62 KADOR 1992, S. 25; FRIEDRICH 1981, S. 98; PRESCH 1980 b, S. 247
63 WEUSTER 1995, S. 705

(5) Die Beendigungsformel ist manchmal nur rechtlich korrekt. Sie gibt den wirklichen Entscheidungsprozeß zur Beendigung des Arbeitsverhältnisses nicht wieder. Eine eindeutige Kritik an einem Arbeitnehmer ist dann gegeben, wenn im Zeugnis die Kündigungsinitiative unklar ist oder wenn eine Aussage dazu völlig fehlt.

(6) Die Dankes-Bedauern-Formel und die Zukunftswünsche gewinnen an Bedeutung. Die Dankes-Bedauern-Formel dient zur Bekräftigung und damit zur Steigerung des Informationswertes der Beurteilungen.

(7) Ein informatives Zeugnis erfordert einen gewissen Umfang. Insofern kann man sagen, daß der Informationswert eines qualifizierten Zeugnisses bis zur üblichen Obergrenze von etwa zwei Seiten mit seiner Länge steigt.[64] Sehr kurze Zeugnisse, deren Knappheit noch optisch durch eine einzeilige Schreibweise unterstützt wird, deuten nicht auf Wohlwollen bei der Ausstellung. Ein zu dürftiges und farbloses Zeugnis nach langjähriger Beschäftigung regt zu negativen Schlüssen an.[65] Bei einem qualifizierten Mitarbeiter signalisiert ein sehr knappes Zeugnis (etwa unter einer ¾ Seite) eine bewußte Abqualifizierung.[66] Ein sehr langes Zeugnis (etwa ab 2,5 Seiten) kann eine Selbstausstellung signalisieren. Arbeitnehmer, die sehr lange Zeugnisse entwerfen, überschätzen die Informationsverarbeitungsfähigkeit eines Lesers. Viele Leser sind eher an einem Briefing interessiert.

(8) Gelegentlich hört man die Meinung, der Informationswert von Zeugnissen steige in der Regel mit der Größe des Unternehmens (Mitarbeiterzahl), da in großen Unternehmen eher als in Kleinunternehmen Spezialwissen zum Zeugnis vorhanden sei.[67] Auch das BAG hat betont, daß Großunternehmen besonderes Vertrauen bezüglich ihrer Zeugnisse genössen und diesem Vertrauen auch Rechnung tragen müßten.[68] Hier sind Zweifel angebracht. Die Verfasser treffen in Zeugnisseminaren immer wieder Mitarbeiterinnen und Mitarbeiter aus Großunternehmen, die seit vielen Jahren ohne jegliche Schulung Zeugnisse erstellen. Und: Hat nicht gerade das Zeugnis eines Mittelständlers, der weniger unverblümt formuliert, besonderen Informationswert?

(9) Man wird auch sagen können, daß der Informationswert eines Zeugnisses um so höher ist, je aktueller das Zeugnis ist. Anders ausgedrückt: Der Informationswert eines Zeugnisses nimmt in der Regel im Zeitablauf ab. Dies gilt insbesondere, wenn frühere spezielle Berufserfahrungen aufgrund von Funktions- oder Branchenwechseln des Arbeitnehmers nicht vertieft und aktualisiert wurden.

---

64 KÜCHLE/BOPP 1997, S. 11 und 186
65 LAG Baden-Württemberg 6. 2. 1968, BB 1968, S. 381 = DB 1968, S. 534; NASEMANN 1993a, S. 116; DITTRICH 1988, S. 30, 76 f. und 97
66 NASEMANN 1993a, S. 108; MELL 1988, S. 42 ff.
67 SABEL 1995, S. 38; WEUSTER 1994 a, S. 171; SCHWARB 1991, S. 25 und 34; PRESCH 1985, S. 355; PRESCH 1980 b, S. 251
68 BGH 22. 9. 1970, DB 1970, S. 2224

(10) Geht man davon aus, daß die Zeugnisse eines Arbeitnehmers unabhängig voneinander erstellt werden[69], also ein Aussteller sich nicht einfach an ihm vorliegenden früheren Zeugnissen des Arbeitnehmers orientiert, so kann man sagen, daß sich Zeugnisse in ihrem Informationswert gegenseitig beeinflussen.[70] Ein schlechtes Zeugnis wird durch nachfolgende gute und sehr gute Zeugnisse relativiert. Ein gutes Zeugnis wird durch nachfolgende mittelmäßige Zeugnisse im Wert gemindert. Liegen durchgängig gute und sehr gute Zeugnisse oder durchgängig mittelmäßige und negative Beurteilungen vor (einheitlicher Beurteilungstenor), so wirkt jedes Zeugnis als Bestätigung und als Verstärker des anderen (wechselseitige Validierung).

(11) Der Grundsatz des verständigen Wohlwollens wird in Zwischenzeugnissen in besonderem Maße praktiziert. In der Inhaltsanalyse von Originalzeugnissen zeigte es sich, daß Zwischenzeugnisse einen deutlich höheren Anteil an sehr guten und guten Zufriedenheitsformeln aufweisen als Endzeugnisse.[71] Das lobende Zwischenzeugnis wird also als Dankschreiben und als Motivierungsinstrument eingesetzt.

(12) Der Informationswert eines Zeugnisses ist nicht nur eine diesem innewohnende Eigenschaft, sondern er variiert für den einzelnen Leser auch mit dem Grad seiner Kenntnis der beschriebenen Funktion und Branche sowie der Zeugnistechnik und der Zeugnissprache. Ein unkundiger Leser wird vordergründig positive Formulierungen als wahren Klartext auffassen oder aus Unsicherheit zu negativen Überinterpretationen neigen. Ein kundiger Leser wird aus einem professionell formulierten Zeugnis ein differenziertes, tendenziell objektives Urteil ziehen.

(13) Der Informationswert eines Zeugnisses ist für einen Leser besonders hoch, wenn er den Aussteller kennt. Dies ist jedoch meist nicht der Fall. Am ehesten kommt dies bei branchenspezialisierten Personalberatern vor.

(14) Ein Zeugnis des gegenwärtigen Arbeitgebers liegt bei einer Bewerbung meist nicht vor, da dieses erst nach einer Kündigung bei Beendigung des Arbeitsverhältnisses erstellt wird. Es empfiehlt sich, im Arbeitsvertrag zu vereinbaren, daß der Arbeitnehmer dem neuen Arbeitgeber dieses aktuelle Zeugnis nach Dienstantritt vorlegt.

Die vorstehenden Thesen zum Informationswert von Zeugnissen gelten in der Regel, nicht aber in jedem Einzelfall. Die Entscheidungsträger bei der Personalauswahl aber müssen über Einzelfälle entscheiden. Sollten sie auf die Zeugnisanalyse verzichten? Hier stellt sich die Frage nach der Alternative. Zumindest bei der Vorauswahl von Bewerbern ist das Zeugnis eine wichtige Entscheidungshilfe. Ohne die Zeugnisanalyse wäre die Vorauswahl weniger fundiert und damit irrationaler. Wir betonen: Die Meinung, nahezu alle

---

[69] WEUSTER 1994 a, S. 29 f.
[70] WEUSTER 1994 a, S. 162; NASEMANN 1993a, S. 109 und 115; KADOR 1992, S. 37; DITTRICH 1988, S. 29; FRIEDRICH 1981, S. 18 f., 40 und 99 f.
[71] WEUSTER 1994 a, S. 88

Zeugnisse seien Märchen und daher untauglich für eine Eignungsdiagnose, ist falsch. Sie zeugt von Unkenntnis der Materie. Viele Aussteller bemühen sich um eine differenzierte Zeugnispraxis. In vielen Fällen liefert daher eine gründliche Analyse eine Reihe von Informationen und Signalen für oder gegen eine Einladung zu einem Vorstellungsgespräch bzw. für oder gegen eine Einstellung. Dabei steht bei einer fachmännischen Analyse nicht die spitzfindige Suche nach verdeckten Informationen, sondern die sachliche Informationsgewinnung durch Textauswertung im Vordergrund. Die Verfasser haben daher im Laufe einer mehrjährigen intensiven Beschäftigung mit Original-Zeugnissen sowie aufgrund der durchgeführten Forschungen die Auffassung gebildet, daß Personalverantwortliche, die selbst beim engeren Auswahlkreis auf eine Nutzung vorliegender Zeugnisse verzichten (Ausnahmen vielleicht: Anlerntätigkeiten, Topmanagement), in der Regel ihre Arbeit nicht so gut wie möglich tun.

Da alle Instrumente der Personalauswahl mit Problemen der Objektivität (Unabhängigkeit vom Anwender), Zuverlässigkeit (Meßgenauigkeit) und der Gültigkeit (messen sie, was sie zu messen vorgeben?) behaftet sind, empfiehlt sich ein Methodenmix, bei dem durch einen durchdachten Verbund der Instrumente positive Synergie-Effekte erzielt werden. Die Zeugnisanalyse muß also nicht allein durch kritisches Lesen des Zeugnisses erfolgen. Erst im Zusammenspiel mit anderen Analyse-Instrumenten, insbesondere mit der Auskunft und mit dem Vorstellungsgespräch, kommt sie voll zur Geltung.[72]

Eine systematische Nutzung des Zeugnisses bei der personalen Eignungsdiagnose kann so aussehen: Zunächst wird das Zeugnis im Rahmen der Personalvorauswahl gelesen und analysiert. Die Objektivität der Interpretation kann steigen, wenn sich der Personalleiter und der Fachvorgesetzte über ihre Erkenntnisse abgleichen. Unverständliche Punkte können bei Bedarf per Telefongespräch mit dem Bewerber oder, soweit rechtlich zulässig, mit dem Aussteller geklärt werden. Zur Vorbereitung des Vorstellungsgespräches werden sodann die Zeugnisse der eingeladenen Bewerber noch einmal gründlich gelesen und analysiert, um klärungsbedürftige Punkte zu finden und um Fragen für das Vorstellungsgespräch zu gewinnen. 74,6 % von 252 Personalberater gaben an, beim Lesen von Zeugnissen häufig Notizen für Fragen an die Bewerber zu notieren.[73] Es kann aber empfehlenswert sein, daß ein Mitglied der Interview-Jury die Bewerbungs-Unterlagen einschließlich der Zeugnisse vorher nicht liest, um zunächst Eindrücke allein aus dem Gespräch zu gewinnen.

Im Gespräch mit dem Bewerber kann man ihn um einen Kommentar zum Gesamtzeugnis oder zu einzelnen Aussagen oder um eine Erläuterung der Entstehensweise bitten. Es kann sowohl die Reaktion des Bewerbers als

---

72 WEUSTER 1994 a, S. 164 und 176
73 WEUSTER 1994 a, S. 175

auch der Inhalt der Antworten ausgewertet werden. Bei Bedarf kann mit dem Bewerber geklärt werden, ob und bei wem ergänzende Auskünfte zum Zeugnis eingeholt werden. Schließlich kann zur Nachbereitung ein nochmaliges Lesen des Zeugnisses nach dem Gespräch empfehlenswert sein.

In der Regel darf eine Auskunft nicht weitergehen als der Inhalt eines entsprechenden Zeugnisses. Insoweit gelten hinsichtlich des Umfanges der Auskunftserteilung die gleichen Grundsätze wie bei der Ausstellung eines qualifizierten Zeugnisses.[74] Die Auskunft dient nach anderer Auffassung der Ergänzung des Zeugnisses.[75] Es soll bei ihr eine wohlwollende Haltung nicht in gleichem Maße wie beim Zeugnis nötig sein. Der Auskunftgebende sei, so wird argumentiert, zu größerer Offenheit berechtigt, so daß auch Aussagen über einzelne ungünstige Vorfälle gemacht werden könnten.[76] Diese Auffassung wird mit der punktuellen Wirkung einer Auskunft im Unterschied zur Langzeitwirkung von Zeugnissen begründet.[77] Die Verfasser halten diese Differenzierung zwischen Zeugnis und Auskunft für inakzeptabel, da damit die Rechtsprechung zum Arbeitszeugnis praktisch wieder zurückgenommen wird.[78] Auch Presch kritisiert die (überwiegend telefonische) Auskunftspraxis als eine kaum kontrollierbare Reaktion auf das Wohlwollensgebot.[79] Zu wenig beachtet wird auch, daß durch die Auskunft das Recht des Arbeitnehmers, zwischen einem einfachen und einem qualifizierten Zeugnis zu wählen, im nachhinein faktisch eingeschränkt wird. Beachtenswert ist, daß der Arbeitgeber einem ausgeschiedenen Arbeitnehmer auf dessen Verlangen die Auskunft bekanntgeben muß (z. B. durch Überlassen einer Kopie), die er anderen Stellen erteilt hat.[80] Erteilt ein Arbeitgeber schuldhaft unrichtige Auskünfte und führt dies dazu, daß ein zur Einstellung des Arbeitnehmers bereiter Arbeitgeber deshalb Abstand von der beabsichtigten Einstellung nimmt, kann der Arbeitnehmer vom ehemaligen Arbeitgeber Schadensersatz verlangen.[81]

Wurde der Zeugnisinhalt aufgrund eines gerichtlichen Vergleiches vereinbart, so ist der Arbeitgeber bei einer Auskunft an den Inhalt dieses Vergleichs gebunden.[82] Auch darf ein Arbeitgeber in einer Auskunft nicht darauf hinweisen, daß das Zeugnis im Rahmen eines Arbeitsgerichtsprozesses ausgefertigt wurde, weil er dadurch den Eindruck erwecken würde, er beurteile Leistung und Führung anders (nämlich schlechter) als im Zeugnis.[83]

---

74 LAG Berlin 8. 5. 1989, BB 1989, S. 1826
75 BOLDT 1987, S. 1140; BIRK 1985, S. 64 ff., hier S. 67; KRUMMEL 1983, S. 15 und 45 ff.
76 DIETZ 1995, S. 32; KÜCHLE/BOPP 1997, S. 214; BIRK 1985, S. 67 f.; KRUMMEL 1983, S. 15 und 45 ff.
77 LAG Hamburg 16. 8. 1984, DB 1985, S. 284 ff., hier S. 285
78 SCHLESSMANN 1994, S. 120; HUNOLD 1988, Teil 12, Kap. 2. S. 34
79 PRESCH 1980 a, S. 247
80 BGH 10. 7. 1959, AP Nr. 2 zu § 630 BGB
81 LAG Frankfurt 20. 12. 1979, DB 1980, S. 1224
82 LAG Hamburg 16. 8. 1984, DB 1985, S. 285
83 LAG Hamburg 16. 8. 1984, DB 1985, S. 285

Unternehmen reagieren auf Anfragen unterschiedlich. Die Reaktion reicht von einem Verweis auf das Zeugnis bis zu weitreichender ergänzender Auskunft. Lehnt ein Arbeitgeber generell zusätzliche Auskünfte neben dem Zeugnis ab, so sollte er diese grundsätzliche Haltung gegenüber Anfragenden deutlich machen, damit der Eindruck vermieden wird, er wolle nur in diesem Falle keine (negative) Auskunft geben.[84] Es sei aber angemerkt, daß der Arbeitgeber auf Wunsch des Arbeitnehmers zu Auskünften an Dritte über die Leistungen und das Verhalten des Arbeitnehmers verpflichtet ist.[85]

5. Empfehlungen an Arbeitnehmer

Welche Bedeutung haben Zeugnisse für Arbeitnehmer? Relativ gering ist ihr Gewicht bei der Besetzung von Jedermann-Arbeitsplätzen sowie im Handwerk[86], wo teilweise auch das erforderliche Analyse-Wissen fehlt. Die Bedeutung des Zeugnisses bei der Personalauswahl steigt mit der Qualifikation des Arbeitnehmers. Sie ist am höchsten im Mittelmanagement und nimmt bei Spitzenkräften im Topmanagement wieder ab.[87] Wohl auch aus diesem Grunde klagen Angestellte häufiger als Arbeiter auf eine Verbesserung ihres Zeugnisses.[88] Eine geringe Bedeutung scheinen Zeugnisse zu haben, wenn Führungskräfte auf dem Wege der Direktansprache gewonnen werden. Schließlich mag die Zeugnisbedeutung auch mit der Konjunktur- und Arbeitsmarktlage variieren[89], also in der Rezession höher als bei Vollbeschäftigung sein.

Das Zeugnis wird hauptsächlich im Rahmen der Personalvorauswahl eingesetzt, wo es eine bedeutsame Rolle spielt.[90] Der Einsatz „nur" bei der Vorauswahl mindert nicht die Bedeutung von Zeugnissen, sondern er steigert sie. Zeugnisse sind mitentscheidend dafür, ob ein Bewerber überhaupt eine Einladung zu einer Vorstellung erhält.

Nach Krohne ist es für Arbeitnehmer eine existentielle Notwendigkeit, erhaltene Zeugnisse zu prüfen.[91] Van Venrooy weist darauf hin, daß die Bewerbung eines Arbeitnehmers, der selbst nach Aufforderung kein Zeugnis über ein früheres Arbeitsverhältnis vorlegt, nicht aussichtsreich sein dürfte.[92] In der Befragung gaben 61,6 % von 242 Personalberatern an, daß sie einen Bewerber, der auf Anforderung ein Zeugnis ohne plausible Begründung nicht nachreicht, nicht zur Einstellung empfehlen würden.[93]

---

84 SCHLESSMANN 1988, S. 1325; DACHRODT 1984, S. 14 f.
85 LAG Berlin 8. 5. 1989, BB 1989, S. 1825; BAG 25. 10. 1958, DB 1958, S. 659
86 SCHWARB 1991, S. 22
87 SCHLESSMANN 1988, S. 1321; FRIEDRICH 1981, S. 8
88 WEUSTER 1995, S. 702
89 MÖLLER 1990, S. 159; LIST 1994, S. 15
90 PILLAT/ROTHE 1991, S. 1; WEUSTER 1994 a, S. 69; KNOLL/DOTZEL 1996, S. 349
91 KROHNE 1978, S. 288
92 van VENROOY 1984, S. 26
93 WEUSTER 1994 a, S. 177

Andere Autoren wenden sich gegen eine Überschätzung des Zeugnisses bei der Personalauswahl und sehen im Zeugnis nur ein Mittel zur Eindrucksbildung unter anderen (Mosaik-Theorie, Puzzle-Theorie).[94] Auch gaben viele befragte Personalberater an, schon einmal Kandidaten trotz eines erkennbar negativen Zeugnisses zur Einstellung empfohlen zu haben.[95] Aus Arbeitnehmersicht erscheint diese abwiegelnde Bewertung in einer „Zertifikats-Gesellschaft" ungerechtfertigt. Hat ein Unternehmen bei der Personalauswahl mehrere geeignete Kandidaten, so wird wohl in der Regel ein Bewerber, bei dem „alles stimmt", bevorzugt. Der Arbeitnehmer dagegen, der aufgrund eines negativen Zeugnisses darauf hoffen muß, daß der potentielle Arbeitgeber eine Stelle dringend besetzen muß (Rekrutierungszwang) und keine Alternative hat oder daß er ihm eine Chance einräumt, ist bei seiner Arbeitsplatzwahl sehr eingeschränkt.[96] Negative Zeugnisse sind zwar nicht karrierebeendend, wohl aber karrierehemmend. Sie sind keine Karrierekiller, wohl aber Chancenkiller. Welche Empfehlungen kann man Arbeitnehmern vor dem Hintergrund der heutigen Zeugnispraxis geben?

(1) Der Arbeitnehmer sollte bei geeigneten Gelegenheiten ein Zwischenzeugnis verlangen. Diese werden meist wohlwollend formuliert. Der Arbeitgeber muß ein Endzeugnis zwar nicht wortgleich wie ein Zwischenzeugnis formulieren[97], doch kann er von den (positiven) Wertungen eines richtigen Zwischenzeugnisses nicht ohne wichtigen Grund abweichen (Bindungswirkung). Außerdem kann ein aktuelles positives Zwischenzeugnis einen gewissen Kündigungsschutz darstellen, da es im Widerspruch zu personen- oder verhaltensbedingten Kündigungsgründen stehen kann.[98] Die Verfasser empfehlen, in Arbeitsverträge den Anspruch auf ein Zwischenzeugnis zu vereinbaren.

(2) Beim Wechsel in ein anderes Unternehmen im Konzern ist ein Arbeitgeberwechsel und damit ein Anspruch auf ein Endzeugnis gegeben. Ein Zeugnisanspruch gegenüber dem neuen Konzernunternehmen bezüglich früherer Beschäftigungszeiten bei anderen Konzernunternehmen besteht in der Regel nicht. Die Aufnahme früherer Beschäftigungszeiten in ein vom aktuellen Arbeitgeber ausgestelltes Zeugnis ist demnach Kulanz und möglicherweise unzulässig, da ein Arbeitgeber keine Zeugnisse für andere Arbeitgeber ausstellen kann. Der direkte Anspruch gegenüber dem vorherigen Arbeitgeber im Konzern ist später möglicherweise durch eine tarifliche Ausschlußfrist erledigt bzw. verwirkt, wenn der vorherige Arbeitgeber aufgrund inzwischen eingetretener Veränderungen nicht mehr in der Lage ist, ein fundiertes (wahres) Zeugnis zu erstellen.

---

94 KADOR 1992, S. 21 ff.; INSTITUT 1994, Teil 2, S. 18; DACHRODT 1984, S. 12
95 WEUSTER 1994 a, S. 178
96 SCHWARB 1991, S. 22; HUBER 1994, S. 13; RUNGGALDIER/EICHINGER 1989, S. 50 f.
97 LAG Düsseldorf 2.7.1976, DB 1976, S. 2310
98 LAG Bremen 22.11.1983, BB 1984, S. 473

(3) Der Arbeitnehmer sollte jedes Zeugnis wichtig nehmen. Auch wenn er glaubt, das erhaltene Zeugnis wegen seines „letztmaligen" Wechsels gar nicht bei Bewerbungen einsetzen zu müssen, sollte er es prüfen. Allerdings lohnt sich bei einem guten Zeugnis ein Streit um kleinste Detailverbesserungen nicht. Es ist nämlich auch wichtig, sich das Wohlwollen des Arbeitgebers oder des Vorgesetzten für spätere Referenzen zu erhalten.

(4) Bei einvernehmlicher Beendigung des Arbeitsverhältnisses per Aufhebungsvertrag sollte der Arbeitnehmer die Forderung nach einem positiven Zeugnis in die Verhandlung aufnehmen und ein konkret ausformuliertes Zeugnis als Anlage zum Aufhebungsvertrag vereinbaren. Die bloße Vereinbarung im Vertrag, der Arbeitnehmer erhalte ein positives oder wohlwollendes Zeugnis, ist inhaltlich völlig unbestimmt und konfliktträchtig.

(5) Ein Arbeitnehmer sollte nicht auf seinen Zeugnisanspruch verzichten. Manchmal ist die Dauer des Zeugnisanspruches durch tarifliche Ausschlußfristen begrenzt.[99] Eine allgemein formulierte Ausgleichsquittung ohne Nennung des Zeugnisses bedeutet keinen Zeugnisverzicht.[100]

(6) Der Arbeitnehmer sollte in der Regel zunächst ein qualifiziertes Zeugnis fordern. Hat er zunächst nach § 630 Satz 1 BGB ein einfaches Zeugnis verlangt, so kann er nach herrschender Auffassung anschließend nach § 630 Satz 2 BGB noch ein qualifiziertes Zeugnis fordern.[101] Der nachträgliche Anspruch auf ein einfaches Zeugnis ist umstritten. Es wird argumentiert, das qualifizierte Zeugnis umfasse ein einfaches Zeugnis und damit sei der Zeugnisanspruch des Arbeitnehmers erfüllt.[102] Doch kann der nachträgliche Wunsch damit begründet werden, daß erst die Kenntnis der arbeitgeberseitigen Leistungs- und Verhaltensbeurteilung das Verlangen nach einem einfachen Zeugnis entstehen lassen kann.[103] Der Arbeitnehmer sollte dieses nachträgliche Verlangen nach einem einfachen Zeugnis aber ganz kurzfristig nach dem Erhalt des qualifizierten Zeugnisses kundtun.[104] Bei diesen nachträglichen Wünschen nach einer anderen Zeugnisart ist strittig, ob der Arbeitnehmer das jeweils zuvor erstellte Zeugnis zurückgeben muß.[105]

(7) Der Arbeitnehmer sollte schon zum Kündigungszeitpunkt ein sog. Vorläufiges Zeugnis verlangen. Bei Unzufriedenheit mit dem Zeugnis ist eine

---

99 BAG 23. 2. 1983, BB 1983, S. 1859; LAG Hamm 24. 8. 1977, BB 1977, S. 1704; KÜCHLE/BOPP 1997, S. 211; GÖLDNER 1989, S. 46 f.
100 BAG 16. 9. 1974, DB 1975, S. 155
101 DIETZ 1995, S. 24; HAUPT/WELSLAU 1992, S. 40; LIEDTKE 1988, S. 270; SCHLESSMANN 1988, S. 1323 f.; van VENROOY 1984, S. 87; BERNOLD 1983, S. 39 f.
102 LIEDTKE 1988, S. 271; van VENROOY 1984, S. 89 f.
103 HAUPT/WELSLAU 1992, S. 40; SCHULZ 1995, S. 36 f.; KÜCHLE/BOPP 1997, S. 188 f. und 209; GÖLDNER 1989, S. 40
104 DIETZ 1995, S. 24; LIEDTKE 1988, S. 272
105 van VENROOY 1984, S. 87 f. bejaht die Rückgabepflicht des einfachen Zeugnisses; SCHULZ 1995, S. 37, KÜCHLE/BOPP 1997, S. 209 und GÖLDNER 1989, S. 40 f. verneinen die Rückgabepflicht in beiden Fällen

Änderung meist leichter zu erreichen als durch Diskussionen per Telefon oder per Briefwechsel nach dem Ausscheiden aus dem Unternehmen.

(8) Der Arbeitnehmer sollte dem Aussteller zur Arbeitserleichterung einen mit wirklich fachkundiger Unterstützung erstellten ausformulierten oder stichwortartigen Zeugnisentwurf vorlegen.

(9) Befürchtet der Arbeitnehmer ein ungünstiges Zeugnis, so sollte er ein Gespräch mit dem Aussteller suchen. Ist sein Verhältnis zum Aussteller nicht vollkommen gestört, erreicht er durch eine Aussprache vielleicht ein wohlwollendes Zeugnis. Jedenfalls signalisiert der Arbeitnehmer durch diese Aktivität, daß er das Zeugnis kritisch lesen wird, was vielleicht den Aussteller zu besonderer Vorsicht bewegt.

Manchmal besprechen Arbeitgeber den Zeugnisentwurf mit dem Arbeitnehmer und fordern diesen dann auf, die besprochene bzw. ausgehandelte Zeugnisfassung mit „Einverstanden" zu unterschreiben. Andere Arbeitgeber fordern nach der Aushändigung des fertigen Zeugnisses eine Annahmeerklärung. Solche Einverständniserklärungen muß und sollte ein Arbeitnehmer nicht unterschreiben. Der Arbeitgeber hat kein Zurückbehaltungsrecht und kann die Erstellung und Übergabe auch nicht von einer Akzeptanz des Zeugnisinhalts abhängig machen. Gegen eine bloße Empfangsbestätigung bestehen keine Bedenken.

(10) Der Arbeitnehmer sollte ein ausgestelltes Zeugnis ggf. mit seinen Zeugnissen von früheren Arbeitgebern vergleichen und Unterschiede kritisch prüfen. Ferner sollte er, falls dies möglich ist, sein Zeugnis mit den Zeugnissen oder Zwischenzeugnissen anderer Arbeitnehmer des Unternehmens vergleichen. Gibt es im Unternehmen einen Fragebogen zur Erstellung von Zeugnissen und/oder ein System von Textbausteinen, so sollte sich der Arbeitnehmer über diese Unterlage bzw. über dieses System informieren.

(11) Ein Arbeitnehmer kann gemäß § 82 Abs. 2 BetrVG verlangen, daß mit ihm die Beurteilung seiner Leistung erörtert wird. Erscheint einem Arbeitnehmer unklar, wie seine Leistung im Zeugnis beurteilt wird, kann er Aufklärung und Begründung fordern. Diesen Anspruch hat ein Arbeitnehmer auch in einem betriebsratslosen Betrieb.[106] Besteht ein Betriebsrat, so kann der Arbeitnehmer nach § 82 Abs. 2 BetrVG ein Betriebsratsmitglied zum Gespräch hinzuziehen.

Führt der Arbeitgeber ein spezielles Beurteilungssystem für die Zeugniserstellung ein, so hat der Betriebsrat gemäß § 94 Abs. 2 ein Mitbestimmungsrecht hinsichtlich der Aufstellung von Beurteilungsgrundsätzen.[107] Die Unternehmens-Befragung ergab allerdings, daß sich die Betriebsräte fast gar nicht um Arbeitszeugnisse kümmern.[108]

---

106 FITTING/AUFFAHRT/KAISER/HEITHER 1992, S. 1059 ff. (§ 82, Rz. 6 und 7)
107 FITTING/AUFFAHRT/KAISER/HEITHER 1992, S. 1287 f. (§ 94, Rz. 1288); KÜCHLE/BOPP 1997, S. 191; WEUSTER 1990, S. 155
108 WEUSTER 1994 a, S. 41

(12) Der Arbeitnehmer sollte sich nicht zum Briefträger eines Uriasbriefes (Unheil-Brief) degradieren lassen.[109] Er sollte ein ausgestelltes Zeugnis bei begründeten Zweifeln am Wohlwollen des Ausstellers möglichst umgehend nach dem Erhalt mit einem Fachmann durchsprechen. Dies gilt auch dann, wenn das Zeugnis nicht von der meist fachkundigen Personalabteilung, sondern allein vom Fachvorgesetzten formuliert wurde. Eine Anmerkung: Betriebsräte, insbesondere nicht freigestellte Betriebsräte in Kleinunternehmen, sind häufig keine Zeugnis-Fachleute.

Bei Leitenden Angestellten und bei Arbeitnehmern im Mittelmanagement spielen Zeugnisse eine große Rolle. Diese Personen sollten bei Zweifeln über die Qualität ihres Zeugnisses den Aufwand einer unverzüglichen Beratung durch einen Fachanwalt für Arbeitsrecht nicht scheuen.

(13) Ein Arbeitnehmer sollte nicht darauf hoffen, daß bei Bewerbungen Negativpunkte im Zeugnis nicht auffallen. Der eine Leser registriert diesen, der andere jenen Negativpunkt. Schon eine kritisch wirkende Aussage kann genügen, um die Chancen einer Bewerbung zu mindern. Falls erforderlich, sollte der Arbeitnehmer daher umgehend nach Empfang des Zeugnisses gütlich eine Ergänzung, Berichtigung oder eine Korrektur der äußeren Form des Zeugnisses fordern. Hierbei kann er sich vielleicht auf frühere Leistungsbeurteilungen, auf seine übertarifliche Leistungszulage, auf lobende Gehalts- oder Lohnerhöhungsmitteilungen und auf sonstige Dankschreiben (zum Beispiel zum Jahresende) stützen. In diesem Zusammenhang sei daran erinnert, daß alle Arbeitnehmer nach § 83 BetrVG ein Recht auf Einsicht in ihre Personalakte haben. Ein Anspruch auf die Änderung eines ungünstigen, aber zutreffenden Zeugnisses besteht für den Arbeitnehmer selbstverständlich nicht.

Enthält das Zeugnis verdeckt negative Aussagen, sollte der Arbeitnehmer mit Nachdruck darauf hinweisen, daß solche Kryptoformulierungen gegen das allgemein geltende Geheimmerkmalverbot nach § 113 Abs. 3 Gewerbeordnung verstoßen.[110]

Eine besondere Schwierigkeit des Änderungsverlangens besteht darin, daß der Arbeitnehmer dem Arbeitgeber unter Umständen vorhalten muß, dieser habe ihn vordergründig positiv, real aber negativ beurteilt, habe ihn also getäuscht. Solch einen ehrenrührigen Vorwurf erhebt man nicht gern, zumal der Zeugnisaussteller immer behaupten kann, er habe das vordergründig positive Urteil auch so gemeint. Diesen Ausweg sollte ein Arbeitnehmer dem Aussteller aber lassen, um ihm dann um eine eindeutig positive Formulierung zu bitten. Eine andere Schwierigkeit des Änderungsverlangens kann darin liegen, daß ein Zeugnisaussteller unter Umständen eingestehen muß, daß er die Zeugnissprache nicht ausreichend kennt und insofern beim Erstellen des Zeugnisses inkompetent gearbeitet hat.

---

109 SCHWARB 1991, S. 32 f.
110 GÖLDNER 1989, S. 64

Empfehlungen an Arbeitnehmer I./5.

(14) Bleibt das Begehren auf Ergänzung oder Berichtigung erfolglos, kann sich der Arbeitnehmer nach § 84 BetrVG bei den zuständigen Stellen des Betriebes beschweren oder sich mit seiner Beschwerde nach § 85 BetrVG auch direkt an den Betriebsrat wenden.[111] Ein Mitbestimmungsrecht des Betriebsrates beim Inhalt eines Einzelzeugnisses besteht aber nicht.[112] Göldner und Schleßmann betonen, diese betriebsrätliche Unterstützung komme aber nur so lange in Frage, wie der Arbeitnehmer noch dem Betrieb angehöre[113], demnach in der Regel also nur bei Zwischen-Zeugnissen, Vorläufigen Zeugnissen und schon vor dem Vertragsende übergebenen Endzeugnissen. Ein souveräner Personalleiter wird sich wohl auch nach dem Ausscheiden des Mitarbeiters einem gemeinsamen Gespräch mit dem Betriebsrat stellen. Bedenkt man, daß der Betriebsrat im Rahmen der Einstellung auch Mitbestimmungsrechte hat, welche künftige Mitarbeiter betreffen, so erscheint uns eine Unterstützungsfunktion auch bei gerade ausgeschiedenen Arbeitnehmer gerechtfertigt, zumal das Zeugnis die Zeit des Arbeitsverhältnisses betrifft.

(15) Schließlich hat der Arbeitnehmer die Möglichkeit einer Klage auf Zeugniserteilung und auf Zeugnisänderung (Erfüllungsanspruch auf Zeugnisergänzung, Zeugnisberichtigung) vor dem Arbeitsgericht.[114] In der Befragung gaben 51,3 % von 386 Unternehmen an, sie seien bereit, das Zeugnis eines Mitarbeiters mit befriedigender Leistung in ein Zeugnis mit guter Beurteilung zu ändern, falls der Mitarbeiter ernsthaft mit einer Zeugnisklage drohe.[115] Eine Zeugnisklage sollte ein Arbeitnehmer unbedingt mit der Unterstützung durch einen Fachanwalt für Arbeitsrecht führen.

Die Zahl der Klagen auf Zeugniserteilung und Zeugnisberichtigung ist bei den Arbeitsgerichten kontinuierlich von 5 366 im Jahre 1980 auf 11 911 im Jahre 1993 gestiegen.[116] Außerdem wird eine beachtliche Zahl von Zeugnisstreitigkeiten in Kündigungsschutzverfahren mit erledigt. Der Arbeitnehmer muß Tatsachen und Gründe für seine Änderungswünsche vortragen.[117] Der Arbeitgeber ist beweispflichtig für die ordnungsgemäße Erfüllung des Zeugnisanspruches.[118]

Bei einer Änderungsklage muß der Arbeitnehmer einen konkreten Vorschlag zur Neuformulierung der beanstandeten Passagen oder zur Neufor-

---

111 KÜCHLE/BOPP 1997, S. 191
112 SCHLESSMANN 1994, S. 118; WEUSTER 1990, S. 154; GÖLDNER 1989, S. 103 f.; KÜCHLE/BOPP 1997, S. 191
113 GÖLDNER 1989, S. 103; SCHLESSMANN 1994, S. 119
114 Muster von Klageanträgen enthalten MEYER 1988, S. 505 f.; DIETZ 1995, S. 80
115 WEUSTER 1994 a, S. 68
116 Statistische Jahrbücher 1983, 1985, 1988, 1990, 1992, 1994 und 1995 für die Bundesrepublik Deutschland
117 LAG Düsseldorf, Kammer Köln, 5. 1. 1961, BB 1961, S. 482; HAUPT/WELSLAU 1993, S. 55; GAUL 1986, S. 222
118 AG 23. 6. 1960, DB 1960, S. 1042 = BB 1960, S. 983; LAG Hamm 16. 3. 1989, BB 1989, S. 1486; EISBRECHER 1994, S. 30 ff.; HAUPT/WELSLAU 1993, S. 54 f.; KÜCHLE/BOPP 1997, S. 195; GAUL 1986, S. 222

mulierung des gesamten Zeugnisses machen.[119] Auch bei einer Klage auf Erteilung eines qualifizierten Zeugnisses sollte der Arbeitnehmer eine Formulierung vorlegen bzw. im Urteil festschreiben lassen. In einem eventuellen Zwangsvollstreckungsverfahren ist nämlich die inhaltliche Richtigkeit eines Zeugnisses nicht nachprüfbar.[120] Wurde der Arbeitgeber verurteilt, dem Arbeitnehmer ein qualifiziertes Zeugnis auszustellen, so kann der Arbeitnehmer beim Arbeitsgericht beantragen, daß zur Erzwingung der Zeugniserteilung ein Zwangsgeld festgesetzt und ersatzweise Zwangshaft angeordnet wird.[121]

Da das Zeugnis ein einheitliches Ganzes ist und seine Teile nicht ohne Gefahr der Sinnentstellung auseinandergerissen werden, sind die Gerichte befugt, ggf. das gesamte Zeugnis zu überprüfen und unter Umständen selbst neu zu formulieren.[122]

Es ist umstritten, wie lange ein Berichtigungsanspruch gegen den Arbeitgeber geltend gemacht werden kann. Ein Berichtigungsverlangen kann aber nicht nur bei Empfang, sondern auch noch wenige Monate später geltend gemacht werden.[123] Schleßmann hält als Faustregel für den Berichtigungsanspruch eine Überlegungsfrist von 3 – 4 Monaten für ausreichend.[124] Das LAG Hamm hat festgestellt, ein bloßer Zeitablauf von mehr als zwei Monaten bewirke allein noch nicht, daß ein Anspruch auf Berichtigung verwirkt wäre.[125] Das BAG hat ein Änderungsbegehren, das fünf Monate nach dem Zeugniserhalt erhoben wurde, zurückgewiesen.[126] Bedenkt man, daß mancher in der Zeugnissprache unkundige Arbeitnehmer den Berichtigungsbedarf erst durch kritische Fragen in späteren Vorstellungsgesprächen erkennt, so sollte unseres Erachtens die Verwirkung des Berichtigungsanspruches nicht so kurz angesetzt werden.[127] Hat der Aussteller ein spätes Berichtigungsverlangen durch Verwendung von Geheimfloskeln mitverursacht, sollte der Arbeitnehmer die Einrede der Verwirkung als Verstoß gegen Treu und Glauben angreifen.[128]

Die Erfolgschancen einer Zeugnisklage sind aus Arbeitnehmersicht hoch. Vielfach erfüllen Arbeitgeber die Arbeitnehmerwünsche nach der Einreichung einer Klage, so daß diese wieder zurückgezogen werden kann. Klagen auf Zeugnisberichtigung enden überwiegend per Vergleich, wobei die Arbeitnehmer oft einen vollen oder zumindest einen Teilerfolg erringen.[129]

---

119 LAG Düsseldorf, Kammer Köln, 21. 8. 1973, DB 1973, S. 1853
120 LAG Frankfurt 16. 6. 1989, BB 1989, S. 1761 = DB 1989, S. 1979
121 LAG Nürnberg 14. 1. 1993, BB 1993, S. 365
122 BAG 23. 6. 1960, BB 1960, S. 983 = DB 1960, S. 1042
123 SABEL 1995, S. 21; KADOR 1992, S. 17 f.; HAAS/MÜLLER 1991, S. 47
124 SCHLESSMANN 1994, S. 108
125 LAG Hamm 16. 3. 1989, BB 1989, S. 1487
126 BAG 17. 10. 1972, AP Nr. 8 zu § 630 BGB, siehe dort auch die Kritik des Urteils durch Schnorr von Carolsfeld
127 GÖLDNER 1989, S. 108
128 HUBER 1994, S. 35
129 WEUSTER 1995, S. 703 f.

Empfehlungen an Arbeitnehmer I./5.

Der Streitwert beträgt bei einer Zeugnisklage bis zu einem Monatseinkommen.[130] Bei einer Klage auf Erteilung eines Zwischenzeugnisses liegt der Streitwert bei einem halben Monatseinkommen.[131]

(16) Die Erhebung einer Kündigungsschutzklage bedeutet nicht zugleich eine Beanstandung des Zeugnisses.[132] Ein Arbeitnehmer darf also bei einer notwendigen Berichtigung oder Ergänzung des Zeugnisses mit der Zeugnisklage nicht bis zum Ende des Kündigungsschutzprozesses warten. Auch tarifliche Ausschlußfristen werden durch Erheben der Kündigungsschutzklage nicht ohne weiteres gewahrt.[133] Selbstverständlich kann umgekehrt aus der Tatsache, daß ein Arbeitnehmer trotz erhobener Kündigungsschutzklage ein Zeugnis fordert, nicht gefolgert werden, er sei nun mit der Kündigung einverstanden. Dies gilt auch dann, wenn er möchte, daß in diesem Zeugnis von einem Ausscheiden auf eigenen Wunsch die Rede sein soll.[134] Schließlich ist zu erwähnen, daß ein Arbeitnehmer bei laufendem Kündigungsschutzprozeß Anspruch auf ein Endzeugnis und nicht lediglich auf ein Zwischenzeugnis hat.[135]

(17) In seltenen Fällen kann ein Arbeitnehmer einen Schadensersatzanspruch (Einkommenseinbuße) haben.[136] Eine erste Möglichkeit ist gegeben, wenn der Arbeitgeber trotz Mahnung kein Zeugnis oder erst verspätet ein (ordnungsgemäßes) Zeugnis ausstellt, wenn er dieses Nichtleisten oder verspätete Ausstellen zu vertreten hat und wenn dem Arbeitnehmer deshalb eine Beschäftigungschance entgeht.[137] Bei einem fehlenden oder objektiv zu negativen Zeugnis kann auch das Arbeitsamt für seine Leistungen einen Ersatzanspruch haben.[138]

Eine zweite Möglichkeit für einen Schadensersatzanspruch kann bestehen, wenn das Arbeitszeugnis objektiv zu ungünstig und somit unrichtig ausgestellt wird und wenn der Arbeitnehmer aus diesem Grunde eine seinem Leistungsvermögen entsprechende Stelle erst später oder überhaupt nicht findet.[139] Nach Huber können auch verdeckt negative Aussagen, z. B. die An-

---

130 LAG Rheinland-Pfalz 31.7.1991, NZA 1992, S.524; LAG Baden-Württemberg 4.2.1985, DB 1985, S.2004; LAG Düsseldorf 26.8.1982 - 7 Ta 191/82 in EzA Nr.18 zu §12 Arbeitsgerichtsgesetz; LAG Baden-Württemberg 30.11.1976, BB 1977, S.400; LAG Frankfurt 9.12.1970, BB 1971, S.653; SCHULZ 1995, S.123 ff.; KÜCHLE/BOPP 1997, S.199
131 LAG Hamm 23.2.1989, BB 1989, S.634
132 BAG 17.10.1972, DB 1973, S.238
133 BAG 18.12.1984, BB 1985, S.590 (betrifft Entschädigung für Wettbewerbsverbot); BAG 13.9.1984, BB 1985, S.996f. (betrifft Lohn- und Urlaubsanspruch); BECKER-SCHAFFNER 1989,S. 2109
134 BAG 15.7.1960, BB 1960, S.983
135 BAG 27.2.1987, DB 1987, S.1845f.
136 EISBRECHER 1994, S.14ff.; KÜCHLE/BOPP 1997, S.203ff.; HUBER 1994, S.38ff.; GÖLDNER 1989, 108ff.; SPIEGELHALTER 1988, Nr.405, S.5; BOLDT 1987, S.1139; KÖLSCH 1985, S.382ff.
137 BAG 16.11.1995 - 8 AZR 983/94; KRUMMEL 1983, S.166
138 KADOR 1992, S.19; DITTRICH 1988, S.15
139 BAG 16.11.1995 - 8 AZR 983/94; EISBRECHER 1994, S.39; KRUMMEL 1983, S.161 und 163; BECKER-SCHAFFNER 1983,S. 51ff.; SCHMID 1982, S.1114

deutung betriebsrätlicher oder gewerkschaftlicher Arbeit („engagierter Kollege", „bei allen Vorgesetzten als Verhandlungspartner anerkannt"), bei längerer Arbeitslosigkeit einen Schadensersatzanspruch des Arbeitnehmers begründen.[140] Auch eine unrichtige Auskunft des Arbeitgebers gegenüber einem zur Einstellung bereiten Arbeitgeber kann einen Schadensersatzanspruch fundieren, wenn der Arbeitgeber wegen dieser Auskunft von der Einstellung Abstand nimmt.[141]

Die Darlegungs- und Beweislast dafür, daß die Nichterteilung, die verspätete Erteilung oder die Erteilung eines unrichtigen Zeugnisses für einen Schaden des Arbeitnehmers ursächlich ist, liegt beim Arbeitnehmer. Dabei gibt es keinen Erfahrungssatz dahingehend, daß bei Leitenden Angestellten allein das Fehlen des Zeugnisses für erfolglose Bewerbungen ursächlich gewesen sei. Macht ein Arbeitnehmer also geltend, er habe wegen des fehlenden ordnungsgemäßen Zeugnisses einen Verdienstausfall erlitten, so muß er darlegen und beweisen, daß ein bestimmter Arbeitgeber bereit gewesen sei, ihn einzustellen, sich aber wegen des fehlenden Zeugnisses davon habe abhalten lassen.[142] Es ist klar, daß der vorausgesetzte Sachverhalt nicht leicht zu beweisen ist.[143] Der Arbeitnehmer muß allerdings keinen zwingenden Beweis führen. Es genügt, wenn er mit ausreichender Wahrscheinlichkeit belegt, daß er mit einem Zeugnis bei der Stellensuche mehr Erfolg gehabt hätte.[144]

(18) Hat ein Arbeitnehmer schließlich ein nicht mehr änderbares Zeugnis mit problematischen Passagen, so sollte er mit diesbezüglichen Fragen in Vorstellungsgesprächen rechnen und plausible und akzeptable Erklärungen vorbereiten. Wichtig ist auch, daß ein Zeugnis häufig erst bei einer erneuten Bewerbung, also erst beim übernächsten Arbeitgeber vorgelegt wird. Insofern hat ein Arbeitnehmer die Chance, die Wirkung eines negativen Zeugnisses durch eine gute Leistung in einem nachfolgenden Arbeitsverhältnis mit angemessener Verweildauer abzumildern.

(19) Man sollte bei Bewerbungen keine Originalzeugnisse einsenden, da diese verlorengehen können. Es ist im allgemeinen nicht üblich, Zeugniskopien für Bewerbungen zu beglaubigen.

---

140 HUBER 1994, S. 160
141 LAG Hamburg 16. 8. 1984, DB 1985, S. 284 ff. (in diesem Falle sechs Monatseinkommen); LAG Frankfurt 20. 12. 1979, DB 1979, S. 1224
142 BAG 16. 11. 1995 - 8 AZR 983/94; BAG 26. 2. 1976, DB 1976, S. 1239; BAG 25. 10. 1967, BAGE 20, S. 136 = AP Nr. 6 zu 73 HGB; EISBRECHER 1994, S. 40 ff.
143 LUCAS 1993, S. 34; KÖLSCH 1985, S. 384
144 BAG 26. 2. 1976, DB 1976, S. 1239 f.; EISBRECHER 1994, S. 41 ff.

II. Die Textbausteine

1. Übersicht

Zeugniskomponenten \ Arbeitnehmergruppen	Gewerbl. Arbeitnehmer 2	Tarifangestellte 3	Außertarifl. u. Leit. Angestellte 4	Auszubildende 5	Praktikanten, Volontäre 6
Überschrift Einleitung Aufgabe/Ausbildung					
1 Überschrift		128		128	128
1 Einleitung		128		132	133
2 Aufgabe/ Ausbildung	134	136	139	142	144
Leistungsbeurteilung					
3 Bereitschaft	145	166	193	232	243
3 Befähigung	147	169	196	235	245
3 Wissen/Weiterbild.	149	172	199	236	246
3 Arbeitsweise Lernweise	152	178	203	237	247
3 Arbeitserfolg – Arbeitsgüte – Menge/Tempo	– 156 158	– 180 182	206 – –	239 – –	249 – –
3 Herausragende Erfolge	160	185 Untergruppen	210 Untergruppen	240	250
3 Führungsumstände	–	218		–	–
3 Führungserfolg	–	219		–	–
3 Gesamturteil	161	188	227	241	250
Sozialverhalten					
4 Verhalten zu Internen	252	260	270	283	289
4 Verhalten zu Externen	255	264	273	285	290
4 Sonstige Aspekte	257	267	278	287	291

**Die Zahlen geben die Seite an, auf der die jeweilige Bausteingruppe beginnt.
Alle Bausteine können für Männer und Frauen verwendet werden.**

II. Die Textbausteine

Zeugnis-komponenten \ Arbeitnehmergruppen	Gewerbl. Arbeitnehmer	Tarif-angestellte	Außertarifl. u. Leit. Angestellte	Auszubildende	Praktikanten, Volontäre
	2	3	4	5	6
Alternative Beendigungsformeln					
5 AN-Kündigung mit Begründung		293		–	–
5 AN-Kündigung ohne Begründung		295		–	–
5 AN-Vertragsbruch		296		–	–
5 Vertrag Vergleich		296		–	–
5 AG-Kündigung betriebsbedingt		297		–	–
5 AG-Kündigung Sonstige Formeln		298		–	–
5 AG-Kündigung fristlos		299		–	–
5 Vertragsablauf		299		–	–
5 Zwischenzeugnis		300 Untergruppen		–	–
Abschlußprüfung					
5 Prüfungsergebnis	–	–	–	304	–
Alternative Beendigungsformeln bei Ausbildungsverhältnissen/Praktika					
5 Ausbildungsende mit Übernahme	–	–	–	306	–
5 Ausbildungsende ohne Übernahme	–	–	–	307	–
5 Abbruch	–	–	–	307	–
5 Zwischenzeugnis	–	–	–	308	–
5 Vertragsablauf	–	–	–	–	308
Dank Bedauern Zukunftswünsche					
6 Dank u. Bedauern Endzeugnis		309		316	318
6 Dank u. Bedauern Zwischenzeugnis		315		317	–
7 Zukunftswünsche		319		322	324

Die Zahlen geben die Seite an, auf der die jeweilige Bausteingruppe beginnt. Alle Bausteine können für Männer und Frauen verwendet werden.

Die Textbausteine II.

Zeugniskomponenten \ Arbeitnehmergruppen	Gewerbl. Arbeitnehmer 2	Tarifangestellte 3	Außertarifl. u. Leit. Angestellte 4	Auszubildende 5	Praktikanten, Volontäre 6
Überschrift Einleitung Aufgabe/Ausbildung					
1 Überschrift	1110	1110	1110	1510	1610
1 Einleitung	1120	1120	1120	1520	1620
2 Aufgabe/Ausbildung	2200	2300	2400	2500	2600
Leistungsbeurteilung					
3 Bereitschaft	3210	3310	3410	3510	3610
3 Befähigung	3220	3320	3420	3520	3620
3 Wissen/Weiterbild.	3230	3330	3430	3530	3630
3 Arbeitsweise Lernweise	3240	3340	3440	3540	3640
3 Arbeitserfolg – Arbeitsgüte – Menge/Tempo	– 3251 3252	– 3351 3352	3450 – –	3550 – –	3650 – –
3 Herausragende Erfolge	3260	3360 Untergruppen	3460 Untergruppen	3560	3660
3 Führungsumstände	–	3471	3471	–	–
3 Führungserfolg	–	3472	3472	–	–
3 Gesamturteil	3280	3380	3480	3580	3680
Sozialverhalten					
4 Verhalten zu Internen	4210	4310	4410	4510	4610
4 Verhalten zu Externen	4220	4320	4420	4520	4620
4 Sonstige Aspekte	4230	4330	4430	4530	4630

Die Zahlen geben die Nummern der jeweiligen Textbausteingruppen an.

II. Die Textbausteine

Zeugniskomponenten \ Arbeitnehmergruppen	Gewerbl. Arbeitnehmer 2	Tarifangestellte 3	Außertarifl. u. Leit. Angestellte 4	Auszubildende 5	Praktikanten, Volontäre 6
Beendigungsformeln					
5 AN-Kündigung mit Begründung		5111		–	–
5 AN-Kündigung ohne Begründung		5112		–	–
5 AN-Vertragsbruch		5113		–	–
5 Vertrag Vergleich		5120		–	–
5 AG-Kündigung betriebsbedingt		5131		–	–
5 AG-Kündigung Sonstige Formeln		5132		–	–
5 AG-Kündigung fristlos		5133		–	–
5 Vertragsablauf		5140		–	–
5 Zwischenzeugnis		5150 Untergruppen		–	–
Abschlußprüfung					
5 Prüfungsergebnis		–		5541	–
Beendigungsformeln bei Ausbildungsverhältnissen und Praktika					
5 Ausbildungsende mit Übernahme		–		5542	–
5 Ausbildungsende ohne Übernahme		–		5543	–
5 Abbruch		–		5544	–
5 Zwischenzeugnis		–		5550	–
5 Vertragsablauf		–		–	5600
Dank Bedauern Zukunftswünsche					
6 Dank u. Bedauern Endzeugnis		6110		6510	6600
6 Dank u. Bedauern Zwischenzeugnis		6150		6550	–
7 Zukunftswünsche		7100		7500	7600

Die Zahlen geben die Nummern der jeweiligen Textbausteingruppen an.

2. Beurteilungsbogen

Beurteilungsbogen für Gewerbliche Arbeitnehmer	
Name:	Vorname:
Geburtsdatum:	Geburtsort:
Eintrittstermin:	Austrittstermin:
Endzeugnis:	Zwischenzeugnis:
1. Abteilung von:	Stelle: bis:
2. Abteilung von:	Stelle: bis:
3. Abteilung von:	Stelle: bis:

Überschrift – Einleitung – Aufgaben	Baustein-Nr.
Überschrift	1110
Einleitung	1120
Aufgabeneinleitung	2200
Die Aufgaben sind auf einem gesonderten Blatt zu beschreiben. Bei Versetzungen sind alle Stellen darzustellen.	
Befugnisse:	

Noten von 1 = Sehr gut bis 5 = Mangelhaft

Leistungsbeurteilung	Note	Baustein-Nr.
Arbeitsbereitschaft		3210
Arbeitsbefähigung		3220
Wissen und Weiterbildung		3230
Arbeitsweise		3240
Arbeitsgüte		3251
Arbeitsmenge/Arbeitstempo		3252
Herausragende Erfolge		3260
Gesamturteil		3280

II. Beurteilungsbogen

Beurteilungsbogen für Gewerbliche Arbeitnehmer		
Sozialverhalten	**Note**	**Baustein-Nr.**
Verhalten zu Internen		4210
Verhalten zu Externen		4220
Sonstiges Verhalten		4230
Alternative Beendigungsformel oder Grund für Zwischenzeugnis		
AN-seitige Kündigung mit Begründung		5111
AN-seitige Kündigung ohne Begründung		5112
AN-seitige Kündigung ohne Frist (Vertragsbruch)		5113
Aufhebungsvertrag / Vergleich		5120
AG-seitige Kündigung – betriebsbedingt		5131
AG-seitige Kündigung – sonstige Gründe		5132
AG-seitige Kündigung – fristlos		5133
Vertragsablauf bei Befristung		5140
Grund für Zwischenzeugnis		515
Schlußsätze	**Note**	**Baustein-Nr.**
Dank und Bedauern im Endzeugnis **oder**		6110
Dank und Bedauern im Zwischenzeugnis		6150
Zukunfts- und Erfolgswünsche		7100

Beurteilungsbogen

Beurteilungsbogen für Tarifangestellte

Name:	Vorname:
Geburtsdatum:	Geburtsort:
Diplomtitel:	
Eintrittstermin:	Austrittstermin:
Endzeugnis:	Zwischenzeugnis:
1. Abteilung: von:	Stelle: bis:
2. Abteilung von:	Stelle: bis:
3. Abteilung von:	Stelle: bis:

Überschrift – Einleitung – Aufgaben	Baustein-Nr.
Überschrift	1110
Einleitung	1120
Aufgabeneinleitung	2300
Die Aufgaben sind auf einem gesonderten Blatt zu beschreiben. Bei Versetzungen sind alle Stellen darzustellen.	
Befugnisse:	

Noten von 1 = Sehr gut bis 5 = Mangelhaft

Leistungsbeurteilung	Note	Baustein-Nr.
Arbeitsbereitschaft		3310
Arbeitsbefähigung		3320
Wissen und Weiterbildung		3330
Arbeitsweise		3340
Arbeitsgüte		3351
Arbeitsmenge / Arbeitstempo		3352
Herausragende Erfolge		336
Führungsumstände		3471
Führungserfolg		3472
Gesamturteil		3380

II. Beurteilungsbogen

Beurteilungsbogen für Tarifangestellte		
Sozialverhalten	**Note**	**Baustein-Nr.**
Verhalten zu Internen		4310
Verhalten zu Externen		4320
Sonstiges Verhalten		4330
Alternative Beendigungsformel oder Grund für Zwischenzeugnis		
AN-seitige Kündigung mit Begründung		5111
AN-seitige Kündigung ohne Begründung		5112
AN-seitige Kündigung ohne Frist (Vertragsbruch)		5113
Aufhebungsvertrag / Vergleich		5120
AG-seitige Kündigung – betriebsbedingt		5131
AG-seitige Kündigung – sonstige Gründe		5132
AG-seitige Kündigung – fristlos		5133
Vertragsablauf bei Befristung		5140
Grund für Zwischenzeugnis		515
Schlußsätze	**Note**	**Baustein-Nr.**
Dank und Bedauern im Endzeugnis **oder**		6110
Dank und Bedauern im Zwischenzeugnis		6150
Zukunfts- und Erfolgswünsche		7100

Beurteilungsbogen II.

Beurteilungsbogen für Außertarifliche und Leitende Angestellte

Name:	Vorname:
Geburtsdatum:	Geburtsort:
Diplomtitel:	
Eintrittstermin:	Austrittstermin:
Endzeugnis:	Zwischenzeugnis:
1. Abteilung: von:	Position: bis:
2. Abteilung: von:	Position: bis:
3. Abteilung: von:	Position: bis:

Überschrift – Einleitung – Aufgaben	Baustein-Nr.
Überschrift	1110
Einleitung	1120
Aufgabeneinleitung	2400

Die Aufgaben sind auf einem gesonderten Blatt zu beschreiben.
Bei Versetzungen sind alle Stellen darzustellen.

Kompetenzen:

Noten von 1 = Sehr gut bis 5 = Mangelhaft

Leistungsbeurteilung	Note	Baustein-Nr.
Arbeitsbereitschaft		3410
Arbeitsbefähigung		3420
Wissen und Weiterbildung		3430
Arbeitsweise		3440
Arbeitserfolg		3450
Herausragende Erfolge		346
Führungsumstände		3471
Führungserfolg		3472
Gesamturteil		3480

II. Beurteilungsbogen

Beurteilungsbogen für Außertarifliche und Leitende Angestellte		
Sozialverhalten	**Note**	**Baustein-Nr.**
Verhalten zu Internen		4410
Verhalten zu Externen		4420
Sonstiges Verhalten		4430
Alternative Beendigungsformel oder Grund für Zwischenzeugnis		
AN-seitige Kündigung mit Begründung		5111
AN-seitige Kündigung ohne Begründung		5112
AN-seitige Kündigung ohne Frist (Vertragsbruch)		5113
Aufhebungsvertrag / Vergleich		5120
AG-seitige Kündigung – betriebsbedingt		5131
AG-seitige Kündigung – sonstige Gründe		5132
AG-seitige Kündigung – fristlos		5133
Vertragsablauf bei Befristung		5140
Grund für Zwischenzeugnis		515
Schlußsätze	**Note**	**Baustein-Nr.**
Dank und Bedauern im Endzeugnis **oder**		6110
Dank und Bedauern im Zwischenzeugnis		6150
Zukunfts- und Erfolgswünsche		7100

Beurteilungsbogen für Auszubildende

Name:	Vorname:
Geburtsdatum:	Geburtsort:
Eintrittstermin:	Ausbildungsende:
Endzeugnis:	Zwischenzeugnis:

Überschrift – Einleitung – Gang der Ausbildung	Baustein-Nr.
Überschrift	1510
Einleitung	1520
Ausbildungseinleitung	2500

Der Ausbildungsverlauf ist ausführlich auf einem gesonderten Blatt zu beschreiben.

Noten von 1 = Sehr gut bis 5 = Mangelhaft

Leistungsbeurteilung	Note	Baustein-Nr.
Ausbildungsbereitschaft		3510
Ausbildungsbefähigung		3520
Fertigkeiten und Fähigkeiten		3530
Lern- und Arbeitsweise		3540
Arbeitserfolg		3550
Besondere fachliche Fähigkeiten		3560
Gesamturteil		3580

II.   Beurteilungsbogen

Beurteilungsbogen für Auszubildende		
Sozialverhalten	Note	Baustein-Nr.
Verhalten zu Internen		4510
Verhalten zu Externen		4520
Sonstiges Verhalten		4530
Prüfung		
Prüfungserfolg		5541
Alternative Beendigungsformeln oder Grund für Zwischenzeugnis		
Beendigung mit Übernahme		5542
Beendigung ohne Übernahme		5543
Ausbildungsabbruch		5544
Grund für Zwischenzeugnis		5550
Schlußsätze	Note	Baustein-Nr.
Dank und Bedauern im Endzeugnis **oder**		6510
Dank und Bedauern im Zwischenzeugnis		6550
Zukunfts- und Erfolgswünsche		7500

Beurteilungsbogen II.

Beurteilungsbogen für Praktikanten und Volontäre	
Name:	Vorname:
Geburtsdatum:	Geburtsort:
Erstes Praxissemester: O	Zweites Praxissemester: O
Eintrittstermin:	Austrittstermin:
Studienrichtung:	Studienort:
Einsatzbereiche:	

Überschrift – Einleitung – Aufgaben	Baustein-Nr.
Überschrift	1610
Einleitung	1620
Aufgabeneinleitung	2600
Der Praktikumsverlauf ist ausführlich auf einem gesonderten Blatt zu beschreiben.	
Noten von 1 = Sehr gut bis 5 = Mangelhaft	

Leistungsbeurteilung	Note	Baustein-Nr.
Lern- und Arbeitsbereitschaft		3610
Lern- und Arbeitsbefähigung		3620
Wissen		3630
Lern- und Arbeitsweise		3640
Lern- und Arbeitserfolg		3650
Herausragende Erfolge		3660
Gesamturteil		3680
Sozialverhalten	Note	Baustein-Nr.
Verhalten zu Internen		4610
Verhalten zu Externen		4620
Sonstiges Verhalten		4630
Schlußabsatz		
Vertragsablauf gemäß Befristung		5600
Dank und Bedauern im Endzeugnis		6600
Zukunfts- und Erfolgswünsche		7600

3. Hinweise zu den Zeugnis-Bausteinen – bitte unbedingt lesen!

Bei der Formulierung der Textbausteine und bei der Gestaltung des Baustein-Systems wurden, soweit vorhanden, die Rechtsprechung sowie Literaturbeispiele zur Absicherung berücksichtigt. Viele Bausteine wurden aus Originalzeugnissen gewonnen. Darüber hinaus wurden viele Bausteine von den Verfassern selbst entwickelt, um Anregungen für eine differenzierte Formulierungspraxis zu geben.

Die Verfasser betonen, daß der Textteil (Teil I) und die Zeugnis-Bausteine dieses Buches eine Einheit bilden. Sie bitten, bei der Zeugniserstellung die Bausteine nicht rein mechanisch auszuwählen. Es ist nicht möglich, jedem Baustein einen Kommentar beizufügen. Wer also die Feinheiten der Formulierung oder die Abstufung und Einordnung der Zeugnis-Bausteine wirklich verstehen will, wird gebeten, den Textteil (Teil I) zu lesen. Bei jeder Aussage ist zu prüfen, ob sie im Einklang mit ihrem Kontext steht. Auch empfehlen die Verfasser, daß jeder Aussteller ein mit Hilfe der Bausteine erstelltes Zeugnis noch einmal als Ganzes auf die Übereinstimmung mit seinen Zielsetzungen überprüft.

Entscheiden Sie, für welche der folgenden Personengruppen Sie das Zeugnis erstellen: Gewerbliche Arbeitnehmer (Arbeiter), Tarifangestellte, Außertarifliche und Leitende Angestellte, Auszubildende, Praktikanten und Volontäre. Gehen Sie im Bausteintableau (Seiten 113 und 114) die entsprechende Spalte durch. Die Zahlen in den Spalten geben an, auf welcher Seite die jeweilige Bausteingruppe beginnt.

Im Einzelfall kann es zweckmäßig sein, auch Bausteine aus einer anderen Mitarbeitergruppe zu wählen. So können z. B. auch Bausteine aus der Gruppe der Tarifangestellten für gewerbliche Arbeitnehmer verwendet werden. Bausteine zur Führungsleistung (Vorgesetztenleistung) liegen nur für außertarifliche und leitende Angestellte vor. Sie können aber ebenfalls für Tarifangestellte und für gewerbliche Arbeitnehmer genutzt werden, wenn sie benötigt werden.

Die Textbausteine sind teils für männliche und teils für weibliche Personen formuliert. Nahezu alle Bausteine können aber für beide Geschlechter verwendet werden. Die in ihnen enthaltenen Anreden „Herr" und „Frau" sowie die Personalpronomen „er" und „sie" und andere Textstellen sind dann jeweils anzupassen.

Worte, die in den Textbausteinen in Großbuchstaben erscheinen (z. B. NAME, DATUM, BEZEICHNUNG) zeigen an, daß hier individuelle Eintragungen vorzunehmen sind. Andere Worte in Großbuchstaben (z. B. PROGRAMMIERER / SERVICE-TECHNIKER / ABTEILUNGSLEITER) deuten an, daß sie nur Beispiele sein sollen, die übernommen oder speziell verändert werden können.

In manchen Bausteinen sind Textteile durch Schrägstriche aneinandergefügt. Beispiel: „Sein Verhalten gegenüber Kunden/Auftraggebern/Gästen war stets vorbildlich." In diesen Fällen kann sich der Leser für eine Variante, z. B. für „Kunden", entscheiden.

In manchen Bausteinen sind Textteile eingeklammert. In diesen Fällen kann der Baustein wahlweise mit oder ohne den Klammerinhalt verwendet werden. Die Notenstufe ändert sich durch Auslassen des Klammerinhalts nicht. Beispiel: „Frau NAME erhält dieses Zwischenzeugnis (unaufgefordert) anläßlich ihrer Versetzung."

Die Bausteine sind überwiegend in der Vergangenheitsform formuliert. Beim Einsatz in Zwischenzeugnissen sind sie in der Regel in die Gegenwartsform umzuformulieren.

Ein mit den Bausteinen erstelltes Zeugnis ist abschließend stilistisch zu überarbeiten. Wurden mehrfach hintereinander Bausteine gewählt, die mit „Herr/Frau NAME" beginnen, so sollte dieser Satzanfang an passender Stelle durch „Er" bzw. „Sie" ersetzt werden. Auch kann der Name durch eine Umstellung in die Satzmitte verlegt werden. Ferner können kurze Bausteine durch „und" zu einem Satz verbunden werden.

In Bausteinen der Note „Sehr gut" kommt häufig der Zeitfaktor „stets" vor. Er kann zur Variation durch die synonymen Begriffe „jederzeit" und „immer" ersetzt werden. Darüber hinaus

Hinweise zu den Zeugnis-Bausteinen II.

muß der Zeitfaktor nicht in jeder Leistungs- und Verhaltensaussage stehen, kann also auch mal ausgelassen werden. In der Zufriedenheitsfloskel und in der Einwandfrei-Formel sollte er aber eingesetzt werden.

Ein mit Superlativen überladenes Zeugnis wirkt unter Umständen unglaubwürdig. Nicht in jedem Beurteilungssatz müssen Worte wie „stets", „sehr", „außerordentlich", „in höchstem Maße", „hervorragend" vorkommen. Es ist daher für die Erstellung eines sehr guten Zeugnisses auch nicht erforderlich, ausschließlich Bausteine der Notenstufe „Sehr gut" auszuwählen. Ein Zeugnis gewinnt an Überzeugungskraft und Glaubwürdigkeit, wenn für sehr gute Leistungen und Erfolge konkrete Beispiele genannt werden.

Aus dem Kontakt mit den Lesern und Nutzern des Buches wissen die Verfasser, daß das Textbausteinsystem nicht nur zur Erstellung, sondern auch zur Analyse von Zeugnissen genutzt wird. Sie haben daher auch einige Bausteine aufgenommen, deren Verwendung sie bei der Zeugniserstellung nicht empfehlen. Ein Beispiel liefert ein Baustein, bei dem das Wort Geselligkeit als Synonym für Alkoholkonsum verwendet wird. Bei solchen Formulierungen dürfte es sich zum Teil um unzulässige verdeckte Formeln (Kryptoformulierungen) im Sinne des Geheimmerkmalverbots nach § 113 Abs. 3 Gewerbeordnung handeln. Die verdeckte Aussage solcher fragwürdigen Bausteine wird jeweils durch kurze Kommentare verdeutlicht. Die Verfasser gehen davon aus, daß die Aussteller von Zeugnissen das Bausteinsystem verantwortungsbewußt und gesetzeskonform nutzen und solche Bausteine nicht verwenden. Andererseits ist zu betonen, daß nicht jeder Baustein der Notenstufen 4 und 5, auch wenn er alltagssprachlich positiv klingt, als Geheimfloskel angesehen werden kann. Die Verfasser gehen zum Beispiel davon aus, daß die negative Bedeutung der Worte „bemühen", „bestreben", „versuchen" oder „hatte Gelegenheit" im Sinne von erfolglosen Anstrengungen bekannt ist.

Erläuterung des Nummern-Schlüssel der Zeugnis-Bausteine

Die Nummern der nachfolgenden Textbausteine sind nach folgendem Schlüssel aufgebaut:

Die *erste Ziffer* kennzeichnet die Zeugniskomponente. Es bedeuten: 1 = Überschrift und Einleitung, 2 = Beschreibung der Aufgaben bzw. der Ausbildung, 3 = Beurteilung der Leistung, 4 = Beurteilung des Sozialverhaltens, 5 = Beendigungsformeln, 6 = Dankes-Bedauern-Formeln und 7 = Zukunftswünsche.

Die *zweite Ziffer* kennzeichnet verschiedene Arbeitnehmergruppen. Es bedeuten: 1 = Alle Arbeitnehmer mit Ausnahme der Auszubildenden, Praktikanten und Volontäre (für Aussagen, bei denen nicht zwischen den Gruppen differenziert wird), 2 = Gewerbliche Arbeitnehmer, 3= Tarifangestellte, 4 = Außertarifliche und Leitende Angestellte, 5 = Auszubildende und 6 = Praktikanten und Volontäre.

Die *dritte und die vierte Ziffer* dienen innerhalb der einzelnen Zeugniskomponenten, insbesondere bei der Beurteilung des Leistung und des Sozialverhaltens, zur weiteren Unterteilung. Ihre Bedeutung wechselt in den einzelnen Komponenten und kann deshalb hier nicht allgemein erklärt werden.

Die **fünfte Ziffer kennzeichnet die Beurteilungsnote.** Es bedeuten: 0 = Aussagen ohne Notenstufen (z. B. bei der Aufgabenbeschreibung), 1 = Sehr gut, 2 = Gut, 3 = Befriedigend, 4 = Ausreichend und 5 = Mangelhaft.

Die sechste und die siebte Ziffer dienen innerhalb der Bausteingruppen und Bausteinstufen zur laufenden Numerierung.

Die Bausteinnummern in den Gruppen mit notenmäßiger Abstufung enthalten am Ende einen Buchstaben (a, b, c . . . . z). Dieser Buchstabe erleichtert es dem Leser und Nutzer, den einzelnen Baustein und seine Veränderung durch die verschiedenen Notenstufen hindurch zu verfolgen. Manche Bausteine (Aussagen) kommen in abgewandelter Form in allen Notenstufen vor, manche nur in zwei bis vier Notenstufen. Bausteine, die nur in einer Notenstufe vorkommen, sind am Ende der Bausteinnummer durch einen Stern ✳ gekennzeichnet.

4. Die Textbausteine

1000000	**Überschrift und Einleitung**
1110000	**Überschrift für alle Arbeitnehmergruppen**
1110001	Zeugnis
1110002	Arbeitszeugnis
1110003	Dienstzeugnis
1110004	Zwischenzeugnis
1110005	Vorläufiges Zeugnis
1510000	**Überschrift für Auszubildende**
1510001	Ausbildungszeugnis *(auch bei Ausbildungsabbruch)*
1510002	Zwischenzeugnis *(kurz vor Ende der Ausbildung)*
1610000	**Überschrift für Praktikanten und Volontäre**
1610001	Praktikantenzeugnis
1610002	Praktikumszeugnis
1610003	Volontärszeugnis
1120000	**Einleitung für alle Arbeitnehmergruppen**
1120001	Frau VORNAME NAME, geboren am GEBURTSDATUM in GEBURTSORT, war vom EINTRITTSTERMIN bis zum AUSTRITTSTERMIN bei uns als BEZEICHNUNG tätig.
1120002	Herr VORNAME NAME, geboren am GEBURTSDATUM in GEBURTSORT, war vom EINTRITTSTERMIN bis zum AUSTRITTSTERMIN in unserer Abteilung BEZEICHNUNG als BERUFSBEZEICHNUNG und stellvertretender BEZEICHNUNG tätig.
1120003	Frau VORNAME NAME, geborene NAME, geboren am GEBURTSDATUM in GEBURTSORT, war vom EINTRITTSTERMIN bis zum AUSTRITTSTERMIN in unserer Firma als BERUFSBEZEICHNUNG tätig. In dieser Position vertrat Frau NAME den BEZEICHNUNG.
1120004	Herr VORNAME NAME, geboren am GEBURTSDATUM in GEBURTSORT, war als BERUFSBEZEICHNUNG vom EINTRITTSTERMIN bis zum AUSTRITTSTERMIN in unserer Firma tätig. Vom MONAT JAHR bis zum MONAT JAHR war er im Wehrdienst/Zivildienst/Erziehungsurlaub.

1120005	Herr VORNAME NAME, geboren am GEBURTSDATUM in GEBURTSORT, war als BERUFSBEZEICHNUNG vom EINTRITTSTERMIN bis zum AUSTRITTSTERMIN in unserer Firma tätig. Vom MONAT JAHR bis zum MONAT JAHR war das Arbeitsverhältnis wegen GRUND unterbrochen.
1120006	Frau VORNAME NAME, geboren am GEBURTSDATUM in GEBURTSORT, war vom EINTRITTSTERMIN bis zum AUSTRITTSTERMIN als BEZEICHNUNG bei uns tätig. Vom MONAT JAHR bis einschließlich MONAT JAHR ruhte das Arbeitsverhältnis *(wegen GRUND).*
1120007	Das Arbeitsverhältnis mit Herrn VORNAME NAME, geboren am GEBURTSDATUM in GEBURTSORT, dauerte vom EINTRITTSTERMIN bis zum AUSTRITTSTERMIN. *(Evtl. lange Fehlzeiten)*
1120008	Herr VORNAME NAME, geboren am GEBURTSDATUM in GEBURTSORT, gehörte unserem Unternehmen vom EINTRITTSTERMIN bis zum AUSTRITTSTERMIN an. *(Evtl. lange Fehlzeiten)*
1120009	Frau VORNAME NAME, geboren am GEBURTSDATUM in GEBURTSORT, wurde vom EINTRITTSTERMIN bis zum AUSTRITTSTERMIN als BERUFSBEZEICHNUNG in unserer BEZEICHNUNG-Abteilung beschäftigt. *(Passivformulierung)*
1120010	Herr VORNAME NAME, geboren am GEBURTSDATUM in GEBURTSORT, wurde am EINTRITTSTERMIN als BERUFSBEZEICHNUNG eingestellt. *(Passivformulierung)*
1120011	Herr VORNAME NAME, geboren am GEBURTSDATUM in GEBURTSORT, wurde von uns vom EINTRITTSTERMIN bis zum AUSTRITTSTERMIN im Rahmen eines befristeten Arbeitsverhältnisses beschäftigt. *(Passivformulierung)*
1120012	Herr VORNAME NAME, geboren am GEBURTSDATUM in GEBURTSORT, war vom EINTRITTSTERMIN bis zum AUSTRITTSTERMIN im Rahmen eines befristeten Arbeitsverhältnisses bei uns als BERUFSBEZEICHNUNG in der Abteilung BEZEICHNUNG tätig.
1120013	Frau VORNAME NAME, geboren am GEBURTSDATUM in GEBURTSORT, war vom EINTRITTSTERMIN bis zum AUSTRITTSTERMIN bei uns im Rahmen eines befristeten Arbeitsverhältnisses zur Aushilfe als BERUFSBEZEICHNUNG tätig.
1120014	Frau VORNAME NAME, geboren am GEBURTSDATUM in GEBURTSORT, war bei uns im Rahmen eines befristeten Arbeitsverhältnisses vom EINTRITTSTERMIN bis zum AUSTRITTSTERMIN ZAHL Wochen als BEZEICHNUNG tätig. *(Bei kurzzeitiger Befristung)*

II./112 Alle Bausteine können für Männer und Frauen verwendet werden

1120015 Frau VORNAME NAME, geboren am GEBURTSDATUM in GEBURTSORT, war als ABM-Mitarbeiterin vom EINTRITTSTERMIN bis zum AUSTRITTSTERMIN befristet in unserer Abteilung BEZEICHNUNG tätig.

1120016 Frau VORNAME NAME, geboren am GEBURTSDATUM in GEBURTSORT, war vom EINTRITTSTERMIN bis zum AUSTRITTSTERMIN bei uns als Teilzeitmitarbeiterin im Umfange von ZAHL Stunden wöchentlich/monatlich tätig.

1120017 Frau VORNAME NAME, geboren am GEBURTSDATUM in GEBURTSORT, war vom EINTRITTSTERMIN bis zum AUSTRITTSTERMIN bei uns als Teilzeitmitarbeiterin *(ZAHL Prozent) tätig.*

1120018 Herr VORNAME NAME, geboren am GEBURTSDATUM in GEBURTSORT, trat am EINTRITTSTERMIN als BERUFSBEZEICHNUNG in unser Unternehmen ein. *(U. a. bei Zwischenzeugnissen)*

1120019 Herr VORNAME NAME, geboren am GEBURTSDATUM in GEBURTSORT, war vom EINTRITTSTERMIN bis zum AUSTRITTSTERMIN bei mir als BERUFSBEZEICHNUNG tätig. *(Bei Selbständigen und Kleinbetrieben)*

1120020 Frau VORNAME NAME, geboren am GEBURTSDATUM in GEBURTSORT, trat am EINTRITTSTERMIN in unser Unternehmen ein. *(U. a. bei Zwischenzeugnissen)*

1120021 Herr VORNAME NAME, geboren am GEBURTSDATUM in GEBURTSORT, ist seit dem EINTRITTSTERMIN bei uns als BERUFSBEZEICHNUNG in der Abteilung BEZEICHNUNG tätig. *(Bei Zwischenzeugnissen)*

1120022 Herr VORNAME NAME, geboren am GEBURTSDATUM in GEBURTSORT, ist seit EINTRITTSTERMIN bei uns als BEZEICHNUNG und seit DATUM als BEZEICHNUNG tätig. *(Bei Zwischenzeugnissen)*

1120023 Herr VORNAME NAME, geboren am GEBURTSDATUM in GEBURTSORT, trat am EINTRITTSTERMIN als BEZEICHNUNG in die Dienste unserer Rechtsvorgängerin, der FIRMA, ein.

1120024 Herr DIPLOMTITEL VORNAME NAME, geboren am GEBURTSDATUM in GEBURTSORT, war vom EINTRITTSTERMIN bis zum AUSTRITTSTERMIN bei uns als BEZEICHNUNG tätig, nachdem er schon vorher bei unserer Muttergesellschaft/Tochtergesellschaft/Schwesterfirma FIRMA arbeitete.

1120025 Herr VORNAME NAME, geboren am GEBURTSDATUM in GEBURTSORT, war vom EINTRITTSTERMIN bis zum AUSTRITTSTERMIN bei uns als BEZEICHNUNG tätig. Über die zuvor in unserem Hause durchgeführte Ausbildung zum BERUF gibt ein spezielles Ausbildungszeugnis Auskunft.

Überschrift und Einleitung II./112

1120026　Frau VORNAME NAME, geb. am GEBURTSDATUM in GEBURTSORT, trat am EINTRITTSTERMIN in unser Unternehmen ein und erlernte zunächst den Beruf BEZEICHNUNG. Nach Abschluß der Berufsausbildung übernahmen wir sie als Mitarbeiterin.

1120027　Herr DIPLOMTITEL VORNAME NAME, geboren am GEBURTSDATUM in GEBURTSORT, war vom EINTRITTSTERMIN bis zum AUSTRITTSTERMIN in unserer Abteilung BEZEICHNUNG als BERUFSBEZEICHNUNG tätig.

1120028　Herr VORNAME NAME, geboren am GEBURTSDATUM in GEBURTSORT, war vom EINTRITTSTERMIN bis zum AUSTRITTSTERMIN bei uns tätig und zwar zunächst als BEZEICHNUNG und ab dem DATUM als BEZEICHNUNG.

1120029　Herr VORNAME NAME, geboren am GEBURTSDATUM in GEBURTSORT, war bei uns vom EINTRITTSTERMIN bis zum AUSTRITTSTERMIN ZAHL Wochen als BEZEICHNUNG tätig. *(= Bei sehr kurzer Beschäftigungsdauer)*

1120030　Herr VORNAME NAME, geboren am GEBURTSDATUM in GEBURTSORT, war bei uns vom EINTRITTSTERMIN bis zum AUSTRITTSTERMIN ZAHL Monate als BEZEICHNUNG tätig. *(= Bei kurzer Beschäftigungsdauer)*

1120031　Herr DIPLOMTITEL VORNAME NAME, geboren am GEBURTSDATUM in GEBURTSORT, war vom EINTRITTSTERMIN bis zum AUSTRITTSTERMIN in unserem Hause als Leitender Angestellter in der Position des BEZEICHNUNG tätig.

1120032　Frau DIPLOMTITEL VORNAME NAME, geb. am GEBURTSDATUM in GEBURTSORT, war bei uns vom EINTRITTSTERMIN bis zum AUSTRITTSTERMIN in verschiedenen Funktionen, zuletzt als BEZEICHNUNG, eigenverantwortlich tätig.

1120033　Herr DIPLOMTITEL VORNAME NAME, geb. am GEBURTSDATUM in GEBURTSORT, war in unserem Hause vom EINTRITTSTERMIN bis zum AUSTRITTSTERMIN in verschiedenen Funktionen tätig. In seiner letzten Position leitete er die ORGANISATIONSEINHEIT. In dieser Position als Leitender Angestellter war er, wie schon in vorhergehenden Positionen, mit Prokura ausgestattet.

1120034　Frau DIPLOMTITEL VORNAME NAME, geb. am GEBURTSDATUM in GEBURTSORT, leitete vom EINTRITTSTERMIN bis zum AUSTRITTSTERMIN unsere Abteilung BEZEICHNUNG. In dieser Funktion war sie mit Gesamtprokura/Handlungsvollmacht ausgestattet.

1120035	Herr DIPLOMTITEL VORNAME NAME, geb. am GEBURTSDATUM in GEBURTSORT, war vom EINTRITTSTERMIN bis zum AUSTRITTSTERMIN im Rahmen eines außertariflichen Anstellungsverhältnisses bei uns als BEZEICHNUNG tätig. Er berichtete direkt dem Vorstand/ der Geschäftsführung. Am DATUM wurde ihm Einzelprokura/Gesamtprokura/Handlungsvollmacht erteilt.
1120036	Herr DIPLOMTITEL VORNAME NAME, geboren am GEBURTSDATUM in GEBURTSORT, leitete vom EINTRITTSTERMIN bis zum AUSTRITTSTERMIN in Doppelfunktion die Bereiche BEZEICHNUNG sowie BEZEICHNUNG. Beide Funktionen erfüllte er in Personalunion auch für unsere Tochterfirma/Schwesterfirma, die FIRMA. Er berichtete direkt der Geschäftsleitung und war mit Prokura/ Handlungsvollmacht ausgestattet.
1120037	Herr DIPLOMTITEL VORNAME NAME, geboren am GEBURTSDATUM in GEBURTSORT, leitete das Unternehmen als GmbH-Geschäftsführer vom EINTRITTSTERMIN bis zum AUSTRITTSTERMIN eigenverantwortlich und in voller Gestaltungs- und Entscheidungsfreiheit.
1120038	Herr DIPLOMTITEL VORNAME NAME, geboren am GEBURTSDATUM in GEBURTSORT, leitete vom EINTRITTSTERMIN bis zum AUSTRITTSTERMIN als alleinvertretungsberechtigter Geschäftsführer das Unternehmen, das eine Tochtergesellschaft der FIRMA ist.
1120039	Herr DIPLOMTITEL VORNAME NAME, geboren am GEBURTSDATUM in GEBURTSORT, leitete vom EINTRITTSTERMIN bis zum AUSTRITTSTERMIN als Alleingeschäftsführer das Unternehmen, das zur Unternehmensgruppe BEZEICHNUNG gehört.
1520000	**Einleitung für Auszubildende (Ziel und Dauer der Ausbildung)**
1520001	Herr VORNAME NAME, geboren am GEBURTSDATUM in GEBURTSORT, hat vom EINTRITTSTERMIN bis zum AUSBILDUNGSENDE in unserem Unternehmen den Beruf des BERUFSBEZEICHNUNG mit sehr gutem/gutem Erfolg erlernt.
1520002	Frau VORNAME NAME, geboren am GEBURTSDATUM in GEBURTSORT, ist entsprechend dem Berufsbild und der Ausbildungsordnung vom EINTRITTSTERMIN bis zum AUSBILDUNGSENDE zur BERUFSBEZEICHNUNG ausgebildet worden.
1520003	Herr VORNAME NAME, geboren am GEBURTSDATUM in GEBURTSORT, ist in der Zeit vom EINTRITTSTERMIN bis zum AUSBILDUNGSENDE in unserem Unternehmen zum BERUFSBEZEICHNUNG ausgebildet worden.

| Überschrift und Einleitung | II./152 – 162 |

1520004 Herr VORNAME NAME, geboren am GEBURTSDATUM in GEBURTSORT, hat vom EINTRITTSTERMIN bis zum AUSBILDUNGSENDE den Beruf des BERUFSBEZEICHNUNG erlernt.

1520005 Frau VORNAME NAME, geboren am GEBURTSDATUM in GEBURTSORT, hat sich vom EINTRITTSTERMIN bis zum AUSBILDUNGSENDE bei uns zur BERUFSBEZEICHNUNG ausgebildet.

1520006 Herr VORNAME NAME, geboren am GEBURTSDATUM in GEBURTSORT, absolvierte vom EINTRITTSTERMIN bis zum AUSBILDUNGSENDE bei uns in Verbindung mit einem Studium an der Berufsakademie ORT eine Ausbildung zum Diplom-STUDIENRICHTUNG.

1520007 Herr VORNAME NAME, geboren am GEBURTSDATUM in GEBURTSORT, begann am EINTRITTSTERMIN bei uns eine Ausbildung zum BERUFSBEZEICHNUNG. *(Bei Ausbildungsabbruch)*

1520008 Das Ausbildungsverhältnis mit Frau VORNAME NAME, geboren am GEBURTSDATUM in GEBURTSORT, dauerte vom EINTRITTSTERMIN bis zum AUSBILDUNGSENDE. *(Passivformulierung bzw. bei Ausbildungsabbruch)*

1620000 Einleitung für Praktikanten und Volontäre

1620001 Herr VORNAME NAME, geboren am GEBURTSDATUM in GEBURTSORT, hat im Rahmen seines FACHRICHTUNG-Studiums sein erstes/zweites Praxissemester vom EINTRITTSTERMIN bis zum AUSTRITTSTERMIN in unserem Unternehmen absolviert.

1620002 Herr VORNAME NAME, geboren am GEBURTSDATUM in GEBURTSORT, war während seines Praktikums vom EINTRITTSTERMIN bis zum AUSTRITTSTERMIN entsprechend seinem Studienschwerpunkt BEZEICHNUNG in unserer Abteilung BEZEICHNUNG eingesetzt.

1620003 Frau VORNAME NAME, geboren am GEBURTSDATUM in GEBURTSORT, war als Volontärin vom EINTRITTSTERMIN bis zum AUSTRITTSTERMIN in unserem Unternehmen.

1620004 Herr VORNAME NAME, geboren am GEBURTSDATUM in GEBURTSORT, leistete im Rahmen seines FACHRICHTUNG-Studiums an der Fachhochschule ORT sein *(erstes/zweites)* Praxissemester bei uns ab.

1620005 Herr VORNAME NAME, geboren am GEBURTSDATUM in GEBURTSORT, leistete im Rahmen seines FACHRICHTUNG-Studiums an der Universität ORT sein (erstes/zweites) Praxissemester bei uns ab.

II./162 – 220 Alle Bausteine können für Männer und Frauen verwendet werden

1620006   Frau VORNAME NAME, geboren am GEBURTSDATUM in GEBURTSORT, war während ihrer Semesterferien bei uns tätig.

1620007   Herr VORNAME NAME, geboren am GEBURTSDATUM in GEBURTSORT, war im Rahmen eines befristeten Arbeitsverhältnisses vom EINTRITTSTERMIN bis zum AUSTRITTSTERMIN als Werkstudent in der Abteilung BEZEICHNUNG tätig.

1620008   Frau VORNAME NAME, geboren am GEBURTSDATUM in GEBURTSORT, war in den Semesterferien vom EINTRITTSTERMIN bis zum AUSTRITTSTERMIN bei uns beschäftigt.

1620009   Herr VORNAME NAME, geboren am GEBURTSDATUM in GEBURTSORT, war während seines Studiums in den Jahren JAHR bis JAHR in den Semesterferien insgesamt ZAHLmal im Umfange von ZAHL Monaten bei uns tätig.

2000000   Aufgabenbeschreibung

2200000   Aufgabenbeschreibung für Gewerbliche Arbeitnehmer

Die Aufgabenbeschreibung ist eine Zeugniskomponente, die wegen der Vielfalt der Aufgaben nur zum Teil einer Standardisierung zugänglich ist. Aus diesem Grund haben die folgenden Bausteine nur einleitenden Charakter.

2200001   Er arbeitete in der Abteilung BEZEICHNUNG vorwiegend an der TYP-Maschine und fertigte PRODUKTBEZEICHNUNG.

2200002   Herr NAME bediente eine TYP-Maschine und führte dort folgende Arbeiten durch: (TABELLARISCHE) AUFZÄHLUNG.

2200003   In dieser Funktion war sie in der Tarifgruppe BEZEICHNUNG eingestuft. Sie führte insbesondere folgende Aufgaben aus: (TABELLARISCHE) AUFZÄHLUNG.

2200004   In der Abteilung BEZEICHNUNG bearbeitete er überwiegend AUFGABENBEZEICHNUNG.

2200005   Herr NAME erledigte alle anfallenden BEZEICHNUNG-Arbeiten.

2200006   Zu seinen Hauptaufgaben gehörte die selbständige Erledigung von: (TABELLARISCHE) AUFZÄHLUNG. Daneben bearbeitete er (TABELLARISCHE) AUFZÄHLUNG.

2200007   Herr NAME war in unserem Unternehmen in verschiedenen Funktionen tätig. Dazu zählten im wesentlichen: (TABELLARISCHE) AUFZÄHLUNG.

2200008   Er hatte die Aufgabe, PRODUKTART anzufertigen.

2200009   Zu ihren Aufgaben gehörten folgende selbständigen Tätigkeiten: (TABELLARISCHE) AUFZÄHLUNG.

2200010	Frau NAME hatte alle vorkommenden AUFGABENBEZEICHNUNG-Arbeiten an den TYP-Maschinen auszuführen.
2200011	Sein Aufgabengebiet umfaßte in der Hauptsache: (TABELLARISCHE) AUFZÄHLUNG.
2200012	In dieser Funktion erledigte sie selbständig: (TABELLARISCHE) AUFZÄHLUNG.
2200013	In dieser Funktion oblag ihm: (TABELLARISCHE) AUFZÄHLUNG. *(Passivformulierung)*
2200014	Herr NAME erledigte unter Anleitung folgende Aufgaben: (TABELLARISCHE) AUFZÄHLUNG. *(Deutet Unselbständigkeit an)*
2200015	In der Abteilung BEZEICHNUNG erledigte sie folgende Aufgaben: (TABELLARISCHE) AUFZÄHLUNG. Ab DATUM übernahm Frau NAME zusätzlich die Aufgabe BEZEICHNUNG.
2200016	Während seiner ZAHL-jährigen Tätigkeit in unserem Unternehmen hat sich Herr NAME vom POSITIONSBEZEICHNUNG zum POSITIONSBEZEICHNUNG emporgearbeitet. Seine heutigen Aufgaben sind: (TABELLARISCHE) AUFZÄHLUNG.
2200017	Frau NAME führte zunächst eine Reihe von ART-Aufgaben auf dem Gebiet der BEZEICHNUNG durch. Seit dem DATUM ist sie als BEZEICHNUNG hauptsächlich mit AUFGABEN beschäftigt.
2200018	In der Abteilung BEZEICHNUNG erledigte er folgende Aufgaben: (TABELLARISCHE) AUFZÄHLUNG. Ab dem DATUM wurde Herr NAME als BEZEICHNUNG zur Abteilung BEZEICHNUNG versetzt.
2200019	Zunächst war Frau NAME in der Abteilung BEZEICHNUNG tätig. Dort erledigte sie folgende Aufgaben: (TABELLARISCHE) AUFZÄHLUNG. Ab dem DATUM war sie aufgrund einer erfolgreichen internen Bewerbung in der Abteilung BEZEICHNUNG als BEZEICHNUNG tätig. Dort war sie in der Tarifgruppe BEZEICHNUNG mit der selbständigen Erledigung folgender Aufgaben betraut: (TABELLARISCHE) AUFZÄHLUNG.
2200020	In der Abteilung BEZEICHNUNG erledigte er folgende Aufgaben: (TABELLARISCHE) AUFZÄHLUNG. Nach der Verkleinerung/Schließung dieser Abteilung übernahm Herr NAME in der Abteilung BEZEICHNUNG die Tätigkeit eines BEZEICHNUNG. Hier erledigte er folgende Aufgaben: (TABELLARISCHE) AUFZÄHLUNG. *(Kann auch zur Begründung eines Abstiegs verwendet werden)*
2200021	Herr NAME wurde im Jahre ZAHL in die Abteilung BEZEICHNUNG versetzt und dort zum BERUFSBEZEICHNUNG umgeschult.
2200022	Herr NAME war in der höchsten Gruppe des geltenden Lohn-Rahmentarifvertrages eingestuft. Er erledigte selbständig hauptsächlich folgende Aufgaben: (TABELLARISCHE) AUFZÄHLUNG.

II./220 – 230   Bausteinübersicht S. 113 – 116, Beurteilungsbögen S. 117 – 125

2200023   Herr NAME war in der zweithöchsten Gruppe des geltenden Lohn-Rahmentarifvertrages eingestuft. Er erledigte selbständig hauptsächlich folgende Aufgaben: (TABELLARISCHE) AUFZÄHLUNG.

2200024   Herr NAME war in der Gruppe STUFE des geltenden Lohn-Rahmentarifvertrages eingestuft. Er erledigte hauptsächlich folgende Aufgaben: (TABELLARISCHE) AUFZÄHLUNG.

2300000   Aufgabenbeschreibung für Tarifangestellte

Die Aufgabenbeschreibung ist eine Zeugniskomponente, die wegen der Vielfalt der Aufgaben nur zum Teil einer Standardisierung zugänglich ist. Aus diesem Grund haben die folgenden Bausteine nur einleitenden Charakter. Wichtige allgemeine Aspekte sind der Grad der Selbständigkeit und die Kompetenzen.

2300001   Frau NAME war im Bereich BEZEICHNUNG als BEZEICHNUNG tätig. Sie besaß Handlungsvollmacht nach § 54 HGB. Ihre Aufgabenschwerpunkte lagen in der selbständigen Erledigung von: (TABELLARISCHE) AUFZÄHLUNG.

2300002   Sein Aufgabengebiet umfaßte die selbständige Erledigung von: (TABELLARISCHE) AUFZÄHLUNG. Er konnte bis zur Höhe von BETRAG DM eigenverantwortlich über SACHVERHALT entscheiden.

2300003   Zu ihren Aufgaben gehörte die selbständige Erledigung von: (TABELLARISCHE) AUFZÄHLUNG. Sie hatte die für ihre Aufgaben erforderlichen Kompetenzen.

2300004   Herr NAME erledigte als BEZEICHNUNG im wesentlichen folgende Aufgaben: (TABELLARISCHE) AUFZÄHLUNG. Seine Kreditkompetenz/Regulierungskompetenz/Kulanzvollmacht/Zeichnungsvollmacht im Zahlungsverkehr/Kollektivvollmacht für Bankgeschäfte lag bei BETRAG DM.

2300005   Frau NAME war im Bereich BEZEICHNUNG für die Produkte BEZEICHNUNG für das In- und Auslandsgeschäft tätig. Ihre Aufgabenschwerpunkte umfaßten die selbständige Erledigung von: (TABELLARISCHE) AUFZÄHLUNG.

2300006   In der Stabsstelle BEZEICHNUNG war sie für folgende Aufgaben verantwortlich: (TABELLARISCHE) AUFZÄHLUNG.

2300007   Seine Tätigkeit bestand insbesondere in der selbständigen Planung und Kontrolle folgender Sachverhalte: (TABELLARISCHE) AUFZÄHLUNG.

2300008   Seine wesentliche Aufgabe bestand in der selbständigen Erledigung von: (TABELLARISCHE) AUFZÄHLUNG.

2300009	Nach erfolgreicher Einarbeitung übernahm Herr NAME am DATUM das Verkaufsgebiet REGION zur umsatzverantwortlichen Bearbeitung. Sein Aufgabengebiet umfaßte: (TABELLARISCHE) AUFZÄHLUNG. Außerdem wirkte er in dem Projekt BEZEICHNUNG mit.
2300010	Zu den Aufgaben von Herrn NAME gehörte die selbständige Erledigung von: (TABELLARISCHE) AUFZÄHLUNG. Darüber hinaus bearbeitete er: (TABELLARISCHE) AUFZÄHLUNG. Ferner war er beteiligt an: KURZE AUFZÄHLUNG.
2300011	Ihre Tätigkeit umfaßte folgende Schwerpunktaufgaben: (TABELLARISCHE) AUFZÄHLUNG. Am DATUM wurde sie in die BEZEICHNUNG-Abteilung versetzt. Dort hatte sie folgende Aufgaben: (TABELLARISCHE) AUFZÄHLUNG. *(Grund der Versetzung ist unklar)*
2300012	Zunächst wurden Herrn NAME folgende Aufgaben übertragen: (TABELLARISCHE) AUFZÄHLUNG. Seit DATUM leistete er zusätzlich alle ART-Aufgaben als stellvertretender Leiter der BEZEICHNUNG-Abteilung und war für das Aufgabengebiet BEZEICHNUNG zuständig.
2300013	Frau NAME arbeitete bis zum DATUM in unserer BEZEICHNUNG-Abteilung. Dort erledigte sie selbständig alle anfallenden ART-Aufgaben. Dann wurde sie in der BEZEICHNUNG-Abteilung mit (TABELLARISCHE) AUFZÄHLUNG betraut. *(Der Grund der Versetzung wird nicht genannt, schlechte Leistung?)*
2300014	Herr NAME war zunächst mit ART-Arbeiten beschäftigt. Danach wurde er POSITIONSBEZEICHNUNG und betreute eigenverantwortlich folgendes Aufgabengebiet: (TABELLARISCHE) AUFZÄHLUNG. Herr NAME war außerdem maßgeblich an der Entwicklung unserer BEZEICHNUNG beteiligt.
2300015	Sein Aufgabengebiet umfaßte alle Verwaltungs-Arbeiten vom BEZEICHNUNG über BEZEICHNUNG bis hin zur BEZEICHNUNG. Außerdem übernahm Herr NAME im Vertretungsfalle AUFGABEN.
2300016	Frau NAME oblag (TABELLARISCHE) AUFZÄHLUNG. Sie kümmerte sich auch um (TABELLARISCHE) AUFZÄHLUNG. *(Kümmerte sich „auch" = kümmerte sich zu wenig.)*
2300017	Zu seinen Hauptaufgaben gehörte die selbständige Erledigung von: (TABELLARISCHE) AUFZÄHLUNG. Daneben erledigte er (TABELLARISCHE) AUFZÄHLUNG. Seit dem DATUM bekleidete er die Position eines BEZEICHNUNG. Zu seinem Veranwortungsbereich zählte hier die eigenverantwortliche Bearbeitung von (TABELLARISCHE) AUFZÄHLUNG.
2300018	Ihr Aufgabengebiet umfaßt in der Hauptsache die selbständige Erledigung von: (TABELLARISCHE) AUFZÄHLUNG. In Urlaubs- und Krankheitszeiten übernahm Frau NAME zusätzlich folgende Aufgaben: (TABELLARISCHE) AUFZÄHLUNG.

II./230　　Alle Bausteine können für Männer und Frauen verwendet werden

2300019	Zuerst war Frau NAME mit dem Aufgabengebiet BEZEICHNUNG betraut. Der Arbeitszuwachs machte im MONAT JAHR eine Neuverteilung der Tätigkeiten in der Gruppe notwendig. Frau NAME übernahm nun die selbständige Erledigung von AUFGABEN.
2300020	Herr NAME war anfänglich mit dem Aufgabengebiet BEZEICHNUNG betraut. Nach einiger Zeit war es notwendig, Herrn NAME die Aufgabe BEZEICHNUNG zu übertragen. *(Unklar, warum Aufgabenveränderung)*
2300021	Im einzelnen oblag ihr folgendes Arbeitsgebiet: (TABELLARISCHE) AUFZÄHLUNG. Außerdem übernahm Frau NAME, wenn notwendig, folgende Aufgaben: (TABELLARISCHE) AUFZÄHLUNG.
2300022	Frau NAME wurde als BEZEICHNUNG in unserer Geschäftsstelle NAME eingesetzt und hatte folgendes Aufgabengebiet: (TABELLARISCHE) AUFZÄHLUNG.
2300023	Während seiner ZAHL-jährigen Tätigkeit in unserem Unternehmen hat sich Herr NAME vom POSITIONSBEZEICHNUNG zum POSITIONSBEZEICHNUNG emporgearbeitet. Seine heutigen Aufgaben umfassen die selbständige Erledigung von: (TABELLARISCHE) AUFZÄHLUNG.
2300024	Herr NAME war in der höchsten Gehaltsgruppe des geltenden Gehalts-Rahmentarifvertrages eingestuft. Er erledigte eigenverantwortlich hauptsächlich folgenden Aufgaben: (TABELLARISCHE) AUFZÄHLUNG.
2300025	Herr NAME war in der zweithöchsten Gehaltsgruppe des geltenden Gehalts-Rahmentarifvertrages eingestuft. Er erledigte selbständig hauptsächlich folgende Aufgaben: (TABELLARISCHE) AUFZÄHLUNG.
2300026	Herr NAME war in der Gehaltsgruppe STUFE des geltenden Gehalts-Rahmentarifvertrages eingestuft. Er erledigte hauptsächlich folgende Aufgaben: (TABELLARISCHE) AUFZÄHLUNG.
2300027	Frau NAME war als BEZEICHNUNG im Bereich BEZEICHNUNG tätig. Ihre Hauptaufgaben waren: (TABELLARISCHE) AUFZÄHLUNG. Darüber hinaus erledigte sie alle sonstigen in der Abteilung vorkommenden Arbeiten.
2300028	Herr NAME bearbeitete in ständiger enger Abstimmung mit dem Abteilungsleiter folgende Aufgaben: (TABELLARISCHE) AUFZÄHLUNG. *(Deutet Unselbständigkeit an)*
2300029	Herr NAME erledigte unter Anleitung folgende Aufgaben: (TABELLARISCHE) AUFZÄHLUNG. *(Deutet Unselbständigkeit an)*

Aufgabenbeschreibung – AT und Leitende Angestellte   II./230 – 240

2300030	Herr NAME erledigte nach Vorgaben selbständig folgende Aufgaben: (TABELLARISCHE) AUFZÄHLUNG. *(Unselbständig)*
2300031	Frau NAME hatte laut Stellenbeschreibung folgende Aufgaben zu erledigen: (TABELLARISCHE) AUFZÄHLUNG. *(Passivformulierung)*
2300032	Die Stellenbeschreibung enthält folgende Aufgaben: (TABELLARISCHE) AUFZÄHLUNG. *(Auch erledigt?)*
2400000	**Aufgabenbeschreibung für Außertarifliche und Leitende Angestellte**
	Die Aufgabenbeschreibung ist eine Zeugniskomponente, die wegen der Vielfalt der Aufgaben nur zum Teil einer Standardisierung zugänglich ist. Aus diesem Grund haben die folgenden Bausteine nur einleitenden Charakter. Wichtige allgemeine Aspekte sind der Grad der Eigenverantwortlichkeit, die Kompetenzen und evtl. einige Unternehmensdaten.
2400001	Sie war zuständig für: (TABELLARISCHE) AUFZÄHLUNG. *(Reine Zuständigkeitsaussage)*
2400002	Das Zuständigkeitsgebiet von Herrn NAME umfaßte alle klassischen Aufgaben eines BEZEICHNUNG. Zu seinen Pflichten gehörte: (TABELLARISCHE) AUFZÄHLUNG. *(Reine Zuständigkeitsaussage)*
2400003	Die Schwerpunkte seines Aufgabengebietes lagen vor allem in der eigenverantwortlichen Erledigung von: (TABELLARISCHE) AUFZÄHLUNG.
2400004	Ihr außertarifliches Aufgabengebiet umfaßte die selbständige Erledigung von: (TABELLARISCHE) AUFZÄHLUNG.
2400005	Die Hauptaufgaben in dieser mit großem Gestaltungsspielraum und mit Eigenverantwortung ausgestatteten Position waren: (TABELLARISCHE) AUFZÄHLUNG.
2400006	Der Wirkungs- und Verantwortungsbereich von Herrn NAME umfaßte im wesentlichen die selbständige Erledigung folgender Aufgaben: (TABELLARISCHE) AUFZÄHLUNG.
2400007	Frau NAME führte im Rahmen ihres verantwortungsvollen und vielseitigen Tätigkeitsgebietes eigenverantwortlich und erfolgreich insbesondere folgende Aufgaben durch: (TABELLARISCHE) AUFZÄHLUNG.
2400008	Frau NAME führte zunächst erfolgreich eine Reihe von ART-Arbeiten durch. In der Folgezeit bewährte sich Frau NAME als POSITIONSBEZEICHNUNG. Zu ihrem Verantwortungsbereich zählten insbesondere folgende Aufgaben: (TABELLARISCHE) AUFZÄHLUNG.
2400009	Schwerpunkte seiner Position waren (TABELLARISCHE) AUFZÄHLUNG. Seit dem DATUM begann er, sich mit Erfolg auf ART-Aufga-

	ben zu spezialisieren. Am DATUM wurde Herr NAME zum verantwortlichen Leiter unserer BEZEICHNUNG-Abteilung ernannt.
2400010	Ihre wesentlichen Aufgaben bestanden in der selbständigen Erledigung von: (TABELLARISCHE) AUFZÄHLUNG. Seit dem DATUM war Frau NAME Mitglied des innerbetrieblichen Ausschusses zur Überarbeitung unseres KOSTENSTELLENPLANES.
2400011	Frau NAME war mit der selbständigen Erledigung von allen anfallenden Arbeiten der GEBIET betraut. Dazu zählten insbesondere (TABELLARISCHE) AUFZÄHLUNG. Darüber hinaus war sie für die innerbetriebliche Ausbildung verantwortlich.
2400012	Herr NAME leitete die Stabsabteilung BEZEICHNUNG. Seine Aufgaben waren insbesondere (TABELLARISCHE) AUFZÄHLUNG. Daneben ergaben sich zusätzliche Schwerpunktaufgaben: (TABELLARISCHE) AUFZÄHLUNG.
2400013	Schwerpunkte im Ziel- und Aufgabenspektrum waren: (TABELLARISCHE) AUFZÄHLUNG. Aufgrund seiner besonderen Leistung wurde Herr NAME als POSITIONSBEZEICHNUNG mit der verantwortlichen Leitung unserer BEZEICHNUNG-Abteilung betraut. Seine Aufgaben waren hier im wesentlichen: (TABELLARISCHE) AUFZÄHLUNG.
2400014	Zuerst war Herr NAME erfolgreich in der Abteilung BEZEICHNUNG tätig. Die Geschäftsführung anerkannte seine Leistung und berief ihn am DATUM zum Leiter der BEZEICHNUNG-Abteilung. Sein Verantwortungsgebiet umfaßte nun die verantwortliche Leitung folgender Aufgaben: (TABELLARISCHE) AUFZÄHLUNG.
2400015	Zuerst war Frau NAME mit ART-Aufgaben betraut. Im Rahmen ihrer weiteren beruflichen Entwicklung und Förderung übertrugen wir ihr: (TABELLARISCHE) AUFZÄHLUNG. Am DATUM wurde ihr Prokura erteilt.
2400016	Nach erfolgreicher Einarbeitungszeit übernahm Herr NAME am DATUM das Verkaufsgebiet BEZEICHNUNG zur umsatzverantwortlichen Bearbeitung.
2400017	Herr NAME war mit der erforderlichen Personal- und Sachkompetenz ausgestattet und erfüllte in seiner Vertrauens- und Schlüsselposition eigenverantwortlich folgende leitenden Aufgaben: (TABELLARISCHE) AUFZÄHLUNG.
2400018	Seine Verantwortung umfaßte (im Rahmen der Vorgaben des Vorstandes/der Geschäftsführung) die gesamte fachliche Leitung und personelle Führung der Hauptabteilung/Abteilung BEZEICHNUNG. Seine Aufgaben waren hauptsächlich: (TABELLARISCHE) AUFZÄHLUNG.

Aufgabenbeschreibung – AT und Leitende Angestellte | **II./240**

2400019	Herr NAME leitete das Ressort/die Hauptabteilung/Abteilung BEZEICHNUNG. Damit waren ihm organisatorisch folgende Funktionen zugeordnet: AUFZÄHLUNG. In dieser Position war er für die Planung und Steuerung eines Budgets/Investitionsvolumens von BETRAG DM jährlich verantwortlich. Seine Aufgaben umfaßten insbesondere: (TABELLARISCHE) AUFZÄHLUNG. Am DATUM wurde ihm Prokura erteilt.
2400020	Herr NAME war innerhalb der Gesamtverantwortung des Vorstandes/der Geschäftsführung zuständig für die Ressorts BEZEICHNUNGEN. Insbesondere leitete er folgende Aufgaben: (TABELLARISCHE) AUFZÄHLUNG.
2400021	Herr NAME war als Alleingeschäftsführer/alleinvertretungsberechtigter Geschäftsführer für die Leitung des Unternehmens verantwortlich. Seine Hauptaufgaben waren: (TABELLARISCHE) AUFZÄHLUNG.
2400022	Herr NAME war zuständig für die Bereiche (TABELLARISCHE) AUFZÄHLUNG. In dieser Vertrauensstellung berichtete er direkt der Geschäftsführung/dem Vorstand. Er war für ein Budget von BETRAG DM jährlich verantwortlich. Die Schwerpunkte seiner Tätigkeit waren: (TABELLARISCHE) AUFZÄHLUNG.
2400023	Frau NAME leitete mit Umsatz- und Gewinnverantwortung/Rentabilitätsverantwortung den Bereich BEZEICHNUNG. Sie berichtete direkt der Geschäftsleitung und nahm regelmäßig an den Sitzungen der erweiterten Geschäftsleitung teil. Ihre Kostenstellenverantwortung umfaßte ein Budget von BETRAG DM jährlich.
2400024	Frau NAME leitete eigenverantwortlich den Bereich BEZEICHNUNG. Sie war der Geschäftsleitung direkt unterstellt und nahm regelmäßig an den Sitzungen der erweiterten Geschäftsleitung teil.
2400025	Herr NAME erfüllte in seinem Ressort folgende für den Bestand und die Entwicklung des Unternehmens/Betriebes bedeutsamen Leitungsaufgaben: (TABELLARISCHE) AUFZÄHLUNG. Zur Durchführung dieser Aufgaben war er mit den erforderlichen Kompetenzen zur eigenverantwortlichen Entscheidung ausgestattet.
2400026	In dieser exponierten Position nahm Herr NAME als Leitender Angestellter folgende unternehmerischen Teilaufgaben wahr: (TABELLARISCHE) AUFZÄHLUNG. Der Bedeutung der Position entsprechend hatte Herr NAME die notwendigen umfangreichen Vollmachten für eigenverantwortliche Entscheidungen.

II./240 – 250   Alle Bausteine können für Männer und Frauen verwendet werden

2400027   Zunächst übertrugen wir Herrn NAME die Leitung des Referates BEZEICHNUNG. Sein Aufgabengebiet umfaßte hier im wesentlichen: (TABELLARISCHE) AUFZÄHLUNG. Am DATUM übernahm Herr NAME die Leitung der Abteilung BEZEICHNUNG. Diese Position umschloß die Stellvertretung des BEZEICHNUNG. Gleichzeitig wurde ihm Prokura/Handlungsvollmacht erteilt. Als Abteilungsleiter war er verantwortlich für: (TABELLARISCHE) AUFZÄHLUNG.

2400028   Herr NAME besaß Prokura/Handlungsvollmacht und nahm als leitender Angestellter in unserem Hause selbständig Aufgaben wahr, die für den Bestand und die Entwicklung des Unternehmens von hoher Bedeutung waren. Seine Verantwortung umfaßte insbesondere: (TABELLARISCHE) AUFZÄHLUNG.

2400029   Herr NAME realisierte in dieser Position schwerpunktmäßig folgende Ziele: (TABELLARISCHE) AUFZÄHLUNG. Weiterhin führte er erfolgreich Projekte zur ZIELE durch. Außerdem vertrat er unsere Interessen im Ausschuß für BEZEICHNUNG des BEZEICHNUNG-Verbandes.

2400030   Die Positionsbeschreibung umfaßt folgende Zuständigkeiten: (TABELLARISCHE) AUFZÄHLUNG. *(Auch wahrgenommen?)*

2500000   Art der Ausbildung und erworbenen Fertigkeiten und Kenntnisse bei Auszubildenden

Die Beschreibung der Art der Ausbildung und der erworbenen Fertigkeiten und Kenntnisse ist eine Zeugniskomponente, die wegen der Vielfalt der Berufsbilder nur zum Teil einer Standardisierung zugänglich ist. Aus diesem Grunde haben die folgenden Bausteine nur einleitenden Charakter.

2500001   Frau NAME durchlief die Abteilungen (TABELLARISCHE) AUFZÄHLUNG. Dort erwarb sie Fertigkeiten und Kenntnisse in: (TABELLARISCHE) AUFZÄHLUNG. *(Sinnvollerweise analog den Abteilungen)*

2500002   Er wurde nach festem Ausbildungsplan im regelmäßigen Wechsel in den wichtigsten Verwaltungs-Stellen mit allen ART-Arbeiten vertraut gemacht. Er lernte die Abteilungen AUFZÄHLUNG kennen. Dabei erwarb er sich alle im Berufsbild des BERUFSBEZEICHNUNG festgelegten Fertigkeiten und Kenntnisse, so unter anderem AUFZÄHLUNG. *(Sinnvollerweise analog den Abteilungen).*

2500003   Im Verlauf seiner Ausbildung wurde Herr NAME in die Arbeiten der verschiedenen Abteilungen unseres Betriebes eingeführt. Er durchlief die Abteilungen AUFZÄHLUNG. Herr NAME erhielt durch seine Ausbildung fundierte Kenntnisse in allen Bereichen wie z. B. (BRANCHENSPEZIFISCHE AUFZÄHLUNG).

| Art der Ausbildung – Auszubildende | II./250 |

2500004	Herr NAME wurde im Zuge seiner Berufsausbildung in verschiedenen Bereichen unseres Werkes eingehend unterwiesen. Dabei erwarb er folgende Fertigkeiten und Kenntnisse: (TABELLARISCHE) AUFZÄHLUNG.
2500005	Frau NAME wurde berufsbezogen ausgebildet und in den Abteilungen AUFZÄHLUNG beschäftigt. Die Mitwirkung bei Geschäftsvorgängen wichtiger Art wurde mit Erfolg praktiziert.
2500006	Wir vermittelten ihm durch planmäßige Unterweisung sowie praktische Beschäftigung mit allen vorkommenden Arbeiten wie z. B. BERUFSSPEZIFISCHE AUFZÄHLUNG eine Ausbildung nach dem Berufsbild des BERUFSBEZEICHNUNG. Er durchlief folgende Abteilungen: AUFZÄHLUNG. Während seiner Ausbildung besuchte Herr NAME die Berufsschule und den ergänzenden Unterricht in unserem Betrieb.
2500007	Der Gang der betrieblichen Ausbildung war an der Ausbildungsordnung von BEZEICHNUNG ausgerichtet, so daß Frau NAME über die einschlägigen Kenntnisse und Fertigkeiten einer BERUFSBEZEICHNUNG verfügt und heute vielseitig einsetzbar ist. Zur Ergänzung der täglichen Praxis hat Frau NAME den Unterricht in der Fachklasse der Berufsschule besucht. Frau NAME übte zwei Jahre vorbildlich das Amt der Jugendvertreterin aus, für das sie sich auf Wunsch des Ausbilders zur Verfügung gestellt hat.
2500008	Wir haben Herrn NAME zu Beginn seiner Ausbildung in unserer BEZEICHNUNG-Abteilung eingesetzt. Dort erwarb er Erfahrung im Umgang mit Kunden. Im BEZEICHNUNG-Bereich vertiefte er diese Erfahrung im Umgang mit unseren Lieferanten. In der Abteilung BEZEICHNUNG wurde er mit BEZEICHNUNG-Aufgaben betraut. Gegen Ende der Ausbildung haben wir Herrn NAME der BEZEICHNUNG-Abteilung zugeordnet. Dort lernte er AUFZÄHLUNG kennen.
2500009	Frau NAME lernte in unserem Betrieb sämtliche BEZEICHNUNG-Arbeiten kennen. Zusätzlich zur Ausbildung in den einzelnen Fachabteilungen wurde sie in unserer überbetrieblichen Werkstatt ausgebildet. Sie ist in der Lage, BEZEICHNUNG-Arbeiten selbständig durchzuführen. Damit erfüllt Frau NAME voll die Anforderungen des Berufsbildes einer BERUFSBEZEICHNUNG.
2500010	Während der ZAHL-monatigen BERUFSBEZEICHNUNG Ausbildung wurde Herr NAME in den Bereichen AUFZÄHLUNG eingesetzt. Er lernte die wesentlichen Tätigkeiten dieser Bereiche kennen und arbeitete im Rahmen des Möglichen selbständig. Dank seiner ausgezeichneten Auffassungsgabe erwarb er sowohl einen guten Überblick über die Zusammenhänge und Wechselwirkungen in unserem Unternehmen, als auch die erforderlichen Detailkenntnisse. Die Ausbildung hatte schwerpunktmäßig folgende Inhalte: AUFZÄHLUNG

2500011	Während ihrer Ausbildung wurde Frau NAME in den Bereichen AUFZÄHLUNG eingesetzt und mit den Aufgaben der verschiedenen Abteilungen vertraut gemacht. In allen Ausbildungsstationen sowie im innerbetrieblichen Unterricht eignete sie sich die Kenntnisse und Fertigkeiten einer BERUFSBEZEICHNUNG wie z. B. AUFZÄHLUNG an. Gegen Ende ihrer Ausbildung war sie in der Abteilung BEZEICHNUNG tätig, wo sie selbständig folgende Arbeiten erledigte: (TABELLARISCHE) AUFZÄHLUNG.
2500012	In seiner Ausbildung durchlief er die Abteilungen AUFZÄHLUNG. Dort erwarb er folgende Fertigkeiten und Kenntnisse: (TABELLARISCHE) AUFZÄHLUNG. Im letzten Ausbildungsjahr konnte er zur Urlaubsvertretung in der Abteilung BEZEICHNUNG eingesetzt werden, wo er selbständig die ART-Aufgaben erledigte.
2600000	**Aufgabenbeschreibung für Praktikanten und Volontäre**
	Die Aufgabenbeschreibung ist eine Zeugniskomponente, die wegen der Vielfalt der Aufgaben nur zum Teil einer Standardisierung zugänglich ist. Aus diesem Grund haben die folgenden Bausteine nur einleitenden Charakter.
2600001	Herr NAME hat in unserem Betrieb zum Thema BEZEICHNUNG seine Diplomarbeit erstellt. Die Arbeitsergebnisse konnten mit Erfolg realisiert werden und führten zu einer spürbaren Verbesserung der BEZEICHNUNG.
2600002	Frau NAME hat in ihrem Praxissemester gemäß einem von uns erstellten Pflichtenheft ein EDV-Programm zur PROBLEMSTELLUNG erstellt. Dieses Programm hat sich in der Praxis sehr gut bewährt.
2600003	Herr NAME durchlief bei uns folgende Abteilungen: AUFZÄHLUNG. Er arbeitete außerdem in unserem Projekt BEZEICHNUNG mit.
2600004	Frau NAME bekam einen Überblick über alle Arbeiten, die in einer STEUERBERATUNG anfallen. Insbesondere wurde sie mit folgenden Arbeiten beschäftigt: (TABELLARISCHE) AUFZÄHLUNG.
2600005	Aufgrund seiner guten Kenntnisse in GEBIET konnte er im Bereich BEZEICHNUNG beschäftigt werden.
2600006	Er wurde von uns hauptsächlich in folgende Aufgaben eingewiesen: (TABELLARISCHE) AUFZÄHLUNG.
2600007	Gemäß der Studienordnung der Fachhochschule ORT wurde er in folgende Gebiete eingewiesen: (TABELLARISCHE) AUFZÄHLUNG.
2600008	Um sich intensiv auf seine spätere Berufspraxis als DIPLOM-INFORMATIKER vorzubereiten, übernahm Herr NAME während seines Praktikums das Projekt BEZEICHNUNG, für das er selbständig eine Sollkonzeption/Lösung erarbeitete.

3000000	**Leistungsbeurteilung**
3200000	**Leistungsbeurteilung von Gewerblichen Arbeitnehmern**
	Bitte wählen Sie unter Beachtung der Notenstufen je einen Baustein aus den nachfolgenden Gruppen 3210 Arbeitsbereitschaft, 3220 Arbeitsbefähigung, 3230 Wissen und Weiterbildung, 3240 Arbeitsweise, 3251 Arbeitsgüte, 3252 Arbeitsmenge und -tempo, 3260 Herausragende Erfolge (nur bei sehr guter oder guter Gesamtbeurteilung) und 3280 zusammenfassende Leistungsbeurteilung.
3210000	**Arbeitsbereitschaft von Gewerblichen Arbeitnehmern**
3210100	**Arbeitsbereitschaft bei sehr guter Beurteilung**
3210101 a	Herr NAME war stets sehr gut motiviert.
3210102 b	Herr NAME zeichnete sich durch eine sehr hohe Arbeitsmoral aus. Er hat jederzeit zusätzliche Arbeiten und Mehrarbeit übernommen.
3210103 c	Frau NAME zeichnete sich durch ein stets sehr hohes Pflichtbewußtsein aus.
3210104 d	Frau NAME verfügte stets über eine sehr gute Leistungsbereitschaft und eine vorbildliche Pflichtauffassung.
3210105 e	Frau NAME war stets eine äußerst engagierte Mitarbeiterin. Es war ihr nie eine Arbeit zu viel.
3210106 f	Herr NAME war ein sehr einsatzfreudiger und eigenmotivierter Mitarbeiter, der bei Terminaufträgen und in Notfällen jederzeit Aufträge in den Abendstunden und an den Wochenenden ausführte.
3210107 g	Die sehr gute Arbeitsmotivation von Herrn NAME zeigte sich unter anderem darin, daß er auf die häufig kurzfristigen Einsatzdispositionen, die unser Betriebszweck unvermeidlich mit sich bringt, stets mit flexibler Einsatzbereitschaft reagierte.
3210108 h	Frau NAME war jederzeit gern bereit, auch Aufgaben außerhalb ihres eigentlichen Aufgabengebietes zu übernehmen.
3210109 i	Herr NAME war ein höchst aktiver, seine Arbeit energisch anpackender BERUFSBEZEICHNUNG. Er arbeitete gern und handelte aus eigenem Antrieb.
3210110 j	Herr NAME verfügte stets über ein sehr hohes Maß an Eigeninitiative und Leistungsbereitschaft.
3210111 k	Herr NAME übernahm jederzeit freiwillig auch äußerst unangenehme sowie gefahrgeneigte Arbeiten.
3210200	**Arbeitsbereitschaft bei guter Beurteilung**
3210201 a	Herr NAME war stets gut motiviert.
3210202 b	Herr NAME zeichnete sich durch eine hohe Arbeitsmoral aus. Er hat jederzeit zusätzliche Arbeiten und Mehrarbeit übernommen.

II./321 Alle Bausteine können für Männer und Frauen verwendet werden

3210203c Frau NAME zeichnete sich durch ein hohes Pflichtbewußtsein aus.

3210204d Frau NAME verfügte stets über eine gute Leistungsbereitschaft und Pflichtauffassung.

3210205e Frau NAME war eine sehr engagierte Mitarbeiterin.

3210206f Herr NAME war ein einsatzfreudiger Mitarbeiter, der bei Terminaufträgen und in Notfällen Aufträge in den Abendstunden und an den Wochenenden ausführte. *(Z. B. im Reparatur-Service)*

3210207g Die gute Arbeitsmotivation von Herrn NAME zeigte sich unter anderem darin, daß er auf die häufig kurzfristigen Einsatzdispositionen, die unser Betriebszweck unvermeidlich mit sich bringt, mit flexibler Einsatzbereitschaft reagierte.

3210208h Frau NAME war jederzeit bereit, auch Aufgaben außerhalb ihres eigentlichen Aufgabengebietes zu übernehmen.

3210209i Herr NAME war ein aktiver, seine Arbeit anpackender BERUFSBEZEICHNUNG.

3210210j Herr NAME verfügte über ein hohes Maß an Eigeninitiative und Leistungsbereitschaft.

3210211k Herr NAME übernahm freiwillig auch unangenehme sowie gefahrgeneigte Arbeiten.

3210300 Arbeitsbereitschaft bei befriedigender Beurteilung

3210301a Herr NAME war gut motiviert.

3210302b Herr NAME hatte eine gute Arbeitsmoral und hat auch zusätzliche Arbeiten übernommen.

3210303c Frau NAME war pflichtbewußt.

3210304d Frau NAME verfügte über eine gute Arbeitsbereitschaft.

3210400 Arbeitsbereitschaft bei ausreichender Beurteilung

3210401a Herr NAME arbeitete mit uns genügender Arbeitsmotivation.

3210402b Die Arbeitsmoral von Herrn NAME äußerte sich darin, daß er wiederholt auf Anforderung bereit war, Mehrarbeit zu übernehmen.

3210500 Arbeitsbereitschaft bei mangelhafter Beurteilung

3210501a Seine Arbeitsmotivation war insgesamt zufriedenstellend.

3210502b Wir wollen nicht vergessen zu erwähnen, daß an seiner Arbeitsmoral kaum etwas auszusetzen war. Er war willig, pünktlich und grundsätzlich auch bereit, Mehrarbeit zu leisten.

3210503* Herr NAME reagierte auf Motivationsmaßnahmen. Er strengte sich an, die berufsüblichen Anforderungen zu erfüllen.

3210504* Herr NAME tat willig, was von ihm verlangt wurde, so daß man ihm in dieser Hinsicht nichts vorwerfen kann.

3210505* Er verstand es geschickt, die ihm zugetragenen Aufgaben mit einem günstigen Einsatz von Energie und Arbeitsaufwand zu erledigen.

3220000 Arbeitsbefähigung von Gewerblichen Arbeitnehmern

3220100 Arbeitsbefähigung bei sehr guter Beurteilung

3220101 a Frau NAME verfügte über eine in jeder Hinsicht sehr hohe Arbeitsbefähigung und war allen Belastungen ihrer schwierigen und anstrengenden Arbeit sehr gut gewachsen.

3220102 b Herr NAME war ein sehr tüchtiger Mitarbeiter. Er war jederzeit fähig, schwierige und umfangreiche Aufgaben zu erfüllen. Er ist ein absoluter Könner.

3220103 c Herr NAME war stets ein hoch belastbarer und sehr ausdauernder Mitarbeiter. Er plante jede Auftragserledigung sorgfältig und dachte vorausschauend mit.

3220104 d Die Reparaturen beim Kunden erfordern es oft, unkonventionelle Lösungen zu finden. Er besitzt hierzu ein exzellentes Improvisationstalent.

3220105 e Er arbeitete sich äußerst engagiert und sehr schnell in die Bedienung der TYP-Maschine ein.

3220106 f Mit den besonderen Belastungen der Akkordarbeit/Schichtarbeit/ Wechselschichtarbeit ist er stets sehr gut zurechtgekommen. Aufgrund seiner vielseitigen Fähigkeiten hat er während der Nachtschicht auftretende Probleme selbständig gelöst.

3220107 g Sie war eine bestens qualifizierte Mitarbeiterin und hat sich aufgrund ihrer außergewöhnlichen Auffassungsgabe sehr schnell und sicher in neue Aufgaben eingearbeitet.

3220108 h Frau NAME war eine im positiven Sinne sachkritische und kluge Mitarbeiterin, die hinsichtlich der Arbeitsabläufe viele sehr vernünftige Anregungen machte und realisierte.

3220109* Sie beherrscht ihr Aufgabengebiet in jeder Hinsicht perfekt/meisterhaft.

3220200 Arbeitsbefähigung bei guter Beurteilung

3220201 a Frau NAME verfügte über eine in jeder Hinsicht hohe Arbeitsbefähigung und war den Belastungen ihrer schwierigen und anstrengenden Arbeit gut gewachsen.

II./322 Bausteinübersicht S. 113 – 116, Beurteilungsbögen S. 117 – 125

3220202 b Herr NAME war ein tüchtiger Mitarbeiter. Er war fähig, schwierige und umfangreiche Aufgaben zu erfüllen.

3220203 c Herr NAME war ein belastbarer und sehr ausdauernder Mitarbeiter. Er plant und denkt mit.

3220204 d Die Reparaturen beim Kunden erfordern es oft, unkonventionelle Lösungen zu finden. Er besitzt hierzu ein gutes Improvisationstalent.

3220205 e Er arbeitete sich engagiert und schnell in die Bedienung der TYP-Maschine ein.

3220206 f Mit den besonderen Belastungen der Akkordarbeit/Schichtarbeit/ Wechselschichtarbeit ist er stets gut zurechtgekommen.

3220207 g Sie war eine gut qualifizierte Mitarbeiterin und hat sich aufgrund ihrer guten Auffassungsgabe schnell und sicher in neue Aufgaben eingearbeitet.

3220208 h Frau NAME war eine im positiven Sinne sachkritische Mitarbeiterin, die hinsichtlich der Arbeitsabläufe viele vernünftige Anregungen machte und realisierte.

3220300   Arbeitsbefähigung bei befriedigender Beurteilung

3220301 a Frau NAME verfügte über eine gute Arbeitsbefähigung.

3220302 b Herr NAME war fähig, auf Anforderung andere gleichartige Arbeiten zu übernehmen.

3220303 c Herr NAME war ein belastbarer und ausdauernder Mitarbeiter.

3220304 d Die Reparaturen beim Kunden erfordern es oft, unkonventionelle Lösungen zu finden. Er besitzt hierzu Improvisationstalent.

3220305 e Er arbeitete sich in die Bedienung der TYP-Maschine ein.

3220306 f Mit den besonderen Belastungen der Akkordarbeit/Schichtarbeit/ Wechselschichtarbeit ist er gut zurechtgekommen.

3220400   Arbeitsbefähigung bei ausreichender Beurteilung

3220401 a Frau NAME verfügte über eine zufriedenstellende Arbeitsbefähigung.

3220402 b Herr NAME war fähig, auf Anforderung vereinzelt andere, gleichartige Arbeitsaufgaben zu erfüllen.

3220403 i Die Erledigung seiner Aufgaben bereitete ihm keine fachlichen Schwierigkeiten.

3220404 ∗ Herr NAME erfüllte die Anforderungen seines Arbeitsplatzes und war aufgrund seiner Fähigkeiten in gewissem Rahmen auch an anderen Arbeitsplätzen einsetzbar.

3220405 ∗ Frau NAME ist dem üblichen Arbeitsanfall gewachsen.

3220500	**Arbeitsbefähigung bei mangelhafter Beurteilung**
3220501 a	Frau NAME verfügte über eine im großen und ganzen zufriedenstellende Arbeitsbefähigung.
3220502 i	Die Erledigung seiner Aufgaben bereitete ihm kaum fachliche Schwierigkeiten.
3230000	**Wissen und Weiterbildung von Gewerblichen Arbeitnehmern**
3230100	**Wissen und Weiterbildung bei sehr guter Beurteilung**
3230101 a	Herr NAME verfügt über eine sehr große und bemerkenswerte Berufserfahrung. Seine fachlichen Kenntnisse entsprechen dem neuesten technischen Stand.
3230102 b	Frau NAME verfügt über umfassende und fundierte Fachkenntnisse, die sie jederzeit sehr gut praktisch umsetzte.
3230103 c	Frau NAME nahm an einem Weiterbildungskurs für BEZEICHNUNG teil und setzte ihre erworbenen Fertigkeiten und Kenntnisse äußerst praxiswirksam um.
3230104 d	Herr NAME war ein aufgeschlossener und sehr versierter Mitarbeiter, der aufgrund seiner außergewöhnlichen Fachkenntnisse und seiner vielseitigen Berufserfahrung mit allen Maschinen und Werkstoffen im Arbeitsbereich bestens vertraut war und daher jederzeit flexibel eingesetzt werden konnte.
3230105 e	Herr NAME hat in der Zeit vom DATUM bis zum DATUM mit sehr gutem Erfolg eine Zusatzausbildung zum BEZEICHNUNG absolviert.
3230106 f	Herr NAME hat durch seine langjährigen und vielseitigen Erfahrungen ein umfangreiches und sehr fundiertes Fachwissen erworben. Er war daher allen bei Montagearbeiten oft auftretenden überraschenden Arbeitssituationen absolut gewachsen.
3230107 g	Herr NAME war ein sehr flexibler und routinierter Fachmann, der stets aktiv und mit Energie seine Weiterbildung entsprechend dem technischen Fortschritt betrieb.
3230108 h	Aufgrund seiner sehr guten technischen Kenntnisse wurde Herr NAME bevorzugt mit der Herstellung von Prototypen und Sonderkonstruktionen betraut, die er nach den Konstruktionsplänen selbständig anfertigte.
3230109 i	Aufgrund seines umfassenden und sehr fundierten Fachwissens und seiner großen praktischen Erfahrung wurde er, insbesondere bei schwierigen und kniffligen Reparaturen, bei der Fehlersuche und Fehlerbehebung eingesetzt, die er stets äußerst systematisch, zügig und sehr erfolgreich durchführte.

II./323   Alle Bausteine können für Männer und Frauen verwendet werden

3230110 j   Herr NAME war ein sehr sachkundiger und überall einsetzbarer Mitarbeiter.

3230111 k   In kürzester Zeit beherrschte er die Bedienung dieser äußerst komplizierten Maschine sehr gut.

3230112 l   Aufgrund seiner sehr guten praktischen Kenntnisse haben wir ihm empfohlen, sich zum BEZEICHNUNG weiterzubilden.

3230113 m   Aufgrund seiner sehr guten praktischen Kenntnisse haben wir ihm empfohlen, den Meisterbrief zu erwerben.

3230114 n   Hervorzuheben sind auch seine sehr guten Englischkenntnisse, so daß er die meist in englischer Sprache verfaßten Handbücher für unsere Anlagen und Maschinen lesen und verstehen kann.

3230115 ✻   Herr NAME hat in Eigeninitiative berufsbegleitend eine Ausbildung zum BEZEICHNUNG-Meister durchgeführt und im MONAT JAHR den Meistertitel erworben.

3230116 ✻   Herr NAME hat sich in Eigeninitiative berufsbegleitend weitergebildet und im MONAT JAHR erfolgreich die Technikerprüfung abgelegt.

3230117 ✻   Neben seiner täglichen Arbeit absolvierte Herr NAME einen Kurs in GEBIET und erwarb so für unsere Arbeit sehr wichtige Kenntnisse, die er an seine Kollegen weitergab.

3230118 ✻   Frau NAME hat sich in Eigeninitiative berufsbegleitend weiter ausgebildet und im MONAT JAHR das Abitur erworben.

3230200   Wissen und Weiterbildung bei guter Beurteilung

3230201 a   Herr NAME verfügt über eine große Berufserfahrung. Seine fachlichen Kenntnisse entsprechen dem neuesten technischen Stand.

3230202 b   Frau NAME verfügt über umfassende und fundierte Fachkenntnisse, die sie jederzeit gut praktisch umsetzte.

3230203 c   Frau NAME nahm an einem Weiterbildungskurs für BEZEICHNUNG teil und setzte ihre erworbenen Fertigkeiten und Kenntnisse erfolgreich um.

3230204 d   Herr NAME war ein aufgeschlossener und versierter Mitarbeiter, der aufgrund seiner guten Fachkenntnisse und seiner vielseitigen Berufserfahrung mit allen Maschinen und Werkstoffen im Arbeitsbereich gut vertraut war und daher jederzeit flexibel eingesetzt werden konnte.

3230205 e   Herr NAME hat in der Zeit vom DATUM bis zum DATUM mit gutem Erfolg eine Zusatzausbildung zum BEZEICHNUNG absolviert.

Wissen und Weiterbildung – Gewerbliche Arbeitnehmer II./323

3230206 f Herr NAME hat durch seine langjährige Erfahrung ein umfangreiches und fundiertes Fachwissen erworben. Er war daher allen bei Montagearbeiten oft auftretenden überraschenden Arbeitssituationen stets gut gewachsen.

3230207 g Herr NAME war ein flexibler und routinierter Fachmann, der mit Energie seine Weiterbildung entsprechend dem technischen Fortschritt betrieb.

3230208 h Aufgrund seiner guten technischen Kenntnisse wurde Herr NAME wiederholt mit der Herstellung von Prototypen und Sonderkonstruktionen betraut, die er nach den Konstruktionsplänen selbständig anfertigte.

3230209 i Aufgrund seines umfassenden und fundierten Fachwissens und seiner großen praktischen Erfahrung wurde er, insbesondere bei schwierigen Reparaturen, bei der Fehlersuche und Fehlerbehebung eingesetzt, die er stets systematisch, zügig und erfolgreich durchführte.

3230210 j Herr NAME war ein sachkundiger und vielfältig einsetzbarer Mitarbeiter.

3230211 k In kurzer Zeit beherrschte er die Bedienung dieser komplizierten Maschine gut.

3230212 l Aufgrund seiner guten praktischen Kenntnisse haben wir ihm empfohlen, sich zum BEZEICHNUNG weiterzubilden.

3230213 m Aufgrund seiner guten praktischen Kenntnisse haben wir ihm empfohlen, den Meisterbrief zu erwerben.

3230214 n Hervorzuheben sind auch seine guten Englischkenntnisse, so daß er die meist in englischer Sprache verfaßten Handbücher für unsere Anlagen und Maschinen lesen und verstehen kann.

3230300 Wissen und Weiterbildung bei befriedigender Beurteilung

3230301 a Herr NAME verfügt über eine gute Berufserfahrung. Seine fachlichen Kenntnisse entsprechen dem heutigen technischen Stand.

3230302 b Frau NAME verfügt über Fachkenntnisse, die sie gut praktisch umsetzte.

3230303 c Frau NAME nahm an einem Weiterbildungskurs für BEZEICHNUNG teil und wendete ihre dort erworbenen Fertigkeiten und Kenntnisse an.

3230304 d Herr NAME war ein aufgeschlossener Mitarbeiter, der aufgrund seiner guten Fachkenntnisse und seiner Berufserfahrung mit den Maschinen und Werkstoffen im Arbeitsbereich gut vertraut war und daher flexibel eingesetzt werden konnte.

3230305 e Herr NAME hat in der Zeit vom DATUM bis zum DATUM mit Erfolg eine Zusatzausbildung zum BEZEICHNUNG absolviert.

3230306 f Herr NAME war den bei Montagearbeiten oft auftretenden überraschenden Arbeitssituationen gut gewachsen.

3230307 g Herr NAME war ein routinierter Fachmann, der sich entsprechend dem technischen Fortschritt weiterbildete.

3230400 Wissen und Weiterbildung bei ausreichender Beurteilung

3230401 a Frau NAME verfügte über Berufserfahrung.

3230402 b Frau NAME verfügte über zufriedenstellende Fachkenntnisse.

3230403 c Frau NAME nahm an einem Weiterbildungskurs für BEZEICHNUNG teil.

3230500 Wissen und Weiterbildung bei mangelhafter Beurteilung

3230501 a Frau NAME verfügte über eine noch auszubauende Berufserfahrung.

3230502 b Frau NAME verfügte im großen und ganzen über zufriedenstellende Fachkenntnisse.

3230503 c Frau NAME absolvierte einen Weiterbildungskurs für BEZEICHNUNG und war bestrebt, die dort erworbenen Fertigkeiten und Kenntnisse anzuwenden.

3230504 * Herr NAME verfügte hinsichtlich seiner Aufgaben über entwicklungsfähige Grundkenntnisse.

3230505 * Herr NAME war stets nach Kräften bestrebt, sich mit den für seine Arbeit notwendigen Fachkenntnissen zu beschäftigen und der technischen Entwicklung zu folgen. Dabei besaß er ein gesundes Selbstvertrauen, so daß er an alle Arbeiten ohne Zögern heranging.

3230506 * Herrn NAME wurde wiederholt die Gelegenheit zum Besuch von Weiterbildungsveranstaltungen angeboten.

3240000 Arbeitsweise von Gewerblichen Arbeitnehmern

3240100 Arbeitsweise bei sehr guter Beurteilung

3240101 a Herr NAME arbeitete stets sehr zielstrebig, gründlich und zügig. Er dachte mit und plante den Werkzeug- und Materialbedarf der verschiedenen Arbeitseinsätze sehr gut.

3240102 b Herr NAME arbeitete stets sehr zielstrebig, sorgfältig und rationell. Er dachte bei der Arbeitsvorbereitung mit und plante den Werkzeug- und Materialbedarf der verschiedenen Aufträge sehr gut.

Arbeitsweise – Gewerbliche Arbeitnehmer II./324

3240103 c Frau NAME arbeitete stets sehr zielstrebig, routiniert und effizient. Sie erledigte selbständig die Arbeitsvorbereitung und plante den Werkzeug- und Materialbedarf der verschiedenen Aufträge sehr gut.

3240104 d Der Umgang mit den Betriebsmitteln und Materialien war stets in jeder Hinsicht vorbildlich.

3240105 e Die Nutzung von Stoffen und Energie war stets in jeder Hinsicht vorbildlich und umweltgerecht.

3240106 f Sein Arbeitsstil war stets vorzüglich und sehr zweckmäßig. Er plante und organisierte seine Arbeit vorausschauend.

3240107 g Frau NAME beachtete die Arbeitssicherheitsvorschriften stets in vorbildlicher Weise und hielt auch andere zur Beachtung der Arbeitssicherheitsvorschriften an.

3240108 h Seinen Rufbereitschaftsdienst hat er stets absolut zuverlässig versehen.

3240109 i Frau NAME zeichnete sich stets durch eine sehr akkurate handwerkliche Arbeitsweise und durch Ordnungssinn aus.

3240110 j Herr NAME fuhr die ihm anvertrauten Fahrzeuge stets sehr schonend und wartete sie besonders sorgfältig. Er blieb während seiner mehrjährigen Tätigkeit unfallfrei und zeichnete sich durch große Zuverlässigkeit und hohes Verantwortungsbewußtsein aus.

3240111 k Frau NAME arbeitete stets sehr konzentriert, ordentlich und zügig.

3240112 l Frau NAME arbeitete auch bei sehr komplizierten Fällen sowie unter Zeitdruck unbedingt zuverlässig.

3240113 m Er arbeitet stets sehr selbständig, fachmännisch, zügig und sauber, so daß es bei seinen Arbeiten nie zu Reklamationen der Kunden kam.

3240114 n Herr NAME erledigte diese schwierigen und gefährlichen Arbeiten stets absolut zuverlässig. Er reagierte auch in kritischen Situationen schnell und sicher.

3240200 **Arbeitsweise bei guter Beurteilung**

3240201 a Herr NAME arbeitete sehr gründlich und zügig. Er dachte mit und plante den Werkzeug- und Materialbedarf der verschiedenen Arbeitseinsätze gut.

3240202 b Frau NAME arbeitete sehr sorgfältig und rationell. Sie dachte bei der Arbeitsvorbereitung mit und plante den Werkzeug- und Materialbedarf der verschiedenen Aufträge gut.

3240203 c Frau NAME arbeitete sehr routiniert und effizient. Sie erledigte selbständig die Arbeitsvorbereitung und plante den Werkzeug- und Materialbedarf der verschiedenen Aufträge gut.

3240204 d Der Umgang mit den Betriebsmitteln und Materialien war stets sachgemäß und überlegt.

3240205 e Die Nutzung von Stoffen und Energie war stets sachgemäß, überlegt und umweltgerecht.

3240206 f Sein Arbeitsstil war stets sehr zweckmäßig.

3240207 g Frau NAME beachtete die Arbeitssicherheitsvorschriften stets in zuverlässiger Weise und hielt auch andere zur Beachtung der Arbeitssicherheitsvorschriften an.

3240208 h Seinen Rufbereitschaftsdienst hat er stets zuverlässig versehen.

3240209 i Frau NAME zeichnete sich stets durch eine akkurate handwerkliche Arbeitsweise und durch Ordnungssinn aus.

3240210 j Herr NAME fuhr die ihm anvertrauten Fahrzeuge sehr schonend und wartete sie besonders sorgfältig. Er blieb während seiner mehrjährigen Tätigkeit unfallfrei und zeichnete sich durch große Zuverlässigkeit und Verantwortungsbewußtsein aus.

3240211 k Frau NAME arbeitete sehr konzentriert, ordentlich und zügig.

3240212 l Frau NAME arbeitete auch bei komplizierten Fällen sowie unter Zeitdruck sehr zuverlässig.

3240213 m Er arbeitete selbständig, fachmännisch, zügig und sauber, so daß es bei seinen Arbeiten nie zu Reklamationen der Kunden kam.

3240214 n Herr NAME erledigte diese schwierigen und gefährlichen Arbeiten sehr zuverlässig. Er reagierte auch in kritischen Situationen schnell und sicher.

3240300 Arbeitsweise bei befriedigender Beurteilung

3240301 a Herr NAME arbeitete gründlich und zügig.

3240302 b Frau NAME arbeitete sorgfältig und rationell.

3240303 c Herr NAME arbeitete routiniert und effizient.

3240304 d Der Umgang mit den Betriebsmitteln und Materialien war sachgemäß und überlegt.

3240305 e Die Nutzung von Stoffen und Energie war sachgemäß und überlegt.

3240306 f Sein Arbeitsstil war stets zweckmäßig.

3240307 g Frau NAME beachtete die Arbeitssicherheitsvorschriften zuverlässig.

3240308 h Seinen Rufbereitschaftsdienst hat er zuverlässig versehen.

Arbeitsweise – Gewerbliche Arbeitnehmer   II./324

3240309 i   Mit der handwerklichen Arbeitsweise von Frau NAME waren wir voll zufrieden.

3240310 j   Herr NAME fuhr die ihm anvertrauten Fahrzeuge schonend und wartete sie sorgfältig. Er ist zuverlässig und blieb während seiner mehrjährigen Tätigkeit unfallfrei.

3240400   Arbeitsweise bei ausreichender Beurteilung

3240401 a   Man kann ihn auch als gründlich bezeichnen.

3240402 b   Frau NAME arbeitete ausreichend sorgfältig und rationell.

3240403 c   Wir dürfen nicht vergessen, auch ihn als routinierten Arbeiter zu bezeichnen.

3240404 d   Der Umgang mit Betriebsmitteln und Materialien war akzeptabel.

3240405 e   Die Nutzung von Stoffen und Energie war akzeptabel.

3240406 f   Er arbeitete zweckmäßig.

3240407 g   Frau NAME beachtete die Arbeitssicherheitsvorschriften.

3240408 h   Seinen Rufbereitschaftsdienst hat er zufriedenstellend versehen.

3240409 i   Mit der Arbeitsweise von Frau NAME waren wir zufrieden.

3240500   Arbeitsweise bei mangelhafter Beurteilung

3240501 a   Er arbeitete im allgemeinen gründlich und zügig.

3240502 b   Sie arbeitete im allgemeinen sorgfältig und rationell.

3240503 c   Er arbeitete unter Aufsicht selbständig und im allgemeinen routiniert.

3240504 d   Der Umgang mit Betriebsmitteln und Materialien war im allgemeinen akzeptabel.

3240505 e   Die Nutzung von Stoffen und Energie war im allgemeinen überlegt.

3240506 f   Er arbeitete im allgemeinen zweckmäßig und ohne größere Beanstandungen.

3240507 g   Frau NAME beachtete im allgemeinen die Arbeitssicherheitsvorschriften.

3240508 h   Seinen Rufbereitschaftsdienst hat er insgesamt zufriedenstellend versehen.

3240509 i   Mit der Arbeitsweise von Frau NAME waren wir insgesamt zufrieden.

3240510 *   Er hat die Aufgaben, die ihm zur Erledigung aufgetragen wurden, in der ihm eigenen Weise bearbeitet. *(Umständlich)*

II./325 Bausteinübersicht S. 113 – 116, Beurteilungsbögen S. 117 – 125

3250000 Arbeitserfolg von Gewerblichen Arbeitnehmern

3251000 Arbeitserfolg – Arbeitsgüte von Gewerblichen Arbeitnehmern

3251100 Arbeitserfolg – Arbeitsgüte bei sehr guter Beurteilung

3251101 a Die Arbeitsergebnisse waren, auch bei wechselnden Anforderungen und in sehr schwierigen Fällen, stets von sehr guter Qualität.

3251102 b Er beeindruckte durch die stets sehr gute Qualität seiner Werkstücke.

3251103 c Seine Arbeitsgüte übertraf stets sehr weit die Anforderungen, die an einen qualifizierten Facharbeiter gestellt werden können.

3251104 d Die Qualität ihrer Arbeit lag stets sehr weit über dem durchschnittlichen Standard der Arbeitsgruppe.

3251105 e Die Arbeitsqualität von Frau NAME war konstant sehr gut.

3251106 f Herr NAME erledigte alle Präzisionsarbeiten stets sehr gut.

3251107 g Herr NAME war mit seiner Arbeitsqualität mit Abstand der beste Facharbeiter in der Abteilung.

3251108 h Aufgrund seiner umsichtigen und sehr effizienten Arbeitsweise erbrachte er auch in schwierigen Ausnahmesituationen stets eine sehr gute Leistung.

3251109 i Die Arbeitsergebnisse waren, auch bei fachlich sehr schwierigen Arbeiten unter Zeitdruck, stets von vorzüglicher Qualität.

3251110 j Herr NAME erledigte aufgrund seiner sehr hohen Daueraufmerksamkeit auch repetitive Arbeiten stets sehr sorgfältig und fehlerfrei.

3251111* Herr NAME war mit seinen Arbeitsergebnissen einer der besten Facharbeiter unseres Unternehmens.

3251112* Die Qualität ihrer Arbeit war kontinuierlich und ausnahmslos sehr hoch.

3251200 Arbeitserfolg – Arbeitsgüte bei guter Beurteilung

3251201 a Die Arbeitsergebnisse waren auch bei wechselnden Anforderungen und in schwierigen Fällen stets von guter Qualität.

3251202 b Seine Werkstücke waren stets von guter Qualität.

3251203 c Seine Arbeitsgüte übertraf weit die Anforderungen, die an einen qualifizierten Facharbeiter gestellt werden können.

3251204 d Die Qualität ihrer Arbeit lag stets deutlich über dem durchschnittlichen Standard der Arbeitsgruppe.

3251205 e Die Arbeitsqualität von Frau NAME war konstant gut.

3251206 f Herr NAME erledigte alle Präzisionsarbeiten stets gut.

3251207 g Herr NAME war mit seiner Arbeitsqualität einer der besten Facharbeiter in der Abteilung.

Arbeitserfolg – Gewerbliche Arbeitnehmer   II./325

3251208 h   Aufgrund seiner umsichtigen und effizienten Arbeitsweise erbrachte er auch in Ausnahmesituationen stets eine gute Leistung.

3251209 i   Die Arbeitsergebnisse waren, auch bei fachlich schwierigen Arbeiten unter Zeitdruck, stets von guter Qualität.

3251210 j   Herr NAME erledigte aufgrund seiner hohen Daueraufmerksamkeit auch repetitive Arbeiten sorgfältig und fehlerfrei.

3251300   Arbeitserfolg – Arbeitsgüte bei befriedigender Beurteilung

3251301 a   Die Arbeitsergebnisse waren von guter Qualität.

3251302 b   Die Qualität seiner Werkstücke war voll zufriedenstellend.

3251303 c   Seine Arbeitsgüte erfüllte voll die Anforderungen, die an einen Facharbeiter gestellt werden können.

3251304 d   Die Qualität ihrer Arbeit entsprach stets voll dem durchschnittlichen Standard der Arbeitsgruppe.

3251305 e   Die Arbeitsqualität von Frau NAME war gut.

3251306 f   Herr NAME erledigte Präzisionsarbeiten gut.

3251400   Arbeitserfolg – Arbeitsgüte bei ausreichender Beurteilung

3251401 a   Die Arbeitsergebnisse entsprachen der erforderlichen Mindestqualität.

3251402 b   Die Qualität seiner Werkstücke war zufriedenstellend.

3251403 c   Seine Arbeitsgüte entsprach den Anforderungen, die unverzichtbar gestellt werden müssen.

3251404 d   Die Qualität ihrer Arbeit entsprach fast immer dem durchschnittlichen Standard der Arbeitsgruppe.

3251405 e   Die Arbeitsqualität von Frau NAME war zufriedenstellend.

3251500   Arbeitserfolg – Arbeitsgüte bei mangelhafter Beurteilung

3251501 a   Die Arbeitsergebnisse entsprachen im allgemeinen der erforderlichen Mindestqualität.

3251502 b   Die Qualität seiner Werkstücke war insgesamt zufriedenstellend.

3251503 c   Seine Arbeitsgüte entsprach meist den Anforderungen, die an einen Facharbeiter gestellt werden müssen.

3251504 d   Die Qualität ihrer Arbeit erreichte wiederholt den durchschnittlichen Standard der Arbeitsgruppe.

3251505 e   Die Arbeitsqualität von Frau NAME war im großen und ganzen zufriedenstellend.

3251506* Frau NAME strebte stets danach, qualitativ gute Arbeit zu leisten. Sie arbeitete meist fehlerfrei.

3251507* Er war stets bestrebt, zu brauchbaren und verwertbaren Arbeitsergebnissen zu kommen.

3251508* Besonders begrüßten wir sein ständiges Streben, mängelfreie Arbeit zu liefern.

3252000   Arbeitserfolg – Arbeitsmenge und -tempo von Gewerblichen Arbeitnehmern

3252100   Arbeitserfolg – Arbeitsmenge und -tempo bei sehr guter Beurteilung

3252101 a   Arbeitsmenge und Arbeitstempo lagen stets sehr weit über unseren Erwartungen/Anforderungen.

3252102 b   Arbeitsmenge und Arbeitstempo lagen stets sehr weit über dem Durchschnitt.

3252103 c   Sie war stets außerordentlich intensiv und effektiv bei der Arbeit.

3252104 d   Arbeitsmenge und Arbeitstempo von Frau NAME waren stets sehr gut.

3252105 e   Herr NAME hat die Vorgabezeiten stets deutlich unterboten.

3252106 f   Ihre Arbeitsproduktivität war stets enorm hoch.

3252107 g   Herr NAME lag mit seiner Arbeitsmenge stets unangefochten an der Spitze.

3252108 h   Herr NAME war ein äußerst produktiver Mitarbeiter. Er unterschritt bei Terminarbeiten beträchtlich die vereinbarten Zeiten und erhielt daher stets eine hohe Prämie.

3252200   Arbeitserfolg – Arbeitsmenge und -tempo bei guter Beurteilung

3252201 a   Arbeitsmenge und Arbeitstempo lagen stets über unseren Erwartungen/Anforderungen.

3252202 b   Arbeitsmenge und Arbeitstempo lagen stets über dem Durchschnitt.

3252203 c   Sie war sehr intensiv und effektiv bei der Arbeit.

3252204 d   Arbeitsmenge und Arbeitstempo von Frau NAME waren stets gut.

3252205 e   Herr NAME hat die Vorgabezeiten stets unterboten.

3252206 f   Ihre Arbeitsproduktivität war stets hoch.

3252207 g   Herr NAME lag mit seiner Arbeitsmenge stets in der Spitzengruppe.

Arbeitserfolg – Gewerbliche Arbeitnehmer   II./325

3252208 h   Herr NAME war ein sehr produktiver Mitarbeiter. Er unterschritt bei Terminarbeiten die vereinbarten Zeiten und erhielt daher stets eine Prämie.

3252300   Arbeitserfolg – Arbeitsmenge und -tempo bei befriedigender Beurteilung

3252301 a   Arbeitsmenge und Arbeitstempo lagen über unserer Erwartung/Anforderung.

3252302 b   Arbeitsmenge und Arbeitstempo entsprachen voll dem Durchschnitt.

3252303 c   Er war intensiv bei der Arbeit.

3252304 d   Arbeitsmenge und Arbeitstempo von Frau NAME waren gut.

3252305 e   Herr NAME hat die Vorgabezeiten stets erreicht.

3252306 f   Ihre Arbeitsproduktivität war voll zufriedenstellend.

3252307 i   Er arbeitete stets gleichmäßig.

3252400   Arbeitserfolg – Arbeitsmenge und -tempo bei ausreichender Beurteilung

3252401 a   Arbeitsmenge und Arbeitstempo entsprachen der Erwartung/Anforderung.

3252402 b   Arbeitsmenge und Arbeitstempo erreichten den Durchschnitt.

3252403 c   Ihre Arbeitsintensität war zufriedenstellend.

3252404 d   Arbeitsmenge und Arbeitstempo waren nicht zu beanstanden.

3252405 e   Herr NAME hat die Vorgabezeiten eingehalten.

3252406 f   Ihre Arbeitsproduktivität war zufriedenstellend.

3252407 i   Er arbeitete gleichmäßig.

3252500   Arbeitserfolg – Arbeitsmenge und -tempo bei mangelhafter Beurteilung

3252501 a   Arbeitsmenge und Arbeitstempo genügten im allgemeinen unserer Erwartung/Anforderung.

3252502 b   Er war stets bestrebt, beim Arbeitstempo und bei der Arbeitsmenge seiner Kollegen mitzuhalten.

3252503 c   Er war fast immer mit seiner Arbeit beschäftigt.

3252504 d   Arbeitsmenge und Arbeitstempo waren kaum zu beanstanden.

3252505 e   Herr NAME hat sich angestrengt, die Vorgabezeiten einzuhalten.

3252506 f	Ihre Arbeitsproduktivität war insgesamt zufriedenstellend.
3252507 i	Sie arbeitete im allgemeinen gleichmäßig.
3252508 ✳	Bei den von Herrn NAME ausgeführten Arbeiten war es sehr wichtig, daß es nicht laufend zu Verzögerungen und Terminüberschreitungen kam.

3260000   Herausragende Erfolge von Gewerblichen Arbeitnehmern bei sehr guter oder guter Gesamtbeurteilung

3260001	Frau NAME reichte mehrere beachtliche Verbesserungsvorschläge ein, die prämiert und erfolgreich eingeführt wurden.
3260002	Durch ein einfaches, aber wirksames System von Zwischenkontrollen gelang es Frau NAME, die Ausschußquote in ihrem Zuständigkeitsbereich auf nahezu Null zu senken und so erhebliche Kosteneinsparungen zu erreichen.
3260003	Herr NAME reparierte effizient und gründlich zugleich und meisterte auch schwierige Fälle sehr erfolgreich. Bei den von ihm instand gesetzten Maschinen kam es in keinem Falle zu einer Reklamation.
3260004	Frau NAME ging äußerst sparsam mit dem Material um. Auch ihr Werkzeugverschleiß war weit unterdurchschnittlich.
3260005	Herr NAME hat durch seinen Einsatz und durch seine Umsicht den Meister/Vorgesetzten sehr wirksam entlastet. Bei Abwesenheit des Meisters/Vorgesetzten leitete er erfolgreich die Gruppe.
3260006	Aufgrund ihrer sehr guten Leistungen erhielt Frau NAME laufend eine hohe übertarifliche Bezahlung. Sie war unsere höchstentlohnte Facharbeiterin.
3260007	Herr NAME war mit Abstand der beste Facharbeiter/Geselle unseres/meines Unternehmens.
3260008	Herr NAME war sehr an technischen Neuentwicklungen in unserem Fachgebiet interessiert. Er übernahm daher stets sehr engagiert und fachmännisch die Erprobung neuer Materialien und neuer Arbeitsmittel.
3260009	Aufgrund seiner sehr guten Fachkenntnisse hat Herr NAME erfolgreich bei der Berufsausbildung mitgewirkt.
3260010	Herr NAME bestand die Ausbildereignungsprüfung und hat erfolgreich bei der Ausbildung mitgewirkt.
3260011	Herr NAME identifizierte sich absolut mit dem Unternehmen. Aufgrund seiner Tätigkeit als WARTUNGSTECHNIKER hat er dem Verkauf regelmäßig Hinweise gegeben, so daß wir eine ganze Reihe von neuen Anlagen/Maschinen verkaufen konnten.

Zusammenfassende Leistungsbeurteilung – Gewerbliche Arbeitnehmer **II./326 – 328**

3260012 Aufgrund ihres langjährig ausgezeichneten Einsatzes und der beständig sehr guten Leistungen haben wir im MONAT JAHR eine Höhergruppierung in die Tarifgruppe NUMMER vorgenommen.

3260013 Wir haben Frau NAME schrittweise immer anspruchsvollere Aufgaben übertragen und sie im MONAT JAHR ins Angestelltenverhältnis übernommen.

3260014 Aufgrund seiner Zuverlässigkeit haben wir ihm im MONAT JAHR die Führung unseres Ersatzteillagers/Werkstattlagers/Werkzeugbestandes anvertraut. Er hat diese Zusatzaufgabe jederzeit sehr engagiert und absolut verantwortungsbewußt wahrgenommen. Fehlbestände traten nicht auf.

3280000 Zusammenfassende Leistungsbeurteilung bei Gewerblichen Arbeitnehmern

3280100 Zusammenfassende Leistungsbeurteilung bei sehr guter Beurteilung

3280101 a Die ihm übertragenen Arbeiten erledigte er stets zu unserer vollsten Zufriedenheit.

3280102 b Mit den Leistungen von Frau NAME waren unsere Auftraggeber und wir stets außerordentlich zufrieden.

3280103 c Die Arbeitsergebnisse von Herrn NAME überragten weit diejenigen der anderen MONTEURE, so daß wir mit seinen Leistungen stets sehr zufrieden waren.

3280104 d Mit seinem Fleiß und seinen sehr guten Leistungen waren wir stets sehr zufrieden. Er war einer unserer besten BERUFSBEZEICHNUNG.

3280105 e Seine Leistungen waren stets sehr gut.

3280106 f Seine Leistungen übertrafen unsere Anforderungen/Erwartungen während der gesamten Beschäftigungszeit in sehr hohem Maße, so daß wir stets außerordentlich zufrieden waren.

3280107 g Die Leistungen von Herrn NAME entsprachen der höchsten Stufe des tariflichen Beurteilungssystems, so daß wir stets außerordentlich zufrieden waren.

3280108 h Während des (ZAHL-wöchigen/ZAHL-monatigen) Arbeitsverhältnisses hat sie stets zu unserer vollsten Zufriedenheit gearbeitet. (Betonung der kurzen Beurteilungsbasis)

3280109 i Er hat unsere Erwartungen stets in bester Weise erfüllt. Mit seinen meisterlichen Leistungen waren wir jederzeit äußerst zufrieden.

3280110 j Mit seinen vollkommenen Arbeiten und seinen ausgezeichneten Leistungen waren wir jederzeit außerordentlich zufrieden.

II./328 Alle Bausteine können für Männer und Frauen verwendet werden

3280111 k Er hat als höchstqualifizierte und äußerst produktive Kraft stets zu unserer vollsten Zufriedenheit gearbeitet.

3280112 l Herr NAME erledigte alle seine Aufgaben, insbesondere auch alle ihm wegen seiner absoluten Zuverlässigkeit bevorzugt anvertrauten schwierigen Spezialaufträge, in lobenswerter Weise stets zu unserer vollsten Zufriedenheit.

3280113 m Herr NAME hat kontinuierlich Spitzenleistungen erbracht. Wir waren daher mit ihm stets im höchsten Maße zufrieden.

3280114 n Mit seinen Leistungen waren wir jederzeit außerordentlich zufrieden. Aufgrund seiner sehr guten Arbeitsergebnisse war er für eine Beförderung zum Vorarbeiter vorgesehen.

3280115 ✳ Ihre Leistungen waren während des gesamten Arbeitsverhältnisses sehr gut. Sie war eine vortreffliche Mitarbeiterin.

3280116 ✳ Frau NAME hat sich als Spezialistin permanent bestens bewährt. Mit ihren Leistungen und Erfolgen waren wir stets außerordentlich zufrieden.

3280117 ✳ Aufgrund seiner außergewöhnlichen/ausgezeichneten Leistungen und Erfolge waren wir mit ihm stets außerordentlich zufrieden.

3280118 ✳ Herr NAME ist ein erstklassiger BERUFSBEZEICHNUNG, der seine Arbeiten stets zu unserer absoluten/höchsten Zufriedenheit erledigt hat.

3280119 ✳ Herr NAME war nach übereinstimmender Wertung ein mustergültiger Mitarbeiter. Seine Leistungen und Erfolge haben stets unsere volle Anerkennung gefunden.

3280120 ✳ Ihre ungewöhnlichen Leistungen und Erfolge fanden stets in jeder Hinsicht unsere volle Anerkennung.

3280121 ✳ Mit seinem Engagement und seinen ausgezeichneten Leistungen waren wir stets außerordentlich zufrieden. Er ist einer unserer sehr guten BERUFSBEZEICHNUNG.

3280122 ✳ Herr NAME leistete weit mehr als von einem guten BERUFSBEZEICHNUNG erwartet wird. Wir waren daher mit ihm in jeder Hinsicht stets sehr zufrieden.

3280200 Zusammenfassende Leistungsbeurteilung bei guter Beurteilung

3280201 a Die ihm übertragenen Arbeiten erledigte er stets zu unserer vollen Zufriedenheit.

3280202 b Mit den Leistungen von Frau NAME waren unsere Auftraggeber und wir stets voll zufrieden.

Zusammenfassende Leistungsbeurteilung – Gewerbliche Arbeitnehmer II./328

3280203 c Die Arbeitsergebnisse von Herrn NAME waren deutlich besser als diejenigen der anderen MONTEURE, so daß wir mit seinen Leistungen stets voll zufrieden waren.

3280204 d Mit seinem Fleiß und seinen guten Leistungen waren wir sehr zufrieden. Er gehörte zu unseren guten BERUFSBEZEICHNUNG.

3280205 e Ihre Leistungen waren stets gut.

3280206 f Seine Leistungen übertrafen unsere Anforderungen/Erwartungen während der gesamten Beschäftigungszeit erheblich, so daß wir stets voll zufrieden waren.

3280207 g Die Leistungen von Herrn NAME entsprachen der zweithöchsten Stufe des tariflichen Beurteilungssystems, so daß wir stets voll zufrieden waren.

3280208 h Während des (ZAHL-wöchigen/ZAHL-monatigen) Arbeitsverhältnisses hat sie stets zu unserer vollen Zufriedenheit gearbeitet. *(Betonung der kurzen Beurteilungsbasis)*

3280209 i Er hat unsere Erwartungen stets gut erfüllt. Mit seinen Leistungen waren wir jederzeit voll zufrieden.

3280210 j Mit ihren Arbeiten und ihren guten Leistungen waren wir jederzeit voll zufrieden.

3280211 k Sie hat als hochqualifizierte und produktive Kraft stets zu unserer vollen Zufriedenheit gearbeitet.

3280212 l Herr NAME erledigte alle seine Aufgaben, insbesondere auch alle ihm wegen seiner hohen Zuverlässigkeit anvertrauten Spezialaufträge, stets zu unserer vollen Zufriedenheit.

3280213 m Herr NAME hat Spitzenleistungen erbracht. Wir waren daher mit ihm stets in hohem Maße zufrieden.

3280214 n Mit seinen Leistungen waren wir jederzeit voll zufrieden. Aufgrund seiner guten Arbeitsergebnisse war er für eine Beförderung zum Vorarbeiter vorgesehen.

3280300 Zusammenfassende Leistungsbeurteilung bei befriedigender Beurteilung

3280301 a Die ihr übertragenen Arbeiten führte sie zu unserer vollen Zufriedenheit aus.

3280302 b Mit der Leistung von Frau NAME waren unsere Auftraggeber und wir voll zufrieden.

3280303 c Die Arbeitsergebnisse von Herrn NAME entsprachen eindeutig denjenigen der anderen MONTEURE, so daß wir mit seiner Leistung voll zufrieden waren.

3280304	d	Mit seinem Fleiß und seiner Leistung waren wir voll zufrieden.
3280305	e	Seine Leistung war gut.
3280306	f	Seine Leistung erfüllte unsere Anforderungen/Erwartungen, so daß wir voll zufrieden waren.
3280307	g	Die Leistung von Herrn NAME entsprach der Stufe BEZEICHNUNG DER DRITTRANGIGEN STUFE des tariflichen Beurteilungssystems, so daß wir voll zufrieden waren.
3280308	h	Während des (ZAHL-wöchigen/ZAHL-monatigen) Arbeitsverhältnisses hat er zu unserer vollen Zufriedenheit gearbeitet. *(Betonung der kurzen Beurteilungsbasis)*
3280309	i	Er hat unsere Erwartung gut erfüllt. Mit seiner Leistung waren wir voll zufrieden.
3280310	j	Mit ihrer Arbeit und ihrer Leistung waren wir voll zufrieden.
3280311	k	Er hat als qualifizierte Kraft zu unserer vollen Zufriedenheit gearbeitet.
3280312	l	Herr NAME führte seine Aufgaben, auch spezielle Aufträge, zu unserer vollen Zufriedenheit aus.

3280400 Zusammenfassende Leistungsbeurteilung bei ausreichender Beurteilung

3280401	a	Die ihr gestellten Arbeiten führte sie zu unserer Zufriedenheit aus.
3280402	b	Mit den Arbeiten von Frau NAME waren unsere Auftraggeber und wir zufrieden.
3280403	c	Die Arbeitsergebnisse von Herrn NAME erreichten das Niveau anderer MONTEURE, so daß wir mit seiner Arbeit zufrieden waren.
3280404	d	Mit seinem Fleiß und seiner Arbeit waren wir zufrieden.
3280405	e	Seine Arbeit war zufriedenstellend.
3280406	f	Seine Arbeit entsprach unseren Anforderungen/Erwartungen, so daß wir zufrieden waren.
3280407	g	Die Arbeit von Herrn NAME entsprach der Stufe BEZEICHNUNG DER VIERTRANGIGEN STUFE des tariflichen Beurteilungssystems, so daß wir zufrieden waren.
3280408	h	Während des (ZAHL-wöchigen/ZAHL-monatigen) Arbeitsverhältnisses hat er zu unserer Zufriedenheit gearbeitet. *(Betonung der kurzen Beurteilungsbasis)*
3280409	i	Herr NAME hat unserer Erwartung entsprochen, so daß wir mit seiner Arbeit zufrieden waren.

Zusammenfassende Leistungsbeurteilung – Gewerbliche Arbeitnehmer **II./328**

3280410✶ Herr NAME ist seinen dienstlichen Pflichten unauffällig und mit Interesse nachgekommen und hat die Aufgaben, die ihm übertragen wurden, zu unserer Zufriedenheit abgewickelt.

3280500 Zusammenfassende Leistungsbeurteilung bei mangelhafter Beurteilung

3280501 a Sie führte die Aufgaben, die wir ihr stellten, im allgemeinen/in der Regel/insgesamt/im großen und ganzen/zum großen Teil zu unserer Zufriedenheit aus.

3280502 b Mit den Arbeiten von Frau NAME waren unsere Auftraggeber und wir insgesamt zufrieden.

3280503 c Die Arbeitsergebnisse von Herrn NAME entsprachen in der Regel denjenigen anderer MONTEURE, so daß wir mit seiner Arbeit insgesamt zufrieden waren.

3280504 d Sie führte die Aufgaben, die wir ihr antrugen, mit Fleiß und Interesse aus.

3280505 e Die gebotene Arbeit war im großen und ganzen zu unserer Zufriedenheit.

3280506 f Seine Arbeit entsprach im allgemeinen unseren Anforderungen/Erwartungen, so daß wir insgesamt zufrieden waren.

3280507 g Die Arbeit von Herrn NAME entsprach der Stufe BEZEICHNUNG DER UNTERSTEN STUFE des tariflichen Beurteilungssystems, so daß wir insgesamt zufrieden waren.

3280508 h Insgesamt hat sie während des (ZAHL-wöchigen/ZAHL-monatigen) Arbeitsverhältnisses zu unserer Zufriedenheit gearbeitet. *(Betonung der kurzen Beurteilungsbasis)*

3280509 i Er hat unserer Erwartung im allgemeinen entsprochen, so daß wir mit seiner Arbeit insgesamt gesehen ohne Abstriche zufrieden waren.

3280510✶ Sie war immer mit Interesse bei der Sache.

3280511✶ Herr NAME war stets nach Kräften bestrebt, die mit der Stelle verbundenen Anforderungen zu erreichen und zu übertreffen. Wir waren daher mit seiner Arbeit insgesamt zufrieden.

3280512✶ Den Aufgaben, die er in Angriff nahm, widmete er sich mit Ausdauer.

3280513✶ Frau NAME hatte bei uns Gelegenheit, alle an ihrem Arbeitsplatz vorkommenden Tätigkeiten kennenzulernen.

3280514✶ Herr NAME führte die Aufträge, die wir ihm anvertrauten, insgesamt zu unserer Zufriedenheit aus.

II./328–331 Alle Bausteine können für Männer und Frauen verwendet werden

3280515* In dieser Abteilung hatte Frau NAME Gelegenheit, ihre Aufgaben stets zu unserer vollen Zufriedenheit zu erfüllen. *(= ungenutzte Gelegenheit)*

3280516* Die gebotene Leistung lag im Rahmen seiner Fähigkeiten, so daß wir insgesamt zufrieden sein konnten.

3280517* Aufgrund seiner nicht unbeachtlichen Arbeitsergebnisse können wir ohne Bedenken annehmen, daß zweifellos auch andere Arbeitgeber mit seiner Arbeit insgesamt ohne Abstriche zufrieden sein werden.

3280518* Gerne bestätigen wir, daß Herr NAME die speziell ihm gestellten Aufgaben zu unserer vollen Zufriedenheit ausführte. *(Bestätigen = weil verlangt = Distanzierung)*

3280519* Frau NAME war eine anspruchsvolle Mitarbeiterin mit gesundem Selbstvertrauen, die stets zu ihrer vollsten Zufriedenheit gearbeitet hat.

3300000 Leistungsbeurteilung von Tarifangestellten

Bitte wählen Sie unter Beachtung der Notenstufen je einen Baustein aus den nachfolgenden Gruppen 3310 Arbeitsbereitschaft, 3320 Arbeitsbefähigung, 3330 Wissen und Weiterbildung, 3340 Arbeitsweise, 3351 Arbeitsgüte, 3352 Arbeitsmenge und -tempo, 3360 Herausragende Erfolge (nur bei sehr guter oder guter Gesamtbeurteilung) und 3380 zusammenfassende Leistungsbeurteilung. Sollte es sich bei einem Tarifangestellten um einen Vorgesetzten handeln, so können Sie zusätzlich je einen Baustein aus den Gruppen 3471 Führungsumstände und 3472 Führungsleistung wählen.

3310000 Arbeitsbereitschaft von Tarifangestellten

3310100 Arbeitsbereitschaft bei sehr guter Beurteilung

3310101 a Herr NAME zeigte stets Eigeninitiative, großen Fleiß und Eifer.

3310102 b Frau NAME war stets hochmotiviert und realisierte sehr beharrlich die gesetzten und selbstgesteckten Ziele. Sie ist eine im positiven Sinne ehrgeizige Mitarbeiterin.

3310103 c Frau NAME hatte stets eine ausgezeichnete Arbeitsmoral. Sie verfolgte sehr beharrlich die gesetzten und selbstgesteckten Ziele.

3310104 d Herr NAME hatte stets eine ausgezeichnete Leistungsmotivation.

3310105 e Herr NAME war ein sehr einsatzfreudiger und agiler Mitarbeiter mit stets vorbildlicher Dienstauffassung.

3310106 f Die Leistungsbereitschaft von Frau NAME war stets sehr gut.

3310107 g Er hat mit Pioniergeist und äußerst hohem Einsatzwillen einen sehr guten Beitrag zum gemeinsamen Erfolg geleistet.

Arbeitsbereitschaft – Tarifangestellte II./331

3310108h Frau NAME war bestens qualifiziert und hat sich äußerst engagiert in ihr neues Arbeitsgebiet eingearbeitet. Bereits nach sehr kurzer Zeit arbeitete sie vollkommen selbständig.

3310109i Herr NAME identifizierte sich absolut mit seiner Aufgabe und zeigte stets eine ausgezeichnete Leistungsbereitschaft und Einsatzfreude auch über die übliche Arbeitszeit hinaus.

3310110j Besonders hervorzuheben ist ihr sehr großer persönlicher Einsatz auch weit über die normale Arbeitszeit hinaus. Sie war oft auch am Wochenende tätig.

3310111k Herr NAME erfüllte seine Aufgaben stets mit sehr großer Intensität und Konzentration.

3310112l Herr NAME war jederzeit bereit, selbst kurzfristig anfallende Überstunden und Wochenendeinsätze zu leisten.

3310113* Frau NAME war eine sehr aktive Mitarbeiterin. Sie identifizierte sich absolut mit ihrer Aufgabe und dem Unternehmen. Auftretende Schwierigkeiten überwand sie stets mit großem Durchhaltevermögen.

3310114* Frau NAME hat sich mit äußerst beachtlichem Engagement und großer Energie in die neue Materie eingearbeitet.

3310115* Herr NAME war in seinem Handeln stets sehr entschlossen und entwickelte große Initiative.

3310116* Herr NAME war ein fleißiger und engagiert arbeitender Mitarbeiter, der durch seinen hohen persönlichen Einsatz einen wichtigen Beitrag zum Aufbau des Bereiches BEZEICHNUNG geleistet hat.

3310117* Lobend heben wir hervor, daß Frau NAME ihren Einsatz stets optimal an das betriebliche Arbeitsaufkommen in Spitzenzeiten und die daraus resultierenden Arbeitszeitnotwendigkeiten ausgerichtet hat.

3310200 Arbeitsbereitschaft bei guter Beurteilung

3310201a Herr NAME zeigte stets Eigeninitiative, Fleiß und Eifer.

3310202b Frau NAME war hochmotiviert und realisierte beharrlich die gesetzten Ziele.

3310203c Frau NAME hatte stets eine gute Arbeitsmoral und verfolgte beharrlich die gesetzten Ziele.

3310204d Frau NAME hatte stets eine gute Leistungsmotivation.

3310205e Herr NAME war ein einsatzfreudiger und agiler Mitarbeiter mit stets guter Dienstauffassung.

3310206f Die Leistungsbereitschaft von Frau NAME war stets gut.

| II./331 | Bausteinübersicht S. 113 – 116, Beurteilungsbögen S. 117 – 125 |

3310207 g Er hat mit Pioniergeist und hohem Einsatzwillen einen guten Beitrag zum Aufbau und zum gemeinsamen Erfolg geleistet.

3310208 h Frau NAME war gut qualifiziert und hat sich engagiert in ihr neues Arbeitsgebiet eingearbeitet. Bereits nach kurzer Zeit arbeitete sie vollkommen selbständig.

3310209 i Herr NAME identifizierte sich mit seiner Aufgabe und zeigte stets einen guten Einsatz auch über die übliche Arbeitszeit hinaus.

3310210 j Besonders hervorzuheben ist ihr großer persönlicher Einsatz auch über die normale Arbeitszeit hinaus. Sie war wiederholt auch an Wochenenden tätig.

3310211 k Herr NAME erfüllte seine Aufgaben stets mit großer Intensität und Konzentration.

3310212 l Herr NAME war bereit, selbst kurzfristig anfallende Überstunden und Wochenendeinsätze zu leisten.

3310300 Arbeitsbereitschaft bei befriedigender Beurteilung

3310301 a Herr NAME zeigte Initiative, Fleiß und Eifer.

3310302 b Frau NAME war eine motivierte Mitarbeiterin, welche die ihr gesetzten Ziele verfolgte.

3310303 c Frau NAME hatte eine gute Arbeitsmoral.

3310304 d Frau NAME hatte eine gute Arbeitsmotivation.

3310305 e Herr NAME hatte eine gute Dienstauffassung.

3310306 f Die Arbeitsbereitschaft von Frau NAME war gut.

3310307 g Er hat mit hohem Einsatzwillen zum gemeinsamen Erfolg beigetragen.

3310308 h Herr NAME hat sich mit Interesse in sein neues Arbeitsgebiet eingearbeitet. Nach der üblichen Einarbeitungszeit arbeitete er selbständig.

3310400 Arbeitsbereitschaft bei ausreichender Beurteilung

3310401 a Herr NAME zeigte in ausreichendem Maße Fleiß und Eifer.

3310402 b Frau NAME war ausreichend motiviert.

3310403 c Herr NAME verfügte über eine ausreichende Arbeitsmoral.

3310404 d Frau NAME verfügte über eine ausreichende Arbeitsmotivation.

3310405 e Herr NAME hatte eine zufriedenstellende Dienstauffassung.

3310406 f Mit der Arbeitsbereitschaft von Frau NAME waren wir zufrieden.

3310407 g   Er hat durch seinen Einsatzwillen auch zum gemeinsamen Erfolg beigetragen.

3310408 h   Herr NAME hat sich mit Interesse in sein neues Arbeitsgebiet eingearbeitet.

3310409 m   Herr NAME erfüllte seine Aufgaben mit der nötigen Arbeitsbereitschaft entsprechend unseren Erwartungen.

3310500   Arbeitsbereitschaft bei mangelhafter Beurteilung

3310501 a   Herr NAME zeigte bei Anleitung Fleiß und Eifer.

3310502 b   Herr NAME war im allgemeinen motiviert und willig.

3310503 c   Die Arbeitsmoral von Frau NAME entsprach im großen und ganzen den Erwartungen.

3310504 d   Die Arbeitsmotivation von Frau NAME entsprach insgesamt den Erwartungen.

3310505 e   Herr NAME hatte eine bemerkenswerte Dienstauffassung, die kaum etwas zu wünschen übrig ließ.

3310506 f   Frau NAME war stets bereit zu arbeiten, so daß wir insgesamt zufrieden sein konnten.

3310507 g   Sein Wille, zum gemeinsamen Erfolg beizutragen, war stets gegeben.

3310508 h   Herr NAME hat sich für sein neues Aufgabengebiet interessiert und nach der üblichen Anleitungszeit im Rahmen seiner Möglichkeiten selbständig gearbeitet.

3310509 m   Herr NAME arbeitete nach Vorgaben weitgehend selbständig, nicht ohne Engagement und erfüllte seine Aufgaben im allgemeinen mit der nötigen Arbeitsbereitschaft entsprechend unseren Erwartungen.

3310510 ✶   Frau NAME erzielte in der Konzentration auf ihre Arbeit erfolgversprechende Fortschritte.

3320000   Arbeitsbefähigung von Tarifangestellten

3320100   Arbeitsbefähigung bei sehr guter Beurteilung

3320101 a   Herr NAME fand sich in neuen Situationen stets sicher und sehr gut zurecht.

3320102 b   Frau NAME war eine äußerst tüchtige Mitarbeiterin und hatte oft sehr gute praktikable Ideen.

3320103 c   Die Arbeitsbefähigung von Frau NAME war stets in jeder Hinsicht sehr gut.

3320104 d Frau NAME stellte fachlich sehr hohe Anforderungen an sich, die sie jederzeit voll erfüllte.

3320105 e Herr NAME war ein ausdauernder und sehr belastbarer Mitarbeiter, der auch unter schwierigen Arbeitsbedingungen alle Aufgaben stets sehr gut bewältigte.

3320106 f Herr NAME verfügte stets über ein sehr gutes Zahlenverständnis und über ein sehr gutes Formulierungsgeschick.

3320107 g Herr NAME war ein äußerst fähiger Mitarbeiter.

3320108 h Frau NAME war eine im positiven Sinne sachkritische und kluge Mitarbeiterin, die hinsichtlich der Arbeitsabläufe viele sehr gut durchdachte Anregungen machte und realisierte.

3320109 i Frau NAME zeigte stets eine sehr gute Übersicht und Arbeitseinteilung, vor allem auch in Situationen mit turbulentem Geschäftsbetrieb und mit erheblicher Arbeitsbelastung.

3320110 j Herr NAME verfügte über ein sehr gutes Verhandlungsgeschick bei Telefonverkäufen.

3320111 k Er arbeitete sich aufgrund seiner sehr guten Auffassungsgabe jederzeit schnell und erfolgreich in neue Probleme ein.

3320112 l Er hatte die Fähigkeit, komplexe und diffizile Sachverhalte rasch zu erfassen, zu analysieren und praktikable Problemlösungen aufzuzeigen und zu entwickeln.

3320113 m Von seiner Kreditkompetenz hat er stets umsichtig Gebrauch gemacht.

3320114 * Wir lernten Herrn NAME als einen Mitarbeiter schätzen, der sich durch eine konstruktive Haltung auszeichnete, verbunden mit kritischem Sachverstand und sehr guten analytischen Fähigkeiten.

3320200 Arbeitsbefähigung bei guter Beurteilung

3320201 a Herr NAME fand sich in neuen Situationen stets gut zurecht.

3320202 b Herr NAME war ein tüchtiger Mitarbeiter und hatte oft gute praktikable Ideen.

3320203 c Die Arbeitsbefähigung von Frau NAME war stets in jeder Hinsicht gut.

3320204 d Frau NAME stellte fachlich hohe Anforderungen an sich, die sie jederzeit voll erfüllte.

3320205 e Herr NAME war ein ausdauernder und belastbarer Mitarbeiter, der auch unter schwierigen Arbeitsbedingungen alle Aufgaben stets gut bewältigt.

Arbeitsbefähigung – Tarifangestellte II./332

3320206 f Herr NAME verfügte stets über ein gutes Zahlenverständnis und über ein gutes Formulierungsgeschick.

3320207 g Herr NAME war ein sehr fähiger Mitarbeiter.

3320208 h Frau NAME war eine im positiven Sinne sachkritische Mitarbeiterin, die hinsichtlich der Arbeitsabläufe gut durchdachte Anregungen machte und realisierte.

3320209 i Frau NAME zeigte stets eine gute Übersicht, vor allem auch in Situationen mit regem Geschäftsbetrieb und mit erheblicher Arbeitsbelastung.

3320210 j Herr NAME verfügte über ein gutes Verhandlungsgeschick bei Telefonverkäufen.

3320211 k Er arbeitete sich aufgrund seiner guten Auffassungsgabe schnell und erfolgreich in neue Probleme ein.

3320212 l Er hatte die Fähigkeit, Sachverhalte rasch zu erfassen, zu analysieren und praktikable Problemlösungen aufzuzeigen und zu entwikkeln.

3320213 m Von seiner Kreditkompetenz hat er umsichtig Gebrauch gemacht.

3320300 Arbeitsbefähigung bei befriedigender Beurteilung

3320301 a Herr NAME stellte sich auf neue Situationen erfolgreich ein.

3320302 b Herr NAME hatte neue praktikable Ideen.

3320303 c Die Arbeitsbefähigung von Frau NAME war gut.

3320304 d Frau NAME stellte fachlich hohe Anforderungen an sich, die sie erfüllte.

3320305 e Herr NAME war ein belastbarer Mitarbeiter, der auch unter schwierigen Arbeitsbedingungen Aufgaben gut bewältigte.

3320306 f Herr NAME verfügte über ein gutes Zahlenverständnis und über ein gutes Formulierungsgeschick.

3320307 g Herr NAME war ein fähiger Mitarbeiter.

3320400 Arbeitsbefähigung bei ausreichender Beurteilung

3320401 a Herr NAME paßte sich neuen Situationen an.

3320402 b Frau NAME trug Ideen vor.

3320403 c Die Arbeitsbefähigung von Frau NAME war zufriedenstellend.

3320404 d Frau NAME wurde den fachlichen Anforderungen des Arbeitsplatzes gerecht.

3320405✶ Herr NAME dachte bei der Arbeit auch mit.

3320406✶ Herr NAME verfügte über die erforderlichen Fähigkeiten (eines Berufsanfängers).

3320500 Arbeitsbefähigung bei mangelhafter Beurteilung

3320501 a Frau NAME paßte sich neuen Situationen meist ohne Schwierigkeiten an.

3320502 b Frau NAME hat sich ideenreich und fachkundig gegeben.

3320503 c Die Arbeitsbefähigung von Frau NAME war insgesamt zufriedenstellend.

3320504 d Herr NAME kannte die Anforderungen seines Arbeitsplatzes.

3320505✶ Frau NAME arbeitete sich im Laufe der Zeit in die Hauptaufgaben ihrer Stelle ein.

3320506✶ Bei dieser Stelle müssen wir Fähigkeiten wie AUFZÄHLUNG voraussetzen. *(Ohne folgende Bestätigung)*

3330000 Wissen und Weiterbildung von Tarifangestellten

3330100 Wissen und Weiterbildung bei sehr guter Beurteilung

3330101 a Herr NAME verfügt über eine sehr große und beachtliche Berufserfahrung. Er beherrschte seinen Arbeitsbereich stets umfassend, sicher und vollkommen.

3330102 b Herr NAME wendete seine sehr guten Fachkenntnisse laufend mit großem Erfolg in seinem Arbeitsgebiet an.

3330103 c Sie beherrscht die BEZEICHNUNG Sprache in jeder Hinsicht souverän und absolut verhandlungssicher.

3330104 d Er beherrscht folgende in der Branche gebräuchlichen Programme absolut sicher: BEZEICHNUNG.

3330105 e Bei den zahlreichen persönlichen und schriftlichen Auslandskontakten leistete sie aufgrund ihrer verhandlungssicheren Beherrschung der englischen und der BEZEICHNUNG Sprache einen entscheidenden Beitrag zum zügigen Verhandlungsverlauf und zum erfolgreichen Geschäftsabschluß.

3330106 f An den abendlichen Weiterbildungsveranstaltungen, die wir in unserem Hause zum freiwilligen Besuch anboten, hat Frau NAME sehr oft und mit großem Interesse aktiv teilgenommen.

3330107 g Frau NAME ist sehr lernmotiviert. Sie hat sich in eigener Initiative nebenberuflich mit hohem zeitlichen Einsatz und sehr gutem Ergebnis bei INSTITUTION zur PERSONAL-FACHWIRTIN weitergebildet.

3330108 h	Bei der Präsentation unserer Produkte überzeugte er stets durch seine sehr guten Fachkenntnisse und durch seine schlüssige und überzeugende Argumentation.
3330109 i	Sie beherrschte die verkäuferischen Argumentationstechniken sehr gut.
3330110 j	Sie ist bestens mit den modernen Textverarbeitungs- und Kommunikationstechniken vertraut.
3330111 k	Herr NAME verfügt über ein äußerst solides Fachwissen in seinem Fachgebiet. Er hat die von dem Unternehmen gebotenen Möglichkeiten der beruflichen Weiterbildung stets mit sehr gutem Erfolg und zu unserem Vorteil genutzt.
3330112 l	Er besitzt ein umfassendes, detailliertes und aktuelles Fachwissen im Bereich BEZEICHNUNG und wendet die jeweils neuesten Instrumente und Techniken jederzeit sehr wirksam in der Praxis an.
3330113 m	Er verfügt über sehr gute Kenntnisse des aktuellen STEUERRECHTS im Bereich BEZEICHNUNG.
3330114 n	Durch die aktive Teilnahme an innerbetrieblichen Seminaren erweiterte und aktualisierte sie laufend ihr Wissen, was sich sehr vorteilhaft in den Arbeitsergebnissen niederschlug.
3330115 o	Herr NAME konnte wegen seines umfangreichen und fundierten Fach- und Spezialwissens oft sehr schwierige Aufgaben übernehmen und erfolgreich lösen.
3330116 p	Aufgrund seines umfangreichen und besonders fundierten Fachwissens erzielte Herr NAME weit überdurchschnittliche Erfolge bei seiner Arbeit.
3330117 q	Frau NAME machte sich dank ihrer umfassenden und fundierten Erfahrung auf dem Gebiet BEZEICHNUNG sehr rasch und sicher mit den Produkten unserer Firma vertraut und konnte schon bald mit schwierigen Projektaufgaben betraut werden.
3330118 r	Frau NAME besitzt exzellente EDV-Kenntnisse im PC-Bereich. Sie war daher in unserem Hause eine gesuchte und allseits geschätzte Kooperationspartnerin bei allen Anwendungsfragen bezüglich der PC-Programme AUFZÄHLUNG.
3330119 s	Er beherrscht perfekt und routiniert BEZEICHNUNG.
3330120 t	Herr NAME vervollkommnete und aktualisierte beständig zielgerichtet sein Wissen und hat die erworbenen Kenntnisse stets hervorragend praktisch umgesetzt.
3330121 u	Herr NAME hatte sehr gute Produkt- und Branchenkenntnisse.

II./333   Alle Bausteine können für Männer und Frauen verwendet werden

3330122 v   Herr NAME hat in der Zeit von DATUM bis zum DATUM mit sehr gutem Erfolg eine Zusatzausbildung zum BEZEICHNUNG absolviert.

3330123 w   Frau NAME hat während einer DAUER Entsendung nach LAND ihre BEZEICHNUNG Sprachkenntnisse zur vollkommenen Beherrschung perfektioniert.

3330124*   Da dieses Aufgabengebiet sämtliche Aufgabenstellungen der Abteilung berührte, hat sich Frau NAME ein breites Spektrum an Wissen über die Aufgaben und die Abläufe in der Abteilung BEZEICHNUNG angeeignet.

3330125*   Er erweiterte ständig in Eigeninitiative seine Kenntnisse und opferte dafür einen Teil seiner Freizeit.

3330126*   Frau NAME hat ein umfassendes und detailliertes Fachwissen, das sie beim Auftreten neuer Fragen und Entwicklungen jeweils in eigener Initiative aktualisiert.

3330127*   Er hat sich im Laufe der Zeit eine weit über der üblichen beruflichen Qualifikation liegende erhebliche Fachkompetenz angeeignet.

3330128*   Sein fachliches Können und seine Spezialkenntnisse auf dem Gebiet BEZEICHNUNG entsprachen in hervorragendem Maße den gestellten Anforderungen.

3330129*   Herr NAME hat sich in Eigeninitiative berufsbegleitend in einem dreijährigen Abendstudium weitergebildet und im MONAT JAHR den Titel Diplom-Betriebwirt (VWA) erworben.

3330130*   Herr NAME hat sich in Eigeninitiative berufsbegleitend weitergebildet und im MONAT JAHR erfolgreich die Prüfung zum INDUSTRIEFACHWIRT abgelegt.

3330131*   Herr NAME hat sich in Eigeninitiative berufsbegleitend weitergebildet und im MONAT JAHR erfolgreich die Technikerprüfung abgelegt.

3330132*   Frau NAME hat sich in Eigeninitiative berufsbegleitend weitergebildet und im MONAT JAHR erfolgreich die Prüfung zur Bilanzbuchhalterin abgelegt.

3330133*   Frau NAME ist absolut bilanzsicher.

3330200   Wissen und Weiterbildung bei guter Beurteilung

3330201 a   Herr NAME verfügt über eine große Berufserfahrung. Er beherrschte seinen Arbeitsbereich umfassend und überdurchschnittlich.

3330202 b   Herr NAME wendete seine guten/soliden Fachkenntnisse laufend mit großem Erfolg in seinem Arbeitsgebiet an.

3330203 c   Sie beherrscht die BEZEICHNUNG Sprache in Wort und Schrift gut.

3330204 d Er beherrscht folgende in der Branche gebräuchlichen Programme sicher: BEZEICHNUNG.

3330205 e Bei den zahlreichen persönlichen und schriftlichen Auslandskontakten leistete sie aufgrund ihrer sehr guten Beherrschung der englischen und der BEZEICHNUNG Sprache einen wichtigen Beitrag zum zügigen Verhandlungsverlauf und zum erfolgreichen Geschäftsabschluß.

3330206 f An den abendlichen Weiterbildungsveranstaltungen, die wir in unserem Hause zum freiwilligen Besuch anboten, hat Frau NAME oft und mit großem Interesse teilgenommen.

3330207 g Frau NAME ist sehr lernmotiviert. Sie hat sich in eigener Initiative nebenberuflich mit hohem zeitlichen Einsatz und gutem Ergebnis bei INSTITUTION zur PERSONAL-FACHWIRTIN weitergebildet.

3330208 h Bei der Präsentation unserer Produkte überzeugte er stets durch seine guten Fachkenntnisse und durch seine schlüssige Argumentation.

3330209 i Sie beherrschte die verkäuferischen Argumentationstechniken gut.

3330210 j Sie ist gut mit den modernen Textverarbeitungs- und Kommunikationstechniken vertraut.

3330211 k Herr NAME verfügt über ein solides Fachwissen in seinem Fachgebiet. Er hat die von dem Unternehmen gebotenen Möglichkeiten der beruflichen Weiterbildung stets mit gutem Erfolg und zu unserem Vorteil genutzt.

3330212 l Er besitzt ein umfassendes, detailliertes und aktuelles Fachwissen im Bereich BEZEICHNUNG und wendet die vorhandenen Instrumente und Techniken jederzeit wirksam in der Praxis an.

3330213 m Er verfügt über gute Kenntnisse des aktuellen STEUERRECHTS im Bereich BEZEICHNUNG.

3330214 n Durch die Teilnahme an innerbetrieblichen Seminaren erweiterte und aktualisierte sie laufend ihr Wissen, was sich vorteilhaft in den Arbeitsergebnissen niederschlug.

3330215 o Herr NAME konnte wegen seines umfassenden und fundierten Fach- und Spezialwissens oft besondere Aufgaben übernehmen und erfolgreich lösen.

3330216 p Aufgrund seines soliden Fachwissens erzielte Herr NAME überdurchschnittliche Erfolge bei seiner Arbeit.

3330217 q Frau NAME machte sich dank ihrer umfassenden und fundierten Erfahrung auf dem Gebiet BEZEICHNUNG rasch und sicher mit den Produkten unserer Firma vertraut und konnte schon bald mit Projektaufgaben betraut werden.

3330218 r Frau NAME besitzt gute EDV-Kenntnisse im PC-Bereich. Sie war daher in unserem Hause eine gesuchte Kooperationspartnerin bei Anwendungsfragen bezüglich der PC-Programme: AUFZÄHLUNG.

3330219 s Er beherrscht gut BEZEICHNUNG.

3330220 t Herr NAME aktualisierte beständig sein Wissen und hat die erworbenen Kenntnisse stets gut in die Praxis umgesetzt.

3330221 u Herr NAME hatte gute Produkt- und Branchenkenntnisse.

3330222 v Herr NAME hat in der Zeit von DATUM bis zum DATUM mit gutem Erfolg eine Zusatzausbildung zum BEZEICHNUNG absolviert.

3330223 w Herr NAME hat während einer DAUER Entsendung nach LAND seine BEZEICHNUNG Sprachkenntnisse zur guten Beherrschung verbessert.

3330300 Wissen und Weiterbildung bei befriedigender Beurteilung

3330301 a Herr NAME beherrschte seinen Arbeitsbereich umfassend.

3330302 b Herr NAME wendete seine Fachkenntnisse mit Erfolg in seinem Arbeitsgebiet an.

3330303 c Sie hat gute arbeitsfähige Kenntnisse der BEZEICHNUNG Sprache.

3330304 d Er arbeitete mit folgenden in der Branche gebräuchlichen Programmen: BEZEICHNUNG.

3330305 e Bei den zahlreichen persönlichen und schriftlichen Auslandskontakten trug sie mit ihren guten englischen und BEZEICHNUNG Sprachkenntnissen zum Geschäftsabschluß bei.

3330306 f An den abendlichen Weiterbildungsveranstaltungen, die wir in unserem Hause zum freiwilligen Besuch anboten, hat Frau NAME wiederholt teilgenommen.

3330307 g Frau NAME war lernmotiviert. Sie hat sich nebenberuflich bei INSTITUTION zur PERSONAL-FACHWIRTIN weitergebildet.

3330308 h Bei der Präsentation unserer Produkte zeigte er seine guten Fachkenntnisse.

3330309 i Sie beherrscht die verkäuferischen Argumentationstechniken voll zufriedenstellend.

3330310 j Sie ist mit den modernen Textverarbeitungs- und Kommunikationstechniken vertraut.

3330311 k Herr NAME verfügt über ein solides Fachwissen in seinem Fachgebiet. Er hat die von dem Unternehmen gebotenen Möglichkeiten der beruflichen Weiterbildung mit gutem Erfolg genutzt.

3330312 l Er besitzt Fachwissen im Bereich BEZEICHNUNG und kann die vorhandenen Instrumente und Techniken wirksam in der Praxis anwenden.

3330400 Wissen und Weiterbildung bei ausreichender Beurteilung

3330401 a Frau NAME beherrschte ihren Arbeitsbereich entsprechend den Anforderungen.

3330402 b Herr NAME wendete seine fachlichen Grundkenntnisse in seinem Arbeitsgebiet an.

3330403 c Sie hat Kenntnisse der BEZEICHNUNG Sprache.

3330404 d Er hat Kenntnisse in den folgenden in der Branche gebräuchlichen Programmen: BEZEICHNUNG.

3330405 w Mit der Bearbeitung der Aufgaben, die wir ihr übertrugen, hatte sie aufgrund ihrer Kenntnisse weder Probleme noch Schwierigkeiten.

3330406 x Herr NAME zeigte bei der Bearbeitung der ihm übertragenen Aufgaben das notwendige Fachwissen, das er entsprechend einsetzte.

3330407 ✶ Er nutzte jede sich bietende Gelegenheit, externe Weiterbildungsveranstaltungen zu besuchen.

3330500 Wissen und Weiterbildung bei mangelhafter Beurteilung

3330501 a Frau NAME beherrschte ihren Arbeitsbereich im allgemeinen entsprechend den Anforderungen.

3330502 b Herr NAME war stets daran interessiert, seine ausbaufähigen fachlichen Grundkenntnisse in seinem Arbeitsgebiet einzusetzen.

3330503 c Frau NAME hat sich angestrengt, um arbeitsfähige Kenntnisse der BEZEICHNUNG Sprache zu erlernen.

3330504 w Mit der Bearbeitung der Aufgaben, die wir ihr übertrugen, hatte sie aufgrund ihrer Kenntnisse kaum Probleme oder Schwierigkeiten.

3330505 x Herr NAME zeigte bei der Beschäftigung mit den ihm übertragenen Aufgaben das notwendige Fachwissen, das er wiederholt erfolgversprechend einsetzte.

3330506 ✶ Herr NAME hatte Gelegenheit, sich auf unseren Firmenseminaren fachliche Grundkenntnisse anzueignen. *(Hat dies aber kaum getan)*

3330507 ✶ Herr NAME war stets bestrebt, sämtliche Fortbildungsmaßnahmen auszunützen.

3330508 ✶ Hervorgehoben werden muß sein Wille, sich durch Besuche von diversen Fachkursen und durch Ausnützen anderweitiger Fortbildungsmöglichkeiten über die neueren Entwicklungen zu orientieren und sich mit dem gegenwärtigen Kenntnisstand seines Fachgebietes vertraut zu machen.

3330509* Herr NAME war allem Neuen gegenüber sehr aufgeschlossen. *(Hat sich aber nicht eingearbeitet)*

3330510* Die Aufgaben von Frau NAME erforderten Kenntnisse in BEZEICHNUNG.

3330511* Da diese Aufgaben EDV-gestützt erledigt werden, boten wir Herrn NAME im Zuge der Erneuerung unserer Programme die Möglichkeit, zusammen mit weiteren Kollegen eine externe Schulung auf die neue Software zu besuchen. *(Hat nicht teilgenommen)*

3330512* Hervorzuheben ist sein Verlangen, den Dingen auf den Grund zu gehen. *(Erfolglosigkeit; Umständlichkeit)*

3330513* Frau NAME war stets bestrebt, durch Weiterbildung mit der technischen Entwicklung Schritt zu halten.

3330514* Herr NAME verhielt sich gegenüber unseren Weiterbildungsanregungen grundsätzlich aufgeschlossen.

3340000   Arbeitsweise von Tarifangestellten

3340100   Arbeitsweise bei sehr guter Beurteilung

3340101 a   Seine Aufgaben erledigte er stets selbständig mit äußerster Sorgfalt und größter Genauigkeit.

3340102 b   Frau NAME zeichnete sich stets durch einen sehr effizienten Arbeitsstil aus.

3340103 c   Frau NAME arbeitete stets absolut sicher und vollkommen selbständig.

3340104 d   Die Arbeitsweise von Herrn NAME war jederzeit in höchstem Maße geprägt von Zuverlässigkeit, Systematik, Verantwortungs- und Kostenbewußtsein.

3340105 e   Herr NAME war ein sehr gewissenhafter und eigenverantwortlich arbeitender Mitarbeiter, der an neue Aufgaben stets planvoll heranging und diese systematisch erledigte.

3340106 f   Frau NAME zeichnete sich bei der Erledigung aller Aufgaben durch Verantwortungsbewußtsein, Genauigkeit und Umsicht aus. Man kann sich auch in schwierigen Situationen sehr gut auf sie verlassen.

3340107 g   Im Rahmen ihrer Tätigkeit hat Frau NAME ihre Arbeiten stets selbständig, planvoll und systematisch durchgeführt.

3340108* Er war äußerst pflichtbewußt, zuverlässig und verschwiegen und arbeitete stets sehr konzentriert und zielgerichtet.

3340200 Arbeitsweise bei guter Beurteilung

3340201 a Seine Aufgaben erledigte er stets selbständig mit großer Sorgfalt und Genauigkeit.

3340202 b Frau NAME zeichnete sich stets durch einen effizienten Arbeitsstil aus.

3340203 c Frau NAME arbeitete stets sicher und vollkommen selbständig.

3340204 d Die Arbeitsweise von Herrn NAME war jederzeit in hohem Maß geprägt von Zuverlässigkeit, Systematik, Verantwortungs- und Kostenbewußtsein.

3340205 e Herr NAME war ein gewissenhafter und eigenverantwortlich arbeitender Mitarbeiter, der an neue Aufgaben planvoll heranging und diese systematisch erledigte.

3340206 f Frau NAME zeichnete sich bei der Erledigung ihrer Aufgaben durch Verantwortungsbewußtsein, Genauigkeit und Umsicht aus. Man kann sich auch in schwierigen Situationen gut auf sie verlassen.

3340207 g Im Rahmen ihrer Tätigkeit hat Frau NAME ihre Arbeiten selbständig, planvoll und systematisch durchgeführt.

3340300 Arbeitsweise bei befriedigender Beurteilung

3340301 a Seine Aufgaben erledigte er stets mit Sorgfalt und Genauigkeit.

3340302 b Frau NAME zeigte eine gute Arbeitsweise.

3340303 c Frau NAME arbeitete sicher und selbständig.

3340400 Arbeitsweise bei ausreichender Beurteilung

3340401 a Bei der Aufgabenbearbeitung zeigte er Sorgfalt.

3340402 b Frau NAME zeigte eine zufriedenstellende Arbeitsweise.

3340403 c Frau NAME zeigte keine Unsicherheiten bei der Arbeitsausführung.

3340404 * Herr NAME bearbeitete alle Vorgänge sehr korrekt und zufriedenstellend.

3340500 Arbeitsweise bei mangelhafter Beurteilung

3340501 a Seine Aufgaben erledigte er mit Unterstützung selbständig und im allgemeinen mit Sorgfalt und Genauigkeit.

3340502 b Frau NAME war stets um eine zufriedenstellende Arbeitsweise bemüht.

3340503 c Frau NAME arbeitete unter Anleitung durch den Vorgesetzten selbständig und zeigte kaum Unsicherheiten bei der Arbeitsausführung.

3340504* Frau NAME bearbeitete alle Aufgaben mit der ihr eigenen Sorgfalt. *(Geringe Sorgfalt)*

3340505* Er war stets um eine systematische Arbeitsweise bemüht.

3340506* Er ist den Aufgaben seiner Stellenbeschreibung vorschriftsmäßig und pünktlich nachgekommen. *(Pedantisch, Mindesteinsatz)*

3340507* Herr NAME bearbeitete alle Routineaufgaben, die wir ihm übertrugen, nach Vorgaben selbständig.

3350000 Arbeitserfolg von Tarifangestellten

3351000 Arbeitserfolg – Arbeitsgüte von Tarifangestellten

3351100 Arbeitserfolg – Arbeitsgüte bei sehr guter Beurteilung

3351101 a Herr NAME lieferte stets eine weit überdurchschnittliche Arbeitsqualität.

3351102 b Frau NAME beeindruckte durch eine konstant sehr gute Arbeitsqualität.

3351103 c Die Qualität seiner Arbeit lag stets sehr weit über dem durchschnittlichen Standard der Arbeitsgruppe.

3351104 d Die Qualität seiner Arbeitsergebnisse lag, auch bei sehr schwierigen Arbeiten, bei objektiven Problemhäufungen und bei Termindruck, stets sehr weit über den Anforderungen.

3351105 e Frau NAME fand und realisierte stets sehr gute, kostengünstige Lösungen.

3351106 f Herr NAME entwickelte für unsere Kunden stets optimale Lösungen. Er war unser Spezialist für alle ungewöhnlichen Kundenforderungen.

3351107 g Aufgrund seiner systematischen Arbeitsweise und seiner großen Berufserfahrung löste Herr NAME auch schwierige Problemfälle stets sehr erfolgreich.

3351108 h Durch ihre zielstrebige und umsichtige Arbeit hat sie stets sehr gute Qualitätserfolge erzielt.

3351109 i Aufgrund seiner umsichtigen und effizienten Arbeitsweise erreichte er auch in Ausnahmesituationen stets ausgezeichnete Ergebnisse. Er überzeugte durch die Präsentation fundierter, unterschriftsreifer Vorlagen.

3351110 j Frau NAME war eine zuverlässige und leistungsfähige Mitarbeiterin, die ihre Aufgaben folgerichtig, zügig und stets sehr gut erledigte.

3351111* Herr NAME zeigte bei der Aufgabenerledigung außergewöhnlichen Einsatz und lieferte permanent qualitativ hervorragende Ergebnisse und vorzüglich aufbereitete, entscheidungsreife/unterschriftsreife Vorlagen.

3351112* Sie ist eine Spitzensekretärin. Ihre Schreiben waren stets fehlerfrei. Auch schwierige Schreiben sowie Verträge formulierte sie nach Stichworten selbständig.

3351113* Frau NAME hat die Kasse stets ehrlich und absolut korrekt geführt. Differenzen (Mankobeträge) traten bei der Abrechnung der Kasse nie auf.

3351200 Arbeitserfolg – Arbeitsgüte bei guter Beurteilung

3351201 a Herr NAME lieferte stets eine überdurchschnittliche Arbeitsqualität.

3351202 b Die Arbeitsqualität von Frau NAME war konstant gut.

3351203 c Die Qualität seiner Arbeit lag stets deutlich über dem durchschnittlichen Standard der Arbeitsgruppe.

3351204 d Die Qualität seiner Arbeitsergebnisse lag, auch bei schwierigen Arbeiten, bei objektiven Problemhäufungen und bei Termindruck, weit über den Anforderungen.

3351205 e Herr NAME fand und realisierte stets gute, kostengünstige Lösungen.

3351206 f Herr NAME entwickelte für unsere Kunden stets gute Lösungen.

3351207 g Aufgrund seiner systematischen Arbeitsweise und seiner Berufserfahrung löste Herr NAME auch schwierige Problemfälle sehr erfolgreich.

3351208 h Durch ihre zielstrebige und umsichtige Arbeit hat sie stets gute Qualitätserfolge erzielt.

3351209 i Aufgrund ihrer umsichtigen und effizienten Arbeitsweise erbrachte sie auch in Ausnahmesituationen stets gute Ergebnisse. Sie überzeugte durch die Vorlage fundierter Entscheidungshilfen.

3351210 j Frau NAME war eine zuverlässige und leistungsfähige Mitarbeiterin, die ihre Aufgaben folgerichtig, zügig und stets gut erledigte.

3351300 Arbeitserfolg – Arbeitsgüte bei befriedigender Beurteilung

3351301 a Frau NAME lieferte eine dem Durchschnitt entsprechende Arbeitsqualität.

3351302 b Die Arbeitsqualität von Frau NAME war gut.

3351303 c Die Qualität seiner Arbeit entsprach stets dem durchschnittlichen Standard der Arbeitsgruppe.

II./335 Alle Bausteine können für Männer und Frauen verwendet werden

3351304 d Die Qualität seiner Arbeitsergebnisse erfüllte in vollem Umfang die Anforderungen.

3351305 e Herr NAME fand und realisierte gute, kostengünstige Lösungen.

3351306 f Herr NAME entwickelte für unsere Kunden gute Lösungen.

3351307 g Aufgrund seiner Arbeitsweise und seiner Berufserfahrung löste Herr NAME alle vor Ort üblicherweise auftretenden Problemfälle erfolgreich.

3351308 h Durch ihre zielstrebige und umsichtige Arbeit hat sie gute Qualitätserfolge erzielt.

3351400 **Arbeitserfolg – Arbeitsgüte bei ausreichender Beurteilung**

3351401 a Herr NAME lieferte eine zufriedenstellende Arbeitsqualität.

3351402 b Die Arbeitsqualität von Frau NAME entsprach den Anforderungen/Erwartungen.

3351403 c Die Qualität ihrer Arbeit entsprach fast immer dem durchschnittlichen Standard der Arbeitsgruppe.

3351500 **Arbeitserfolg – Arbeitsgüte bei mangelhafter Beurteilung**

3351501 a Herr NAME lieferte im allgemeinen eine zufriedenstellende Arbeitsqualität.

3351502 b Die Arbeitsqualität von Frau NAME entsprach im allgemeinen den Anforderungen/Erwartungen.

3351503 c Die Qualität seiner Arbeit erreichte wiederholt den durchschnittlichen Standard der Arbeitsgruppe.

3351504✶ Die Güte seiner Arbeit hat uns immer wieder in Erstaunen versetzt. *(Ironie)*

3351505✶ Sie war eine eifrige Mitarbeiterin, welche die ihr gemäßen Aufgaben ohne Fehler erledigte. Es war auch vorgesehen, ihr weitere Aufgaben zu übertragen. *(Ihr gemäße Aufgaben = anspruchsarme Aufgaben)*

3351506✶ Frau NAME hat die Kasse stets ehrlich geführt. Größere Differenzen (Mankobeträge) traten bei der Kassenabrechnung nicht in nennenswertem Maße auf.

3352000 **Arbeitserfolg – Arbeitsmenge und -tempo von Tarifangestellten**

3352100 **Arbeitserfolg – Arbeitsmenge und -tempo bei sehr guter Beurteilung**

3352101 a Herr NAME hat die selbst gesetzten und die vereinbarten Ziele, auch unter schwierigsten Umständen, stets erreicht, ja meist übertroffen.

Arbeitserfolg – Tarifangestellte II./335

3352102 b Arbeitsmenge und Arbeitstempo lagen stets sehr weit über unseren Anforderungen/Erwartungen.

3352103 c Arbeitsmenge und Arbeitsintensität lagen stets sehr weit über dem Durchschnitt der Arbeitsgruppe.

3352104 d Das hochgesteckte Umsatzsoll übertraf er stets erheblich.

3352105 e Arbeitspensum und Arbeitseffizienz von Frau NAME waren stets sehr gut. Sie war eine äußerst produktive Mitarbeiterin.

3352106 f Seine Aufgaben waren in hohem Maße termingebunden. Er hat die vereinbarten Termine auch unter schwierigsten Umständen stets eingehalten, ja oft unterschritten.

3352107 g Herr NAME erzielte stets sehr gute Verkaufserfolge.

3352108 h Sie absolvierte stets ein beeindruckendes und sehr beachtliches Arbeitspensum, in Zeiten des Urlaubs und der Krankheit von Kollegen mit enormen Belastungsspitzen.

3352109 ✷ Herr NAME behielt trotz der in der WERBEMITTEL-Branche üblichen Hektik jederzeit die Übersicht und stellte so die Einhaltung unserer terminlichen Verpflichtungen sicher.

3352200 Arbeitserfolg – Arbeitsmenge und -tempo bei guter Beurteilung

3352201 a Herr NAME hat die vereinbarten Ziele, auch unter schwierigen Umständen, stets erreicht, ja oft übertroffen.

3352202 b Arbeitsmenge und Arbeitstempo lagen weit über unseren Anforderungen/Erwartungen.

3352203 c Arbeitsmenge und Arbeitsintensität lagen weit über dem Durchschnitt der Arbeitsgruppe.

3352204 d Das gesteckte Umsatzsoll übertraf er stets.

3352205 e Arbeitspensum und Arbeitseffizienz von Frau NAME waren stets gut. Sie war eine sehr produktive Mitarbeiterin.

3352206 f Seine Aufgaben waren in hohem Maße termingebunden. Er hat die vereinbarten Termine auch unter schwierigen Umständen stets eingehalten.

3352207 g Herr NAME erzielte stets gute Verkaufserfolge.

3352208 h Sie absolvierte ein beachtliches Arbeitspensum, in Zeiten des Urlaubs und der Krankheit von Kollegen mit enormen Belastungsspitzen.

3352300 Arbeitserfolg – Arbeitsmenge und -tempo bei befriedigender Beurteilung

3352301 a Herr NAME hat die vereinbarten Ziele erreicht.

II./335 Bausteinübersicht S. 113 – 116, Beurteilungsbögen S. 117 – 125

3352302 b Arbeitsmenge und Arbeitstempo lagen über unseren Anforderungen/Erwartungen.

3352303 c Arbeitsmenge und Arbeitsintensität entsprachen stets dem Durchschnitt der Arbeitsgruppe.

3352304 d Er erreichte stets das gesetzte Umsatzsoll.

3352305 e Arbeitspensum und Arbeitseffizienz von Frau NAME waren gut.

3352306 f Seine Aufgaben waren in hohem Maße termingebunden. Er hat die vereinbarten Termine eingehalten.

3352307 g Herr NAME erzielte gute Verkaufsergebnisse.

3352400 Arbeitserfolg – Arbeitsmenge und -tempo bei ausreichender Beurteilung

3352401 a Herr NAME hat vorgegebene Ziele in zufriedenstellendem Maße erreicht.

3352402 b Arbeitsmenge und Arbeitstempo entsprachen den Anforderungen/Erwartungen.

3352403 c Arbeitsmenge und Arbeitsintensität erreichten fast immer den Durchschnitt der Arbeitsgruppe.

3352404 d Sie erreichte das gesetzte Umsatzsoll.

3352405 e Arbeitspensum und Arbeitseffizienz waren beim besten Willen nicht zu kritisieren.

3352406 f Die Aufgaben, die er aufgriff, beendete er termingerecht.

3352407 ✳ Er erreichte nicht unbedeutende Umsatzsteigerungen. *(Aber bedeutend waren sie auch nicht)*

3352500 Arbeitserfolg – Arbeitsmenge und -tempo bei mangelhafter Beurteilung

3352501 a Herr NAME hat stets mit Nachdruck daran gearbeitet, die vorgegebenen Ziele zu erreichen.

3352502 b Arbeitsmenge und Arbeitstempo entsprachen im allgemeinen den Anforderungen/Erwartungen.

3352503 c Arbeitsmenge und Arbeitsintensität entsprachen im allgemeinen dem Durchschnitt der Arbeitsgruppe.

3352504 d Sie engagierte sich stets, das gesetzte Umsatzsoll zu erreichen.

3352505 e Arbeitsmenge und Arbeitseffizienz waren beim besten Willen kaum zu beanstanden.

3352506 f	Er war bestrebt, die ihm gesetzten Termine einzuhalten.
3352507*	Er war stets willens, seine Aufgaben zu den vereinbarten Zeitpunkten abzuschließen. *(Hat dies aber nicht geschafft)*
3352508*	Die Aufgaben, die sie aufgriff, versuchte sie zeitgerecht zu lösen.
3352509*	Er war stets bestrebt, das Arbeitstempo und die Arbeitsmenge seiner Kollegen zu übertreffen.
3352510*	Bei den von Herrn NAME ausgeführten Arbeiten war es sehr wichtig, daß es nicht laufend zu Verzögerungen und Terminüberschreitungen kam.
3352511*	Er bahnte als AUSSENDIENSTMITARBEITER Geschäfte mit Kunden an. *(Fehlender Geschäftsabschluß)*
3352512*	Die Effizienz seiner Verkaufstätigkeit spiegelte sich in den realisierten Umsätzen wider.
3352513*	Herr NAME machte Vorschläge zur Bewältigung der anfallenden Arbeit. *(Statt sie zu tun)*

3360000 Herausragende Erfolge von Tarifangestellten bei sehr guter oder guter Gesamtbeurteilung

Bitte wählen Sie einen Baustein aus einer der nachfolgenden Gruppen 3361 bis 3369. Es kommen auch Bausteine aus den Gruppen 3461 bis 3469 in Frage.

3361000 Herausragende Erfolge: Vertrieb, Marketing, Außendienst

3361001	Herr NAME erreichte durch sein sicheres Gespür für die Entwicklungen im Markt trotz der schwierigen Wettbewerbslage durch die in- und ausländische Konkurrenz eine weit überdurchschnittliche Umsatz- und Ergebnissteigerung. In der Umsatz-Rangliste unserer Verkaufsleiter/Verkäufer/Produktmanager nahm er stets den ersten Platz ein.
3361002	Besonders hervorzuheben ist auch die Fähigkeit von Frau NAME, kontinuierlich neue Kunden zu gewinnen. Dies ist in der BEZEICHNUNG-Branche wegen der hohen Bedeutung saisonaler Trends und oft nur kurzzeitiger Nachfragewellen außerordentlich wichtig.
3361003	Aufgrund seiner informativen Besuchsberichte konnten wir im Verkauf und in der Beratung zahlreiche Verbesserungen einführen.
3361004	Frau NAME erreichte bei unserer Aktion zur Steigerung der Barverkäufe das beste Ergebnis.
3361005	Beim Ausverkauf von Auslaufartikeln (zwecks Sortimentsbereinigung) erreichte Herr NAME sehr gute Ergebnisse.

II./336 Alle Bausteine können für Männer und Frauen verwendet werden

3361006 Unsere sehr hohe Einschätzung der Leistungsfähigkeit von Herrn NAME zeigt sich darin, daß wir mit ihm ein nachvertragliches Wettbewerbsverbot vereinbart haben. *(Nur mit Einverständnis des Mitarbeiters)*

3362000 Herausragende Erfolge: Projektarbeit, Reorganisation, Verbesserungen

3362001 Hervorzuheben sind insbesondere seine schnelle Auffassungsgabe, seine sehr selbständige Arbeitsweise sowie seine überdurchschnittliche Einsatzbereitschaft, mit der er entscheidend/maßgeblich zum termingerechten Abschluß der Projekte beitrug.

3362002 Herr NAME hat im Laufe der Jahre in vielen Projektteams mitgewirkt. Durch sein zielgerichtetes und systematisches Vorgehen und durch sein offenes und kooperatives Verhalten hat er immer wieder maßgeblich/ausschlaggebend dazu beigetragen, die Projekte mit großer Problemumsicht und hohem Innovationsgrad im geplanten Zeitrahmen abzuschließen.

3362003 Herr NAME hat als fachlicher Promotor des Projektes BEZEICHNUNG alle zur Bearbeitung und Lösung erforderlichen Informationen selbständig aus Datenbanken, amtlichen Statistiken und der Fachliteratur beschafft.

3362004 Durch verschiedene prämierte Maßnahmen realisierte Herr NAME eine beachtliche Senkung des Lagerwertes unseres Rohstofflagers. Dabei war die Lieferfähigkeit an die Produktion stets gewährleistet.

3362005 Durch eine Reihe einfacher, aber wirksamer Maßnahmen gelang es Frau NAME, in ihrem Bereich die Schwundquote weit unter den branchenbekannten Durchschnitt zu senken.

3362006 Frau NAME hat die Chancen dieser entwicklungsfähigen Position beherzt genutzt und sehr gute Aufbauarbeit geleistet.

3362007 Neuartige Aufgaben und Spezialaufgaben wurden stets Frau NAME anvertraut. Sie löste alle Probleme selbständig, effizient und mit sehr gutem Erfolg.

3362008 Herr NAME ist ein im positiven Sinne sachkritischer Mitarbeiter, der für die Arbeitsabläufe und die Zusammenarbeit viele Verbesserungen vorschlug, die effizienzsteigernd und gewinnbringend eingeführt wurden.

3362009 Frau NAME ist eine konstruktiv-kritische Mitarbeiterin, die mehrere beachtliche Verbesserungsvorschläge ausarbeitete, die prämiert und mit ausgezeichnetem Erfolg eingeführt wurden.

3362010 Herr NAME war ein kreativer Mitarbeiter, der im Laufe der Jahre durch vielfältige konstruktive Vorschläge zur Verbesserung und Optimierung der Ablauforganisation beigetragen hat.

3365000	**Herausragende Erfolge: Erweiterung von Kompetenzen**
3365001	Aufgrund seines sehr sicheren Analyse- und Urteilsvermögens und seiner sichtbaren Erfolge erhielt er im MONAT JAHR Handlungsvollmacht.
3365002	Aufgrund seines sicheren Analyse- und Urteilsvermögens und seiner sichtbaren Erfolge wurde seine Kreditkompetenz/Regulierungskompetenz/Zeichnungsvollmacht im Zahlungsverkehr schrittweise auf BETRAG DM erhöht.
3365003	Aufgrund ihrer absoluten Vertrauenswürdigkeit und ihres sicheren Urteilsvermögens erhielt sie im MONAT JAHR die Vollmacht, eigenverantwortlich Wertberichtigungen und Ausbuchungen vorzunehmen.
3365004	Aufgrund seiner absoluten Vertrauenswürdigkeit und seines sicheren Urteilsvermögens erteilten wir ihm im MONAT JAHR die Vollmacht, Kulanzfälle/einen Forderungsverzicht bis BETRAG DM eigenverantwortlich zu regeln.
3366000	**Herausragende Erfolge: Beförderung und Förderungswürdigkeit**
3366001	Aufgrund ihrer fachlichen Qualifikationen und Erfolge sowie der allgemeinen Persönlichkeitsvoraussetzungen haben wir Frau NAME mit Wirkung vom DATUM die Position der BEZEICHNUNG für den Geschäftsbereich BEZEICHNUNG übertragen.
3366002	Während einer längeren Krankheit des POSITIONSBEZEICHNUNG vertrat Herr NAME diesen engagiert, kompetent und in jeder Hinsicht mustergültig. Er bewies so seine Eignung für eine weitere Beförderung.
3366003	Frau NAME hat durch ihre sehr guten Leistungen bewiesen, daß sie für anspruchsvollere Aufgaben und die Übernahme zusätzlicher Verantwortung bestens geeignet ist.
3366004	Herr NAME ist ein förderungswürdiger Mitarbeiter mit sehr gutem Leistungspotential, der noch anspruchsvolleren Aufgaben gewachsen ist.
3366005	Herr NAME hat durch seine herausragenden fachlichen Erfolge und durch sein persönliches Auftreten seine Eignung zur Übernahme einer Führungsposition bewiesen.
3366006	Frau NAME gehörte dem Förderkreis für Nachwuchs-Führungskräfte unseres Unternehmens/unserer Unternehmensgruppe an.
3369000	**Herausragende Erfolge: Verschiedene Erfolge**
3369001	Aufgrund ihrer sehr guten Leistungen erhielt Frau NAME laufend eine hohe übertarifliche Vergütung.

II./336 – 338 Bausteinübersicht S. 113 – 116, Beurteilungsbögen S. 117 – 125

3369002 Aufgrund seiner sehr guten Leistungen wurde seine übertarifliche Zulage in den letzten Jahren überdurchschnittlich erhöht.

3369003 Unsere wachsende Wertschätzung der Leistungen von Frau NAME wird durch die Tatsache belegt, daß sie während ihrer Unternehmenszugehörigkeit von der Tarifgruppe NUMMER zur Tarifgruppe NUMMER aufstieg.

3369004 Frau NAME nutzte diese Assistenzfunktion für eine gründliche Einarbeitung in die Aufgaben des BEREICH. Ihr Einsatz brachte in kurzer Zeit eine spürbare und wertvolle Entlastung des POSITIONSBEZEICHNUNG.

3369005 Herr NAME hat laufend Sonderaufgaben übernommen und so den Vorgesetzten sehr wirksam und zuverlässig entlastet.

3370000 Führungsleistung von Tarifangestellten

Siehe Bausteingruppen 3471 und 3472

3380000 Zusammenfassende Leistungsbeurteilung von Tarifangestellten

3380100 Zusammenfassende Leistungsbeurteilung bei sehr guter Gesamtbeurteilung

3380101 a Er hat seine Aufgaben stets zu unserer vollsten Zufriedenheit erfüllt. Er war für uns ein äußerst wertvoller Mitarbeiter.

3380102 b Mit den Leistungen von Herrn NAME waren unsere Kunden/Auftraggeber und wir stets außerordentlich zufrieden.

3380103 c Die Arbeitsergebnisse von Frau NAME überragten stets sehr weit die Resultate der Mitarbeiter mit vergleichbaren Aufgaben, so daß wir mit ihren Leistungen jederzeit sehr zufrieden waren.

3380104 d Seine Leistungen waren stets sehr gut. Er war ein vortrefflicher Mitarbeiter.

3380105 e Die Leistungen von Herrn NAME entsprachen der höchsten Stufe des tariflichen Beurteilungssystems, so daß wir mit ihm stets außerordentlich zufrieden waren.

3380106 f Herr NAME erledigte alle Arbeiten seines komplexen und diffizilen Aufgabengebietes, insbesondere auch alle ihm wegen seiner absoluten Zuverlässigkeit bevorzugt anvertrauten Spezialaufträge und vertraulichen Fragen, in lobenswerter Weise stets zu unserer vollsten Zufriedenheit.

3380107 g Herr NAME übertraf die Anforderungen seiner Stelle und unsere Erwartungen in sehr hohem Maße, so daß wir mit seinen Leistungen stets außerordentlich zufrieden waren.

Zusammenfassende Leistungsbeurteilung – Tarifangestellte   II./338

3380108 h Während des (ZAHL-wöchigen/ZAHL-monatigen) Arbeitsverhältnisses hat er stets zu unserer vollsten Zufriedenheit gearbeitet. *(Betonung der kurzen Beurteilungsbasis)*

3380109 i Wir waren mit ihren Leistungen in jeder Hinsicht stets außerordentlich/höchst/äußerst zufrieden. Sie gehörte zu unseren sehr guten Mitarbeiterinnen.

3380110 j Sie war die ideale Besetzung für diese Stelle und hat als hochqualifizierte Kraft stets zu unserer vollsten Zufriedenheit gearbeitet.

3380111 k Seine Leistungen haben jederzeit und in jeder Hinsicht unsere volle Anerkennung gefunden. Er war einer unserer besten FUNKTIONSBEZEICHNUNG.

3380112 l Herr NAME hat permanent Spitzenleistungen erbracht. Wir waren daher mit ihm stets in höchstem Maße zufrieden.

3380113 m Aufgrund ihrer vorzüglichen/lobenswerten Leistungen waren wir mit ihr stets außerordentlich zufrieden.

3380114 n Die ihm übertragenen Arbeiten erfüllte er (über zwei Jahrzehnte hinweg) immer zu unserer höchsten Zufriedenheit.

3380115 o Die beschriebene kontinuierliche Übertragung anspruchsvollerer Aufgaben zeigt, daß wir mit den Leistungen von Frau NAME stets außerordentlich zufrieden waren.

3380116 p Durch ihre sehr aktive Einstellung in Verbindung mit ihren hervorhebenswerten Kenntnissen führte Frau NAME ihre Aufgaben stets zu unserer vollsten Zufriedenheit durch. Ihre Leistungen lagen stets sehr weit über der Leistung vergleichbarer Mitarbeiter.

3380117 q Frau NAME wurde in unseren turnusmäßigen Beurteilungen jedesmal sehr gut bewertet. Mit ihren Leistungen waren wir stets außerordentlich zufrieden.

3380118 * Herr NAME ist ein erstklassiger BERUFSBEZEICHNUNG, der seine Aufgaben stets zu unserer absoluten/höchsten Zufriedenheit erledigt hat.

3380119 * Frau NAME hat mit ihren überragenden/außergewöhnlichen/ausgezeichneten Leistungen unseren Erwartungen in jeder Hinsicht in bester Weise entsprochen.

3380200 Zusammenfassende Leistungsbeurteilung bei guter Gesamtbeurteilung

3380201 a Er hat seine Aufgaben stets zu unserer vollen Zufriedenheit erfüllt. Er war für uns ein wertvoller Mitarbeiter.

3380202 b Mit den Leistungen von Herrn NAME waren unsere Kunden/Auftraggeber und wir stets voll zufrieden.

II./338   Alle Bausteine können für Männer und Frauen verwendet werden

3380203 c   Die Arbeitsergebnisse von Frau NAME waren deutlich besser als bei den meisten Mitarbeitern mit vergleichbaren Aufgaben, so daß wir mit ihren Leistungen jederzeit voll zufrieden waren.

3380204 d   Seine Leistungen waren stets gut.

3380205 e   Die Leistungen von Herrn NAME entsprachen der zweithöchsten Stufe des tariflichen Beurteilungssystems, so daß wir mit ihm stets voll zufrieden waren.

3380206 f   Herr NAME erledigte alle Arbeiten seines komplexen Aufgabengebietes, insbesondere auch alle ihm wegen seiner hohen Zuverlässigkeit bevorzugt anvertrauten Spezialaufträge und vertraulichen Fragen, stets zu unserer vollen Zufriedenheit.

3280207 g   Frau NAME hat mit ihren Leistungen unseren Anforderungen/Erwartungen in guter Weise entsprochen, so daß wir mit ihr stets voll zufrieden waren.

3280208 h   Während des (ZAHL-wöchigen/ZAHL-monatigen) Arbeitsverhältnisses hat er stets zu unserer vollen Zufriedenheit gearbeitet. *(Betonung der kurzen Beurteilungsbasis)*

3380209 i   Wir waren während der gesamten Beschäftigungszeit mit ihren Leistungen voll zufrieden. Sie gehörte stets zu unseren guten Mitarbeiterinnen.

3380210 j   Sie hat als hochqualifizierte Kraft stets zu unserer vollen Zufriedenheit gearbeitet.

3380211 k   Seine Leistungen haben unsere volle Anerkennung gefunden. Er gehörte stets zu unseren guten FUNKTIONSBEZEICHNUNG.

3380212 l   Herr NAME hat Spitzenleistungen erbracht. Wir waren daher mit ihm stets in hohem Maße zufrieden.

3380213 m   Aufgrund ihrer lobenswerten Leistungen waren wir mit ihr stets voll zufrieden.

3380214 n   Die ihm übertragenen Arbeiten erfüllte er (über zwei Jahrzehnte hinweg) zu unserer höchsten Zufriedenheit.

3380215 o   Die beschriebene kontinuierliche Übertragung anspruchsvoller Aufgaben zeigt, daß wir mit den Leistungen von Frau NAME sehr zufrieden waren.

3380216 p   Durch ihre aktive Einstellung in Verbindung mit ihren hervorhebenswerten Kenntnissen führte Frau NAME ihre Aufgaben stets zu unserer vollen Zufriedenheit durch. Ihre Leistungen lagen weit über der Leistung vergleichbarer Mitarbeiter.

3380217 q   Frau NAME wurde in unseren turnusmäßigen Beurteilungen jedesmal gut bewertet. Mit ihren Leistungen waren wir stets voll zufrieden.

3380300 Zusammenfassende Leistungsbeurteilung bei befriedigender Gesamtbeurteilung

3380301 a Sie hat die ihr übertragenen Aufgaben zu unseren vollen Zufriedenheit erfüllt.

3380302 b Mit der Leistung von Herrn NAME waren unsere Kunden/Auftraggeber und wir voll zufrieden.

3380303 c Die Arbeitsergebnisse von Frau NAME entsprachen eindeutig den Resultaten der Mitarbeiter mit vergleichbaren Aufgaben, so daß wir mit ihrer Leistung voll zufrieden waren.

3380304 d Seine Leistung war gut.

3380305 e Die Leistung von Herrn NAME entsprach der Stufe BEZEICHNUNG DER DRITTEN STUFE des tariflichen Beurteilungssystems, so daß wir mit ihm voll zufrieden waren.

3380306 f Herr NAME erledigte alle Arbeiten seines Aufgabengebietes, auch die ihm anvertrauten Spezialaufträge, zu unserer vollen Zufriedenheit.

3380307 g Seine Leistung hat unseren Anforderungen/Erwartungen voll entsprochen.

3380308 h Während des (ZAHL-wöchigen/ZAHL-monatigen) Arbeitsverhältnisses hat er zu unserer vollen Zufriedenheit gearbeitet. *(Betonung der kurzen Beurteilungsbasis)*

3380309 i Wir waren mit ihren Leistungen voll zufrieden. Sie gehörte mit zu unseren guten Mitarbeiterinnen.

3380310 j Sie hat als qualifizierte Kraft zu unserer vollen Zufriedenheit gearbeitet.

3380311 r Frau NAME hat ihre Aufgaben stets ordnungsgemäß und zeitgerecht erledigt, so daß wir mit ihr voll zufrieden waren.

3380400 Zusammenfassende Leistungsbeurteilung bei ausreichender Gesamtbeurteilung

3380401 a Sie hat die Arbeiten, die wir ihr übertrugen, zu unserer Zufriedenheit getan.

3380402 b Mit der Arbeit von Herrn NAME waren unsere Kunden/Auftraggeber und wir zufrieden.

3380403 c Die Arbeitsergebnisse von Frau NAME erreichten den Stand vergleichbarer Mitarbeiter, so daß wir mit ihrer Arbeit zufrieden waren.

3380404 d Seine Arbeiten waren befriedigend.

3380405 e Die Arbeit von Herrn NAME entsprach der Stufe BEZEICHNUNG DER VIERTEN STUFE des tariflichen Beurteilungssystems, so daß wir zufrieden waren.

3380406 f Herr NAME hat die Arbeiten seines Aufgabengebietes stets ordnungsgemäß abgewickelt, so daß wir vorbehaltlos zufrieden waren.

3380407 g Er hat unseren Anforderungen/Erwartungen entsprochen.

3380408 h Während des (ZAHL-wöchigen/ZAHL-monatigen) Arbeitsverhältnisses hat er zu unserer Zufriedenheit gearbeitet. *(Betonung der kurzen Beurteilungsbasis)*

3380409 r Herr NAME war pünktlich und führte die ihm übertragenen Arbeiten ordnungsgemäß aus. *(Bürokratisch, ohne Eigeninitiative)*

3380410 s Frau NAME ist ihren dienstlichen Pflichten mit Interesse und unauffällig nachgekommen und hat die Aufgaben, die wir ihr übertrugen, vorschriftsmäßig zu unserer Zufriedenheit abgewickelt.

3380411 t Über seine Arbeit wurde allseits Zufriedenheit geäußert.

3380412 ✶ Mit ihrer durchweg passablen Arbeit waren wir zufrieden.

3380500 Zusammenfassende Leistungsbeurteilung bei mangelhafter Gesamtbeurteilung

3380501 a Sie hat die Arbeiten, die wir ihr übertrugen, insgesamt zu unserer Zufriedenheit getan.

3380502 b Mit der Arbeit von Herrn NAME waren unsere Kunden/Auftraggeber und wir insgesamt zufrieden.

3380503 c Insgesamt entsprachen die Arbeitsergebnisse von Frau NAME in der Regel denjenigen der Mitarbeiter mit vergleichbaren Aufgaben, so daß wir mit ihrer Arbeit zufrieden sein konnten.

3380504 d Seine Arbeiten waren zum großen Teil zufriedenstellend.

3380505 e Die Arbeit von Herrn NAME entsprach der Stufe BEZEICHNUNG DER UNTERSTEN STUFE des tariflichen Beurteilungssystems, so daß wir insgesamt durchaus zufrieden sein konnten.

3380506 f Herr NAME ist die Arbeiten seines Aufgabengebietes, die wir ihm im Rahmen seiner Stellenbeschreibung zur Erledigung übertrugen, ordnungsgemäß angegangen, so daß wir insgesamt zufrieden waren.

3380507 g Ihre Arbeit hat unseren Anforderungen/Erwartungen im allgemeinen entsprochen.

3380508 h Insgesamt hat er während des (ZAHL-wöchigen/ZAHL-monatigen) Arbeitsverhältnisses zu unserer Zufriedenheit gearbeitet. *(Betonung der kurzen Beurteilungsbasis)*

3380509 r	Herr NAME war pünktlich und tat die ihm übertragenen Arbeiten insgesamt ordnungsgemäß. *(Bürokratisch, ohne Eigeninitiative)*
3380510 s	Insgesamt bestätigen wir Frau NAME, daß sie ihren dienstlichen Pflichten mit Interesse nachgekommen ist und die Aufgaben, die wir ihr übertrugen, vorschriftsmäßig abgewickelt hat. *(Bestätigen = weil gefordert = Distanzierung)*
3380511 t	Man äußerte sich immer wieder ohne Bedenken und Zweifel zufrieden über seine Arbeit.
3380512 ✶	Die von Herrn NAME gebotene Leistung lag im Rahmen seiner Fähigkeiten. *(Geringe Fähigkeiten)*
3380513 ✶	Er führte die ihm zugetragenen Aufgaben mit großem Fleiß und mit Interesse durch. *(Hat sich bemüht, aber im Ergebnis nichts geleistet)*
3380514 ✶	Er widmete sich seiner Arbeit mit Interesse und erzielte entsprechende Erfolge.
3380515 ✶	Wir bestätigen gerne, daß sie sich stets in lobenswerter Weise engagierte, um den hohen Anforderungen und Erwartungen gerecht zu werden, die wir an diesen Arbeitsplatz stellen müssen.
3380516 ✶	Herr NAME war stets nachdrücklich/außerordentlich/redlich daran interessiert, die Anforderungen und Erwartungen zu übertreffen, die wir an diesen Arbeitsplatz stellen.
3380517 ✶	Frau NAME hatte Gelegenheit, alle BEZEICHNUNG-Arbeiten gründlich kennenzulernen und zu erledigen.
3380518 ✶	Frau NAME tat die Arbeiten, die ihr übertragen wurden, mit Fleiß und machte dabei auch brauchbare Vorschläge. *(Gelegentlich halbwegs brauchbare Vorschläge)*
3380519 ✶	Insgesamt haben wir keine Bedenken, ihre Arbeit als zufriedenstellend zu bezeichnen. *(Im einzelnen aber wohl doch)*
3380520 ✶	Selbstverständlich entsprechen wir dem Wunsch von Herrn NAME und bescheinigen ihm unsere vollste Zufriedenheit. *(Wunsch + bescheinigen = gefordert = Distanzierung)*
3400000	**Leistungsbeurteilung von Außertariflichen und Leitenden Angestellten**
	Bitte wählen Sie unter Beachtung der Notenstufen je einen Baustein aus den nachfolgenden Gruppen 3410 Arbeitsbereitschaft, 3420 Arbeitsbefähigung, 3430 Wissen und Weiterbildung, 3440 Arbeitsweise, 3450 Arbeitserfolg, 3460 Herausragende Erfolge (nur bei sehr guter oder guter Gesamtbeurteilung), 3471 Führungsumstände, 3472 Führungsleitung und 3480 zusammenfassende Leistungsbeurteilung.

3410000 Arbeitsbereitschaft von Außertariflichen und Leitenden Angestellten

3410100 Arbeitsbereitschaft bei sehr guter Beurteilung

3410101 a Herr NAME ist eine dynamische Fach- und Führungspersönlichkeit mit Unternehmungsgeist, die ihren Bereich BEZEICHNUNG stets mit großem Engagement (ziel- und ergebnisgerecht) geleitet und durch vielfältige Initiativen weiterentwickelt hat.

3410102 b Frau NAME zeigte stets eine herausragende Einsatzbereitschaft. Ihr Enthusiasmus und ihre optimistische Haltung auch in schwierigen Fällen wirkten im Kollegen- und Mitarbeiterkreis beflügelnd.

3410103 c Frau NAME hatte stets eine ausgezeichnete Arbeitsmoral. Sie verfolgte sehr aktiv und beharrlich die Abteilungs- und Unternehmensziele.

3410104 d Herr NAME hatte stets eine ausgezeichnete Arbeitsmotivation. Er war ein im positiven Sinne ehrgeiziger Mitarbeiter.

3410105 e Herr NAME identifizierte sich stets in vorbildlicher Weise mit der übernommenen Verantwortung und realisierte energisch und sehr beharrlich die in Eigeninitiative gesetzten sowie die vereinbarten Ziele.

3410106 f Alle Aufgaben führte sie stets mit großem Elan und mit Pflichtbewußtsein aus.

3410107 g Sein Erfolg liegt begründet in seinem sehr großen persönlichen Engagement.

3410108 * Frau NAME identifizierte sich absolut mit ihrer Aufgabe und dem Unternehmen und stellte persönliche Belange jederzeit zurück. Ihre Arbeitszeit ging deutlich über das übliche Maß hinaus.

3410109 * Er entwickelte sehr viel Eigeninitiative. Er engagierte sich mit großer Einsatzfreude, starker Energie und Ausdauer in innovativen Projekten.

3410110 * Frau NAME ist eine Vertrauensperson von hohem betriebswirtschaftlichen Können und ausgeprägtem beruflichen Engagement.

3410200 Arbeitsbereitschaft bei guter Beurteilung

3410201 a Herr NAME ist eine dynamische Fach- und Führungskraft, die ihren Bereich stets mit großem Engagement (zielgerecht) geleitet und durch viele Initiativen weiterentwickelt hat.

3410202 b Frau NAME zeigte stets eine gute Einsatzbereitschaft. Ihre optimistische Haltung auch in schwierigen Fällen wirkte beflügelnd.

Leistungsbeurteilung – AT und Leitende Angestellte II./341

3410203 c Frau NAME hatte stets eine gute Arbeitsmoral und verfolgte beharrlich die gesetzten Abteilungs- und Unternehmensziele.

3410204 d Herr NAME hatte stets eine gute Arbeitsmotivation. Er war ein im positiven Sinne ehrgeiziger Mitarbeiter.

3410205 e Herr NAME identifizierte sich stets in guter Weise mit der übernommenen Verantwortung und realisierte beharrlich die in Eigeninitiative gesetzten sowie die vereinbarten Ziele.

3410206 f Alle Aufgaben führte sie mit großem Elan und mit Pflichtbewußtsein aus.

3410207 g Sein Erfolg liegt begründet in seinem großen persönlichen Engagement.

3410300 Arbeitsbereitschaft bei befriedigender Beurteilung

3410301 a Herr NAME leitete seinen Bereich mit Engagement.

3410302 b Frau NAME zeigte eine gute Einsatzbereitschaft.

3410303 c Frau NAME hatte eine gute Arbeitsmoral.

3410304 d Herr NAME hatte eine gute Arbeitsmotivation.

3410305 e Herr NAME identifizierte sich gut mit der ihm übertragenen Verantwortung und verfolgte die vereinbarten Ziele.

3410306 f Alle Aufgaben führte sie mit Elan und Pflichtbewußtsein aus.

3410400 Arbeitsbereitschaft bei ausreichender Beurteilung

3410401 a Frau NAME zeigte auch Engagement und Initiative.

3410402 b Frau NAME zeigte auch Einsatzbereitschaft.

3410403 c Herr NAME verfügte über eine ausreichende Arbeitsmoral.

3410404 d Herr NAME verfügte über eine ausreichende Arbeitsmotivation.

3410500 Arbeitsbereitschaft bei mangelhafter Beurteilung

3410501 a Ihre Tätigkeit erforderte Initiative und Engagement.

3410502 b Diese Position erfordert hohe Einsatzbereitschaft.

3410503 c Die Arbeitsmoral von Frau NAME entsprach im großen und ganzen den Erwartungen.

3410504 d Die Arbeitsmotivation von Herrn NAME entsprach insgesamt den Erwartungen.

3410505 ∗ Seine Tätigkeit erforderte zielstrebiges und energisches Entscheiden und Handeln.

II./341 – 342 Bausteinübersicht S. 113 – 116, Beurteilungsbögen S. 117 – 125

3410506✶ Alle seine Aktionen hatten zum Ziel, das Ansehen der Firma zu steigern. *(Fehlender Hinweis auf Erfolg)*

3420000 Arbeitsbefähigung von Außertariflichen und Leitenden Angestellten

3420100 Arbeitsbefähigung bei sehr guter Beurteilung

3420101 a Herr NAME entschied und handelte bei konstant hoher Belastung und in Streßsituationen besonnen und richtig. Bei neuen geschäftlichen Entwicklungen agierte er stets sicher, flexibel und sehr gut.

3420102 b Die Fach- und Leitungskompetenz von Frau NAME war stets in jeder Hinsicht sehr gut.

3420103 c Herr NAME beherrscht sein Metier. Er erfüllte die sehr hohen Anforderungen seiner wichtigen Funktion jederzeit vollkommen.

3420104 d Die Anforderungen und Belastungen dieser anspruchsvollen Position bewältigte Herr NAME dank seiner optimistischen und positiven Grundhaltung stets ausgezeichnet.

3420105 e Herr NAME verfügte über ein sicheres Urteilsvermögen. Er hat von der ihm eingeräumten und schrittweise erhöhten Kredit- und Konditionenkompetenz jederzeit umsichtig und erfolgreich Gebrauch gemacht.

3420106 f Dank ihrer Intelligenz und ihrer fundierten Ausbildung arbeitete sie sich sehr schnell und erfolgreich in dieses vielseitige und schwierige Aufgabengebiet ein. Sie denkt logisch und zieht richtige Schlüsse aus dem vorliegenden Datenmaterial.

3420107 g Herr NAME hat sich in dieses weitgefächerte und komplexe Gebiet in sehr kurzer Zeit hervorragend eingearbeitet, wobei ihm seine schnelle Auffassungsgabe, seine systematische Betrachtungsweise, sein Organisationstalent und seine Energie sehr zustatten kamen.

3420108 h Herr NAME war ein äußerst kreativer KONSTRUKTEUR, der innerhalb unserer Produktgruppe BEZEICHNUNG viele sehr gute Verbesserungen realisierte. Er wirkte inspirierend auf das Team.

3420109 i Herr NAME verband strategisches und konzeptionelles Denken mit praxisnahen operativen Lösungen, die er zielstrebig umsetzte.

3420110 j Ein sehr gutes Analyse- und Urteilsvermögen gehört ebenso zu ihrem Qualifikationsprofil wie Kreativität und Flexibilität.

3420111 k Er war ein kreativer Gestalter und setzte seine sehr guten innovativen Ideen konstruktiv in praktische Verbesserungen um.

3420112 l	Frau NAME verfügt über ein sehr gutes analytisch-konzeptionelles und zugleich pragmatisches Urteils- und Denkvermögen.
3420113 m	Er verfügt über ein ausgezeichnetes konzeptionelles und strategisches Denkvermögen.
3420114*	Herr NAME hat seine Mitarbeiter nach Möglichkeit an der Entscheidungsfindung beteiligt. In Zweifelsfällen entschied er auf der Basis seiner großen Erfahrung und seines sicheren Analyse- und Urteilsvermögens allein.
3420115*	Die Anforderungen für diese vielseitigen und schwierigen Aufgaben erfüllte Frau NAME in idealer Weise. Sie war eine in jeder Hinsicht äußerst fähige Mitarbeiterin. Hervorzuheben sind ihr scharfer Verstand und ihr hohes dauerhaftes Konzentrationsvermögen auch bei starken Belastungen.
3420116*	Er hat die Gabe, den Mitarbeitern neue organisatorische Lösungen transparent und überzeugend darstellen zu können.
3420117*	Herr NAME besitzt die Gabe, bei komplexen Fragen intuitiv den Kern des Problems, die entscheidenden Zusammenhänge und die richtigen Lösungswege zu erkennen. Er denkt markt- und zukunftsorientiert und zeichnet sich durch eine optimistische und motivierende Haltung, Ideenreichtum und eine umsichtige Innovationsbereitschaft aus.

3420200 Arbeitsbefähigung bei guter Beurteilung

3420201 a	Herr NAME entschied und handelte bei hoher Belastung und in Streßsituationen besonnen und richtig. Bei neuen geschäftlichen Entwicklungen agierte er stets sicher, flexibel und gut.
3420202 b	Die Fach- und Leitungskompetenz von Frau NAME war stets in jeder Hinsicht gut.
3420203 c	Herr NAME erfüllte die hohen Anforderungen ihrer wichtigen Funktion jederzeit voll.
3420204 d	Die Anforderungen und Belastungen dieser Position bewältigte Frau NAME durch ihre optimistische Grundhaltung stets gut.
3420205 e	Herr NAME verfügte über ein sicheres Urteilsvermögen. Er hat von der ihm eingeräumten und schrittweise erhöhten Kredit- und Konditionenkompetenz umsichtig und erfolgreich Gebrauch gemacht.
3420206 f	Dank ihrer Intelligenz und ihrer fundierten Ausbildung arbeitete sie sich schnell und erfolgreich in dieses vielseitige Aufgabengebiet ein. Sie zog richtige Schlüsse aus dem vorliegenden Datenmaterial.

3420207 g Herr NAME hat sich in dieses weitgefächerte und komplexe Gebiet in kurzer Zeit gut eingearbeitet, wobei ihm seine schnelle Auffassungsgabe, seine systematische Betrachtungsweise, sein Organisationstalent und seine Energie sehr zustatten kamen.

3420208 h Herr NAME war ein kreativer KONSTRUKTEUR, der innerhalb unserer Produktgruppe BEZEICHNUNG viele gute Verbesserungen realisierte.

3420209 i Herr NAME verband konzeptionelles Denken mit praxisnahen operativen Lösungen, die er zielstrebig umsetzte.

3420210 j Ein gutes Analyse- und Urteilsvermögen gehört ebenso zu ihrem Qualifikationsprofil wie Kreativität und Flexibilität.

3420211 k Er setzte seine guten innovativen Ideen konstruktiv in praktische Verbesserungen um.

3420212 l Frau NAME verfügt über ein gutes analytisch-konzeptionelles und zugleich pragmatisches Urteils- und Denkvermögen.

3420213 m Er verfügt über ein gutes konzeptionelles und strategisches Denkvermögen.

3420300 Arbeitsbefähigung bei befriedigender Beurteilung

3420301 a Herr NAME ist belastbar und paßte sich neuen geschäftlichen Entwicklungen flexibel an.

3420302 b Die Fach- und Leitungskompetenz von Frau NAME war gut.

3420303 c Frau NAME erfüllte die Anforderungen ihrer wichtigen Funktion.

3420304 d Herr NAME war den Anforderungen und Belastungen seiner Position gut gewachsen.

3420305 e Er hat von der ihm eingeräumten Kreditkompetenz umsichtig Gebrauch gemacht.

3420306 f Dank ihrer fundierten Ausbildung arbeitete sie sich schnell in dieses vielseitige Aufgabengebiet ein.

3420307 g Herr NAME hat sich in dieses weitgefächerte Gebiet gut eingearbeitet.

3420400 Arbeitsbefähigung bei ausreichender Beurteilung

3420401 a Herr NAME paßte sich neuen geschäftlichen Situationen ohne Schwierigkeiten an.

3420402 b Die Fach- und Leitungskompetenz von Frau NAME war zufriedenstellend.

3420403 c	Frau NAME kam mit den Anforderungen ihrer wichtigen Funktion zurecht.
3420404 d	Herr NAME war den Belastungen dieser Position gewachsen.
3420405 e	Er hat von der eingeräumten Kreditkompetenz zu unserer Zufriedenheit Gebrauch gemacht.
3420500	**Arbeitsbefähigung bei mangelhafter Beurteilung**
3420501 a	Neue geschäftliche Situationen erforderten von Herrn NAME eine reibungslose Anpassung ohne Schwierigkeiten.
3420502 b	Die Fach- und Leitungskompetenz von Frau NAME war insgesamt zufriedenstellend.
3420503 c	Herr NAME war sich der Anforderungen seiner wichtigen Funktion bewußt.
3420504 d	Diese Position brachte für Herrn NAME hohe Belastungen mit sich.
3420505 e	Er hat von der eingeräumten Kreditkompetenz insgesamt zu unserer Zufriedenheit Gebrauch gemacht.
3420506 ✳	Diese Funktion erforderte jederzeit Ausdauer und Flexibilität.
3420507 ✳	Zu den unabdingbaren Voraussetzungen für diese Position gehören Eigenschaften wie Belastbarkeit, Flexibilität und analytisches Denkvermögen.
3430000	**Wissen und Weiterbildung von Außertariflichen und Leitenden Angestellten**
3430100	**Wissen und Weiterbildung bei sehr guter Beurteilung**
3430101 a	Herr NAME verfügt über eine ausgezeichnete technisch-wirtschaftliche Sachkompetenz und eine sehr reiche Berufs- und Leitungserfahrung. Die Geschäftsleitung konnte sich stets auf seine fundierten fachlichen Ratschläge und sein umsichtiges Urteil verlassen.
3430102 b	Frau NAME beherrscht absolut sicher das Instrumentarium moderner BEZEICHNUNG-Arbeit. Sie war auf diesem Gebiet unsere wichtigste Know-how-Trägerin.
3430103 c	Sein exzellentes Fachwissen und seine reiche Berufserfahrung sowie sein Abstraktionsvermögen befähigten ihn auch bei komplexen Fragen und in schwierigen Lagen zu selbständigen, durchdachten und realistischen Entscheidungen.
3430104 d	Frau NAME hat (auf Fachkongressen/in unserem Branchenverband) vielbeachtete und zum Teil publizierte Vorträge zum Thema BEZEICHNUNG gehalten.

II./343 Bausteinübersicht S. 113 – 116, Beurteilungsbögen S. 117 – 125

3430105 e Das Unternehmen profitierte in sehr hohem Maße von seiner langen und reichhaltigen Funktions- und Branchenerfahrung.

3430106 f Im Selbststudium und unterstützt durch Intensivkurse hat er sehr gute Kenntnisse der BEZEICHNUNG-Sprache erworben und für unsere internationalen Beziehungen positiv genutzt.

3430107 g Frau NAME besitzt ein umfassendes, hervorragendes, jederzeit verfügbares Fachwissen, mit dessen Hilfe sie auch überaus schwierige Fragen sehr erfolgreich löste.

3430108 h Herr NAME ist ein besonders versierter BEZEICHNUNG mit sehr gutem FACHBEREICH-Wissen.

3430109 i Herr NAME verband hervorragende technische Kompetenz mit ausgezeichnetem betriebswirtschaftlichem Sachverstand.

3430110 j Herr NAME hat autodidaktisch sehr profunde Kenntnisse auf dem BEZEICHNUNG-Gebiet erworben und zum Nutzen des Unternehmens eingesetzt.

3430111 k Er gab aufgrund seiner sehr guten und stets aktuellen Fachkenntnisse und seiner Energie dem Hause wiederholt wichtige Impulse, die zu wesentlichen Verbesserungen der Arbeitsabläufe führten.

3430112 l Frau NAME setzte ihre umfassenden, profunden und aktuellen Kenntnisse stets sehr wirksam und nutzbringend ein.

3430113 m Herr NAME zeichnete sich durch wahre Professionalität aus. Seine weitreichenden und fundierten Kenntnisse hielt er durch kontinuierliche Fortbildung stets auf dem allerneuesten Wissensstand.

3430114 ✳ Durch Selbststudium während seiner Freizeit vervollkommnete Herr NAME sein berufliches Wissen, aber auch seine Kenntnisse über moderne Führungsmethoden und Managementtechniken.

3430115 ✳ Im Laufe der Jahre hat Frau NAME mit sehr tiefem fachübergreifendem Wissen und ungewöhnlicher Einsatzfreude ihr Arbeitsgebiet aufgebaut. Sie hat sich so einen hervorragenden Ruf als fachliche Autorität in der Branche (im In- und Ausland) erworben.

3430116 ✳ Herr NAME besitzt umfassende Fachkenntnisse, eine überdurchschnittliche Auffassungsgabe und die Fähigkeit, in kürzester Zeit optimale Ansätze für Entwicklungsanregungen und Koordinierungsaufgaben zu finden und durchzusetzen.

3430117 ✳ Herr NAME ist auf seinem Fachgebiet BEZEICHNUNG eine (international) anerkannte Autorität.

3430118* Auf dem Gebiet BEZEICHNUNG fand in den letzten Jahren eine rasante Entwicklung statt. Herr NAME nutzte daher, auch in Eigeninitiative, sinnvoll und erfolgreich alle Möglichkeiten, sein sehr gutes Know-how auf dem aktuellen Stand zu halten.

3430119* Herr NAME verfügt über exzellente Kenntnisse in seinem Fachgebiet BEZEICHNUNG sowie in den angrenzenden Bereichen und setzte diese jederzeit souverän zum Nutzen des Unternehmens ein.

3430200 Wissen und Weiterbildung bei guter Beurteilung

3430201 a Herr NAME verfügt über eine gute technisch-wirtschaftliche Sachkompetenz und eine große Berufs- und Leitungserfahrung. Die Geschäftsleitung konnte sich auf seine fundierten Ratschläge und sein umsichtiges Urteil verlassen.

3430202 b Frau NAME beherrscht sicher das Instrumentarium moderner BEZEICHNUNG-Arbeit.

3430203 c Sein gutes Fachwissen und seine große Berufserfahrung befähigten ihn bei speziellen Fragen und in schwirigen Lagen zu durchdachten und realistischen Entscheidungen.

3430204 d Frau NAME hat wiederholt (auf Fachkongressen/in unserem Branchenverband) anerkannte und zum Teil publizierte Fachvorträge gehalten.

3430205 e Das Unternehmen profitierte in hohem Maße von seiner langen und reichhaltigen Funktions- und Branchenerfahrung.

3430206 f Im Selbststudium und unterstützt durch Intensivkurse hat er gute Kenntnisse der BEZEICHNUNG-Sprache erworben und für unsere internationalen Beziehungen positiv genutzt.

3430207 g Frau NAME besitzt ein umfassendes, jederzeit verfügbares Fachwissen, mit dessen Hilfe sie auch schwierige Fragen erfolgreich löste.

3430208 h Herr NAME ist ein versierter BEZEICHNUNG mit gutem FACHBEREICH-Wissen.

3430209 i Herr NAME verband hohe technische Kompetenz mit gutem betriebswirtschaftlichem Sachverstand.

3430210 j Frau NAME hat autodidaktisch gute Kenntnisse auf dem BEZEICHNUNG-Gebiet erworben und zum Nutzen des Unternehmens eingesetzt.

3430211 k Er gab aufgrund seiner guten Fachkenntnisse und seiner Energie dem Hause wiederholt Impulse, die zu deutlichen Verbesserungen der Arbeitsabläufe führten.

3430212 l Frau NAME setzte ihre umfassenden, profunden und aktuellen Kenntnisse stets wirksam und nutzbringend ein.

3430213 m Herr NAME zeichnete sich durch Professionalität aus. Seine umfangreichen und fundierten Kenntnisse hielt er durch kontinuierliche Fortbildung stets auf dem neuesten Wissensstand.

3430214 ✷ Darüber hinaus hielt Frau NAME den fachlichen Kontakt zu den einschlägigen Fakultäten und Forschungsinstituten.

3430300 **Wissen und Weiterbildung bei befriedigender Beurteilung**

3430301 a Herr NAME verfügt über eine große Berufserfahrung. Die Geschäftsleitung hat seine Ratschläge gern berücksichtigt.

3430302 b Frau NAME wendet das Instrumentarium moderner BEZEICHNUNG-Arbeit an.

3430303 c Sein gutes Fachwissen und seine Berufserfahrung befähigten ihn bei auftretenden Fragen und in besonderen Lagen zu durchdachten und realistischen Entscheidungen.

3430304 d Frau NAME hat (auf Fachtagungen/in unserem Branchenverband) Fachvorträge auf dem Gebiet BEZEICHNUNG gehalten.

3430305 e Das Unternehmen profitierte von seiner Funktions- und Branchenerfahrung.

3430306 f Durch Intensivkurse hat er Kenntnisse der BEZEICHNUNG-Sprache erworben und für unsere internationalen Beziehungen positiv genutzt.

3430307 g Frau NAME besitzt ein jederzeit verfügbares Fachwissen, mit dessen Hilfe sie ihre Aufgaben erfolgreich löste.

3430308 ✷ Herr NAME hat regelmäßig an verschiedenen internen und externen Veranstaltungen aus dem Themenbereich BEZEICHNUNG teilgenommen.

3430400 **Wissen und Weiterbildung bei ausreichender Beurteilung**

3430401 a Herr NAME gab der Geschäftsleitung aufgrund seiner Berufserfahrung fachliche Hinweise, die wiederholt berücksichtigt wurden.

3430402 b Frau NAME kennt das Instrumentarium moderner BEZEICHNUNG-Arbeit.

3430403 c Sein Fachwissen und seine Berufsroutine befähigten ihn bei auftretenden Fragen zu den notwendigen Entscheidungen.

Arbeitsweise – AT und Leitende Angestellte

3430404 n Frau NAME hat auch die heute angebotenen Möglichkeiten genutzt, sich in ihrem Fach weiterzubilden. Sie verfügt daher über ein solides Grundwissen.

3430405 o Frau NAME hat sich durch Besuche von Fachkursen und durch das Wahrnehmen anderer Fortbildungsmöglichkeiten über die Entwicklung orientiert und sich mit dem gegenwärtigen Erkenntnisstand ihres Fachgebietes beschäftigt.

3430406 ✲ Seine umfangreiche Bildung machte ihn zu einem gesuchten Gesprächspartner. *(Andeutung umfangreicher Unterhaltungen)*

3430500 Wissen und Weiterbildung bei mangelhafter Beurteilung

3430501 a Herr NAME gab der Geschäftsleitung fachliche Hinweise, die wohlwollend zur Kenntnis genommen wurden.

3430502 b Frau NAME interessierte sich für das Instrumentarium moderner BEZEICHNUNG-Arbeit.

3430503 c Seine Berufsroutine befähigte ihn, notwendige Entscheidungen angehen zu können.

3430504 n Sie verfügte über ein ausbaufähiges Grundwissen und war unermüdlich bestrebt, ihren fachlichen Horizont zu erweitern.

3430505 o Besonders begrüßten wir sein Bestreben, sich durch Besuche von Fachkursen über neuere Entwicklungen zu orientieren und sich mit seinem Fachgebiet zu beschäftigen.

3430506 ✲ Herr NAME besaß ein gesundes Selbstvertrauen und war allem Neuen gegenüber sehr aufgeschlossen. *(= geringe Fachkenntnisse; realisierte das Neue nicht)*

3430507 ✲ Die Begriffe des GEBIET sind Frau NAME bekannt.

3430508 ✲ Frau NAME engagierte sich auch in unserem Fachverband, wo sie als Fachfrau für BEZEICHNUNG galt.

3430509 ✲ Herr NAME engagierte sich auch in unserem Fachverband, wo er in verschiedener Hinsicht als Experte galt.

3440000 Arbeitsweise von Außertariflichen und Leitenden Angestellten

3440100 Arbeitsweise bei sehr guter Beurteilung

3440101 a Herr NAME bearbeitete und löste alle Problemstellungen stets sehr selbständig, sorgfältig und systematisch.

3440102 b Frau NAME zeichnete sich (in ihrer Schlüsselfunktion) stets durch einen sehr guten und effizienten Arbeitsstil aus.

II./344　　Bausteinübersicht S. 113 – 116, Beurteilungsbögen S. 117 – 125

3440103 c　Er hatte einen sicheren Blick für das Wichtige und Wesentliche und arbeitete stets planvoll, methodisch und sehr gründlich.

3440104 d　Frau NAME war eine äußerst verantwortungsbewußte und zuverlässige Mitarbeiterin. Ihr Arbeitsstil zeichnete sich stets durch eine sehr sorgfältige Planung und durch Systematik und klare Strukturierung aus.

3440105 e　Die Schulungen der Anwender führte er stets sehr gut vorbereitet, mit didaktischem Geschick und mit sehr großem Lernerfolg durch.

3440106 f　Herr NAME war ein äußerst gewissenhaft und selbständig arbeitender Mitarbeiter, der seine Aufgaben stets planvoll und systematisch bearbeitete und erledigte.

3440107 g　Seine Arbeitsweise war stets durch Umsicht geprägt. Bei seinen Vorschlägen bedachte er vorab alle möglichen Fälle, so daß sich seine Lösungen in der Praxis stets sehr gut bewährten.

3440108 h　Der Arbeitsstil von Frau NAME war jederzeit in sehr hohem Maße geprägt von Zuverlässigkeit, Systematik, Verantwortungs- und Kostenbewußtsein.

3440109 i　Sie bereitete Entscheidungen stets sehr gründlich vor, traf sie zum richtigen Zeitpunkt und setzte sie mit Überzeugungskraft und Glaubwürdigkeit um.

3440200　Arbeitsweise bei guter Beurteilung

3440201 a　Herr NAME bearbeitete und löste alle Problemstellungen sehr selbständig, sorgfältig und systematisch.

3440202 b　Frau NAME zeichnete sich (in ihrer Schlüsselfunktion) stets durch einen guten und effizienten Arbeitsstil aus.

3440203 c　Er hatte einen sicheren Blick für das Wichtige und Wesentliche und arbeitete planvoll, methodisch und sehr gründlich.

3440204 d　Frau NAME war eine sehr zuverlässige Mitarbeiterin. Ihr Arbeitsstil zeichnete sich durch sorgfältige Planung, Systematik und klare Strukturierung aus.

3440205 e　Die Schulungen der Anwender führte er stets gut vorbereitet, mit didaktischem Geschick und mit großem Lernerfolg durch.

3440206 f　Herr NAME war ein gewissenhaft und selbständig arbeitender Mitarbeiter, der seine Aufgaben planvoll und systematisch bearbeitete und erledigte.

3440207 g　Seine Arbeitsweise war stets durch Umsicht geprägt. Bei seinen Vorschlägen bedachte er vorab mögliche Fälle, so daß sich seine Lösungen in der Praxis stets gut bewährten.

3440208 h Der Arbeitsstil von Frau NAME war jederzeit in hohem Maße geprägt von Zuverlässigkeit, Systematik, Verantwortungs- und Kostenbewußtsein.

3440209 i Sie bereitete Entscheidungen gründlich vor, traf sie zum richtigen Zeitpunkt und setzte sie mit Überzeugungskraft und Glaubwürdigkeit um.

3440300 Arbeitsweise bei befriedigender Beurteilung

3440301 a Herr NAME bearbeitete und löste die Problemstellungen selbständig, sorgfältig und systematisch.

3440302 b Frau NAME zeigte eine gute Arbeitsweise.

3440303 c Er hatte einen Blick für das Wesentliche und arbeitete gründlich.

3440304 d Frau NAME war eine zuverlässige Mitarbeiterin. Ihr Arbeitsstil zeichnete sich durch Planung, Systematik und klare Strukturierung aus.

3440305 e Die Schulungen der Anwender führte er mit Geschick und mit Erfolg durch.

3440306 f Herr NAME war ein selbständig arbeitender Mitarbeiter, der seine Aufgaben systematisch bearbeitete und erledigte.

3440307 g Seine Arbeitsweise war umsichtig. Bei seinen Vorschlägen bedachte er vorab mögliche Fälle, so daß sich seine Lösungen in der Praxis bewährten.

3440308 h Der Arbeitsstil von Frau NAME war geprägt von Zuverlässigkeit, Systematik, Verantwortungs- und Kostenbewußtsein.

3440400 Arbeitsweise bei ausreichender Beurteilung

3440401 a Herr NAME bearbeitete die Problemstellungen, die wir ihm übertrugen, ohne Komplikationen.

3440402 b Frau NAME zeigte eine zufriedenstellende Arbeitsweise.

3440403 c Aufgrund seiner gründlichen Arbeitsweise übersah er nichts Wesentliches.

3440404 d Ihr Arbeitsstil kann als systematisch bezeichnet werden.

3440405 e Die Anwenderschulungen führte er mit Interesse durch.

3440406 f Herr NAME erwies sich als ein Mitarbeiter, der an die Aufgaben, die wir ihm übertrugen, systematisch heranging.

3440407 ✻ Herr NAME überließ nichts dem Zufall. Er arbeitete äußerst penibel und kümmerte sich mit erheblichem Zeitaufwand auch als Vorgesetzter noch um nahezu alle Details.

3440500 Arbeitsweise bei mangelhafter Beurteilung

3440501 a Es war ein besonderes Anliegen von Herrn NAME, die Problemstellungen, die wir ihm zur Lösung übertrugen, sorgfältig, systematisch und weitgehend selbständig anzugehen.

3440502 b Frau NAME zeigte eine insgesamt zufriedenstellende Arbeitsweise.

3440503 c Aufgrund seiner gründlichen Arbeitsweise übersah er insgesamt nichts Wesentliches.

3440504 d Die Position von Frau NAME erforderte einen durch sorgfältige Planung, Systematik und klare Strukturierung geprägten Arbeitsstil.

3440505 e Er war sich stets der großen Bedeutung einer gut vorbereiteten Anwenderschulung bewußt.

3440506 f Herr NAME erwies sich als ein Mitarbeiter, der an die Aufgaben, die wir ihm übertrugen, im Rahmen seiner Möglichkeiten wiederholt systematisch heranging.

3440507 * Bei der Einführung des neuen Produktes BEZEICHNUNG setzte er sich voll ein und zeigte dabei, daß er ein guter Produktmanager sein kann. *(Was er in der Regel nicht ist)*

3450000 Arbeitserfolg von Außertariflichen und Leitenden Angestellten

3450100 Arbeitserfolg bei sehr guter Beurteilung

3450101 a Frau NAME arbeitete nach klarer, durchdachter eigener Planung und erzielte stets optimale Lösungen.

3450102 b Die Qualität seiner Arbeit erfüllte stets höchste Ansprüche. Sein Erfolg beweist sein unternehmerisches Format.

3450103 c Die Ergebnisse von Frau NAME waren, auch bei sehr schwierigen Arbeiten, objektiven Problemhäufungen und bei Termindruck, stets von ausgezeichneter Qualität. Sie hat ihre unternehmerischen Fähigkeiten zu unserem Nutzen voll entfaltet.

3450104 d Herr NAME fand und realisierte aufgrund seines ausgeprägten Organisations- und Improvisationstalents stets sehr gute und kostengünstige Lösungen.

3450105 e Neue Aufgaben und Probleme hat Frau NAME frühzeitig erkannt, zielstrebig in Angriff genommen und, ohne auf Anstöße von anderer Seite zu warten, in effizienter und kooperativer Weise zu stets sehr guten Lösungen geführt.

3450106 f Herr NAME erzielte nachweislich stets weit überdurchschnittliche Verkaufserfolge. Bei Außendienstwettbewerben errang er mehrmals/in ZAHL Jahren ZAHLmal den Spitzenplatz.

Arbeitserfolg – AT und Leitende Angestellte II./345

3450107 g Durch ihre zielorientierte und eigenverantwortliche Arbeit hat sie stets sehr gute Ergebnisse erzielt.

3450108 h Die von ihm geführten Verhandlungen und Gerichtsverfahren führten sämtlich zu einem für uns sehr vorteilhaften Ergebnis.

3450109 i Herr NAME erzielte auch bei Spezialaufgaben und bei Zusatzaufgaben stets sehr gute Lösungen.

3450110 j Aufgrund seines ausgezeichneten Koordinationsvermögens erzielte er bei den ständig parallel laufenden Projekten stets sehr gute Ergebnisse.

3450111 k Seine Planungsvorlagen, schriftlichen Berichte, Präsentationen und Vorträge zeichneten sich durch einen logischen Aufbau, einleuchtende Begründungen sowie durch sehr gute Formulierungen aus, so daß er für seine Empfehlungen stets die gewünschte Zustimmung erhielt.

3450112 l Die permanent hervorragenden Verkaufsergebnisse sowie seine Erfolge in der Neukundengewinnung belegen sein außergewöhnliches Verkaufstalent.

3450113 m Sie löste im Rahmen des Projektes BEZEICHNUNG selbständig eine Reihe von wichtigen Teilaufgaben und hat so optimal und maßgeblich zum Gesamterfolg des Projektes beigetragen.

3450114 * Frau NAME zeigte bei der Aufgabenerledigung außergewöhnlichen Einsatz und hervorragende Leistungen in qualitativer und quantitativer Hinsicht. Sie hat ihre Eignung für eine noch anspruchsvollere Führungsfunktion bewiesen.

3450115 * Herr NAME hat die mit seiner Position verbundenen Gestaltungsräume zu unserem Besten kreativ und verantwortungsbewußt genutzt. Er verstand es, in seinem Arbeitsgebiet Impulse zu geben und neue Wege zu gehen. Er hat auf diese Weise erhebliche wirtschaftliche Erfolge für das Unternehmen erzielt.

3450116 * Er löste souverän alle Termin- und Organisationsprobleme, die sich aufgrund der häufig äußerst kurzen Lieferzeiten in unserem Unternehmen ergeben.

3450117 * Herr NAME hat das Unternehmen fest im Markt etabliert und nachhaltig eine weit über dem Branchendurchschnitt liegende Rentabilität erwirtschaftet.

3450200 Arbeitserfolg bei guter Beurteilung

3450201 a Frau NAME arbeitete nach klarer, eigener Planung und erzielte stets gute Lösungen.

II./345　　Bausteinübersicht S. 113 – 116, Beurteilungsbögen S. 117 – 125

3450202 b　Die Qualität seiner Arbeit erfüllte stets hohe Ansprüche.

3450203 c　Die Ergebnisse von Frau NAME waren, auch bei schwierigen Arbeiten, objektiven Problemhäufungen und bei Termindruck, stets von hoher Qualität.

3450204 d　Herr NAME fand und realisierte aufgrund seines Organisations- und Improvisationstalents stets gute und kostengünstige Lösungen.

3450205 e　Neue Aufgaben und Probleme hat Frau NAME frühzeitig erkannt, zielstrebig in Angriff genommen und, ohne auf Anstöße von anderer Seite zu warten, in effizienter und kooperativer Weise stets zu guten Lösungen geführt.

3450206 f　Herr NAME erzielte nachweislich überdurchschnittliche Verkaufserfolge. Bei Außendienstwettbewerben belegte er stets vordere Ränge.

3450207 g　Durch ihre zielorientierte und eigenverantwortliche Arbeit hat sie stets gute Ergebnisse erzielt.

3450208 h　Die von ihm geführten Verhandlungen und Gerichtsverfahren führten sämtlich zu einem für uns vorteilhaften Ergebnis.

3450209 i　Herr NAME erzielte auch bei Spezialaufgaben und bei Zusatzaufgaben stets gute Lösungen.

3450210 j　Aufgrund seines beachtlichen Koordinationsvermögens erzielte er bei den ständig parallel laufenden Projekten stets gute Ergebnisse.

3450211 k　Seine Planungsvorlagen, schriftlichen Berichte, Präsentationen und Vorträge zeichneten sich durch einen richtigen Aufbau, nachvollziehbare Begründungen sowie durch gute Formulierungen aus, so daß er für seine Empfehlungen die gewünschte Zustimmung erhielt.

3450212 l　Die hervorragenden Verkaufsergebnisse sowie seine Erfolge in der Neukundengewinnung belegen sein gutes Verkaufstalent.

3450213 m　Sie löste im Rahmen des Projektes BEZEICHNUNG selbständig eine Reihe von Teilaufgaben und hat so maßgeblich zum Gesamterfolg des Projektes beigetragen.

3450300　Arbeitserfolg bei befriedigender Beurteilung

3450301 a　Frau NAME arbeitete nach eigener Planung und erzielte gute Lösungen.

3450302 b　Die Qualität ihrer Arbeit erfüllte hohe Ansprüche.

3450303 c　Die Arbeit von Herrn NAME war unter Berücksichtigung von Arbeitshäufung und Termindruck von guter Qualität.

3450304 d　Herr NAME fand und realisierte gute Lösungen.

3450305 e	Neue Aufgaben und Probleme hat Frau NAME erkannt, in Angriff genommen und in kooperativer Weise gut gelöst.
3450306 f	Herr NAME erzielte wiederholt überdurchschnittliche Verkaufserfolge. Bei Außendienstwettbewerben belegte er oft gute Ränge.
3450307 g	Durch ihre Arbeit erzielte sie gute Ergebnisse.
3450308 h	Die von ihm geführten Verhandlungen und Gerichtsverfahren führten zu einem für uns vorteilhaften Ergebnis.
3450309 i	Frau NAME erzielte auch bei Spezialaufgaben und bei Zusatzaufgaben gute Lösungen.

3450400	**Arbeitserfolg bei ausreichender Beurteilung**
3450401 a	Frau NAME arbeitete nach Plan und erreichte auch praktikable Lösungen.
3450402 b	Die Qualität ihrer Arbeit erfüllte unsere Ansprüche.
3450403 c	Die Arbeit von Herrn NAME war stets von der erforderlichen Qualität.
3450404 d	Herr NAME fand Lösungen.
3450405 e	Auch neue Aufgaben und Probleme hat Frau NAME erkannt.
3450406 f	Auch Erfolge blieben nicht aus. Herr NAME erzielte nicht unbedeutende Umsätze. Bei unseren Außendienstwettbewerben erreichte er zufriedenstellende Plätze.
3450407 g	Durch ihre Arbeit erzielte sie Ergebnisse.
3450408 h	Die von ihm geführten Verhandlungen und Gerichtsverfahren führten zu einem für uns zufriedenstellenden Ergebnis.

3450500	**Arbeitserfolg bei mangelhafter Beurteilung**
3450501 a	Frau NAME strebte gute Lösungen an.
3450502 b	Die Qualität seiner Arbeit erfüllte im allgemeinen unsere Ansprüche.
3450503 c	Die Arbeit von Herrn NAME war meist von der erforderlichen Qualität.
3450504 d	Herr NAME suchte stets nach guten und kostengünstigen Lösungen.
3450505 e	Auch die Lösung neuer Aufgaben und Probleme hat Frau NAME versucht.
3450506 f	Herr NAME peilte nicht unbedeutende Umsätze an. Bei unseren Außendienstwettbewerben plazierte er sich jedes Mal.

II./345 – 346   Alle Bausteine können für Männer und Frauen verwendet werden

3450507 g In ihrer Arbeit strebte sie stets Ergebnisse an.

3450508 h Die von ihm geführten Verhandlungen und Gerichtsverfahren führten, insgesamt betrachtet, zu einem für uns zufriedenstellenden Ergebnis.

3450509 * Frau NAME suchte bei allen Aufträgen stets nach sinnvollen und praktikablen Lösungen. Zu ihren Aufgaben gehörte auch die Einführung und Anwendung effizienter CONTROLLINGINSTRUMENTE.

3450510 * Er machte brauchbare Vorschläge und führte nicht unbedeutende Verbesserungen ein. Sein Wirken hat Spuren in unserem Unternehmen hinterlassen. *(Ironie)*

3450511 * Da andere Mitarbeiter von den Vorarbeiten von Herrn NAME abhängig waren, war es stets sehr wichtig, daß er seine Aufträge in angemessener Zeit und ohne Verzögerungen fertigstellte.

3450512 * Er erzielte im großen und ganzen erfolgreiche Jahresabschlüsse.

3450513 * Er setzte sich für die Belange unseres Hauses und die Ausweitung des Geschäftsumfanges ein. Es gelang ihm immer wieder, unsere Kunden für unsere Produkte zu interessieren.

3460000   **Herausragende Erfolge von Außertariflichen und Leitenden Angestellten bei sehr guter oder guter Gesamtbeurteilung**

Bitte wählen Sie einen Baustein aus einer der nachfolgenden Gruppen 3461 bis 3469. Es kommen auch Bausteine aus den Gruppen 3361 bis 3369 in Frage.

3461000   **Herausragende Erfolge: Vertrieb, Marketing, Außendienst**

3461001   Herr NAME denkt und handelt unternehmerisch. Er hat den inländischen Vertrieb und den Export strategisch und operativ auf die Erfordernisse und Chancen der Märkte von morgen ausgerichtet und noch nicht ausgeschöpfte Absatzpotentiale expansiv mit großem Erfolg erschlossen.

3461002   Herr NAME denkt und handelt unternehmerisch. Er hat ein intuitives Gespür für Trends und erkennt frühzeitig Chancen für neue Vertriebsaktivitäten. Als Meisterleistung und herausragender Erfolg ist die Erschließung des BEZEICHNUNG-Marktes zu würdigen, der sich für uns in diesem Produktbereich zu einem zweiten Standbein entwickelt hat. Aber auch in unserem Stammgeschäft zeichnete er sich durch die Festigung und Gewinnung geschäftspolitisch wichtiger Kundenbeziehungen aus.

3461003	Herr NAME denkt und handelt unternehmerisch. Er erreichte mit seinem Marktgespür trotz der schwierigen Wettbewerbslage aufgrund der Stagnation des Marktvolumens und aufgrund der verstärkten ausländischen Konkurrenz eine weit überdurchschnittliche Umsatz- und Ergebnissteigerung. In der Umsatz-Rangliste unserer VERKAUFSLEITER/PRODUKTMANAGER nahm er stets den ersten Platz ein.
3461004	Frau NAME hat sich als exzellente Unternehmerin profiliert, die auf Trends des Marktes und auf Entwicklungen der Rahmenbedingungen vorausschauend, umsichtig und vor allem äußerst erfolgreich einging. Sie hat unseren Goodwill deutlich gesteigert.
3461005	Während seiner ZAHLjährigen Tätigkeit steigerte Herr NAME den Umsatz um ZAHL Prozent, wobei sich das Ergebnis durch zugleich konsequent durchgeführte Rationalisierungsmaßnahmen (im Vertrieb) überproportional erhöhte.
3461006	Frau NAME hat das Unternehmen/die Filiale/ihre Produktgruppe hervorragend im Markt positioniert und den Umsatz durch den aktiven Ausbau von Geschäftsverbindungen auf BETRAG DM ausgebaut.
3461007	Frau NAME führte eine Reihe von Produktinnovationen in den Markt ein. Alle dabei auftretenden absatzpolitischen Fragen, innerbetrieblichen Entwicklungsarbeiten und Koordinierungen bewältigte sie in hervorragender Weise. Diese neuen Produkte/High-Tech-Produkte machen heute bei gutem Ertrag einen beachtlichen Anteil unseres Umsatzes aus.
3461008	Herr NAME hat mit der Produktgruppe BEZEICHNUNG erfolgreich den BEZEICHNUNG-Markt erschlossen und dem Unternehmen durch diese Diversifizierung neue Möglichkeiten und Perspektiven eröffnet.
3461009	Herr NAME erhöhte unseren Marktanteil in wichtigen Marktsegmenten deutlich. Die damit einhergehende Steigerung und Strukturverbesserung des Betriebsergebnisses war für das Unternehmen aufgrund der äußerst schwierigen Wettbewerbslage von hoher Bedeutung.
3461010	Aufgrund seiner hervorragenden Leistungen übertrugen wir Herrn NAME die schwierige Aufgabe, in ORT/REGION eine neue Filiale aufzubauen und unseren dortigen Kundenkreis deutlich zu erweitern. Er engagierte sich dabei in gewohnt starker Weise und meisterte so alle zwangsläufigen Anfangsschwierigkeiten. Daher gehört diese Filiale schon heute zu unseren rentabelsten und bestgeführten Außenstellen.

3461011	Herr NAME baute einen neuen Vertriebsweg über FACHMÄRKTE auf. Diese mit Rücksicht auf unsere bisherigen Stammkunden schwierige Operation löste er hervorragend in unserem Interesse.
3461012	Frau NAME hat Marktchancen und Marktrisiken realistisch prognostiziert. Als herausragender Erfolg ist die Erschließung der neuen BEZEICHNUNG-Kundengruppe zu würdigen, an die wir heute einen beträchtlichen Teil unserer Erzeugnisse liefern.
3461013	Frau NAME hat herausragende Erfolge in der Neukundengewinnung erzielt. Das Akquisitionspotential des Verkaufsbezirks wurde durch ihr systematisches und beharrliches Vorgehen voll ausgeschöpft.
3461014	Durch den Aufbau eines leistungsstarken Vertriebs hat Herr NAME unsere einseitige Abhängigkeit von wenigen Großkunden deutlich reduziert.
3461015	Durch seine durchdachte und konsequente Vertriebspolitik hat er unseren Ruf als verläßlicher Partner des FACHHANDELS weiter ausgebaut.
3461016	Besonders hervorzuheben ist, daß Herr NAME durch seine Initiative und seine Beharrlichkeit einen bedeutenden Großkunden für uns gewinnen konnte, mit dem wir heute einen beträchtlichen Anteil unseres Umsatzes tätigen.
3461017	Besonders zu würdigen ist, daß uns Herr NAME aufgrund seiner sehr guten Kontakte im Markt im Jahre ZAHL einen für unsere geschäftliche Entwicklung bedeutsamen Großauftrag verschaffte, aus dem eine bis heute wichtige Geschäftsverbindung hervorging.
3461018	Hervorzuheben ist, daß es Frau NAME durch ihre Hartnäckigkeit gelang, gegen eine starke Konkurrenz einen mehrjährigen Kooperationsvertrag mit einem wichtigen Kunden zu schließen.
3461019	Herr NAME ist ein äußerst hartnäckiger Verkäufer. Seine Stärke ist die Neukundenwerbung, was bei der branchenbedingten hohen Kundenfluktuation besonders zu würdigen ist.
3461020	Die Verkaufszahlen beweisen immer wieder, daß Herr NAME ein Topverkäufer/Verkaufsgenie ist.
3461021	Herr NAME gehörte in jedem Jahr dem 100 %-Club unseres Außendienstes an und erhielt mehrfach die Auszeichnung „Verkäufer des Jahres".
3461022	Frau NAME erreichte mehrere Male mit ihrem Umsatz Verbesserungen des Saisonrekordes sowie eine deutliche Steigerung der realen Jahresbestleistung.

3461023	Besonders hervorzuheben ist sein Vermögen, auf Messen unsere erklärungsbedürftigen Maschinen/Produkte einem kritischen Fachpublikum wirkungsvoll zu präsentieren.
3461024	Unsere sehr hohe Einschätzung der Leistungsfähigkeit von Herrn NAME zeigt sich darin, daß wir mit ihm ein nachvertragliches Wettbewerbsverbot vereinbart haben. *(Nur mit Einverständnis des Mitarbeiters)*
3462000	**Herausragende Erfolge: Projektarbeit, Reorganisation, Verbesserungen**
3462001	Herr NAME hat im Laufe der Jahre viele Projekte geleitet. Durch sein zielgerichtetes und systematisches Vorgehen und durch seinen team- und dialogorientierten Führungsstil hat er es immer wieder erreicht, die Projekte mit großer Problemumsicht, hohem Innovationsgrad sowie zeitplangerecht abzuschließen.
3462002	Aufgrund seiner bisherigen Erfolge war Herr NAME prädestiniert, auch dieses schwierige Projekt zu leiten. Er erarbeitete mit seinem Team in relativ kurzer Zeit eine mustergültige und systemoptimierende Lösung, die sich noch heute in der täglichen Praxis hervorragend bewährt.
3462003	Aufgrund seiner raschen Auffassungsgabe und seines ausgeprägten analytisch-konzeptionellen Denkvermögens war er in der Lage, sich in den wechselnden Beratungsaufträgen bei den Mandanten aus unterschiedlichen Branchen jeweils schnell zu orientieren, die aufbau- und ablauforganisatorischen Strukturen zu verstehen, eine systematische Schwachstellensuche und Problemanalyse durchzuführen und überzeugende Lösungen zu entwickeln und zu implementieren.
3462004	Die bei der innovativen Projektarbeit notwendigerweise auftretenden sachlichen und personellen Widerstände meisterte sie dank ihres Durchsetzungs- und Überzeugungsvermögens stets sehr gut.
3462005	In seiner Abteilung baute Herr NAME ein sehr gut funktionierendes System von Stellvertretungen auf. Auf diese Weise arbeitet die Abteilung auch in der Urlaubszeit und bei krankheitsbedingten Ausfällen in jeder Hinsicht vorbildlich.
3462006	Durch die Einführung der NETZPLANTECHNIK und anderer Planungsmethoden konnte Frau NAME Schwachstellen beseitigen, die Zusammenarbeit der verschiedenen Stellen verbessern und stets den knapp kalkulierten Zeit- und Kostenrahmen einhalten. Während ihrer Verantwortung sind daher nie Konventionalstrafen eingetreten.

	Alle Bausteine können für Männer und Frauen verwendet werden
3462007	Herr NAME führte die Umstrukturierung des Unternehmens zu einer Matrixorganisation/Divisionalorganisation/Profitcenter-Organisation zielstrebig, zügig und absolut erfolgreich durch.
3462008	Herr NAME denkt und handelt unternehmerisch. Er hat die Restrukturierung des BETRIEBES/der BETRIEBSABTEILUNG gemäß seiner Konzeption systematisch, konsequent und zeitgerecht realisiert und sich damit als erfolgreicher Sanierer/Turn-around-Manager profiliert.
3462009	Während seiner ZAHLjährigen Leitung hat die Abteilung trotz organisatorischer und personaler Straffung an Effizienz gewonnen.
3462010	Neben der Optimierung bestehender Verfahren und Programme hat er wegweisend und maßgeblich/ausschlaggebend an der Neuplanung von BEZEICHNUNG mitgewirkt.
3462011	Er reorganisierte die BEZEICHNUNG-Stelle innerhalb von ZEITANGABE und machte sie zu einem außerordentlich erfolgreichen Instrument unserer BEREICH-Politik.
3462012	Während dieser Zeit arbeitete Frau NAME zur Optimierung der BEZEICHNUNG verschiedene Vorschläge aus, die sofort und mit belegbar sehr gutem Erfolg realisiert werden konnten.
3462013	Herr NAME ist ein im positiven Sinne sachkritischer Mitarbeiter, der für die Arbeitsabläufe und die Zusammenarbeit viele sehr gute Verbesserungen vorschlug, die nachweisbar effizienzsteigernd eingeführt wurden.
3462014	Investitionsentscheidungen und andere zukunftsbezogene und risikobehaftete Entscheidungen traf Herr NAME nach umsichtiger und gründlicher Vorbereitung mit Mut und Besonnenheit und vor allem mit sichtbarer Fortune.
3463000	**Herausragende Erfolge: Forschung und Entwicklung**
3463001	Wir verdanken Herrn NAME den derzeitigen hohen technischen Stand der Produkte unseres Unternehmens und unsere Spitzenstellung auf dem Markt. Sein besonderes Verdienst liegt darin, die Entwicklungen im Bereich BEZEICHNUNG erfolgreich vorangetrieben zu haben. Er besitzt hier mehrere Patente. Zu betonen ist in diesem Zusammenhang auch sein Sinn für das wirtschaftlich Machbare.
3463002	Unter der Federführung von Herrn NAME wurde unser heutiges Hauptprodukt BEZEICHNUNG entwickelt, patentiert und gewinnbringend im Markt etabliert.

3463003	Herr NAME war die treibende Kraft bei vielen neuen Entwicklungen. Sein Weitblick und sein Durchsetzungsvermögen gegenüber allen Innovationswiderständen waren von großem Nutzen für das Unternehmen und haben maßgeblich zum Erhalt und zum Ausbau unserer wirtschaftlichen Position beigetragen.
3463004	Der Erfolg seiner Arbeit schlug sich in ZAHL Patenten nieder, in denen er als Erfinder oder Miterfinder genannt wird. Mehrere der von ihm entwickelten Produkte sind erfolgreich in den Markt eingeführt bzw. stehen kurz vor der Vermarktung.
3463005	Aufgrund seiner maßgeblichen Mitwirkung an der Entwicklung unseres neuen Produktes BEZEICHNUNG wurde er in der Patentanmeldung als Miterfinder benannt.
3463006	Herr NAME hat durch eine Reihe von Maßnahmen die Zertifizierung unseres Unternehmens nach der Norm ISO 9001 erreicht.
3463007	Durch eine systematische Schnittstellenanalyse und die von ihm entwickelte Parallelprojektierung erreichte er bei unseren Produkten eine sehr beachtliche Verkürzung der Entwicklungszeit, was uns wiederholt einen Konkurrenzvorsprung sicherte.
3464000	**Herausragende Erfolge: Produktion und Lagerung**
3464001	In der BEZEICHNUNG-Branche ist es häufig notwendig, Aufträge mit kurzer Terminstellung anzunehmen. Aufgrund des Engagements und des Organisations- und Improvisationstalents von Herrn NAME ist es gelungen, alle Aufträge perfekt und termingerecht zu realisieren. Wir konnten so bei unseren Kunden unseren Ruf als absolut zuverlässiger Partner ausbauen und eine führende Stellung im Wettbewerb erringen.
3464002	Besonders zu würdigen ist das Engagement von Herrn NAME in Fragen der Arbeitssicherheit. Er absolvierte erfolgreich einschlägige Kurse, führte eine Reihe von Verbesserungen ein und kooperierte in unserem Interesse gut mit der Berufsgenossenschaft und der Gewerbeaufsicht. In der Zeit seiner Verantwortung für die Arbeitssicherheit ist es daher zu keinem Unfall gekommen.
3464003	In den Jahren ZAHL und ZAHL hat Herr NAME mit sehr großem Erfolg ein Investitionsprogramm im Umfange von BETRAG DM realisiert, das neben der Kapazitätserweiterung in besonderem Maße der Rationalisierung und Qualitätsverbesserung diente. Zu betonen ist sein Sinn für das wirtschaftlich Machbare.
3464004	Durch eine sehr systematische und gründliche Produktionsplanung und -steuerung erreichte er eine hohe Maschinenauslastung und erzielte auf diese Weise eine deutliche Produktionssteigerung.

3464005	Durch eine kontinuierliche Verbesserung der Arbeitsabläufe erreichte sie ohne zusätzliche Investitionen eine Kapazitätssteigerung von ZAHL-Prozent.
3464006	Besonders hervorzuheben ist, daß Herr NAME durch eine Reihe von Einzelmaßnahmen eine beträchtliche Verkürzung der Durchlaufzeiten erreicht hat.
3464007	Er hat über viele Jahre hinweg die steigenden Qualitätsanforderungen unserer Kunden durch eine sorgfältige Produktion erfüllt und so unseren Ruf als absolut zuverlässiger Zulieferer/Lieferant gesichert und gestärkt.
3464008	Durch eine Reihe von Maßnahmen erreichte er eine Zertifizierung unseres Betriebes nach den Normen ISO 9001, 9002 und 9003.
3464009	Durch verschiedene prämierte Maßnahmen gelang Frau NAME eine beachtliche Senkung des Lagerwertes unseres Rohstofflagers. Dabei war die Lieferfähigkeit an die Produktion stets gewährleistet.
3464010	Durch eine bessere Koordinierung der Produktionsstätten, durch umsichtig geplante und konsequent realisierte Rationalisierungsinvestitionen sowie durch die Standardisierung von Produkten erreichte Herr NAME eine beachtliche Stückkostensenkung.

3465000	**Herausragende Erfolge: Erweiterung von Kompetenzen**
3465001	In Anerkennung ihrer beständig sehr guten Leistungen und Erfolge erteilten wir Frau NAME im MONAT JAHR Handlungsvollmacht für BEREICH.
3465002	Aufgrund seiner sehr guten Leistungen übertrugen wir Herrn NAME trotz seines jungen Alters diese verantwortliche Position, in der er sich ebenfalls hervorragend bewährte. Daher übertrugen wir ihm am DATUM Gesamtprokura/Prokura.
3465003	Aufgrund seines sehr sicheren Analyse- und Entscheidungsvermögens und seiner sichtbaren Erfolge erhielt er im MONAT JAHR Gesamtprokura/Prokura/Einzelprokura.
3465004	Aufgrund seines umfangreichen und fundierten betriebswirtschaftlichen Sachverstandes, seines sicheren Analyse- und Urteilsvermögens und seiner auch in schwierigen Grenzfällen stets richtigen Entscheidung wurde seine Kreditkompetenz/Regulierungskompetenz/ Zeichnungsvollmacht im Zahlungsverkehr schrittweise auf BETRAG DM/auf den in unserem Hause höchstmöglichen Rahmen erhöht.

3466000 **Herausragende Erfolge: Beförderung und Förderungswürdigkeit**

3466001 Aufgrund seiner fachlichen Qualifikation und Erfolge sowie der allgemeinen Persönlichkeitsvoraussetzungen haben wir Herrn NAME mit Wirkung vom DATUM die Position des BEZEICHNUNG im Geschäftsbereich BEZEICHNUNG anvertraut.

3466002 Aufgrund ihrer sehr guten Leistungen konnten wir Frau NAME schon nach kurzer Zeit in die Gruppe unserer außertariflichen Angestellten übernehmen.

3466003 Wegen ihres Engagements und ihrer Leistungen wurde Frau NAME ab MONAT JAHR zur außertariflichen Angestellten befördert.

3466004 Herr NAME hat durch seine herausragenden fachlichen Erfolge und durch sein persönliches Auftreten seine Eignung zur Übernahme einer noch verantwortlicheren Führungsposition bewiesen.

3466005 Während einer längeren Krankheit des BEZEICHNUNG vertrat Herr NAME diesen engagiert, kompetent und in jeder Hinsicht mustergültig. Er bewies so seine Eignung für eine weitere Beförderung.

3466006 Seine Leistungen und herausragenden Erfolge prädestinieren ihn zur Übernahme noch anspruchsvollerer Herausforderungen.

3466007 Herr NAME beherrscht die englische und die BEZEICHNUNG Sprache verhandlungssicher. Darüber hinaus verfügt er über gute arbeitsfähige Kenntnisse der JAPANISCHEN Sprache. In andere Kulturen, Wertesysteme und Mentalitäten denkt und fühlt er sich rasch ein. Er ist daher für Managementpositionen mit internationalem Bezug bestens geeignet.

3466008 Im MONAT JAHR ernannten wir sie zum RANG.

3469000 **Herausragende Erfolge: Verschiedene Erfolge**

3469001 Frau NAME hat erreicht/maßgeblich dazu beigetragen, daß die FIRMA heute eine tragende Säule/ein bedeutsames Profitcenter der Unternehmensgruppe ist.

3469002 Herr NAME hat den schwierigen Auftrag der Unternehmensauflösung optimal und mit positiver Schlußbilanz realisiert. Dabei wurden die wirtschaftlichen Interessen der Eigentümer und die sozialen Belange der Mitarbeiter in vorbildlicher Weise berücksichtigt.

3469003 Besonders hervorzuheben ist, daß Frau NAME mehrere schwierige Sozialplanverhandlungen mit Sachverstand und sehr großem Verhandlungsgeschick führte, so daß jeweils ein sozialverträglicher und betriebswirtschaftlich vertretbarer Kompromiß erreicht wurde.

3469004	Seine überzeugenden Referate auf nationalen und internationalen Fachkongressen sowie seine Publikationen haben maßgeblich dazu beigetragen, daß unser Unternehmen auf dem Gebiet BEZEICHNUNG als technisch führender Anbieter anerkannt ist.
3469005	Er hat sehr wesentlich zum internationalen Erfahrungsaustausch (in der Unternehmensgruppe/im Konzern) beigetragen.
3469006	Auch im Fachverband BEZEICHNUNG hat Herr NAME eine anerkannte Expertenstellung inne. Er wurde mehrfach mit der Erstellung von schwierigen Gutachten betraut.
3469007	Frau NAME beschäftigte sich laufend mit diesem Gebiet und veröffentlichte dazu verschiedene stark beachtete Aufsätze in Fachzeitschriften.
3469008	Herr NAME entwickelte für seinen Bereich ein neues System der KREDITWÜRDIGKEITSPRÜFUNG. Er senkte damit die Forderungsverluste nachweislich um PROZENTANGABE.
3469009	Es gelang Frau NAME, die Kostenarten BEZEICHNUNG beachtlich zu senken.
3469010	Herr NAME hat sich als Ausbildungsleiter sehr intensiv um seine Auszubildenden gekümmert und mit ihnen über Jahre hinweg sehr gute und gute Ergebnisse in der Abschlußprüfung erzielt.
3469011	In den Jahren seiner Tätigkeit als Ausbildungsleiter hat Herr NAME unsere technische/kaufmännische Ausbildung zu einem intern und extern anerkannten Leistungsstand geführt. Unsere Auszubildenden waren wiederholt Jahrgangsbeste im Bereich der IHK/Handwerkskammer BEZEICHNUNG. Auch in Berufswettbewerben belegten sie immer wieder sehr gute vordere Ränge.
3469012	Frau NAME hat wiederholt wichtige Sonderaufgaben übernommen und so die Geschäftsleitung äußerst wirksam entlastet.
3469013	Aufgrund seiner sehr guten Leistungen und Erfolge erhöhten wir seine Vergütung in den letzten Jahren überdurchschnittlich.
3469014	Die außergewöhnlichen Erfolge von Frau NAME werden am besten durch die Tatsache dokumentiert, daß wiederholt versucht wurde, sie abzuwerben.
3470000	**Führungsleistung von Außertariflichen und Leitenden Angestellten**
	Bitte wählen Sie einen Baustein aus der Gruppe 3471 Führungsumstände und anschließend <u>unter Beachtung der Notenstufen</u> einen Baustein aus der Gruppe 3472 Führungserfolg.

Führungsleistung/Führungserfolg – AT und Leitende Angestellte II./347

3471000	**Führungsleistung – Führungsumstände von Außertariflichen und Leitenden Angestellten**
3471001	Das von Herrn NAME geleitete Team umfaßte ZAHL Spezialisten aus den unterschiedlichsten Disziplinen wie z.B. BEZEICHNUNG.
3471002	Frau NAME verfügt über eine langjährige Führungserfahrung.
3471003	Während einer mehrmonatigen Abwesenheit des Bereichsleiters übernahm Herr NAME die Vorgesetztenfunktion.
3471004	Frau NAME führte fachlich ZAHL Mitarbeiter. *(Nicht disziplinarisch)*
3471005	Zur Erledigung seiner Aufgaben waren Herrn NAME die Leiter der Bereiche AUFZÄHLUNG mit insgesamt ZAHL Mitarbeitern direkt unterstellt. Weiterhin waren ihm die BEZEICHNUNGEN mit insgesamt ZAHL Mitarbeitern fachlich unterstellt.
3471006	Herr NAME führte als BEZEICHNUNG ZAHL außertarifliche und ZAHL tarifliche Mitarbeiter. Er war zur selbständigen Einstellung und Entlassung von Mitarbeitern berechtigt.
3471007	Frau NAME führte direkt ZAHL Gruppenleiter/Abteilungsleiter und trug indirekt Personal- und Führungsverantwortung für insgesamt ZAHL Mitarbeiter.
3471008	Frau NAME hatte Befugnis, in ihrem Zuständigkeitsbereich selbständig Mitarbeiter einzustellen und zu entlassen.
3471009	Herr NAME führte zuletzt ZAHL Mitarbeiter, die im BEZEICHNUNG sowie im BEZEICHNUNG eingesetzt waren. Er sorgte neben der Einstellung und Einarbeitung erfolgreich für deren Motivation und ständige Ausbildung und Förderung.
3471010	In der Gruppe von ZAHL Mitarbeiter waren außer wenigen Facharbeitern überwiegend angelernte und ungelernte Kräfte tätig.
3471011	Sie hat ihren Bereich zweckmäßig und übersichtlich organisiert. Die Aufgaben ihrer Mitarbeiter sind klar voneinander abgegrenzt und in Stellenbeschreibungen dokumentiert.
3472000	**Führungsleistung – Führungserfolg von Außertariflichen und Leitenden Angestellten**
3472100	**Führungsleistung – Führungserfolg bei sehr guter Beurteilung**
3472101 a	Seinen Mitarbeitern ist er immer mit gutem Beispiel vorangegangen. Er motivierte sie durch eine fach- und personenbezogene Führung zu vollem Einsatz und stets zu sehr guten Leistungen.

3472102 b Die Führung von Arbeitskräften im Bereich BEZEICHNUNG stellt in unserer Branche hohe Anforderungen an den Vorgesetzten. Herr NAME hat alle Disziplinarfragen aufgrund seines Durchsetzungsvermögens immer sehr gut gelöst.

3472103 c Er verstand es, seine Verkäufer trotz der schwierigen Konkurrenzlage hervorragend zu mobilisieren und zu begeistern und stets sehr gute Verkaufserfolge zu erzielen.

3472104 d Herr NAME war ein gradliniger und zugleich geachteter und fürsorglicher Vorgesetzter. Er verstand es jederzeit ausgezeichnet, Teamgeist zu wecken und durch laufende Verbesserungen im Arbeitsprozeß die Effektivität seiner Abteilung beständig zu steigern.

3472105 e Als Projektleiter bewies er bei der Realisierung der gemeinsam mit einer externen Unternehmensberatung erarbeiteten Vorschläge großes Organisationstalent und psychologisches Geschick, so daß die Innovationen im Management und bei den Mitarbeitern sehr hohe Zustimmung fanden.

3472106 f Als Führungskraft wirkte Herr NAME sehr integrierend. Aus heterogenen Mitarbeitergruppen formte er ein sehr effizientes und kollegiales Team. Durch sein vorbildliches Engagement erzeugte er ein positives und konstruktives Arbeitsklima. Sein Wort hatte fachlich und persönlich Gewicht.

3472107 g Herr NAME verstand es hervorragend, die Mitarbeiter zu überzeugen und ihre Zusammenarbeit aktiv zu fördern. Er informierte die Mitarbeiter stets umfassend, förderte deren Weiterbildung und delegierte Aufgaben und Verantwortung und erreichte so stets ein hohes Abteilungsergebnis.

3472108 h Frau NAME war aufgrund ihrer Führungsqualitäten als Vorgesetzte anerkannt und beliebt. Sie verhielt sich dem Personal gegenüber stets aufgeschlossen und kooperativ, verstand es aber dennoch, sich auch in schwierigen Situationen durchzusetzen und die Mitarbeiter zu optimalem Arbeitseinsatz zu führen.

3472109 i Herr NAME beteiligte sich engagiert an der Entwicklung unserer internen Führungsrichtlinien und wandte diese in seinem Bereich stets vorbildlich an.

3472110 j Als BEZEICHNUNG motivierte er sein Team durch eine fach- und personenbezogene Führung stets zu sehr hohen Leistungen. In seinem Bereich trat die mit Abstand niedrigste Ausschußquote auf. Besonders zu betonen ist sein Gerechtigkeitssinn.

Führungsleistung/Führungserfolg – AT und Leitende Angestellte

3472111 k Durch seine verbindliche, aber fordernde und konsequente Art hatte er ein ausgezeichnetes Verhältnis zu seinen Mitarbeitern, was zu einem jederzeit sehr produktiven Arbeits- und Betriebsklima führte. Auch ausländische Arbeitnehmer arbeitete er mit großem Geschick ein.

3472112 l Herr NAME war seinen Mitarbeitern stets ein anerkanntes Vorbild. Durch seinen zielgerichteten, sachlichen und integrativen Führungsstil erreichte er eine außergewöhnliche Leistungssteigerung auf anhaltend hohem Niveau und ein sehr gutes Abteilungsklima.

3472113 m In ihrer Abteilung herrschte ein sehr gutes Leistungs- und Betriebsklima. Ihre Mitarbeiter beurteilte sie aufgrund ihrer Berufs- und Lebenserfahrung stets ausgewogen und treffsicher.

3472114 n Frau NAME war für die Mitarbeiter aller Altersstufen eine sehr gute Vorgesetzte. Sie hat ihre Arbeitsgruppe zu einem dynamischen, sehr effizienten und harmonischen Team entwickelt.

3472115 o In seiner Abteilung herrschte jederzeit eine sehr gute Arbeitsatmosphäre. Er delegierte angemessen Aufgaben, Kompetenzen und Verantwortung und förderte so die Selbständigkeit seiner Mitarbeiter.

3472116 p Herr NAME war ein sachlich absolut überzeugender und im persönlichen Umgang verbindlicher Vorgesetzter. So gelang es ihm, eine sehr leistungsstarke und homogene Arbeitsgruppe zu formen.

3472117 q Seine Ausstrahlung und sein mitreißendes Engagement, seine fachliche Autorität und sein Gerechtigkeitssinn machten ihn zu einem Vorgesetzten, bei dem sich die Mitarbeiter begeistert einsetzten und stets sehr hohe Leistungen erbrachten.

3472118 r Frau NAME verfügt über sehr gute Führungseigenschaften. Sie begeisterte ihre Mitarbeiter und führte sie stets zu sehr hohen Leistungen. Aufgaben und Verantwortung delegierte sie zielgerichtet.

3472119 s In den auftragsbezogen gebildeten Projektteams waren unsere Mitarbeiter sowie Mitarbeiter unserer Kunden eingebunden. Unter seiner Leitung haben sich die Leistung und der Teamgeist in diesen Gruppen in sehr kurzer Zeit äußerst positiv entwickelt.

3472120 * Er verstand es vorzüglich, tüchtige Mitarbeiter zu finden und zu einem leistungsorientierten Team zu entwickeln. Seine Initiative und seine ideenreiche Geschäftsführung, verbunden mit Gerechtigkeitssinn und natürlicher Autorität, ließen unter seiner Verantwortung ein ausgesprochen gutes Arbeitsklima entstehen. Das zeigte sich auch am RÜCKGANG DER FLUKTUATION.

3472121* Herr NAME forderte und förderte intensiv seine Mitarbeiter, so daß eine Reihe von Führungskräften unseres Hauses aus seiner Abteilung hervorgegangen sind.

3472122* Obwohl Frau NAME direkt aus den Reihen ihrer ehemaligen Kolleginnen heraus zu deren Vorgesetzte befördert wurde, meisterte sie diese schwierige Führungsaufgabe mit psychologischem Geschick in vorbildlicher Weise. In ihrem Team herrschte eine konstruktive und kooperative Arbeitsatmosphäre.

3472123* Sie verwirklichte umsichtig das Verlangen ihrer Mitarbeiter nach Selbstentfaltung und Anerkennung. Das Unternehmen profitierte von dem auf diese Weise erzielten hohen Leistungsergebnis.

3472124* Durch ihre vorbildliche Führung verwirklichte sie das Verlangen ihrer Mitarbeiterinnen und Mitarbeiter nach kreativer Arbeit und nach Anerkennung. Das Unternehmen profitierte davon durch eine hohe Arbeitsmoral der Gruppe. Fehlzeiten und Fluktuation gingen unter ihrer Leitung enorm zurück und sind heute deutlich unterdurchschnittlich.

3472125* Sein großes psychologisches Geschick, insbesondere in der Menschenführung, und sein situationsgerechtes und wirkungsvolles Führungsverhalten ermöglichten es ihm, alle ihm anvertrauten Projekte auch in schwierigen Phasen so zu steuern, daß sowohl sein sehr gutes Verhältnis zu den Mitarbeitern erhalten blieb als auch ein außergewöhnlich gutes Ergebnis erreicht wurde.

3472126* Er motivierte seine Mitarbeiter stets zu sehr hohen Leistungen. Besonders hervorheben möchten wir seine Fähigkeit, seinen Mitarbeitern technische Zusammenhänge klar und verständlich zu vermitteln.

3472200 Führungsleistung – Führungserfolg bei guter Beurteilung

3472201 a Seinen Mitarbeitern ist er mit gutem Beispiel vorangegangen. Er motivierte sie durch eine fach- und personenbezogene Führung stets zu guten Leistungen.

3472202 b Die Führung von Arbeitskräften im Bereich BEZEICHNUNG stellt in unserer Branche hohe Anforderungen an den Vorgesetzten. Herr NAME hat alle Disziplinarfragen aufgrund seines Durchsetzungsvermögens stets gut gelöst.

3472203 c Er verstand es, seine Verkäufer trotz der schwierigen Konkurrenzlage nachhaltig zu motivieren und stets gute Verkaufserfolge zu erzielen.

Führungsleistung/Führungserfolg – AT und Leitende Angestellte   II./347

3472204 d   Herr NAME war ein gradliniger und zugleich geachteter und fürsorglicher Vorgesetzter. Er verstand es jederzeit gut, Teamgeist zu wecken und durch Verbesserungen im Arbeitsprozeß die Effektivität seiner Abteilung zu steigern.

3472205 e   Als Projektleiter bewies er bei der Realisierung der gemeinsam mit einer externen Unternehmensberatung erarbeiteten Vorschläge Organisationstalent und psychologisches Geschick, so daß die Innovationen im Management und bei den Mitarbeitern hohe Zustimmung fanden.

3472206 f   Als Führungskraft wirkte Herr NAME integrierend. Aus heterogenen Mitarbeitergruppen formte er ein effizientes und kollegiales Team. Durch sein hohes Engagement erzeugte er ein positives Arbeitsklima. Sein Wort hatte fachlich und persönlich Gewicht.

3472207 g   Frau NAME überzeugte ihre Mitarbeiter und förderte die Zusammenarbeit. Sie informierte ihr Team, regte Weiterbildung an und delegierte Aufgaben und Verantwortung und erreichte so ein hohes Abteilungsergebnis.

3472208 h   Herr NAME war als Vorgesetzter anerkannt und beliebt. Er operierte dem Personal gegenüber offen und kooperativ und verstand es jederzeit, seine Mitarbeiter zu erfolgreichem Arbeitseinsatz zu bewegen.

3472209 i   Frau NAME praktizierte die in unserem Hause geltenden Führungsrichtlinien jederzeit gut.

3472210 j   Als BEZEICHNUNG motivierte er sein Team durch eine fach- und personenbezogene Führung zu hohen Leistungen. In seinem Bereich trat die niedrigste Ausschußquote auf. Zu betonen ist sein Gerechtigkeitssinn.

3472211 k   Durch seine verbindliche, aber konsequente Art hatte er jederzeit ein gutes Verhältnis zu seinen Mitarbeitern, was zu einem produktiven Arbeits- und Betriebsklima führte. Auch ausländische Arbeitnehmer arbeitete er mit großem Geschick ein.

3472212 l   Frau NAME war ihren Mitarbeitern stets ein Vorbild. Durch ihren zielgerichteten, sachlichen und integrativen Führungsstil erreichte sie eine beachtliche Leistungssteigerung auf anhaltend hohem Niveau und ein gutes Abteilungsklima.

3472213 m   In seiner Abteilung herrschte ein gutes Leistungs- und Betriebsklima. Seine Mitarbeiter beurteilte er aufgrund seiner Berufs- und Lebenserfahrung ausgewogen.

3472214 n Frau NAME war für die Mitarbeiter aller Altersstufen eine gute Vorgesetzte. Sie hat ihre Arbeitsgruppe zu einem effizienten und harmonischen Team entwickelt.

3472215 o In seiner Abteilung herrschte jederzeit eine gute Arbeitsatmosphäre. Er delegierte angemessen Aufgaben, Kompetenzen und Verantwortung und förderte so seine Mitarbeiter.

3472216 p Herr NAME war ein sachlich überzeugender und im persönlichen Umgang verbindlicher Vorgesetzter. So gelang es ihm, eine leistungsstarke und homogene Arbeitsgruppe zu formen.

3472217 q Sein Engagement, seine fachliche Autorität und sein Gerechtigkeitssinn machten ihn zu einem Vorgesetzten, bei dem sich die Mitarbeiter wohlfühlten und stets gute Leistungen erbrachten.

3472218 r Frau NAME verfügt über gute Führungseigenschaften. Sie führte ihre Mitarbeiter zu hohen Leistungen. Aufgaben und Verantwortung delegierte sie zielgerichtet.

3472219 s In die auftragsbezogen gebildeten Projektteams waren unsere Mitarbeiter sowie Mitarbeiterinnen unserer Kunden eingebunden. Unter seiner Leitung haben sich die Leistung und der Teamgeist in diesen Gruppen in kurzer Zeit positiv entwickelt.

3472220 ✶ Er verstand es mit besonderem Geschick, seine Mitarbeiter zu hoher Leistung zu führen, ein gutes Arbeitsklima zu schaffen und die Zusammenarbeit mit seinen Mitarbeitern auf eine natürliche Vertrauensbasis zu stellen.

3472221 ✶ Er sorgte systematisch für einen hohen Kenntnisstand und eine gute Motivation seiner Mitarbeiter. So schuf er die Voraussetzung für eine hohe Mitarbeiterleistung und ein gutes Betriebsklima.

3472222 ✶ Herr NAME war ein angenehmer und fairer Vorgesetzter mit einem effizienten und kooperativen Führungs- und Arbeitsstil.

3472300 **Führungsleistung – Führungserfolg bei befriedigender Beurteilung**

3472301 a Seine Mitarbeiter motivierte er durch eine fach- und personenbezogene Führung zu guten Leistungen.

3472302 b Die Führung von Arbeitskräften im Bereich BEZEICHNUNG stellt in unserer Branche hohe Anforderungen an den Vorgesetzten. Herr NAME ist mit Disziplinarfragen aufgrund seines Durchsetzungsvermögens gut zurechtgekommen.

3472303 c Er verstand es, seine Verkäufer trotz der schwierigen Konkurrenzlage zu motivieren und gute Verkaufserfolge zu erzielen.

3472304 d Herr NAME war ein gradliniger und zugleich fürsorglicher Vorgesetzter. Er verstand es, Teamgeist zu wecken und Verbesserungen im Arbeitsprozeß einzuführen.

3472305 e Als Projektleiter bewies er bei der Realisierung der gemeinsam mit einer externen Unternehmensberatung erarbeiteten Vorschläge psychologisches Geschick, so daß die Reorganisationsmaßnahmen im Management und bei den Mitarbeitern Zustimmung fanden.

3472306 f Als Führungskraft wirkte Frau NAME integrierend. Aus heterogenen Mitarbeitergruppen formte sie ein gutes Team. Sie erzeugte ein positives Arbeitsklima.

3472307 g Frau NAME überzeugte ihre Mitarbeiter und koordinierte die Zusammenarbeit. Sie informierte ihre Mitarbeiter über das sachlich Notwendige, regte Weiterbildung an und delegierte oft Aufgaben und Verantwortung.

3472308 h Herr NAME war anerkannt und beliebt. Er operierte dem Personal gegenüber offen und verstand es, seine Mitarbeiter zu erfolgreichem Arbeitseinsatz zu bewegen.

3472309 i Frau NAME praktizierte die in unserem Hause geltenden Führungsrichtlinien gut.

3472310 * Frau NAME führte ihre Mitarbeiter zielbewußt und konsequent zu voll zufriedenstellenden Leistungen. *(Hinweis auf Mitarbeiterzufriedenheit fehlt)*

3472400 Führungsleistung – Führungserfolg bei ausreichender Beurteilung

3472401 a Seine Mitarbeiter motivierte er zu zufriedenstellender Arbeit.

3472402 b Die Führung von Arbeitskräften im Bereich BEZEICHNUNG stellt in unserer Branche hohe Anforderungen an den Vorgesetzten. Herr NAME ist mit den auftretenden Disziplinarproblemen zurechtgekommen.

3472403 c Er verstand es, mit seinen Verkäufern trotz der schwierigen Konkurrenzlage nicht unbedeutende Verkaufsergebnisse zu erzielen.

3472404 d Frau NAME war eine fürsorgliche Vorgesetzte. Sie verstand es, die Arbeitsfähigkeit ihres Bereiches zu gewährleisten.

3472405 e Als Projektleiter bewies er bei der Realisierung der gemeinsam mit einer externen Unternehmensberatung erarbeiteten Vorschläge Geschick, so daß die Reorganisationsmaßnahmen auf keine Widerstände stießen.

3472406 f Es gelang Frau NAME, Mitarbeiter zu einem arbeitsorientierten Team zu integrieren.

II./347 Alle Bausteine können für Männer und Frauen verwendet werden

3472407t Frau NAME wurde von ihren Mitarbeitern akzeptiert.

3472408* Seine Mitarbeiterführung war nicht zu beanstanden.

3472409* Als Vorgesetzter legte er bei seinen Mitarbeitern auf Pünktlichkeit und andere wichtige Arbeitstugenden Wert.

3472500 Führungsleistung – Führungserfolg bei mangelhafter Beurteilung

3472501a Seine Mitarbeiter motivierte er insgesamt zu zufriedenstellenden Arbeiten.

3472502b Die Führung von Arbeitskräften im Bereich BEZEICHNUNG stellt in unserer Branche hohe Anforderungen an den Vorgesetzten. Herr NAME ist mit den regelmäßig auftretenden Disziplinarproblemen im großen und ganzen gut zurechtgekommen.

3472503c Er verstand es, mit seinen Verkäufern trotz der schwierigen Konkurrenzlage nicht unbedeutende Verkaufsaktivitäten zu entwickeln.

3472504d Herr NAME war jederzeit ein fürsorglicher und in jeder Hinsicht sehr geduldiger Vorgesetzter.

3472505e Als Projektleiter bewies er bei der Realisierung der gemeinsam mit einer externen Unternehmensberatung erarbeiteten Vorschläge Geschick, so daß die Reorganisationsmaßnahmen ohne größere Widerstände eingeleitet werden konnten.

3472506f Herr NAME war als Vorgesetzter stets bestrebt, alle ihm unterstehenden Mitarbeiter zu einem arbeitsfähigen Team zu verbinden.

3472507t Frau NAME wurde von ihren Mitarbeitern akzeptiert und setzte sich meist durch.

3472508* Herr NAME brachte alle Voraussetzungen mit, um Mitarbeiter zielgerecht zu motivieren.

3472509* Frau NAME war ihren Mitarbeitern jederzeit und in jeder Hinsicht eine verständnisvolle Vorgesetzte. *(Nicht leistungsorientiert)*

3472510* Sie war sich stets der besonderen Verantwortung, die sich aus einem Führungsauftrag ergibt, bewußt. Sie erwartete, daß die Mitarbeiter sich jederzeit voll einsetzten.

3472511* Er führte seine Untergebenen mit fester Hand. *(Sehr autoritär; keine Aussage zum Führungserfolg)*

3472512* Er erteilte klare und unmißverständliche Anweisungen. Seine Wesensart machte ihn bei den unterstellten Mitarbeitern zu einem anerkannten und nicht unbeliebten Vorgesetzten. *(Unklar; unbeliebt; nicht leistungsorientiert)*

Zusammenfassende Leistungsbeurteilung II./347 – 348

3472513* Er koordinierte die Arbeit seiner Mitarbeiter und gab verständliche Anweisungen. *(Selbstverständlichkeiten)*

3472514* Ihre Mitarbeiter schätzten ihre partizipative Führung, die ihnen sehr große Freiräume öffnete.

3472515* Gegenüber seinen Mitarbeitern bewies er bei allen Konflikten Stehvermögen.

3472516* Herr NAME stellte trotz der leider sehr hohen Fluktuation und anderer schwieriger Umstände in seiner Abteilung die Funktionsfähigkeit sicher.

3472517* Als Vorgesetzte von ZAHL Mitarbeitern hatte Frau NAME Gelegenheit, ihre Führungsqualitäten unter Beweis zu stellen.

3480000 Zusammenfassende Leistungsbeurteilung von Außertariflichen und Leitenden Angestellten

3480100 Zusammenfassende Leistungsbeurteilung bei sehr guter Beurteilung

3480101 a Er hat die Leitungs- und Fachaufgaben seiner Position stets zu unserer vollsten Zufriedenheit erledigt und unseren Anforderungen/Erwartungen in jeder Hinsicht optimal entsprochen.

3480102 b Sie hat ihre Aufgaben stets zu unserer vollsten Zufriedenheit erfüllt und unseren Anforderungen/Erwartungen in jeder Hinsicht in allerbester Weise entsprochen.

3480103 c Herr NAME hat seinen Verantwortungsbereich stets zu unserer vollsten Zufriedenheit geleitet und unseren Anforderungen/Erwartungen in jeder Hinsicht in allerbester Weise entsprochen.

3480104 d Frau NAME erledigte ihre Fachaufgaben stets zu unserer vollsten Zufriedenheit. *(Achtung: nicht die Leitungsaufgaben)*

3480105 e Herr NAME setzte wichtige Akzente für unsere künftige Entwicklung im Markt und nahm seine Aufgaben und die Unternehmensinteressen jederzeit zu unserer vollsten Zufriedenheit wahr.

3480106 f Während des ZAHL-monatigen Arbeitsverhältnisses hat sie die ihr übertragenen Aufgaben stets zu unserer vollsten Zufriedenheit erledigt. *(Betonung der kurzen Beurteilungsbasis)*

3480107 g Herr NAME hat alle Aufgaben und Herausforderungen seiner schwierigen Position stets zu unserer vollsten Zufriedenheit bewältigt.

3480108 h Aufgrund seines enormen persönlichen Einsatzes erzielte Herr NAME in seinem Verkaufsgebiet eine glänzende Umsatzentwicklung, so daß er durch seine permanenten Höchstleistungen stets unsere vollste Zufriedenheit verdiente.

3480109 i Frau NAME hat durch ihre Leistungen das in sie gesetzte Vertrauen stets zu unserer vollsten Zufriedenheit erfüllt.

3480110 j Frau NAME hat ein weit gespanntes Spektrum sehr verschiedenartiger Aufgaben wahrgenommen. Mit ihren sehr guten Leistungen und ihren Erfolgen waren wir stets außerordentlich zufrieden.

3480111 k Aufgrund seiner absoluten Arbeitsbereitschaft und seiner exzellenten fachlichen Fähigkeiten sowie seines sorgfältigen und effizienten Managements erzielte er stets sehr gute Erfolge. Er hat seinen Bereich optimal und jederzeit zur vollsten Zufriedenheit der Geschäftsführung geleitet.

3480112 l Herr NAME hat ständig Spitzenleistungen erbracht. Wir waren daher mit ihm stets absolut/äußerst/in höchstem Maße zufrieden.

3480113 m Herr NAME übertraf die Anforderungen der Position und unsere Erwartungen in sehr hohem Maße, so daß wir mit seinen Leistungen stets außerordentlich zufrieden waren.

3480114 n Die beschriebene berufliche Entwicklung und die Beförderungen zeigen, daß wir mit den Leistungen von Frau NAME stets außerordentlich zufrieden waren.

3480115 o Die Leistungen von Frau NAME verdienten stets in jeder Hinsicht unsere volle Anerkennung. Sie war die ideale Mitarbeiterin für diese Position.

3480116 p Herr NAME hat dem Unternehmen in seinem Verantwortungsbereich äußerst wertvolle Dienste erwiesen. Mit seinen Erfolgen und Leistungen waren wir jederzeit außerordentlich zufrieden.

3480117 q Frau NAME wurde in unseren turnusmäßigen Beurteilungen stets sehr gut bewertet. Mit ihren Leistungen waren wir jederzeit außerordentlich zufrieden.

3480118 * Frau NAME war in jeder Hinsicht eine ideale Mitarbeiterin. Mit ihren Leistungen bei der Erledigung ihrer umfangreichen, vielseitigen und anspruchsvollen Aufgaben waren wir stets außerordentlich zufrieden.

3480119 * Herr NAME war ein erstklassiger und souveräner BEZEICHNUNG, der seinen Bereich stets zu unserer außerordentlichen Zufriedenheit geleitet hat. Seine Leistungen verdienten in jeder Hinsicht unsere absolute Anerkennung.

3480120 * Aufgrund seiner außergewöhnlichen/überragenden/einmaligen/ exzellenten/bewundernswerten Leistungen und Erfolge waren wir mit ihm stets außerordentlich zufrieden.

3480121 * Die zügige Karriere in unserem Unternehmen zeigt, daß wir mit den Leistungen und den herausragenden Erfolgen von Herrn NAME stets außerordentlich zufrieden waren.

Zusammenfassende Leistungsbeurteilung – AT und Leitende Angestellte **II./348**

3480122* Die unternehmerischen Leistungen von Frau NAME haben in jeder Hinsicht stets unsere außerordentliche Anerkennung gefunden.

3480200 Zusammenfassende Leistungsbeurteilung bei guter Beurteilung

3480201 a Er hat die Aufgaben seiner Position stets zu unserer vollen Zufriedenheit erledigt und unseren Anforderungen/Erwartungen in jeder Hinsicht gut entsprochen.

3480202 b Er hat seine Aufgaben stets zu unserer vollen Zufriedenheit erfüllt und unseren Anforderungen/Erwartungen in jeder Hinsicht gut entsprochen.

3480203 c Herr NAME hat seinen Verantwortungsbereich stets zu unserer vollen Zufriedenheit geleitet und unseren Erwartungen in jeder Hinsicht gut entsprochen.

3480204 d Frau NAME erledigte ihre Fachaufgaben stets zu unserer vollen Zufriedenheit. *(Achtung: nicht die Leitungsaufgaben)*

3480205 e Herr NAME setzte wichtige Akzente für unsere künftige Entwicklung am Markt und nahm seine Aufgaben und die Unternehmensinteressen jederzeit zu unserer vollen Zufriedenheit wahr.

3480206 f Während des ZAHL-monatigen Arbeitsverhältnisses hat sie die ihr übertragenen Aufgaben stets zu unserer vollen Zufriedenheit erledigt. *(Betonung der kurzen Beurteilungsbasis)*

3480207 g Frau NAME hat alle Aufgaben und Herausforderungen ihrer schwierigen Position stets zu unserer vollen Zufriedenheit bewältigt.

3480208 h Aufgrund ihres enormen persönlichen Einsatzes erzielte Frau NAME in ihrem Verkaufsgebiet eine gute Umsatzentwicklung, so daß ihre hohen Leistungen stets unsere volle Zufriedenheit verdienten.

3480209 i Frau NAME hat durch ihre Leistungen das in sie gesetzte Vertrauen stets zu unserer vollen Zufriedenheit erfüllt.

3480210 j Herr NAME hat ein weit gespanntes Spektrum sehr verschiedenartiger Aufgaben wahrgenommen. Mit seinen guten Leistungen und seinen Erfolgen waren wir stets voll zufrieden.

3480211 k Aufgrund seiner hohen Arbeitsbereitschaft und seiner hervorragenden fachlichen Fähigkeiten sowie seines sorgfältigen und effizienten Managements erzielte er sehr gute Erfolge. Er hat seinen Bereich jederzeit zur vollen Zufriedenheit der Geschäftsführung geleitet.

3480212 l Herr NAME hat Spitzenleistungen erbracht. Wir waren daher mit ihm stets in hohem Maße zufrieden.

II./348   Alle Bausteine können für Männer und Frauen verwendet werden

3480213 m Frau NAME übertraf die Anforderungen der Position und unsere Erwartungen in hohem Maße, so daß wir mit ihren Leistungen stets voll zufrieden waren.

3480214 n Die beschriebene berufliche Entwicklung und die Beförderungen zeigen, daß wir mit den Leistungen von Frau NAME sehr zufrieden waren.

3480215 o Die Leistungen von Frau NAME verdienten stets unsere volle Anerkennung.

3480216 p Herr NAME hat dem Unternehmen in seinem Verantwortungsbereich gute Dienste erwiesen. Mit seinen Erfolgen und Leistungen waren wir jederzeit voll zufrieden.

3480217 q Frau NAME wurde in unseren turnusmäßigen Beurteilungen stets gut bewertet. Mit ihren Leistungen waren wir jederzeit voll zufrieden.

3480300 Zusammenfassende Leistungsbeurteilung bei befriedigender Beurteilung

3480301 a Er hat die Aufgaben seiner Position zu unserer vollen Zufriedenheit ausgeführt.

3480302 b Er hat seine Aufgaben zu unserer vollen Zufriedenheit erfüllt und unseren Anforderungen/Erwartungen in jeder Hinsicht entsprochen.

3480303 c Herr NAME hat seinen Verantwortungsbereich zu unserer vollen Zufriedenheit geleitet und unseren Erwartungen in jeder Hinsicht entsprochen.

3480304 d Frau NAME erledigte ihre Fachaufgaben zu unserer vollen Zufriedenheit. *(Achtung: nicht die Leitungsaufgaben)*

3480305 e Frau NAME setzte Akzente am Markt und nahm die Unternehmensinteressen zu unserer vollen Zufriedenheit wahr.

3480306 f Während des ZAHL-monatigen Arbeitsverhältnisses hat sie die ihr übertragenen Aufgaben zu unserer vollen Zufriedenheit erledigt. *(Betonung der kurzen Beurteilungsbasis)*

3480307 g Herr NAME hat alle Aufgaben und Herausforderungen seiner schwierigen Position zu unserer vollen Zufriedenheit bewältigt.

3480308 h Aufgrund ihres persönlichen Einsatzes erzielte Frau NAME in ihrem Verkaufsgebiet eine gute Umsatzentwicklung, so daß ihre Leistung unsere volle Zufriedenheit verdiente.

3480309 i Frau NAME hat durch ihre Leistung das in sie gesetzte Vertrauen zu unserer vollen Zufriedenheit erfüllt.

Zusammenfassende Leistungsbeurteilung – AT und Leitende Angestellte   II./348

3480310 j   Herr NAME hat ein weit gespanntes Spektrum verschiedenartiger Aufgaben wahrgenommen. Mit seiner Leistung waren wir voll zufrieden.

3480311 k   Aufgrund seiner Arbeitsbereitschaft und seiner fachlichen Fähigkeiten sowie seines leistungsorientierten Managements erzielte er gute Erfolge. Er hat seinen Bereich daher zur vollen Zufriedenheit der Geschäftsführung geleitet.

3480400   Zusammenfassende Leistungsbeurteilung bei ausreichender Beurteilung

3480401 a   Er hat die Aufgaben seiner Position zu unserer Zufriedenheit wahrgenommen.

3480402 b   Er hat seine Aufgaben zu unserer Zufriedenheit erfüllt und unseren Anforderungen/Erwartungen entsprochen.

3480403 c   Herr NAME stand seinem Verantwortungsbereich zu unserer Zufriedenheit vor.

3480404 d   Frau NAME bearbeitete ihre Fachaufgaben zu unserer Zufriedenheit. *(Achtung: nicht die Leitungsaufgaben)*

3480405 e   Frau NAME nahm die Unternehmensinteressen zu unserer Zufriedenheit wahr.

3480406 f   Während des ZAHL-monatigen Arbeitsverhältnisses hat er die Aufgaben, die wir ihm übertrugen, zu unserer Zufriedenheit bearbeitet. *(Betonung der kurzen Beurteilungsbasis)*

3480407 g   Herr NAME hat alle Aufgaben und Herausforderungen seiner schwierigen Position zu unserer Zufriedenheit wahrgenommen.

3480408 h   Frau NAME erreichte in ihrem Verkaufsgebiet eine Umsatzentwicklung, die unsere Zufriedenheit verdiente.

3480409 i   Frau NAME hat mit ihrer Arbeit das in sie gesetzte Vertrauen zu unserer Zufriedenheit gerechtfertigt.

3480410 j   Herr NAME hat verschiedenartige Aufgaben wahrgenommen. Mit seiner Arbeit waren wir zufrieden.

3480500   Zusammenfassende Leistungsbeurteilung bei mangelhafter Beurteilung

3480501 a   Insgesamt hat er die Aufgaben seiner Position zu unserer Zufriedenheit wahrgenommen.

3480502 b   Insgesamt hat sie die ihr übertragenen Aufgaben zu unserer Zufriedenheit erfüllt und unseren Anforderungen/Erwartungen ganz weitgehend entsprochen.

II./348 – 351 Bausteinübersicht S. 113 – 116, Beurteilungsbögen S. 117 – 125

3480503 c Herr NAME hat seine Verantwortung nie aus den Augen verloren und stand seinem Bereich grundsätzlich zu seiner vollen Zufriedenheit vor. *(Grundsätzlich = nicht immer)*

3480504 d Insgesamt bearbeitete Frau NAME ihre Fachaufgaben zu unserer Zufriedenheit. *(Achtung: nicht die Leitungsaufgaben)*

3480505 e Frau NAME nahm die Unternehmensinteressen insgesamt zu unserer Zufriedenheit wahr.

3480506 f Wir können insgesamt hervorheben, daß er während des ZAHL-monatigen Arbeitsverhältnisses die Aufgaben, die wir ihm übertrugen, zu unserer Zufriedenheit vorangetrieben hat. *(Betonung der kurzen Beurteilungsdauer)*

3480507 g Herr NAME hat sich stets angestrengt, alle Aufgaben und Herausforderungen seiner schwierigen Position zu unserer Zufriedenheit zu bewältigen.

3480508 h Wir bestätigen insgesamt gerne, daß Frau NAME aufgrund der Entwicklung ihres Verkaufsgebiet unsere Zufriedenheit verdiente. *(Bestätigen = weil gefordert)*

3480509∗ Wir können unsere Leistungsbewertung dahingehend zusammenfassen, daß Frau NAME die Aufgaben, die wir ihr (gemäß Stellenbeschreibung) übertragen, mit Verantwortungsbereitschaft wahrnahm.

3480510∗ Er führte die Arbeiten, die wir ihm übertrugen, mit Interesse durch. *(Ohne Erfolg)*

3480511∗ Er kümmerte sich stets mit viel Mühe, Anstrengung und Fleiß um die Leitung seines Bereiches.

3500000 Leistung und besondere fachliche Fähigkeiten von Auszubildenden

Bitte wählen Sie unter Beachtung der Notenstufen je einen Baustein aus den nachfolgenden Gruppen 3510 Ausbildungsbereitschaft, 3520 Ausbildungsbefähigung, 3530 Fertigkeiten und Kenntnisse, 3540 Lern- und Arbeitsweise, 3550 Arbeitserfolg, 3560 besondere fachliche Fähigkeiten (nur bei sehr guter oder guter Gesamtbeurteilung) und 3580 zusammenfassende Leistungsbeurteilung.

3510000 Ausbildungsbereitschaft von Auszubildenden

3510100 Ausbildungsbereitschaft bei sehr guter Beurteilung

3510101 a Herr NAME hat von Anfang an seine Berufsausbildung mit außerordentlichem Engagement und stets großem und regem Interesse betrieben.

Ausbildungsbereitschaft – Auszubildende II./351

3510102 b Sie hat sich stets sehr gut für die Erreichung der Ausbildungsziele eingesetzt.

3510103 c Frau NAME hat von der ihr gebotenen Möglichkeit, sich mit allen Arbeiten und betrieblichen Zusammenhängen und Wechselwirkungen vertraut zu machen, stets sehr rege und nutzvoll Gebrauch gemacht.

3510104 d Herr NAME zeichnete sich durch eine jederzeit sehr hohe Lernbereitschaft aus.

3510105 e Frau NAME interessierte sich in höchstem Maße für alle Ausbildungsinhalte und war stets sehr gut motiviert.

3510106 f Herr NAME war ein Auszubildender mit jederzeit sehr hohem Pflichtbewußtsein.

3510107 g Sie folgte der praktischen und theoretischen Ausbildung jederzeit mit sehr großem und regem Interesse.

3510108 h Er hat sich stets mit enormem Fleiß und sehr großer Beständigkeit um seine Ausbildung gekümmert.

3510109 i Wir haben Herrn NAME als einen sehr aktiven jungen Menschen kennen und schätzen gelernt, der in allen Abteilungen sehr erfolgreich an der Erlernung der Arbeiten und an der Erreichung der Ausbildungsziele gearbeitet hat.

3510110 * Frau NAME war eine jederzeit äußerst engagierte und sehr initiativreiche Auszubildende.

3510200 Ausbildungsbereitschaft bei guter Beurteilung

3510201 a Herr NAME hat von Anfang an seine Berufsausbildung mit starkem Engagement und großem Interesse betrieben.

3510202 b Er hat sich stets gut für die Erreichung der Ausbildungsziele eingesetzt.

3510203 c Frau NAME hat von der ihr gebotenen Möglichkeit, sich mit allen Arbeiten und betrieblichen Zusammenhängen vertraut zu machen, stets rege und nutzvoll Gebrauch gemacht.

3510204 d Herr NAME zeichnete sich durch eine jederzeit hohe Lernbereitschaft aus.

3510205 e Frau NAME interessierte sich in hohem Maße für alle Ausbildungsinhalte und war stets gut motiviert.

3510206 f Herr NAME war ein Auszubildender mit jederzeit hohem Pflichtbewußtsein.

3510207 g Sie folgte der praktischen und theoretischen Ausbildung jederzeit mit großem Interesse.

3510208 h Er hat sich mit enormem Fleiß und großer Beständigkeit um seine Ausbildung gekümmert.

3510209 i Wir haben Herr NAME als einen aktiven jungen Menschen kennengelernt, der in den Abteilungen erfolgreich an der Erlernung der Arbeiten und an der Erreichung der Ausbildungsziele gearbeitet hat.

3510300 Ausbildungsbereitschaft bei befriedigender Beurteilung

3510301 a Frau NAME hat ihre Berufsausbildung mit Engagement betrieben.

3510302 b Er hat sich gut für die Erreichung der Ausbildungsziele eingesetzt.

3510303 c Frau NAME hat von der ihr gebotenen Möglichkeit, sich mit allen Arbeiten und betrieblichen Zusammenhängen vertraut zu machen, rege Gebrauch gemacht.

3510304 d Herr NAME zeigte eine hohe Lernbereitschaft.

3510305 e Frau NAME interessierte sich in hohem Maße für die Ausbildungsinhalte und war gut motiviert.

3510306 f Herr NAME war ein Auszubildender mit voll befriedigendem Pflichtbewußtsein.

3510307 g Sie folgte der praktischen und theoretischen Ausbildung mit großem Interesse.

3510308 h Er hat sich mit Fleiß und Beständigkeit um seine Ausbildung gekümmert.

3510400 Ausbildungsbereitschaft bei ausreichender Beurteilung

3510401 a Frau NAME hat ihre Berufsausbildung durchaus mit Engagement betrieben.

3510402 b Er hat sich für die Ausbildungsziele eingesetzt.

3510403 c Frau NAME hat von der gebotenen Möglichkeit, sich mit den Arbeiten vertraut zu machen, Gebrauch gemacht.

3510404 d Herr NAME war bereit, etwas zu lernen.

3510405 e Frau NAME interessierte sich für die Ausbildungsinhalte und war durchaus motiviert.

3510406 f Herr NAME war ein Auszubildender mit zufriedenstellendem Pflichtbewußtsein.

3510407 g Sie folgte den Unterweisungen mit Interesse.

3510408 h Er hat sich um seine Ausbildung gekümmert.

3510500 Ausbildungsbereitschaft bei mangelhafter Beurteilung

3510501 a Frau NAME wußte, daß eine Berufsausbildung Engagement erfordert.

3510502 b Er hat sich in der Regel für die Erreichung der Ausbildungsziele eingesetzt.

3510503 c Frau NAME hat von der gebotenen Möglichkeit, sich mit den Arbeiten vertraut zu machen, überwiegend Gebrauch gemacht.

3510504 d Herr NAME war insgesamt bereit, etwas zu lernen.

3510505 e Frau NAME konnte motiviert werden, sich für die Ausbildungsinhalte zu interessieren.

3510506 f Zusammenfassend können wir bescheinigen, daß Herr NAME ein Auszubildender mit zufriedenstellendem Pflichtbewußtsein war.

3510507 g Sie folgte den Unterweisungen in der Regel mit Interesse.

3510508 h Er hat sich immer wieder um seine Ausbildung gekümmert.

3510509* Frau NAME machte auf uns insgesamt einen interessierten und lernwilligen Eindruck.

3510510* Herr NAME hat die Ausbildung mit der ihm eigenen Einstellung absolviert.

3520000 Ausbildungsbefähigung von Auszubildenden

3520100 Ausbildungsbefähigung bei sehr guter Beurteilung

3520101 a Herr NAME hatte schon unseren Auswahltest hervorragend bestanden. Seine Ausbildungsbefähigung war stets sehr gut.

3520102 b Frau NAME zeigte bei allen Ausbildungsinhalten eine ausgezeichnete Auffassungsgabe.

3520103 c Herr NAME war den Beanspruchungen und Belastungen, welche die praktische Tätigkeit im Berufsfeld BEZEICHNUNG mit sich bringt, jederzeit sehr gut gewachsen.

3520104 d Frau NAME bewies schon als Auszubildende sehr gute verkäuferische Fähigkeiten.

3520105 e Herr NAME war ein Auszubildender mit sehr gutem Zahlenverständnis und einem stets sicheren Sprachverständnis.

3520106 f Frau NAME begreift und lernt sehr schnell.

3520200 Ausbildungsbefähigung bei guter Beurteilung

3520201 a Herr NAME hatte schon unseren Auswahltest gut bestanden. Seine Ausbildungsbefähigung war stets gut.

3520202 b Frau NAME zeigte bei allen Ausbildungsinhalten eine gute Auffassungsgabe.

3520203 c Herr NAME war den Beanspruchungen und Belastungen, welche die praktische Tätigkeit im Berufsfeld BEZEICHNUNG mit sich bringt, jederzeit gut gewachsen.

3520204 d Frau NAME bewies schon als Auszubildende gute verkäuferische Fähigkeiten.

3520205 e Herr NAME war ein Auszubildender mit gutem Zahlenverständnis und einem sicheren Sprachverständnis.

3520206 f Frau NAME begreift und lernt schnell.

3520300 Ausbildungsbefähigung bei befriedigender Beurteilung

3520301 a Seine Ausbildungsbefähigung war gut.

3520302 b Frau NAME zeigte eine gute Auffassungsgabe.

3520303 c Herr NAME war den Beanspruchungen und Belastungen, welche die praktische Tätigkeit im Berufsfeld BEZEICHNUNG mit sich bringt, gut gewachsen.

3520400 Ausbildungsbefähigung bei ausreichender Beurteilung

3520401 a Seine Ausbildungsbefähigung war zufriedenstellend.

3520402 b Frau NAME zeigte eine befriedigende Auffassungsgabe.

3520403 c Herr NAME war den Beanspruchungen und Belastungen, welche die praktische Tätigkeit im Berufsfeld BEZEICHNUNG mit sich bringt, gewachsen.

3520500 Ausbildungsbefähigung bei mangelhafter Beurteilung

3520501 a Seine Ausbildungsbefähigung war fast immer zufriedenstellend.

3520502 b Im großen und ganzen zeigte Frau NAME eine zufriedenstellende Auffassungsgabe.

3520503 c Herr NAME war den Beanspruchungen und Belastungen, welche die praktische Tätigkeit im Berufsfeld BEZEICHNUNG mit sich bringt, im allgemeinen gewachsen.

3530000 Fertigkeiten und Kenntnisse von Auszubildenden

3530100 Fertigkeiten und Kenntnisse bei sehr guter Beurteilung

3530101 a Herr NAME hat sich mit sehr gutem Erfolg alle Fertigkeiten und Kenntnisse eines BERUFSBEZEICHNUNG angeeignet. (Auch an den abendlichen Weiterbildungsveranstaltungen in unserem Hause hat er sehr oft mit großem Interesse teilgenommen.)

3530102 b Frau NAME beherrscht alle Fertigkeiten und Kenntnisse einer AUS-BILDUNGSBERUF sehr gut.

3530200 Fertigkeiten und Kenntnisse bei guter Beurteilung

3530201 a Herr NAME hat sich mit gutem Erfolg alle Fertigkeiten und Kenntnisse eines BERUFSBEZEICHNUNG angeeignet. (Auch an den abendlichen Weiterbildungsveranstaltungen in unserem Hause hat er oft mit großem Interesse teilgenommen.)

3530202 b Frau NAME beherrscht alle Fertigkeiten und Kenntnisse einer AUSBILDUNGSBERUF gut.

3530300 Fertigkeiten und Kenntnisse bei befriedigender Beurteilung

3530301 a Herr NAME hat sich mit Erfolg alle wesentlichen Fertigkeiten und Kenntnisse eines BERUFSBEZEICHNUNG angeeignet.

3530302 b Frau NAME beherrscht alle wesentlichen Fertigkeiten und Kenntnisse einer AUSBILDUNGSBERUF.

3530400 Fertigkeiten und Kenntnisse bei ausreichender Beurteilung

3530401 a Herr NAME hat die wesentlichen Fertigkeiten und Kenntnisse eines BERUFSBEZEICHNUNG erlernt.

3530402 b Frau NAME beherrscht wesentliche Fertigkeiten und Kenntnisse einer AUSBILDUNGSBERUF.

3530403 ✻ Herr NAME verspricht, wenn er weiterhin an sich arbeitet, eine vielseitig einsetzbare Fachkraft mit guten Kenntnissen und Fertigkeiten zu werden.

3530404 ✻ Frau NAME hat sich die Kenntnisse des Berufsbildes BEZEICHNUNG ohne größere Wissenslücken angeeignet.

3530500 Fertigkeiten und Kenntnisse bei mangelhafter Beurteilung

3530501 a Herrn NAME konnten einige Fertigkeiten und Kenntnisse eines BERUFSBEZEICHNUNG beigebracht werden.

3530502 b Frau NAME kann einige Fertigkeiten und Kenntnisse einer BERUFSBEZEICHNUNG anwenden.

3530503 ✻ Wir sind stets bestrebt, unseren Auszubildenden die Kenntnisse und Fertigkeiten des Berufsbildes zu vermitteln.

3540000 Lern- und Arbeitsweise von Auszubildenden

3540100 Lern- und Arbeitsweise bei sehr guter Beurteilung

3540101 a Seine Lern- und Arbeitsweise war stets sehr gut.

3540102 b Sie hat ihre Berichtshefte stets sehr sorgfältig geführt.

3540103 c Herr NAME wurde von allen Ausbildungsabteilungen wegen seiner zuverlässigen und gründlichen Lern- und Arbeitsweise und seiner entlastenden Mitarbeit sehr geschätzt.

3540104 d Frau NAME erledigte alle Arbeiten stets sehr sauber.

3540105 e Dem innerbetrieblichen Unterricht ist Frau NAME stets mit großer Aufmerksamkeit gefolgt.

3540106 f Im Berufsschulunterricht hat Frau NAME absolut regelmäßig teilgenommen.

3540107 g Praktische Arbeiten verrichtete Herr NAME stets in sehr guter Qualität, sorgfältig und dennoch zügig.

3540108 h Frau NAME hat alle ihr übertragenen praktischen Arbeiten im jeweiligen Einsatzbereich mit zunehmender Selbständigkeit stets sehr gut erledigt.

3540200 Lern- und Arbeitsweise bei guter Beurteilung

3540201 a Seine Lern- und Arbeitsweise war stets gut.

3540202 b Sie hat ihre Berichtshefte sehr sorgfältig geführt.

3540203 c Herr NAME wurde von allen Ausbildungsabteilungen wegen seiner zuverlässigen Lern- und Arbeitsweise und seiner entlastenden Mitarbeit geschätzt.

3540204 d Frau NAME erledigte alle Arbeiten stets sauber.

3540205 e Dem innerbetrieblichen Unterricht ist Frau NAME mit großer Aufmerksamkeit gefolgt.

3540206 f Am Berufsschulunterricht hat Frau NAME regelmäßig teilgenommen.

3540207 g Praktische Arbeiten verrichtete Herr NAME stets in guter Qualität, sorgfältig und dennoch zügig.

3540208 h Frau NAME hat alle ihr übertragenen praktischen Arbeiten im jeweiligen Einsatzbereich mit zunehmender Selbständigkeit stets gut erledigt.

3540300 Lern- und Arbeitsweise bei befriedigender Beurteilung

3540301 a Seine Lern- und Arbeitsweise war gut.

3540302 b Sie hat ihre Berichtshefte sorgfältig geführt.

3540303 c Herr NAME wurde von den Ausbildungsabteilungen wegen seiner zuverlässigen Lern- und Arbeitsweise und seiner Mitarbeit geschätzt.

3540304 d Frau NAME erledigte alle Arbeiten sauber.

3540305 e Dem innerbetrieblichen Unterricht ist Frau NAME mit Aufmerksamkeit gefolgt.

3540306 g Praktische Arbeiten verrichtete Herr NAME sorgfältig und dennoch zügig.

3540307 h Frau NAME hat die ihr übertragenen praktischen Arbeiten im jeweiligen Einsatzbereich mit zunehmender Selbständigkeit gut erledigt.

3540400 Lern- und Arbeitsweise bei ausreichender Beurteilung

3540401 a Seine Lern- und Arbeitsweise war zufriedenstellend.

3540402 b Sie hat ihre Berichtshefte geführt.

3540403 c Die Ausbildungsabteilungen waren mit der Lern- und Arbeitsweise von Herrn NAME zufrieden.

3540404 d Frau NAME führte Arbeiten zufriedenstellend sauber aus.

3540405 e Dem innerbetrieblichen Unterricht ist Frau NAME durchaus mit Interesse gefolgt.

3540500 Lern- und Arbeitsweise bei mangelhafter Beurteilung

3540501 a Seine Lern- und Arbeitsweise war fast immer zufriedenstellend.

3540502 b Sie hat ihre Berichtshefte im allgemeinen sorgfältig geführt.

3540503 c Die Ausbildungsabteilungen waren mit der Lern- und Arbeitsweise von Herrn NAME insgesamt zufrieden.

3540504 d Frau NAME führte Arbeiten in großen und ganzen sauber aus.

3540505 e Dem innerbetrieblichen Unterricht ist Frau NAME meist mit Interesse gefolgt.

3540506 f Am Berufsschulunterricht hat Frau NAME in der Regel teilgenommen.

3540507 * Herr NAME hat die Erklärungsversuche der Ausbilder und Mitarbeiter mit Interesse angehört.

3550000 Arbeitserfolg bei Auszubildenden

3550100 Arbeitserfolg bei sehr guter Beurteilung

3550101 a Herr NAME erledigte die ihm im Rahmen der Ausbildung übertragenen Aufgaben quantitativ und qualitativ stets sehr gut.

3550102 b Die Arbeitsergebnisse waren, auch bei gesteigerten Anforderungen, stets von sehr guter Qualität.

3550103 c Arbeitsmenge und Arbeitstempo lagen bei praktischen Arbeiten stets sehr weit über den Erwartungen an Auszubildende.

3550200	**Arbeitserfolg bei guter Beurteilung**
3550201 a	Herr NAME erledigte die ihm im Rahmen der Ausbildung übertragenen Aufgaben quantitativ und qualitativ stets gut.
3550202 b	Die Arbeitsergebnisse waren, auch bei gesteigerten Anforderungen, stets von guter Qualität.
3550203 c	Arbeitsmenge und Arbeitstempo lagen bei praktischen Arbeiten stets über den Erwartungen an Auszubildende.

3550300	**Arbeitserfolg bei befriedigender Beurteilung**
3550301 a	Herr NAME erledigte die ihm im Rahmen der Ausbildung übertragenen Aufgaben quantitativ und qualitativ gut.
3550302 b	Die Arbeitsergebnisse waren von guter Qualität.
3550303 c	Arbeitsmenge und Arbeitstempo lagen bei praktischen Arbeiten über den Erwartungen an Auszubildende.

3550400	**Arbeitserfolg bei ausreichender Beurteilung**
3550401 a	Herr NAME erledigte die ihm im Rahmen der Ausbildung übertragenen Aufgaben quantitativ und qualitativ zufriedenstellend.
3550402 b	Die Arbeitsergebnisse entsprachen der erforderlichen Qualität.
3550403 c	Arbeitsmenge und Arbeitstempo entsprachen unserer Erwartung.

3550500	**Arbeitserfolg bei mangelhafter Beurteilung**
3550501 a	Herr NAME erledigte die ihm im Rahmen der Ausbildung übertragenen Aufgaben quantitativ und qualitativ im großen und ganzen zufriedenstellend.
3550502 b	Die Arbeitsergebnisse entsprachen oft der erforderlichen Qualität.
3550503 c	Arbeitsmenge und Arbeitstempo entsprachen im allgemeinen unserer Erwartung.
3550504 ✽	Herr NAME hat sich stets bemüht, so gut wie möglich zu arbeiten.

3560000	**Besondere fachliche Fähigkeiten von Auszubildenden bei sehr guter oder guter Gesamtbeurteilung**
3560001	In der Abteilung BEZEICHNUNG erledigte er vollkommen selbständig folgende für einen Auszubildenden schwierigen Arbeiten: AUFZÄHLUNG.
3560002	Eine herausragende Eignung zeigte er überall dort, wo es auf absolute Präzision und Genauigkeit ankommt.

3560003	Herr NAME vertrat in der Endphase seiner Ausbildung während der Urlaubszeit vollkommen selbständig die Funktion des BEZEICH-NUNG. Dies ist für einen Auszubildenden eine hervorragende Leistung.
3560004	In der Endphase seiner Ausbildung war Herr NAME in der Lage, zahlreiche schwierige VERWALTUNGS-Arbeiten selbständig und völlig einwandfrei zu erledigen.
3560005	Im Jahr ZAHL erreichte er beim Berufswettbewerb für BERUFSBILD einen hervorragenden Platz.
3560006	Herr NAME hat sich schon in seiner Ausbildungszeit fachliche Fähigkeiten angeeignet, die sehr weit über das Ausbildungsziel hinausgehen. Zum Ende der Ausbildung konnte er als vollwertiger Mitarbeiter eingesetzt werden.
3560007	Frau NAME hat ihre Ausbildungszeit optimal genutzt. Sie hat sich ein über das Ausbildungsziel hinausgehendes, sehr gutes berufliches Wissen angeeignet. Besonders hervorzuheben ist, daß sie abteilungsübergreifende Zusammenhänge und Wechselwirkungen selbständig erkannte.
3580000	**Zusammenfassende Leistungsbeurteilung von Auszubildenden**
3580100	**Zusammenfassende Leistungsbeurteilung bei sehr guter Beurteilung**
3580101 a	Frau NAME hat stets zu unserer vollsten Zufriedenheit gelernt und gearbeitet.
3580102 b	Herr NAME wendete alle erlernten Fertigkeiten und Kenntnisse mit sehr großem Erfolg an. Daher waren wir stets außerordentlich zufrieden.
3580103 c	Frau NAME hat während der gesamten Ausbildungszeit unsere Erwartungen in jeder Hinsicht und in allerbester Weise erfüllt.
3580104 d	Die Lern- und Arbeitsleistungen von Herrn NAME waren stets sehr gut.
3580105 e	Sie hat ihre Arbeiten stets zur vollsten Zufriedenheit der Betreuer in den Abteilungen erledigt.
3580106 f	Frau NAME erledigte alle Aufgaben äußerst sorgfältig, gewissenhaft und rasch und somit stets zu unserer vollsten Zufriedenheit.
3580107 g	Die Anwendung der in der Ausbildungszeit erworbenen Fertigkeiten und Kenntnisse können wir als sehr gut bezeichnen. Daher waren wir stets außerordentlich zufrieden.

II./358 Alle Bausteine können für Männer und Frauen verwendet werden

3580200 Zusammenfassende Leistungsbeurteilung bei guter Beurteilung

3580201 a Frau NAME hat stets zu unserer vollen Zufriedenheit gelernt und gearbeitet.

3580202 b Herr NAME wendete alle erlernten Fertigkeiten und Kenntnisse mit großem Erfolg an. Daher waren wir stets voll zufrieden.

3580203 c Frau NAME hat während der gesamten Ausbildungszeit unsere Erwartungen in jeder Hinsicht und in bester Weise erfüllt.

3580204 d Die Lern- und Arbeitsleistungen von Herrn NAME waren stets gut.

3580205 e Sie hat ihre Arbeiten stets zur vollen Zufriedenheit der Betreuer in den Abteilungen erledigt.

3580206 f Frau NAME erledigte alle Aufgaben sehr sorgfältig, gewissenhaft und rasch und somit stets zu unserer vollen Zufriedenheit.

3580207 g Die Anwendung der in der Ausbildungszeit erworbenen Fertigkeiten und Kenntnisse können wir als gut bezeichnen. Daher waren wir stets voll zufrieden.

3580300 Zusammenfassende Leistungsbeurteilung bei befriedigender Beurteilung

3580301 a Frau NAME hat zu unserer vollen Zufriedenheit gelernt und gearbeitet.

3580302 b Herr NAME wendete die erlernten Fertigkeiten und Kenntnisse mit Erfolg an. Daher waren wir voll zufrieden.

3580303 c Frau NAME hat während der Ausbildungszeit unsere Erwartungen in jeder Hinsicht erfüllt.

3580304 d Die Lern- und Arbeitsleistung von Herrn NAME war gut.

3580305 e Sie hat ihre Arbeiten zur vollen Zufriedenheit der Betreuer in den Abteilungen erledigt.

3580306 f Frau NAME erledigte die ihr gestellten Aufgaben sorgfältig, gewissenhaft und rasch und somit zu unserer vollen Zufriedenheit.

3580307 g Die Anwendung der in der Ausbildungszeit erworbenen praktischen Fertigkeiten und Kenntnisse können wir als befriedigend bezeichnen. Daher waren wir voll zufrieden.

3580400 Zusammenfassende Leistungsbeurteilung bei ausreichender Beurteilung

3580401 a Frau NAME hat zu unserer Zufriedenheit gelernt und gearbeitet.

3580402 b Herr NAME wendete die erlernten Fertigkeiten und Kenntnisse an. Wir waren daher mit ihm zufrieden.

3580403 c Frau NAME hat während der Ausbildungszeit unsere Erwartungen erfüllt.

3580404 d Die Lern- und Arbeitsmühe von Herrn NAME war zufriedenstellend.

3580405 e Sie hat ihre Arbeiten zur Zufriedenheit der Betreuer in den Abteilungen erledigt.

3580500 Zusammenfassende Leistungsbeurteilung bei mangelhafter Beurteilung

3580501 a Frau NAME hat insgesamt zu unserer Zufriedenheit gelernt und gearbeitet.

3580502 b Herr NAME wendet einige Fertigkeiten und Kenntnisse an. Wir sind daher insgesamt zufrieden.

3580503 c Frau NAME hat während der Ausbildungszeit unseren Erwartungen größtenteils entsprochen.

3580504 d Die Lern- und Arbeitsmühe von Herrn NAME war insgesamt zufriedenstellend.

3580505 e Sie hat ihre Arbeiten insgesamt zur Zufriedenheit der Betreuer in den Abteilungen erledigt.

3600000 Leistungsbeurteilung von Praktikanten und Volontären

Bitte wählen Sie unter Beachtung der Notenstufen je einen Baustein aus den nachfolgenden Gruppen 3610 Lern- und Arbeitsbereitschaft, 3620 Lern- und Arbeitsbefähigung, 3630 Wissen, 3640 Lern- und Arbeitsweise, 3650 Lern- und Arbeitserfolg, 3660 Herausragende Erfolge (nur bei sehr guter oder guter Gesamtbeurteilung) und 3680 zusammenfassende Leistungsbeurteilung.

3610000 Lern- und Arbeitsbereitschaft von Praktikanten und Volontären

3610100 Lern- und Arbeitsbereitschaft bei sehr guter Beurteilung

3610101 a Herr NAME zeigte als Praktikant/Volontär stets ungewöhnlich viel Initiative, großen Fleiß und Leistungswillen.

3610102 b Frau NAME zeichnete sich stets durch eine sehr gute Lern- und Arbeitsmotivation aus.

3610103 c Frau NAME hat von der ihr gebotenen Möglichkeit, sich mit allen Arbeiten in der Abteilung BEZEICHNUNG und in der Abteilung BEZEICHNUNG und den betrieblichen Zusammenhängen und Wechselwirkungen vertraut zu machen, stets sehr intensiv Gebrauch gemacht.

3610104 d Frau NAME interessierte sich in höchstem Maße für alle praktischen Lernmöglichkeiten und war stets sehr gut motiviert.

3610105 e Herr NAME hat bei uns mit außergewöhnlich großem Engagement mitgearbeitet.

3610106 ✳ Herr NAME hat sich mit viel Initiative und sehr beachtlichem Engagement in die für ihn neue Materie eingearbeitet.

3610200 Lern- und Arbeitsbereitschaft bei guter Beurteilung

3610201 a Herr NAME zeigte als Praktikant/Volontär stets viel Initiative, Fleiß und Leistungswillen.

3610202 b Frau NAME zeichnete sich stets durch eine gute Lern- und Arbeitsmotivation aus.

3610203 c Frau NAME hat von der ihr gebotenen Möglichkeit, sich mit allen Arbeiten in der Abteilung BEZEICHNUNG und in der Abteilung BEZEICHNUNG und den betrieblichen Zusammenhängen vertraut zu machen, stets intensiv Gebrauch gemacht.

3610204 d Frau NAME interessierte sich in hohem Maße für alle praktischen Lernmöglichkeiten und war stets gut motiviert.

3610205 e Herr NAME hat bei uns mit großem Engagement mitgearbeitet.

3610300 Lern- und Arbeitsbereitschaft bei befriedigender Beurteilung

3610301 a Herr NAME zeigte als Praktikant/Volontär stets Initiative, Fleiß und Eifer.

3610302 b Frau NAME zeigte eine gute Lern- und Arbeitsmotivation.

3610303 c Frau NAME hat von der ihr gebotenen Möglichkeit, sich mit allen Arbeiten in der Abteilung BEZEICHNUNG und in der Abteilung BEZEICHNUNG und den betrieblichen Zusammenhängen vertraut zu machen, intensiv Gebrauch gemacht.

3610304 d Frau NAME interessierte sich für die praktischen Lernmöglichkeiten und war gut motiviert.

3610305 e Herr NAME hat bei uns engagiert mitgearbeitet.

3610400 Lern- und Arbeitsbereitschaft bei ausreichender Beurteilung

3610401 a Herr NAME zeigte als Praktikant/Volontär Fleiß und Eifer.

3610402 b Frau NAME zeigte eine zufriedenstellende Lern- und Arbeitsmotivation.

3610403 c Frau NAME hat von der ihr gebotenen Möglichkeit, sich mit Arbeiten in der Abteilung BEZEICHNUNG und in der Abteilung BEZEICHNUNG vertraut zu machen, Gebrauch gemacht.

3610404 d Frau NAME interessierte sich für die praktischen Lernmöglichkeiten und war durchaus motiviert.

3610500 Lern- und Arbeitsbereitschaft bei mangelhafter Beurteilung

3610501 a Herr NAME zeigte als Praktikant/Volontär meist Fleiß und Eifer.

3610502 b Frau NAME zeigte insgesamt eine zufriedenstellende Lern- und Arbeitsmotivation.

3610503 c Frau NAME hatte die Gelegenheit, sich mit allen Arbeiten in der Abteilung BEZEICHNUNG und in der Abteilung BEZEICHNUNG vertraut zu machen.

3610504 d Frau NAME konnte motiviert werden, sich für die Lernmöglichkeiten zu interessieren.

3620000 Lern- und Arbeitsbefähigung von Praktikanten und Volontären

3620100 Lern- und Arbeitsbefähigung bei sehr guter Beurteilung

3620101 a Frau NAME fand sich in den verschiedenen Einsatzabteilungen stets sehr gut zurecht.

3620102 b Seine Lern- und Arbeitsbefähigung war stets sehr gut.

3620103 c Frau NAME verfügt über eine ausgezeichnete Auffassungsgabe. Sie kam auch mit allen schwierigen Aufgaben sehr gut zurecht.

3620104 d Frau NAME ist hochbegabt.

3620105 e Frau NAME bewies bei allen Aufgaben ein sehr gutes Analyse- und Urteilsvermögen.

3620106 ✳ Herr NAME war ein kreativer und sehr flexibler Praktikant.

3620200 Lern- und Arbeitsbefähigung bei guter Beurteilung

3620201 a Frau NAME fand sich in den verschiedenen Einsatzabteilungen stets gut zurecht.

3620202 b Seine Lern- und Arbeitsbefähigung war stets gut.

3620203 c Frau NAME verfügt über eine gute Auffassungsgabe. Sie kam auch mit schwierigen Aufgaben jedesmal gut zurecht.

3620204 d Frau NAME ist sehr begabt.

3620205 e Frau NAME bewies bei allen Aufgaben ein gutes Analyse- und Urteilsvermögen.

3620300 Lern- und Arbeitsbefähigung bei befriedigender Beurteilung

3620301 a Frau NAME fand sich in den verschiedenen Einsatzabteilungen gut zurecht.

3620302 b Seine Lern- und Arbeitsbefähigung war gut.

3620303 c Frau NAME verfügt über eine gute Auffassungsgabe. Sie kam mit den übertragenen Aufgaben gut zurecht.

3620304 d Frau NAME ist begabt.

3620305 e Frau NAME bewies ein gutes Analyse- und Urteilsvermögen.

3620400 Lern- und Arbeitsbefähigung bei ausreichender Beurteilung

3620401 a Frau NAME fand sich in den verschiedenen Einsatzabteilungen zurecht.

3620402 b Seine Lern- und Arbeitsbefähigung war zufriedenstellend.

3620403 c Sie kam mit den übertragenen Aufgaben zurecht.

3620500 Lern- und Arbeitsbefähigung bei mangelhafter Beurteilung

3620501 a Im großen und ganzen fand sich Frau NAME in den verschiedenen Einsatzabteilungen zurecht.

3620502 b Seine Lern- und Arbeitsbefähigung war fast immer zufriedenstellend.

3620503 c Wir können sagen, daß sie mit den übertragenen Aufgaben durchaus zurechtkam.

3630000 Wissen von Praktikanten und Volontären
3630100 Wissen bei sehr guter Beurteilung

3630101 a Herr NAME hat seine sehr guten theoretischen Kenntnisse während des Praktikums hervorragend praktisch umgesetzt.

3630102 b Herr NAME verfügt aufgrund seines Studiums und des Praktikums über sehr gute Kenntnisse im Bereich BEZEICHNUNG.

3630103 c Dank seiner sehr guten Auffassungsgabe und seines enormen Einsatzes hat er sich in kürzester Zeit sehr gute praktische Kenntnisse angeeignet.

3630104 d Wegen seiner sehr guten Vorkenntnisse und seines großen Engagements ließen wir Herrn NAME an einer ZAHL-wöchigen Spezialausbildung im Bereich BEZEICHNUNG teilnehmen.

3630200 Wissen bei guter Beurteilung

3630201 a Herr NAME hat seine sehr guten theoretischen Kenntnisse gut praktisch umgesetzt.

3630202 b Herr NAME verfügt aufgrund seines Studiums und des Praktikums über gute Kenntnisse im Bereich BEZEICHNUNG.

3630203 c Dank ihrer guten Auffassungsaufgabe und ihres Einsatzes hat sie sich in kurzer Zeit gute praktische Kenntnisse angeeignet.

3630204 d Wegen seiner guten Vorkenntnisse und seines Engagements ließen wir Herrn NAME an einer ZAHL-wöchigen Spezialausbildung im Bereich BEZEICHNUNG teilnehmen.

3630300 Wissen bei befriedigender Beurteilung

3630301 a Herr NAME hat seine guten theoretischen Kenntnisse praktisch umgesetzt.

3630302 b Herr NAME verfügt aufgrund seines Studiums und des Praktikums über Kenntnisse im Bereich BEZEICHNUNG.

3630303 c Dank seiner Auffassungsaufgabe und seines Fleißes hat er sich voll zufriedenstellende praktische Kenntnisse angeeignet.

3630400 Wissen bei ausreichender Beurteilung

3630401 a Herr NAME hat seine theoretischen Kenntnisse praktisch erprobt.

3630402 b Herr NAME verfügt nunmehr über Grundkenntnisse im Bereich BEZEICHNUNG.

3630403 c Er hat sich zufriedenstellende praktische Kenntnisse angeeignet.

3630404 e Herr NAME wurde mit den fachlichen Anforderungen, welche die Praxis an INGENIEURE stellt, vertraut gemacht.

3630500 Wissen bei mangelhafter Beurteilung

3630501 a Herr NAME war stets mit Nachdruck bestrebt, seine theoretischen Kenntnisse praktisch umzusetzen.

3630502 b Herr NAME hatte während des Praktikums Gelegenheit, sich Einsteigerkenntnisse im Bereich BEZEICHNUNG anzueignen.

3630503 c Ihm war daran gelegen, seine Studienkenntnisse durch praktische Kenntnisse zu ergänzen.

3630504 e Herr NAME wurde mit den fachlichen Anforderungen, welche die Praxis an INGENIEURE stellt, konfrontiert.

3640000 Lern- und Arbeitsweise von Praktikanten und Volontären

3640100 Lern- und Arbeitsweise bei sehr guter Beurteilung

3640101 a Seine Lern- und Arbeitsweise war stets sehr gut.

3640102 b Herr NAME wurde von den Einsatzabteilungen wegen seiner zuverlässigen Lern- und Arbeitsweise und seiner entlastenden Mitarbeit sehr geschätzt.

3640103 c Herr NAME war ein äußerst gewissenhaft und selbständig arbeitender Praktikant/Volontär, der die ihm übertragenen Aufgaben stets planvoll und systematisch bearbeitete.

3640104 d Die ihr übertragenen Aufgaben erledigte sie stets mit äußerster Sorgfalt und größter Genauigkeit.

3640105 e Wir lernten Herrn NAME als einen sehr gewissenhaften, zuverlässigen und sorgfältigen Praktikanten kennen und schätzen.

3640200 Lern- und Arbeitsweise bei guter Beurteilung

3640201 a Seine Lern- und Arbeitsweise war stets gut.

3640202 b Herr NAME wurde von den Einsatzabteilungen wegen seiner zuverlässigen Lern- und Arbeitsweise und seiner entlastenden Mitarbeit geschätzt.

3640203 c Herr NAME war ein gewissenhaft und selbständig arbeitender Praktikant/Volontär, der die ihm übertragenen Aufgaben planvoll und systematisch bearbeitete.

3640204 d Die ihm übertragenen Aufgaben erledigte er stets mit Sorgfalt und Genauigkeit.

3640205 e Wir lernten Herrn NAME als einen gewissenhaften, zuverlässigen und sorgfältigen Praktikanten kennen.

3640300 Lern- und Arbeitsweise bei befriedigender Beurteilung

3640301 a Seine Lern- und Arbeitsweise war gut.

3640302 b Herr NAME wurde von den Ausbildungsabteilungen wegen seiner zuverlässigen Lern- und Arbeitsweise und seiner Mitarbeit geschätzt.

3640303 c Herr NAME war ein selbständig arbeitender Praktikant/Volontär, der die ihm übertragenen Aufgaben systematisch bearbeitete.

3640304 d Die ihm übertragenen Aufgaben erledigte er mit Sorgfalt und Genauigkeit.

3640400 Lern- und Arbeitsweise bei ausreichender Beurteilung

3640401 a Seine Lern- und Arbeitsweise war zufriedenstellend.

3640402 b Die Einsatzabteilungen waren mit der Lern- und Arbeitsweise von Herrn NAME zufrieden.

3640403c Herr NAME erwies sich als ein Praktikant/Volontär, der an die Aufgaben, die wir ihm übertrugen, durchaus systematisch heranging.

3640404f Frau NAME ist den Erklärungen und Erläuterungen der betreuenden Mitarbeiter stets mit Interesse gefolgt.

3640500 Lern- und Arbeitsweise bei mangelhafter Beurteilung

3640501a Seine Lern- und Arbeitsweise war insgesamt zufriedenstellend.

3640502b Die Einsatzabteilungen waren mit der Lern- und Arbeitsweise von Herrn NAME insgesamt zufrieden.

3640503c Herr NAME erwies sich als ein Praktikant/Volontär, der für die Aufgaben, die wir ihm übertrugen, einen systematischen Lösungsweg suchte.

3640504f Frau NAME hat die Erklärungen und Erläuterungen der betreuenden Mitarbeiter mit Interesse angehört.

3650000 Lern- und Arbeitserfolg von Praktikanten und Volontären

3650100 Lern- und Arbeitserfolg bei sehr guter Beurteilung

3650101a Frau NAME hat die gebotenen Möglichkeiten in jeder Hinsicht in hervorragender Weise für ihre praktische Ausbildung genutzt.

3650102b Herr NAME hat die mit seinem Praktikum/Volontariat verbundenen Lernziele sehr gut erreicht.

3650103c Mit seiner Arbeit waren wir in qualitativer und quantitativer Hinsicht jederzeit außerordentlich zufrieden.

3650200 Lern- und Arbeitserfolg bei guter Beurteilung

3650201a Frau NAME hat die gebotenen Möglichkeiten in jeder Hinsicht in beachtlicher Weise für ihre praktische Ausbildung genutzt.

3650202b Herr NAME hat die mit seinem Praktikum/Volontariat verbundenen Lernziele gut erreicht.

3650203c Mit ihrer Arbeit waren wir in qualitativer und quantitativer Hinsicht stets voll zufrieden.

3650300 Lern- und Arbeitserfolg bei befriedigender Beurteilung

3650301a Frau NAME hat die gebotenen Möglichkeiten in jeder Hinsicht für ihre praktische Ausbildung genutzt.

3650302b Herr NAME hat die mit seinem Praktikum/Volontariat verbundenen Lernziele voll zufriedenstellend erreicht.

II./365 – 368 Alle Bausteine können für Männer und Frauen verwendet werden

3650303 c Mit seiner Arbeit waren wir in qualitativer und quantitativer Hinsicht voll zufrieden.

3650400   Lern- und Arbeitserfolg bei ausreichender Beurteilung

3650401 a Frau NAME hat die gebotenen Möglichkeiten für ihre praktische Ausbildung zufriedenstellend genutzt.

3650402 b Herr NAME hat die mit seinem Praktikum/Volontariat verbundenen Lernziele zufriedenstellend erreicht.

3650403 c Mit seiner Arbeit waren wir in qualitativer und quantitativer Hinsicht zufrieden.

3650500   Lern- und Arbeitserfolg bei mangelhafter Beurteilung

3650501 a Frau NAME hatte die Gelegenheit, die angebotenen Möglichkeiten zu nutzen.

3650502 b Herr NAME hat die mit seinem Praktikum/Volontariat verbundenen Lernziele mit Fleiß und Mühe angestrebt.

3650503 c Mit seiner Arbeit waren wir in qualitativer und quantitativer Hinsicht insgesamt zufrieden.

3660000   Herausragende Erfolge von Praktikanten und Volontären bei sehr guter oder guter Gesamtbeurteilung

3660001 In der Abteilung BEZEICHNUNG vertrat Herr NAME während der Urlaubszeit selbständig die Funktion des BEZEICHNUNG.

3660002 Während seines Praxissemesters entwickelte Herr NAME ein leistungsstarkes und benutzerfreundliches EDV-Programm für BEZEICHNUNG, das vollkommen fehlerfrei läuft.

3660003 Während ihres Praktikums erarbeitete Frau NAME eine Lösung für das Problem des BEZEICHNUNG, die wir erfolgreich einführten.

3680000   Zusammenfassende Leistungsbeurteilung von Praktikanten und Volontären

3680100   Zusammenfassende Leistungsbeurteilung bei sehr guter Beurteilung

3680101 a Die ihr übertragenen Arbeiten erledigte sie stets zu unserer vollsten Zufriedenheit.

3680102 b Seine Leistungen waren stets sehr gut.

3680103 c Seine Leistungen haben in jeder Hinsicht und in allerbester Weise unseren Erwartungen an Praktikanten/Volontäre entsprochen.

Zusammenfassende Leistungsbeurteilung – Praktikanten u. Volontäre   **II./368**

3680104 d Seine Leistungen haben jederzeit und in jeder Hinsicht unsere volle Anerkennung gefunden.

3680200   Zusammenfassende Leistungsbeurteilung bei guter Beurteilung

3680201 a Die ihr übertragenen Arbeiten erledigte sie stets zu unserer vollen Zufriedenheit.

3680202 b Seine Leistungen waren stets gut.

3680203 c Seine Leistungen haben in jeder Hinsicht und in bester Weise unseren Erwartungen an Praktikanten/Volontären entsprochen.

3680204 d Seine Leistungen haben jederzeit unsere volle Anerkennung gefunden.

3680300   Zusammenfassende Leistungsbeurteilung bei befriedigender Beurteilung

3680301 a Die ihr übertragenen Arbeiten erledigte sie zu unserer vollen Zufriedenheit.

3680302 b Seine Leistung war gut.

3680303 c Seine Leistungen haben in jeder Hinsicht unseren Erwartungen an Praktikanten/Volontären entsprochen.

3680400   Zusammenfassende Leistungsbeurteilung bei ausreichender Beurteilung

3680401 a Die Arbeiten, die wir ihr übertrugen, tat sie zu unserer Zufriedenheit.

3680402 b Seine Arbeit war zufriedenstellend.

3680403 c Seine Leistungen haben unseren Erwartungen an Praktikanten/Volontären entsprochen.

3680500   Zusammenfassende Leistungsbeurteilung bei mangelhafter Beurteilung

3680501 a Die Arbeiten, die wir ihr übertrugen, tat sie insgesamt zu unserer Zufriedenheit.

3680502 b Seine Arbeit war insgesamt zufriedenstellend.

3680503 c Seine Leistungen haben unseren Erwartungen an Praktikanten/Volontären größtenteils und weitgehend entsprochen.

3680504 * Er hat sich stets nach Kräften angestrengt, um die Leistungen zu erbringen, die wir von einem BETRIEBSWIRT erwarten.

3680505※	Sein Fleiß und sein stetes Streben nach einer guten Leistung haben unsere Anerkennung gefunden.
3680506※	Seine nicht unbeachtlichen Arbeitsergebnisse sprechen insgesamt zweifellos dafür, daß auch andere Arbeitgeber mit seiner Arbeit zufrieden sein werden.

4000000 Sozialverhalten

4200000 Sozialverhalten von Gewerblichen Arbeitnehmern

Bitte wählen Sie unter Beachtung der Notenstufen je einen Baustein aus den Gruppen 4210 Sozialverhalten gegenüber Internen (Vorgesetzte und Mitarbeiter), ggf. 4220 Sozialverhalten gegenüber Externen (Kunden und andere) und 4230 Sonstiges Verhalten.

4210000 Sozialverhalten von Gewerblichen Arbeitnehmern gegenüber Internen

4210100 Sozialverhalten gegenüber Internen bei sehr guter Beurteilung

4210101 a	Sein Verhalten gegenüber Vorgesetzten und Kollegen war stets einwandfrei.
4210102 b	Sein Verhalten zu Vorgesetzten und Kollegen war jederzeit sehr gut.
4210103 c	Sein kollegiales und ausgleichendes Wesen sicherte ihm stets ein sehr gutes Verhältnis zu Vorgesetzten und Mitarbeitern.
4210104 d	Sein Verhalten gegenüber dem Meister/Polier/Steiger/Baustellenleiter/Vorarbeiter und den Kollegen war stets vorbildlich.
4210105 e	Sein Verhalten gegenüber Vorgesetzten und Kollegen war immer lobenswert/vorbildlich/mustergültig.
4210106 f	Frau NAME wurde von Vorgesetzten und Kollegen als fleißige und freundliche Mitarbeiterin sehr geschätzt.
4210107 g	Das Verhalten von Herrn NAME gegenüber Vorgesetzten und Kollegen war jederzeit einwandfrei. Er war als HAUSHANDWERKER in allen Abteilungen unseres Hauses wegen seines Einsatzes und seiner freundlichen Hilfsbereitschaft stets sehr beliebt.
4210108※	Herr NAME war aufgrund seines freundlichen Wesens und seiner kollegialen Haltung bei Vorgesetzten und Mitarbeitern anerkannt und sehr geschätzt.

4210200 Sozialverhalten gegenüber Internen bei guter Beurteilung

4210201 a	Sein Verhalten gegenüber Vorgesetzten und Kollegen war einwandfrei.
4210202 b	Sein Verhalten zu Vorgesetzten und Kollegen war jederzeit gut.

Sozialverhalten – Gewerbliche Arbeitnehmer II./421

4210203 c Sein kollegiales und ausgleichendes Wesen sicherte ihm stets ein gutes Verhältnis zu Vorgesetzten und Mitarbeitern.

4210204 d Sein Verhalten gegenüber dem Meister/Polier/Steiger/Baustellenleiter/Vorarbeiter und den Kollegen war stets gut.

4210205 e Sein Verhalten gegenüber Vorgesetzten und Kollegen war lobenswert.

4210206 f Frau NAME wurde von Vorgesetzten und Kollegen als fleißige und freundliche Mitarbeiterin geschätzt.

4210207 g Das Verhalten von Herrn NAME gegenüber Vorgesetzten und Kollegen war einwandfrei. Er war als HAUSHANDWERKER in allen Abteilungen unseres Hauses wegen seines Einsatzes und seiner freundlichen Hilfsbereitschaft sehr beliebt.

4210300 Sozialverhalten gegenüber Internen bei befriedigender Beurteilung

Einige der folgenden Textbausteine drücken nur eine befriedigende Beurteilung aus, weil in ihnen der Vorgesetzte erst an zweiter Stelle genannt wird (Reihenfolge-Technik). Einige der folgenden Textbausteine drücken nur eine befriedigende oder in der nächsten Gruppe ausreichende Beurteilung aus, weil in ihnen, wenn auch verneint, Negativbegriffe wie z. B. Beanstandung, Tadel oder Klage auftreten (Negationstechnik).

4210301 a Sein Verhalten gegenüber den Kollegen und Vorgesetzten war einwandfrei.

4210302 b Sein Verhalten zu Kollegen und Vorgesetzten war gut.

4210303 c Sein kollegiales Wesen sicherte ihm ein gutes Verhältnis zu Vorgesetzten und Mitarbeitern.

4210304 d Sein Verhalten gegenüber den Kollegen und dem Meister/Polier/ Steiger/Baustellenleiter/Vorarbeiter war gut.

4210305 h Er fügte sich gut in die betriebliche Gemeinschaft ein; sein Verhalten gegenüber Arbeitskameraden und Vorgesetzten war einwandfrei.

4210306 i Sein Verhalten gegenüber Kollegen und Vorgesetzten war stets spannungsfrei.

4210400 Sozialverhalten gegenüber Internen bei ausreichender Beurteilung

Einige der folgenden Textbausteine drücken nur eine ausreichende Beurteilung aus, weil entweder der Vorgesetzte oder die Kollegen nicht erwähnt sind (Leerstellen-Technik).

4210401 a Sein Verhalten gegenüber den Vorgesetzten/ Mitarbeitern war einwandfrei. *(Alternativ)*

II./421 Alle Bausteine können für Männer und Frauen verwendet werden

4210402 b Sein Verhalten zu Kollegen und auch Vorgesetzten war zufriedenstellend.

4210403 c Sein Wesen sicherte ihm ein zufriedenstellendes Verhältnis zu den Mitarbeitern / Vorgesetzten. *(Alternativ)*

4210404 h Wir bestätigen ihr gerne, daß wir mit ihrem Verhalten innerhalb der betrieblichen Gemeinschaft zufrieden waren. Ihre Führung gegenüber den Vorgesetzten / den Arbeitskameraden gab uns zu Beanstandungen keinen Anlaß. *(Alternativ)*

4210405 i Sein Verhalten gegenüber Kollegen und Vorgesetzten war spannungsfrei.

4210406 j Sein Verhalten gegenüber Vorgesetzten und Kollegen gab zu keinen Klagen Anlaß.

4210407 k Die Zusammenarbeit mit Herrn NAME verlief reibungslos und ungetrübt.

4210408 l Er ist mit seinem Meister / seinen Kollegen ausgekommen. *(Alternativ)*

4210409 ✻ Er war ein gegenüber Vorgesetzten und Mitarbeitern zurückhaltender und korrekter Mitarbeiter, der gern allein arbeitete. *(Einzelgänger; Außenseiter)*

4210410 ✻ Das Verhalten war ohne Tadel und nennenswerte Beanstandungen. Er war bei den Mitarbeitern beliebt.

4210500 **Sozialverhalten gegenüber Internen bei mangelhafter Beurteilung**

Eine mangelhafte Beurteilung kann hier auch durch eine fehlende Aussage zum Sozialverhalten ausgedrückt werden (Leerstellen-Technik).

4210501 a Sein Verhalten gegenüber Vorgesetzten und Mitarbeitern war insgesamt einwandfrei.

4210502 b Sein Verhalten zu Vorgesetzten und Kollegen war insgesamt zufriedenstellend.

4210503 c Sein Wesen sicherte ihm in der Regel ein zufriedenstellendes Verhältnis zu den Mitarbeitern / Vorgesetzten. *(Alternativ)*

4210504 h Die Führung im Dienst gab kaum zu Beanstandungen Anlaß.

4210505 i Sein Verhalten gegenüber Kollegen und Vorgesetzten war überwiegend spannungsfrei.

4210506 j Sein Betragen gegenüber Vorgesetzten und Kollegen gab selten zu Klagen Anlaß.

4210507 k Die Zusammenarbeit mit Herrn NAME verlief insgesamt reibungslos und ungetrübt.

Sozialverhalten – Gewerbliche Arbeitnehmer

4210508 l Er ist mit seinem Meister / seinen Kollegen im großen und ganzen ausgekommen. *(Alternativ)*

4210509＊ Herr NAME wurde im Mitarbeiterkreis auch als umgänglicher Kollege geschätzt. *(Schwieriger Mitarbeiter)*

4210510＊ Er war stets an einem auskömmlichen Verhalten gegenüber Kollegen und Vorgesetzten interessiert. Das Verhalten war daher im wesentlichen einwandfrei.

4210511＊ Er galt im Kollegenkreis als angenehmer Mitarbeiter. Vorgesetzten trat er offen und frei entgegen.

4210512＊ Sein Verhalten gegenüber Vorgesetzten war nicht zu tadeln. Mit seinen Kollegen hat er sich aktiv auseinandergesetzt. *(Handgreiflichkeiten)*

4210513＊ Die Zusammenarbeit mit ihm verlief meist in wünschenswert reibungsloser Weise.

4220000 Sozialverhalten von Gewerblichen Arbeitnehmern gegenüber Externen

Auf eine Beurteilung des Verhaltens gegenüber Externen wird in vielen Zeugnissen verzichtet. Man kann daher aus einer fehlenden Beurteilung (Leerstelle) nicht auf Mängel im Verhalten zu Externen schließen.

4220100 Sozialverhalten gegenüber Externen bei sehr guter Beurteilung

4220101 a Sein Verhalten gegenüber den Auftraggebern / Kunden / Bauherren war stets sehr gut.

4220102 b Herr NAME ist als KUNDENDIENST-TECHNIKER mit unseren Kunden aufgrund seiner sachlichen und freundlichen Art und seiner absolut serviceorientierten Haltung stets sehr gut zurechtgekommen.

4220103 c Von Besuchern und Anrufern wurde sie wegen ihres Engagements und ihrer Zuvorkommenheit stets sehr geschätzt.

4220104 d Auch mit den im Service-Falle häufig schwierigen Kunden ist er stets sehr gut zurechtgekommen.

4220105 e Er hat Freude am Umgang mit Kunden. Aufgrund seiner freundlichen und unkomplizierten Art war er bei ihnen stets sehr beliebt und geschätzt.

4220200 Sozialverhalten gegenüber Externen bei guter Beurteilung

4220201 a Sein Verhalten gegenüber den Auftraggebern / Kunden / Bauherren war stets gut.

4220202 b Herr NAME ist als KUNDENDIENST-TECHNIKER mit unseren Kunden aufgrund seiner sachlichen und freundlichen Art und seiner serviceorientierten Haltung stets gut zurechtgekommen.

| II./422 | Bausteinübersicht S. 113 – 116, Beurteilungsbögen S. 117 – 125 |

4220203 c Von Besuchern und Anrufern wurde sie wegen ihres Engagements und ihrer Zuvorkommenheit sehr geschätzt.

4220204 d Auch mit den im Service-Falle häufig schwierigen Kunden ist er stets gut zurechtgekommen.

4220205 e Aufgrund seiner freundlichen und unkomplizierten Art war er bei unseren Kunden sehr beliebt und geschätzt.

4220300 Sozialverhalten gegenüber Externen bei befriedigender Beurteilung

4220301 a Sein Verhalten gegenüber den Auftraggebern / Kunden / Bauherren war gut.

4220302 b Herr NAME ist als KUNDENDIENST-TECHNIKER mit unseren Kunden gut zurechtgekommen.

4220303 c Von Besuchern und Anrufern wurde sie wegen ihrer Zuvorkommenheit geschätzt.

4220304 d Auch mit den im Service-Falle häufig schwierigen Kunden ist er gut zurechtgekommen.

4220305 e Aufgrund seiner freundlichen und unkomplizierten Art war er bei unseren Kunden beliebt und geschätzt.

4220400 Sozialverhalten gegenüber Externen bei ausreichender Beurteilung

4220401 a Sein Verhalten gegenüber den Auftraggebern / Kunden / Bauherren war zufriedenstellend.

4220402 b Herr NAME ist als KUNDENDIENST-TECHNIKER mit unseren Kunden zurechtgekommen.

4220403 c Besucher und Anrufer haben sich zufrieden über sie geäußert.

4220500 Sozialverhalten gegenüber Externen bei mangelhafter Beurteilung

4220501 a Sein Verhalten gegenüber den Auftraggebern / Kunden / Bauherren war insgesamt zufriedenstellend.

4220502 b Herr NAME ist als KUNDENDIENST-TECHNIKER unseren Kunden offen entgegengetreten und mit ihnen in seiner Art zurechtgekommen.

4220503 c Wir können ihr nur bestätigen, daß sich Besucher und Anrufer immer wieder zufrieden über sie geäußert haben.

4220504 * Herr NAME war als KUNDENDIENST-TECHNIKER stets um ein gutes Verhältnis zu unseren Kunden bemüht.

4220505 * Herr NAME strebte stets ein gutes Verhältnis zu unseren Kunden an.

Sozialverhalten – Gewerbliche Arbeitnehmer II./423

4230000 Sozialverhalten – Sonstiges Verhalten bei Gewerblichen Arbeitnehmern

Auf eine Beurteilung des sonstigen Verhaltens wird in vielen Zeugnissen verzichtet. Man kann daher aus einer fehlenden Beurteilung (Leerstelle) nicht auf Mängel im sonstigen Verhalten schließen.

4230100 Sonstiges Verhalten bei sehr guter Beurteilung

4230101 a Er fügte sich stets sehr gut in die wechselnden Arbeitsteams / Baustellengruppen ein.

4230102 b Er hat die Betriebsordnung stets sehr gut eingehalten.

4230103 c Mit ihren Umgangsformen waren wir stets außerordentlich zufrieden.

4230104 d Sie trug stets absolut korrekte Dienstkleidung.

4230105 e Herr NAME hat seine Kollegen in schwierigen Fällen jederzeit mit seinem sehr guten Fachwissen unterstützt.

4230106 f Frau NAME war eine ausgeglichene Mitarbeiterin, die auch mit schwierigen Kollegen stets sehr gut zurechtgekommen ist.

4230107 g Herr NAME war ein aufgeschlossener Mitarbeiter, der stets sehr aktiv und erfolgreich unsere Anstrengungen zur Eingliederung unserer ausländischen Mitarbeiter unterstützte.

4230108 h Erwähnenswert ist auch sein pädagogisches Geschick. Unsere Auszubildenden haben stets sehr gern mit ihm zusammengearbeitet.

4230109 i Unseren Auszubildenden hat sie mit Rat und Tat stets sehr gut zur Seite gestanden.

4230110 j Ihre freundliche und positive Grundhaltung wirkte in der Arbeitsgruppe beispielgebend und hat sehr zu unserem guten Betriebsklima beigetragen.

4230111 * Er nahm freiwillig an einem Arbeitssicherheitskurs im Betrieb teil. Bei einem Betriebsunfall konnte er daher wertvolle Erste Hilfe leisten.

4230112 * Wegen seiner Tätigkeit als SERVICE-TECHNIKER erwähnen wir, daß er stets ehrlich und absolut zuverlässig war.

4230113 * Herr NAME hat die mit seiner Aufgabe verbundene Inkassofunktion absolut zuverlässig und stets ehrlich wahrgenommen.

4230200 Sonstiges Verhalten bei guter Beurteilung

4230201 a Er fügte sich stets gut in die wechselnden Arbeitsteams / Baustellengruppen ein.

4230202 b	Er hat die Betriebsordnung stets gut eingehalten.
4230203 c	Mit ihren Umgangsformen waren wir stets voll zufrieden.
4230204 d	Sie trug stets korrekte Dienstkleidung.
4230205 e	Herr NAME hat seine Kollegen in schwierigen Fällen mit seinem sehr guten Fachwissen unterstützt.
4230206 f	Herr NAME war ein ausgeglichener Mitarbeiter, der auch mit schwierigen Kollegen stets gut zurechtgekommen ist.
4230207 g	Herr NAME war ein aufgeschlossener Mitarbeiter, der aktiv und erfolgreich unsere Anstrengungen zur Eingliederung unserer ausländischen Mitarbeiter unterstützte.
4230208 h	Erwähnenswert ist auch sein pädagogisches Geschick. Unsere Auszubildenden haben stets gern mit ihm zusammengearbeitet.
4230209 i	Unseren Auszubildenden hat sie mit Rat und Tat stets gut zur Seite gestanden.
4230210 j	Ihre freundliche und positive Grundhaltung wirkte in der Arbeitsgruppe beispielgebend und hat zu unserem guten Betriebsklima beigetragen.

4230300 Sonstiges Verhalten bei befriedigender Beurteilung

4230301 a	Er fügte sich gut in die wechselnden Arbeitsteams / Baustellengruppen ein.
4230302 b	Er hat die Betriebsordnung gut eingehalten.
4230303 c	Mit ihren Umgangsformen waren wir voll zufrieden.
4230304 d	Sie trug korrekte Dienstkleidung.
4230305 e	Herr NAME hat seine Kollegen mit seinem guten Fachwissen unterstützt.
4230306 f	Herr NAME war ein Mitarbeiter, der auch mit schwierigen Kollegen gut zurechtgekommen ist.

4230400 Sonstiges Verhalten bei ausreichender Beurteilung

4230401 a	Er fügte sich zu unserer Zufriedenheit in die wechselnden Arbeitsteams / Baustellengruppen ein.
4230402 b	Er hat die Betriebsordnung eingehalten und ist nicht negativ aufgefallen.
4230403 c	Mit ihren Umgangsformen waren wir zufrieden.
4230404 k	Er war ein unauffälliger und problemloser Mitarbeiter.
4230405 ✶	Frau NAME war eine kommunikationsfreudige Mitarbeiterin.
4230406 ✶	Herr NAME war ein diskutierfreudiger Mitarbeiter.

4230500 Sonstiges Verhalten bei mangelhafter Beurteilung

4230501a Er fügte sich im großen und ganz recht zufriedenstellend in die wechselnden Arbeitsteams / Baustellengruppen ein.

4230502b Herr NAME war stets um die Einhaltung der Betriebsordnung bemüht.

4230503c Mit ihren Umgangsformen waren wir im großen und ganzen zufrieden.

4230504g Frau NAME hat sich stets um ein gutes Verhältnis zu unseren ausländischen Mitarbeitern bemüht.

4230505k Er war ein wenig auffälliger Mitarbeiter, mit dem es selten Probleme gab, da er stets bestrebt war, zum Betriebsfrieden beizutragen.

4230506* Ihre Auffassung wußte sie intensiv zu vertreten.

4230507* Er war ein umgänglicher Mitarbeiter. Seine Führung im Dienst war dem angemessen. *(Schwieriger Mitarbeiter)*

4230508* Seine Disziplin war ohne Beanstandungen. Über unliebsame Vorkommnisse können wir nicht berichten.

4230509* Herr NAME war stets willens und bestrebt, beim Schichtwechsel seine Arbeitskollegen pünktlich abzulösen.

4230510* Er hielt sich selbst und seine Kollegen zur Pünktlichkeit an, so daß wir in der Regel rechtzeitig zu den Baustellen fahren konnten.

4230511* Ihrer Anzeigepflicht im Falle unvorhergesehener Fehlzeiten ist sie insgesamt rechtzeitig nachgekommen.

4230512* Herr NAME ging als verträglicher Mitarbeiter Auseinandersetzungen möglichst aus dem Wege.

4230513* Herr NAME war stets mit Geschick bestrebt, seinen Ruf als vertrauenswürdiger und ehrlicher Mitarbeiter zu erhalten und Beanstandungen anläßlich von Inventuren zu vermeiden.

4230514* Er war ein kritischer und problemfreudiger Mitarbeiter.

4230515* Das Verhalten gab zu Beanstandungen Anlaß.

4230516* Er war gegenüber seinem Vorgesetzten / seinen Kollegen ehrlich. *(Alternativ)*

4230517* Er hat in seinem sowie auch im Interesse der Firma gearbeitet. *(Andeutung von Unregelmäßigkeiten)*

4230518* Sie war eine eigenwillige und bewegliche Mitarbeiterin. *(Andeutung von Unregelmäßigkeiten)*

4230519✶	Aufgrund seiner Geselligkeit / seines ungezwungenen Wesens war er im Kollegenkreis beliebt. *(Andeutung von Alkoholkonsum)*
4230520✶	Auf Betriebsfesten fiel er durch seine fröhliche Art auf. *(Andeutung von Alkoholkonsum)*
4300000	**Sozialverhalten von Tarifangestellten**
	Bitte wählen Sie unter Beachtung der Notenstufen je einen Baustein aus den Gruppen 4310 Sozialverhalten gegenüber Internen (Vorgesetzte und Mitarbeiter), ggf. 4320 Sozialverhalten gegenüber Externen (Kunden und andere) und 4330 Sonstiges Verhalten.
4310000	**Sozialverhalten von Tarifangestellten gegenüber Internen**
4310100	**Sozialverhalten gegenüber Internen bei sehr guter Beurteilung**
4310101 a	Sein Verhalten zu Vorgesetzten und Mitarbeitern war stets vorbildlich. Er trug in jeder Hinsicht zu einer sehr guten und effizienten Teamarbeit bei.
4310102 b	Sein Verhalten gegenüber Vorgesetzten und Mitarbeitern war stets einwandfrei. Er trug in starkem Maße zu einem harmonischen Betriebsklima bei.
4310103 c	Ihre Zusammenarbeit mit Vorgesetzten und Mitarbeitern war stets sehr gut.
4310104 d	Mit den Vorgesetzten und den Kollegen ist er stets sehr gut zurechtgekommen.
4310105 e	Wegen seiner sachlichen und zuvorkommenden Art war Herr NAME bei seinen Vorgesetzten und Kollegen stets sehr geschätzt und beliebt.
4310106 f	Herr NAME ist ein verantwortungsbewußter und zuverlässiger Mitarbeiter, der zu Vorgesetzten und Kollegen stets ein sehr gutes Verhältnis hatte.
4310107 g	Aufgrund ihrer kooperativen Haltung war sie stets bei Vorgesetzten und Kollegen sehr anerkannt und beliebt.
4310108 h	Sein ausgleichendes, aber bestimmtes Wesen sicherte ihm stets ein sehr gutes Verhältnis zu Vorgesetzten und Mitarbeitern.
4310109 i	Frau NAME war eine fachlich und persönlich allseits geschätzte Mitarbeiterin, die sich sehr gut in die Gruppe einfügte. Ihr Verhalten gegenüber Vorgesetzten und Kollegen war jederzeit vorbildlich.
4310110 j	Herr NAME war eine bei Vorgesetzten und Mitarbeitern angesehene Persönlichkeit mit stets vorbildlichem Verhalten. Auch unsere Filialen haben seine Kooperationsbereitschaft stets sehr geschätzt.

Sozialverhalten – Tarifangestellte II./431

4310111 k Ihr Verhalten gegenüber Vorgesetzten und Kollegen war stets vorbildlich, kooperativ und konstruktiv. Die bereichsübergreifende Zusammenarbeit hat sie sehr positiv mitgeprägt.

4310112 ✻ Wegen seiner stets verbindlichen, kooperativen und hilfsbereiten Art war Herr NAME seinen Vorgesetzten eine äußerst wertvolle Stütze und den Kollegen ein jederzeit geschätzter Partner.

4310113 ✻ Durch sein aktives und kooperatives Wesen war er bei Vorgesetzten und Kollegen jederzeit gleichermaßen geschätzt und sehr beliebt. Hervorzuheben ist sein wohltuendes kollegiales Verhalten.

4310114 ✻ Aufgrund ihrer sachlichen Zusammenarbeit und ihres kollegialen und aufgeschlossenen Verhaltens war sie stets bei Vorgesetzten und Mitarbeitern gleichermaßen sehr geschätzt und anerkannt.

4310200 Sozialverhalten gegenüber Internen bei guter Beurteilung

4310201 a Sein Verhalten zu Vorgesetzten und Mitarbeitern war einwandfrei. Er trug zu einer guten und effizienten Teamarbeit bei.

4310202 b Sein Verhalten gegenüber Vorgesetzten und Mitarbeitern war einwandfrei. Er trug wesentlich zu einem harmonischen Abteilungsklima bei.

4310203 c Ihre Zusammenarbeit mit Vorgesetzten und Mitarbeitern war stets gut.

4310204 d Mit den Vorgesetzten und den Kollegen ist er stets gut zurechtgekommen.

4310205 e Wegen seiner sachlichen und zuvorkommenden Art war Herr NAME bei seinen Vorgesetzten und Kollegen sehr geschätzt und beliebt.

4310206 f Herr NAME war ein verantwortungsbewußter und zuverlässiger Mitarbeiter, der zu Vorgesetzten und Kollegen stets ein gutes Verhältnis hatte.

4310207 g Aufgrund ihrer kooperativen Haltung war sie stets bei Vorgesetzten und Kollegen anerkannt und beliebt.

4310208 h Sein ausgleichendes, aber bestimmtes Wesen sicherte ihm stets ein gutes Verhältnis zu Vorgesetzten und Mitarbeitern.

4310209 i Frau NAME war eine fachlich und persönlich geschätzte Mitarbeiterin, die sich gut in die Gruppe einfügte. Ihr Verhalten gegenüber Vorgesetzten und Kollegen war einwandfrei.

4310210 j Herr NAME war ein bei Vorgesetzten und Mitarbeitern angesehener Mitarbeiter mit einwandfreiem Verhalten. Auch unsere Filialen haben seine Kooperationsbereitschaft stets geschätzt.

4310211 k Ihr Verhalten gegenüber Vorgesetzten und Kollegen war einwandfrei, kooperativ und konstruktiv. Die bereichsübergreifende Kooperation wurde von ihr in positiver Weise mitgeprägt.

4310300 Sozialverhalten gegenüber Internen bei befriedigender Beurteilung

Einige der folgenden Textbausteine drücken nur eine befriedigende Beurteilung aus, weil in ihnen der Vorgesetzte erst an zweiter Stelle genannt wird (Reihenfolge-Technik). Einige der folgenden Textbausteine drücken nur eine befriedigende und in der nächsten Gruppe ausreichende Beurteilung aus, weil in ihnen, wenn auch verneint, Negativbegriffe wie z. B. Beanstandung, Tadel oder Klage auftreten (Negationstechnik).

4310301 a Sein Verhalten zu Mitarbeitern und Vorgesetzten war gut.

4310302 b Sein Verhalten gegenüber Mitarbeitern und Vorgesetzten war einwandfrei.

4310303 c Ihre Zusammenarbeit mit Vorgesetzten und Mitarbeitern war gut.

4310304 d Mit den Kollegen und den Vorgesetzten ist er gut zurechtgekommen.

4310305 e Wegen seiner zuvorkommenden Art war Herr NAME bei seinen Vorgesetzten und Kollegen beliebt.

4310306 f Herr NAME war ein verantwortungsbewußter und zuverlässiger Mitarbeiter, der zu Vorgesetzten und Kollegen ein gutes Verhältnis hatte.

4310307 g Aufgrund ihrer kooperativen Haltung war sie bei Vorgesetzten und Kollegen anerkannt und beliebt.

4310308 h Sein ausgleichendes Wesen sicherte ihm ein gutes Verhältnis zu den Mitarbeitern und Vorgesetzten.

4310309 l Seine Führung war tadellos. Herr NAME verhielt sich stets korrekt und fügte sich gut in die Arbeitsgemeinschaft ein.

4310310 m Seine Führung gegenüber Kollegen und Vorgesetzten war verbindlich und korrekt.

4310311 * Herr NAME war ein angenehmer und anpassungsfähiger Mitarbeiter, der sich im Kollegenkreis und bei seinen Vorgesetzten allgemeiner Beliebtheit erfreute.

4310400 Sozialverhalten gegenüber Internen bei ausreichender Beurteilung

Einige der folgenden Textbausteine drücken nur eine ausreichende Beurteilung aus, weil entweder der Vorgesetzte oder die Kollegen nicht erwähnt sind (Leerstellen-Technik).

Sozialverhalten – Tarifangestellte   II./431

4310401 a Sein Verhalten zu den Mitarbeitern / Vorgesetzten war zufriedenstellend. *(Alternativ)*

4310402 b Sein Verhalten zu den Mitarbeitern / Vorgesetzten war einwandfrei. *(Alternativ)*

4310403 c Ihre Zusammenarbeit mit Mitarbeitern und Vorgesetzten war befriedigend.

4310404 d Er vertritt konsequent seine Auffassungen. Mit den Kollegen und den Vorgesetzten ist er zurechtgekommen.

4310405 l Seine Führung war ohne Tadel. Gegenüber den Kollegen / Vorgesetzten verhielt er sich korrekt. *(Alternativ)*

4310406 m Seine Führung gegenüber Vorgesetzten / Kollegen war höflich und korrekt. *(Alternativ)*

4310407 n Die Zusammenarbeit mit Herrn NAME verlief reibungslos und ungetrübt.

4310408 o Sein Verhalten gegenüber Kollegen und Vorgesetzten war akzeptabel.

4310409 * Herr NAME verstand sich mit seinen Kollegen, die an ihm besonders sein unermüdliches Bestreben schätzten, sie mit seinem Wissen zu unterstützen. *(Läßt „Besserwisser" vermuten)*

4310410 * Er vermied Spannungen, und zu seinem Vorgesetzten hatte er ein gutes Verhältnis.

4310500   Sozialverhalten gegenüber Internen bei mangelhafter Beurteilung

Eine mangelhafte Beurteilung kann auch durch eine fehlende Aussage zum Sozialverhalten ausgedrückt werden (Leerstellen-Technik).

4310501 a Sein Verhalten gegenüber Mitarbeitern und Vorgesetzten war insgesamt zufriedenstellend.

4310502 b Sein Verhalten war größtenteils und im wesentlichen einwandfrei.

4310503 c Ihre Zusammenarbeit mit Mitarbeitern und Vorgesetzten war insgesamt zufriedenstellend.

4310504 d Insgesamt gesehen, ist er mit seinem Vorgesetzten / seinen Kollegen ausgekommen. *(Alternativ)*

4310505 l Seine Führung gab uns zu Tadel / Beanstandungen selten Anlaß.

4310506 m Sein Verhalten gegenüber dem Vorgesetzten war durchaus korrekt. Er war stets bemüht, den Mitarbeitern auf kollegialer Basis entgegenzutreten.

II./431 – 432 Bausteinübersicht S. 113 – 116, Beurteilungsbögen S. 117 – 125

4310507 n Die Zusammenarbeit mit Herrn NAME verlief ungetrübt und insgesamt frei von Beanstandungen und Konflikten.

4310508 o Sein Verhalten erschien akzeptabel.

4310509∗ Gegenüber den Mitarbeitern gab er sich kollegial; sein Verhalten gegenüber Vorgesetzten war insgesamt nicht zu beanstanden.

4310510∗ Herr NAME war stets um ein gutes Verhältnis zu Kollegen und Vorgesetzten bemüht.

4310511∗ Ihr war stets an taktvollem Auftreten gelegen. Über negative Vorkommnisse können wir nicht berichten.

4310512∗ Es erübrigt sich zu betonen, daß sein Betragen gegenüber den Vorgesetzten und Kollegen unbelastet war.

4310513∗ Verhalten und Höflichkeit waren kaum zu kritisieren.

4310514∗ Den Vorgesetzten trat er offen und frei entgegen. Seine Kollegen schätzten ihn als umgängliche Person. *(Schwierige Person)*

4320000 Sozialverhalten von Tarifangestellten gegenüber Externen

Auf eine Beurteilung des Verhaltens gegenüber Externen wird in vielen Zeugnissen verzichtet. Man kann daher aus einer fehlenden Beurteilung (Leerstelle) nicht auf Mängel im Verhalten zu Externen schließen.

4320100 Sozialverhalten gegenüber Externen bei sehr guter Beurteilung

4320101 a Auch sein Verhalten gegenüber unseren Mandanten / Patienten / Klienten / Gästen / Kunden / Auftraggebern / Geschäftsfreunden / Mitgliedern / externen Stellen war stets vorbildlich.

4320102 b Besonders hervorzuheben ist auch seine jederzeit sehr gute Zusammenarbeit mit den Anwendern, auf deren Anliegen er flexibel und serviceorientiert einging.

4320103 c Frau NAME war eine äußerst wendige Mitarbeiterin. Sie hat unsere Gäste / Kunden stets sehr zuvorkommend und fachgerecht bedient. Aufgrund ihrer Flexibilität stellte sie sich schnell auf Menschen unterschiedlichster Prägung ein.

4320104 d Durch sein akkurates und positives Erscheinungsbild sowie seine sympathische Ausstrahlung hat er stets zu einer überzeugenden Präsentation unseres Hauses gegenüber unseren Gästen / Kunden beigetragen.

4320105 e Im Umgang mit anspruchsvollen und schwierigen Privatkunden bewies er jederzeit Gewandtheit und hervorragendes diplomatisches Geschick. Er besitzt die Gabe, sich in das Denken seiner Gesprächspartner hineinversetzen und ihnen auch schwierige Sachverhalte verständlich und anschaulich vermitteln zu können.

Sozialverhalten – Tarifangestellte | **II./432**

4320106 f Unseren Geschäftspartnern und Kunden gegenüber trat er stets höflich, zugleich sicher und gewandt auf. Das Unternehmen wurde von ihm vorbildlich repräsentiert.

4320107 g Auch im Publikumsverkehr zeigte er stets großes psychologisches Geschick.

4320108 h In unseren Beziehungen zu Behörden erwies er sich stets als umsichtiger Gesprächs- und Verhandlungspartner.

4320109 i Bei unserer anspruchsvollen Kundschaft war sie wegen ihrer fachkundigen Beratung und wegen ihres zuvorkommenden und gewinnenden Wesens anerkannt und sehr geschätzt.

4320110 j Auch im Umgang mit unseren PATIENTEN bewies sie stets sehr großes Taktgefühl.

4320111 * Wegen ihres sehr sicheren und gewandten Auftretens und ihrer guten Umgangsformen war sie für den Einsatz im schwierigen Publikumsverkehr bestens geeignet. Auch in Streßsituationen, z. B. bei Reklamationen, reagierte sie stets sachgerecht und freundlich.

4320200 Sozialverhalten gegenüber Externen bei guter Beurteilung

4320201 a Auch sein Verhalten gegenüber unseren Mandanten / Patienten / Klienten / Gästen / Kunden / Auftraggebern / Geschäftsfreunden / Mitgliedern / externen Stellen war einwandfrei.

4320202 b Hervorzuheben ist auch seine jederzeit gute Zusammenarbeit mit den Anwendern, auf deren Anliegen er flexibel und serviceorientiert einging.

4320203 c Herr NAME war ein wendiger Mitarbeiter. Er hat unsere Gäste / Kunden stets zuvorkommend und fachgerecht bedient.

4320204 d Durch sein akkurates und positives Erscheinungsbild sowie seine sympathische Art hat er stets zu einer guten Präsentation unseres Hauses gegenüber unseren Gästen / Kunden beigetragen.

4320205 e Im Umgang mit anspruchsvollen und schwierigen Privatkunden bewies er jederzeit diplomatisches Geschick. Er besitzt die Fähigkeit, auch schwierige Sachverhalte verständlich darlegen zu können.

4320206 f Unseren Geschäftspartnern und Kunden gegenüber trat er stets zuvorkommend auf. Das Unternehmen wurde von ihm stets gut repräsentiert.

4320207 g Auch im Publikumsverkehr zeigte sie großes psychologisches Geschick.

4320208 h In unseren Beziehungen zu Behörden erwies er sich als umsichtiger Gesprächs- und Verhandlungspartner.

II./432   Alle Bausteine können für Männer und Frauen verwendet werden

4320209 i   Bei unserer anspruchsvollen Kundschaft war sie wegen ihrer fachkundigen Beratung und wegen ihres zuvorkommenden Wesens anerkannt und geschätzt.

4320210 j   Auch im Umgang mit unseren PATIENTEN bewies sie sehr großes Taktgefühl.

4320300 Sozialverhalten gegenüber Externen bei befriedigender Beurteilung

4320301 a   Auch sein Verhalten gegenüber unseren Mandanten/Patienten/ Klienten / Gästen / Kunden / Auftraggebern / Geschäftsfreunden / Mitgliedern/externen Stellen war gut.

4320302 b   Mit den Anwendern hat er gut zusammengearbeitet.

4320303 c   Herr NAME hat unsere Gäste/Kunden freundlich und fachgerecht bedient.

4320304 d   Durch sein korrektes Erscheinungsbild hat er zu einer guten Präsentation unseres Hauses gegenüber unseren Gästen/Kunden beigetragen.

4320305 e   Im Umgang mit anspruchsvollen und schwierigen Privatkunden bewies sie Geschick.

4320306 f   Unseren Geschäftspartnern und Kunden gegenüber trat er zuvorkommend auf.

4320307 g   Auch im Publikumsverkehr zeigte er psychologisches Geschick.

4320400 Sozialverhalten gegenüber Externen bei ausreichender Beurteilung

4320401 a   Auch sein Verhalten gegenüber unseren Mandanten/Patienten/ Klienten / Gästen / Kunden / Auftraggebern / Geschäftsfreunden / Mitgliedern/externen Stellen war nicht zu beanstanden.

4320402 b   Mit den Anwendern hat er zu unserer Zufriedenheit zusammengearbeitet.

4320403 c   Herr NAME hat unsere Gäste/Kunden mit der nötigen Freundlichkeit bedient.

4320404 d   Durch sein Erscheinungsbild hat er zur Wirkung unseres Hauses gegenüber unseren Gästen/Kunden beigetragen.

4320500 Sozialverhalten gegenüber Externen bei mangelhafter Beurteilung

4320501 a   Er bemühte sich stets um ein höfliches Verhalten gegenüber unseren Mandanten / Patienten / Klienten / Gästen / Kunden / Auftraggebern/Geschäftsfreunden/Mitgliedern/externen Stellen.

4320502 b	Er war stets an einer guten und reibungslosen Zusammenarbeit mit den Anwendern interessiert.
4320503 c	Herr NAME hat sich gegenüber unseren Gästen/Kunden stets um Freundlichkeit bemüht.
4320504 d	Er war stets bestrebt, durch sein Erscheinungsbild zur Präsentation unseres Hauses gegenüber unseren Gästen/Kunden positiv beizutragen.
4320505 *	Zu unseren Kunden strebte er stets ein gutes Verhältnis an. Ihre Wünsche nahm er jederzeit zur Kenntnis.
4320506 *	Unseren Geschäftspartnern und Kunden gegenüber war sie stets um Höflichkeit bemüht.
4320507 *	Er erfreute sich als AUSSENDIENSTMITARBEITER bei den Kunden allgemeiner Akzeptanz und war hier schnell beliebt.

4330000 Sozialverhalten – Sonstiges Verhalten von Tarifangestellten

Auf eine Beurteilung des sonstigen Verhaltens wird in vielen Zeugnissen verzichtet. Man kann daher aus einer fehlenden Beurteilung (Leerstelle) nicht auf Mängel im sonstigen Verhalten schließen.

4330100 Sonstiges Verhalten bei sehr guter Beurteilung

4330101 a	Er fügte sich stets vorbildlich in die wechselnden Projektteams ein und ist mit den Mitarbeitern aller Hierarchieebenen jederzeit sehr gut zurechtgekommen.
4330102 b	Frau NAME informierte im Rahmen des Arbeitsflusses stets sachlich richtig und frühzeitig.
4330103 c	Mit ihren exzellenten Umgangsformen waren wir stets außerordentlich zufrieden.
4330104 d	Frau NAME stellte im Firmeninteresse jederzeit bereitwillig persönliche Interesse zurück.
4330105 e	Hervorzuheben ist sein stets bestimmtes und zugleich kompromißbereites Verhalten bei auftretenden Sachproblemen.
4330106 f	Erwähnenswert ist auch sein pädagogisches Geschick. Unsere Auszubildenden haben stets sehr gerne von ihm gelernt.
4330107 *	Wegen seiner Tätigkeit als KASSIERER erwähnen wir, daß er stets absolut zuverlässig und ehrlich war.
4330108 *	Frau NAME bearbeitete als VORSTANDSSEKRETÄRIN laufend vertrauliche Vorgänge und Personalangelegenheiten sowie Betriebs- und Geschäftsgeheimnisse mit absoluter Diskretion. Wir konnten uns auf sie jederzeit absolut verlassen.

4330109✳ Herr NAME bearbeitete alle Personalfragen absolut vertraulich. Alle Datenschutzbestimmungen hielt er jederzeit strikt ein.

4330110✳ Frau NAME war eine absolut loyale Mitarbeiterin.

4330111✳ Er verfügte in hohem Maße über das für diese Tätigkeit erforderliche Takt- und Feingefühl.

4330200 Sonstiges Verhalten bei guter Beurteilung

4330201 a Er fügte sich einwandfrei in die wechselnden Projektteams ein und ist mit den Mitarbeitern aller Hierarchieebenen stets gut zurechtgekommen.

4330202 b Frau NAME informierte im Rahmen des Arbeitsflusses sachlich richtig und rechtzeitig.

4330203 c Mit ihren guten Umgangsformen waren wir stets voll zufrieden.

4330204 d Frau NAME stellte im Firmeninteresse bereitwillig persönliche Interesse zurück.

4330205 e Hervorzuheben ist sein bestimmtes und zugleich kompromißbereites Verhalten bei auftretenden Sachproblemen.

4330206 f Erwähnenswert ist auch sein pädagogisches Geschick. Unsere Auszubildenden haben stets gern von ihm gelernt.

4330300 Sonstiges Verhalten bei befriedigender Beurteilung

4330301 a Er fügte sich gut in die wechselnden Projektteams ein und ist mit den Mitarbeitern aller Hierarchieebenen zurechtgekommen.

4330302 b Frau NAME informierte im Rahmen des Arbeitsflusses sachlich richtig.

4330303 c Mit ihren Umgangsformen waren wir voll zufrieden.

4330304 d Frau NAME stellte im Firmeninteresse persönliche Interessen zurück.

4330305 e Hervorzuheben ist sein kompromißbereites Verhalten bei auftretenden Sachproblemen.

4330400 Sonstiges Verhalten bei ausreichender Beurteilung

4330401 a Er fügte sich zu unserer Zufriedenheit unauffällig in die wechselnden Projektteams ein.

4330402 b Frau NAME gab auf Anfrage Informationen weiter.

4330403 c Mit ihren Umgangsformen waren wir zufrieden.

4330404✳ Herr NAME entwickelte den für Projektarbeit notwendigen Teamgeist, was für seine Tätigkeit als PROGRAMMIERER sehr wichtig war.

Sozialverhalten – Tarifangestellte   II./433

4330405* Frau NAME war eine kommunikationsfreudige Mitarbeiterin und eine gesuchte Gesprächspartnerin.

4330406* Herr NAME war ein meinungs- und diskutierfreudiger Mitarbeiter. Kooperation und Teamarbeit sind ihm nicht fremd.

4330407* Frau NAME übte Kritik, akzeptierte sie aber auch.

4330408* Herr NAME ist in der Lage, seine eigenen Stärken und Schwächen realistisch einzuschätzen.

4330409* Ihre Vertrauenswürdigkeit stand außer Zweifel.

4330500 Sonstiges Verhalten bei mangelhafter Beurteilung

4330501 a Er fügte sich im großen und ganzen zufriedenstellend in die wechselnden Projektteams ein.

4330502 b Frau NAME informierte in der Regel richtig und rechtzeitig.

4330503 c Mit ihren Umgangsformen waren wir im großen und ganzen zufrieden.

4330504* Er war ein wenig auffälliger Mitarbeiter, mit dem es selten Probleme gab.

4330505* Er war stets intensiv bestrebt, bei der Dienstübergabe die Kollegen pünktlich abzulösen.

4330506* Herr NAME fiel wegen seiner Pünktlichkeit auf.

4330507* Er war stets willens, getroffene Vereinbarungen und Zusagen einzuhalten.

4330508* Sie war eine Mitarbeiterin mit Prinzipien und festgefügten Ansichten, die sie intensiv vertrat. *(Unflexibel; rechthaberisch)*

4330509* Er war grundsätzlich ein umgänglicher Mitarbeiter. Seine Führung im Dienst war dem angemessen. *(Schwieriger Mitarbeiter)*

4330510* Es erübrigt sich zu sagen, daß er die Verschwiegenheit, die seine Aufgaben erfordern, gewahrt hat.

4330511* Diese Vertrauensstellung erforderte Verschwiegenheit/Diskretion.

4330512* In seiner Funktion als BEZEICHNUNG war Loyalität eine unverzichtbare Anforderung.

4330513* Er war jederzeit ein anspruchsvoller und kritischer Mitarbeiter. *(Nörgler)*

4330514* Herr NAME hat durch seine fröhliche Art das Betriebsklima auffallend mitgestaltet. *(Alkoholmißbrauch)*

4330515* Die Grundsätze ordnungsmäßiger Buchführung waren ihm bekannt. *(Hat sie nicht befolgt)*

4330516*	Er war gegenüber seinem Vorgesetzten/seinen Kollegen ehrlich. *(Alternativ)*
4330517*	Bis zum DATUM hatten wir ihr die Führung der BEZEICHNUNG-Kasse anvertraut.
4330518*	Im MONAT JAHR wurde die Kassenführung einem anderen Mitarbeiter übergeben.
4330519*	Er war stets bestrebt, das in ihn gesetzte Vertrauen zu rechtfertigen.
4330520*	Diese Vertrauensposition erforderte absolute Zuverlässigkeit und Vertrauenswürdigkeit.
4330521*	Herr NAME verstand es geschickt, seine Interessen mit denen des Unternehmens zu verbinden. *(Andeutung von Konkurrenztätigkeit)*

4400000 Sozialverhalten von Außertariflichen und Leitenden Angestellten

Bitte wählen Sie unter Beachtung der Notenstufen je einen Baustein aus den Gruppen 4410 Sozialverhalten gegenüber Internen (Vorgesetzte und Mitarbeiter), ggf. 4420 Sozialverhalten gegenüber Externen (Kunden und andere) und 4430 Sonstiges Verhalten.

4410000 Sozialverhalten von Außertariflichen und Leitenden Angestellten gegenüber Internen

4410100 Sozialverhalten gegenüber Internen bei sehr guter Beurteilung

4410101 a	Durch seine charakterliche Integrität und sein aktives und kooperatives Wesen war er stets beim Vorstand, im Management und bei den Mitarbeitern gleichermaßen sehr anerkannt und beliebt. Er trug in hohem Maße zu einem effizienten und harmonischen Betriebsklima bei.
4410102 b	Wegen seines Kooperationsvermögens, seiner Vertrauenswürdigkeit und seiner verbindlichen, aber bestimmten Verhaltensweise war er bei Vorgesetzten, Kollegen und Mitarbeitern gleichermaßen anerkannt und sehr geschätzt. Auch in unseren Zweigwerken wurde er stets gern gesehen.
4410103 c	Sein Verhalten gegenüber Vorgesetzten, Kollegen und Mitarbeitern war stets einwandfrei.
4410104 d	Ihre Kooperation mit Vorgesetzten, Kollegen und Mitarbeitern war stets sehr gut.
4410105 e	Durch seine hohe fachliche Leistung und durch seine überzeugende Persönlichkeit erwarb er sich die Anerkennung und Wertschätzung seiner Vorgesetzten und Kollegen und seines Mitarbeiterstabes.

Sozialverhalten – AT und Leitende Angestellte   II./441

4410106 f Bei der Geschäftsführung, beim Management und bei den Mitarbeitern war er wegen seiner Objektivität und seiner sympathischen Ausstrahlung stets sehr anerkannt, geschätzt und beliebt.

4410107 g Sein ausgeglichenes, aber bestimmtes Wesen sicherte ihm stets ein sehr gutes und harmonisches Verhältnis zu Vorgesetzten, Kollegen und Mitarbeitern.

4410108 h Ihr Verhalten zu Vorgesetzten, Kollegen und Mitarbeitern war stets vorbildlich. Hervorzuheben ist ihr ausgezeichnetes Gespür für den Umgang mit Mitarbeitern aller Ebenen.

4410109 i Sein Verhalten zur Geschäftsleitung, seine Einbindung im Managementkollegium und sein offener Zugang zu den Mitarbeitern waren stets vorbildlich. Die bereichsübergreifende Kooperation wurde von ihm in sehr positiver Weise mitgeprägt.

4410110* Sein Verhalten war jederzeit mustergültig. Im Umgang mit Vorgesetzten, Gleichgestellten und Mitarbeitern machten ihn seine Kontaktfreudigkeit, sein sicheres, unaufdringliches Verhalten und seine Zuverlässigkeit in der Einhaltung gegebener Zusagen zu einem gesuchten Kooperations- und Gesprächspartner.

4410111* Durch seine überzeugende Persönlichkeit erwarb er sich die Anerkennung der Geschäftsleitung und der Managementkollegen. Für alle Mitglieder des Vorstandes / der Geschäftsführung war er stets, auch über Fragen seines Fachgebietes hinaus, ein gesuchter und respektierter Gesprächspartner.

4410200 Sozialverhalten gegenüber Internen bei guter Beurteilung

4410201 a Durch ihre Integrität und ihr aktives und kooperatives Wesen war sie beim Vorstand, im Management und bei den Mitarbeitern gleichermaßen sehr anerkannt und beliebt. Sie trug wesentlich zu einem effizienten und harmonischen Betriebsklima bei.

4410202 b Wegen seiner Vertrauenswürdigkeit und seiner verbindlichen, aber bestimmten Verhaltensweise war er bei Vorgesetzten, Kollegen und Mitarbeitern gleichermaßen anerkannt und geschätzt. Auch in unseren Zweigwerken wurde er gern gesehen.

4410203 c Sein Verhalten gegenüber Vorgesetzten, Kollegen und Mitarbeitern war einwandfrei.

4410204 d Ihre Kooperation mit Vorgesetzten, Kollegen und Mitarbeitern war stets gut.

4410205 e Durch seine hohe fachliche Leistung und durch seine Persönlichkeit erwarb er sich die Anerkennung und Wertschätzung seiner Vorgesetzten und Kollegen und seines Mitarbeiterstabes.

4410206 f Bei der Geschäftsführung, beim Management und bei den Mitarbeitern war er wegen seiner Objektivität und seiner sympathischen Art sehr anerkannt, geschätzt und beliebt.

4410207 g Sein ausgeglichenes, aber bestimmtes Wesen sicherte ihm stets ein gutes Verhältnis zu Vorgesetzten, Kollegen und Mitarbeitern.

4410208 h Ihr Verhalten zu Vorgesetzten, Kollegen und Mitarbeiterinnen und Mitarbeitern war einwandfrei. Sie hat ein gutes Gespür für den Umgang mit Mitarbeitern aller Ebenen.

4410209 i Sein Verhalten zur Geschäftsleitung, seine Einbindung im Managementkollegium und sein Zugang zu den Mitarbeitern waren einwandfrei. Die bereichsübergreifende Kooperation wurde von ihm in positiver Weise mitgeprägt.

4410300 Sozialverhalten gegenüber Internen bei befriedigender Beurteilung

Einige der folgenden Textbausteine drücken nur eine befriedigende Beurteilung aus, weil in ihnen der Vorgesetzte erst an zweiter Stelle genannt wird (Reihenfolge-Technik). Einige der folgenden Textbausteine drücken nur eine befriedigende und in der nächsten Gruppe ausreichende Beurteilung aus, weil in ihnen, wenn auch verneint, Negativbegriffe wie z. B. Beanstandung, Tadel oder Klage auftreten (Negationstechnik).

4410301 a Durch ihr Wesen war sie beim Vorstand, im Management und bei den Mitarbeiterinnen und Mitarbeitern gleichermaßen anerkannt und beliebt.

4410302 b Wegen seiner Vertrauenswürdigkeit und seiner verbindlichen, aber bestimmten Verhaltensweise war er bei Mitarbeitern, Kollegen und Vorgesetzten gleichermaßen anerkannt und geschätzt.

4410303 c Sein Verhalten gegenüber Mitarbeitern, Kollegen und Vorgesetzten war einwandfrei.

4410304 d Ihre Kooperation mit Vorgesetzten, Kollegen und Mitarbeitern war gut.

4410305 e Durch ihre fachliche Leistung und durch ihre Art erwarb sie sich die Anerkennung ihrer Kollegen und Vorgesetzten und ihres Mitarbeiterstabs.

4410306 f Bei den Mitarbeitern, beim Management und bei der Geschäftsführung war er geschätzt und beliebt.

4410307 g Sein ausgeglichenes, aber bestimmtes Wesen sicherte ihm ein gutes Verhältnis zu Mitarbeitern, Kollegen und Vorgesetzten.

4410308 h Sein Verhalten zu Mitarbeitern, Kollegen und Vorgesetzten war voll zufriedenstellend.

4410400 Sozialverhalten gegenüber Internen bei ausreichender Beurteilung

Einige der folgenden Textbausteine drücken nur eine ausreichende Beurteilung aus, weil entweder der Vorgesetzte oder die Kollegen nicht erwähnt sind (Leerstellen-Technik).

4410401 a Aufgrund seines kooperativen Wesens war er allseits anerkannt.

4410402 b Wegen seiner verbindlichen Verhaltensweise war er bei den Mitarbeitern anerkannt und geschätzt.

4410403 c Ihr Verhalten gegenüber Vorgesetzten, Kollegen und Mitarbeitern war zufriedenstellend.

4410404 d Ihre Kooperation mit Mitarbeitern, Kollegen und Vorgesetzten war zufriedenstellend.

4410405 j Das Verhalten war korrekt.

4410406 * Er vertritt konsequent seine Auffassungen. Wegen seines unbestrittenen Kooperationsvermögens war er anerkannt.

4410407 * Sein Verhalten war distanziert, aber höflich.

4410500 Sozialverhalten gegenüber Internen bei mangelhafter Beurteilung

Eine mangelhafte Beurteilung kann hier auch durch eine fehlende Aussage zum Sozialverhalten ausgedrückt werden (Leerstellen-Technik).

4410501 a Durch seine kooperationsgeneigte Art war er bei den Mitarbeitern und auch im Management anerkannt.

4410502 b Seine verbindliche Verhaltensweise wird allseits anerkannt und geschätzt.

4410503 c Ihr Verhalten gegenüber Vorgesetzten, Kollegen und Mitarbeitern war insgesamt einwandfrei.

4410504 d Ihre Kooperation mit Mitarbeitern, Kollegen und Vorgesetzten war insgesamt zufriedenstellend.

4410505 j Gegenüber den Mitarbeitern / Vorgesetzten verhielt er sich korrekt. *(Alternativ)*

4410506 * Das Benehmen von Frau NAME war ohne Tadel, ihre Umgangsformen wirkten gut.

4410507 * Er war ein umgänglicher Mitarbeiter, der den Vorgesetzten jederzeit unbeschwert und offen entgegentrat. *(Schwieriger Mitarbeiter)*

4420000 Sozialverhalten von Außertariflichen und Leitenden Angestellten gegenüber Externen

Auf eine Beurteilung des Verhaltens gegenüber Externen wird in vielen Zeugnissen verzichtet. Man kann daher aus einer fehlenden Beurteilung (Leerstelle) nicht auf Mängel im Verhalten zu Externen schließen.

4420100 Sozialverhalten gegenüber Externen bei sehr guter Beurteilung

4420101 a Auch sein Auftreten gegenüber unseren Mandanten / Patienten / Klienten / Gästen / Kunden /Großkunden / Auftraggebern / Subunternehmern / Geschäftsfreunden / Mitgliedern / Franchise-Nehmern / externen Stellen war stets vorbildlich.

4420102 b Sein ausgeprägtes Kontaktvermögen und seine Gradlinigkeit führten zu einer jederzeit positiven und sehr erfolgreichen Zusammenarbeit mit unseren Kunden. Besonders hervorzuheben ist seine Akquisitionsstärke.

4420103 c Frau NAME genoß bei unserer Kundschaft, insbesondere auch bei unseren Key-Accounts, stets sehr hohes Ansehen.

4420104 d Auch seine Kooperation mit einer Unternehmensberatung bei unserem Projekt BEZEICHNUNG war stets vorbildlich und sehr produktiv.

4420105 e Seine Art, mit Gesprächs- und Verhandlungspartnern umzugehen, war vor allem geprägt durch Sachlichkeit, Höflichkeit und gegenseitigen Respekt. Daher war er auch bei unseren Geschäftsfreunden stets sehr anerkannt, geschätzt und beliebt.

4420106 f Auch von unseren Geschäftsfreunden wurde Frau NAME stets sehr geschätzt.

4420107 g Gegenüber unseren Geschäfts- und Verbundpartnern trat er stets sehr sicher und gewandt und mit sehr gutem Verhandlungsgeschick auf.

4420108 h In der Öffentlichkeit, bei unseren Mitgliedern und bei den Kunden genoß Frau NAME stets höchstes Ansehen. *(Bei Genossenschaften und Verbänden)*

4420109 i Auch sein Auftreten bei ARCHITEKTEN und anderen wichtigen Meinungsbildnern war stets vorbildlich.

4420110 j Auch seine Kooperation mit Planungs- und Ingenieurbüros / Architektenbüros war stets vorbildlich.

4420111 k In unseren Verbindungen zu Behörden erwies er sich stets als umsichtiger Gesprächs- und Verhandlungspartner.

4420112 l Seine konstruktiven Lösungsvorschläge zu Problemstellungen, sein sachlicher Verhandlungsstil und seine absolute Vertrauenswürdigkeit machten ihn innerhalb und außerhalb unseres Hauses zu einem in jeder Hinsicht sehr geschätzten Gesprächs- und Verhandlungspartner.

4420113 m Durch seine positive Ausstrahlung und sein souveränes Auftreten war er bei unseren externen Gesprächs- und Verhandlungspartnern stets sehr anerkannt und geschätzt.

4420114 n	Frau NAME hat das Unternehmen durch ihr seriöses Auftreten, ihre fachliche Autorität und ihre absolute Verhandlungssicherheit jederzeit sehr überzeugend nach außen vertreten.
4420115 o	Als SYSTEMANALYTIKER stellte er zu den Mitarbeitern der Anwender stets eine sehr gute Arbeitsbeziehung her. Er hat die besondere Gabe, neue Arbeitsabläufe und EDV-Programme den Anwendern sehr gut erklären zu können.
4420116 p	Sie wurde von unseren Kunden und Lieferanten als fachlich sehr kompetente und persönlich gewinnende Geschäftspartnerin, die stets mit Geschick die Interessen der Beteiligten zum Nutzen aller in Übereinstimmung brachte, jederzeit sehr geschätzt.
4420117 q	Er hat sich auf die individuellen Wünsche unserer vermögenden und anspruchsvollen Privatkunden (des obersten Segments) jeweils optimal eingestellt. Sie schätzten seine hohe fachliche Kompetenz, seine überzeugende Beratung und seine aktive Betreuung.
4420118*	Ihr gewinnendes Auftreten und ihre sachlich-konstruktive Gesprächs- und Verhandlungsführung halfen ihr, zum Nutzen des Unternehmens viele wichtige Kunden zu gewinnen und zu halten. Auf Messen, bei Präsentationen und bei anderen öffentlichen Anlässen überzeugte sie durch ihre hohe fachliche Kompetenz, ihre geschliffene Rede und durch ihren Charme.
4420119*	Besonders hervorzuheben ist sein überzeugendes und gewinnendes Auftreten bei Großkunden. Er wurde hier als fachlich und persönlich kompetenter Gesprächs- und Verhandlungspartner stets sehr geschätzt.
4420120*	Besonders zu würdigen ist, daß Herr NAME von unseren Stammkunden wie von potentiellen Kunden, auch bei Gesprächen auf höchster Entscheiderebene in Großunternehmen, als fachlich und persönlich absolut kompetenter Verhandlungs- und Geschäftspartner stets sehr geschätzt wurde.
4420121*	Ihr Verhalten gegenüber Vertragspartnern, insbesondere zu Lieferanten, war stets von fairer geschäftlicher Kooperation getragen, wobei unsere Interessen selbstverständlich im Vordergrund standen und zuverlässig und erfolgreich gewahrt wurden.
4420200	**Sozialverhalten gegenüber Externen bei guter Beurteilung**
4420201 a	Auch sein Auftreten gegenüber unseren Mandanten/Patienten/Klienten / Gästen /Kunden / Großkunden / Auftraggebern / Subunternehmern / Geschäftsfreunden / Mitgliedern / Franchise-Nehmern / externen Stellen war stets gut.

II./442 Bausteinübersicht S. 113 – 116, Beurteilungsbögen S. 117 – 125

4420202 b Sein gutes Kontaktvermögen und seine Gradlinigkeit führten zu einer positiven und sehr erfolgreichen Zusammenarbeit mit unseren Kunden. Hervorzuheben ist seine Akquisitionsstärke.

4420203 c Frau NAME genoß bei unserer Kundschaft sehr hohes Ansehen.

4420204 d Auch ihre Kooperation mit einer Unternehmensberatung bei unserem Projekt BEZEICHNUNG war stets gut und produktiv.

4420205 e Seine Art, mit Gesprächs- und Verhandlungspartnern umzugehen, war vor allem geprägt durch Sachlichkeit und Höflichkeit. Daher war er auch bei unseren Geschäftsfreunden sehr anerkannt, geschätzt und beliebt.

4420206 f Auch von unseren Geschäftsfreunden wurde Frau NAME sehr geschätzt.

4420207 g Gegenüber unseren Geschäfts- und Verbundpartnern trat er stets sicher und gewandt und mit gutem Verhandlungsgeschick auf.

4420208 h In der Öffentlichkeit, bei unseren Mitgliedern und bei den Kunden genoß Frau NAME hohes Ansehen. *(Bei Genossenschaften und Verbänden)*

4420209 i Auch sein Auftreten bei ARCHITEKTEN und anderen wichtigen Meinungsbildnern war stets gut.

4420210 j Auch seine Kooperation mit Planungs- und Ingenieurbüros / Architektenbüros war stets gut.

4420211 k In unseren Verbindungen zu Behörden erwies er sich als umsichtiger und gewandter Gesprächs- und Verhandlungspartner.

4420212 l Seine konstruktiven Lösungsvorschläge zu Problemstellungen, sein sachlicher Verhandlungsstil und seine Vertrauenswürdigkeit machten ihn innerhalb und außerhalb unseres Hauses zu einem anerkannten Gesprächs- und Verhandlungspartner.

4420213 m Durch seine Ausstrahlung und sein sicheres Auftreten war er bei unseren externen Gesprächs- und Verhandlungspartnern stets anerkannt und geschätzt.

4420214 n Frau NAME hat das Unternehmen durch ihr seriöses Auftreten, ihre fachliche Kompetenz und ihre Verhandlungssicherheit überzeugend nach außen vertreten.

4420215 o Als SYSTEMANALYTIKER stellte er zu den Mitarbeitern der Anwender stets eine gute Arbeitsbeziehung her. Er hat die Gabe, neue Arbeitsabläufe und EDV-Programme den Anwendern gut erklären zu können.

4420216 p	Sie wurde von unseren Kunden und Lieferanten als kompetente und persönlich gewinnende Geschäftspartnerin, die stets die Interessen der Beteiligten zum Nutzen aller in Übereinstimmung brachte, geschätzt.
4420217 q	Er hat sich auf die individuellen Wünsche unserer vermögenden und anspruchsvollen Privatkunden jeweils gut eingestellt. Sie schätzten seine fachliche Kompetenz und seine überzeugende Beratung.

4420300	**Sozialverhalten gegenüber Externen bei befriedigender Beurteilung**
4420301 a	Auch sein Auftreten gegenüber unseren Mandanten/Patienten/ Klienten / Gästen / Kunden / Großkunden / Auftraggebern / Subunternehmern / Geschäftsfreunden / Mitgliedern / Franchise-Nehmern/externen Stellen war gut.
4420302 b	Sein Kontaktvermögen und seine Gradlinigkeit führten zu einer positiven und erfolgreichen Zusammenarbeit mit unseren Kunden.
4420303 c	Frau NAME genoß bei unserer Kundschaft Ansehen.
4420304 d	Auch ihre Kooperation mit einer Unternehmensberatung bei unserem Projekt BEZEICHNUNG war gut.
4420305 e	Seine Art, mit Gesprächs- und Verhandlungspartnern umzugehen, war geprägt durch Sachlichkeit und Höflichkeit. Daher war er auch bei unseren Geschäftsfreunden geschätzt und beliebt.
4420306 f	Auch von unseren Geschäftsfreunden wurde Frau NAME geschätzt.
4420307 g	Gegenüber unseren Geschäfts- und Verbundpartnern trat er sicher und gewandt und mit Verhandlungsgeschick auf.
4420308 h	In der Öffentlichkeit, bei unseren Mitgliedern und bei den Kunden genoß Frau NAME Ansehen. *(Bei Genossenschaften und Verbänden)*
4420309 i	Auch sein Auftreten bei ARCHITEKTEN und anderen wichtigen Meinungsbildnern war gut.
4420310 j	Auch seine Kooperation mit Planungs- und Ingenieurbüros/Architektenbüros war gut.

4420400	**Sozialverhalten gegenüber Externen bei ausreichender Beurteilung**
4420401 a	Auch sein Auftreten gegenüber unseren Mandanten/Patienten/ Klienten / Gästen / Kunden / Großkunden / Auftraggebern / Subunternehmern / Geschäftsfreunden / Mitgliedern / Franchise-Nehmern / externen Stellen war nicht zu beanstanden.

II./442 – 443 Alle Bausteine können für Männer und Frauen verwendet werden

4420402 b Sein Kontaktvermögen gewährleistete eine stete Zusammenarbeit mit unseren Kunden.

4420403 c Frau NAME wurde von unserer Kundschaft durchaus als Ansprechpartnerin anerkannt.

4420404 d Auch ihre Kooperation mit einer Unternehmensberatung bei unserem Projekt BEZEICHNUNG war zufriedenstellend.

4420500 Sozialverhalten gegenüber Externen bei mangelhafter Beurteilung

4420501 a Er bemühte sich stets um ein überzeugendes und höfliches Auftreten gegenüber unseren Mandanten / Patienten / Klienten / Gästen / Kunden / Großkunden / Auftraggebern / Subunternehmern / Geschäftsfreunden / Mitgliedern / Franchise-Nehmern / externen Stellen.

4420502 b Er verfügte auch über das notwendige Kontaktvermögen als Ansprechpartner für unsere Kunden.

4420503 c Frau NAME bemühte sich stets sehr um die Anerkennung unserer Kundschaft.

4420504 d Auch ihre Kooperation mit einer Unternehmensberatung bei unserem Projekt BEZEICHNUNG war insgesamt zufriedenstellend.

4420505* Es war stets sein Anliegen, durch sein Erscheinungsbild zur Präsentation unseres Hauses nach außen wirkungsvoll beizutragen.

4420506* Wir bestätigen ihr gern, daß sie von unserer Kundschaft als Gesprächspartnerin akzeptiert wurde.

4420507* Besonders aufgrund seines höflichen Auftretens war er bei unseren Kunden schnell beliebt.

4420508* In ihren Verhandlungen mit unseren Kunden vertrat sie die Interessen der Firma, was sich in entsprechenden Geschäftsabschlüssen niederschlug.

4420509* Auch bei unseren Kunden war er sehr schnell beliebt. Er erfreute sich dort wegen seines angenehmen Verhandlungsstils großer Akzeptanz.

4420510* Gerade für ein Dienstleistungsunternehmen ist die Pflege der Kundenbeziehungen existentiell wichtig. Frau NAME bahnte deshalb zahlreiche Kontakte an und versuchte, diese in unserem Interesse zu nutzen und zu vertiefen.

4430000 Sozialverhalten – Sonstiges Verhalten von Außertariflichen und Leitenden Angestellten

Auf eine Beurteilung des sonstigen Verhaltens wird in vielen Zeugnissen verzichtet. Man kann daher aus einer fehlenden Beurteilung (Leerstelle) nicht auf Mängel im sonstigen Verhalten schließen.

Sozialverhalten – AT und Leitende Angestellte

4430100 Sonstiges Verhalten bei sehr guter Beurteilung

4430101 a Besonders hervorzuheben sind seine absolute Integrität und sein hoch ausgeprägtes Überzeugungs- und Durchsetzungsvermögen.

4430102 b Die Interessen der Firma hatten für Frau NAME jederzeit höchste Priorität.

4430103 c Besonders hervorzuheben ist sein stets bestimmtes und zugleich kompromißbereites Verhalten bei der Lösung aller auftretenden Sachprobleme.

4430104 d Herr NAME ist je nach der Art der Aufträge vielseitig einsetzbar. Er kann Projektaufträge sehr gut eigenständig lösen. Er wirkte aber auch stets sehr produktiv und kooperativ in den wechselnden Projektgruppen mit.

4430105 e In den Gesprächen und Verhandlungen mit dem Betriebsrat bewies er Durchsetzungsvermögen und Flexibilität, so daß stets tragfähige Kompromisse im Firmeninteresse erreicht wurden.

4430106 f Als PERSONALLEITERIN zeigte sie stets großes Geschick im täglichen Umgang mit den Betriebsangehörigen aller Abteilungen.

4430107 g Hervorzuheben ist seine hochentwickelte Kunst, adressaten- und situationsgerecht zu argumentieren. Sein konstruktiver und überzeugender Stil machte ihn zu einem geschätzten Gesprächs- und Verhandlungsführer, dessen Kompromißvorschläge in Personal- und Sachfragen stets allseits große Zustimmung fanden.

4430108 h Als Projektleiter stellte er zu allen beteiligten Abteilungen sehr gute Kontakte her. Auftretende Prioritätsfragen zwischen der Projektarbeit und den Routinetätigkeiten meisterte er stets mit viel Geschick zur allseitigen vollkommenen Zufriedenheit.

4430109 i Besonders positiv zu würdigen sind seine große Aufgeschlossenheit und seine sehr gute Eignung für interdisziplinäre Teamarbeit.

4430110 j Besonders positiv zu würdigen sind seine große Aufgeschlossenheit und seine sehr gute Eignung für die Mitwirkung in international besetzten Projektteams.

4430111 k Für alle Mitglieder der Geschäftsführung war er stets, auch über Probleme seines Fachgebietes hinaus, ein anerkannter und gewandter Gesprächspartner.

4430112 l Herr NAME besaß persönliches Format, die Fähigkeit zur Veränderung, fachliche und persönliche Durchsetzungsstärke sowie eine teamfähige, stabile Persönlichkeit.

4430113 m Die Zusammenarbeit mit Herrn NAME war stets in jeder Hinsicht von wechselseitigem Vertrauen und bestem Einvernehmen getragen.

4430114 n Frau NAME hat mit der Geschäftsleitung stets absolut vertrauensvoll zusammengearbeitet. Hervorzuheben ist ihr klares, gradliniges Auftreten.

4430115 o Herr NAME war ein sehr anregender Partner, der seine eigene Auffassung überzeugend begründen konnte, der aber auch bereit war, vorgegebene Rahmenbedingungen und Optionen zu akzeptieren und durch Eigeninitiative optimal zu nutzen.

4430116* Wegen seiner Tätigkeit als LEITER DER MATERIALWIRTSCHAFT erwähnen wir, daß er stets absolut zuverlässig und ehrlich war.

4430117* Herr NAME genießt als integre und seriöse Persönlichkeit in jeder Hinsicht das Vertrauen der Geschäftsleitung.

4430118* Frau NAME war in jeder Hinsicht absolut loyal und genoß stets das absolute Vertrauen der Geschäftsleitung. Ihre Spezialaufträge, zu deren Lösung sie Zugang zu allen streng vertraulichen strategischen Planungen und geschäftspolitischen Daten hatte, erledigte sie jederzeit mit höchster Diskretion.

4430119* Besonders hervorzuheben ist sein Vermögen, bei unternehmenspolitischen Entscheidungen den überzeugenden Konsens zu suchen und zu finden.

4430120* Durchsetzungsvermögen, verbunden mit diplomatischem Geschick, Kollegialität und Integrationsvermögen sowie absolute Loyalität und Vertrauenswürdigkeit gehören zu seinen herausragenden charakterlichen Eigenschaften.

4430121* Durch die von ihm eingeführten und geleiteten regelmäßigen Abteilungsleiter-Besprechungen wurden der wechselseitige Informationsfluß und die Effizienz in der Zusammenarbeit der Abteilungen zum Nutzen des Unternehmens sehr wesentlich gesteigert.

4430122* Er besaß wegen seiner Loyalität und Integrität jederzeit das absolute Vertrauen der Aktionäre / der Anteilseigner / der Gesellschafter / der Hauptversammlung / der Geschäftsführung / des Vorstandes / der Muttergesellschaft. *(Alternativ oder ausgewählt kumulativ)*

4430200 Sonstiges Verhalten bei guter Beurteilung

4430201 a Hervorzuheben sind seine Integrität und sein ausgeprägtes Überzeugungs- und Durchsetzungsvermögen.

4430202 b Die Interessen der Firma hatten für Frau NAME jederzeit hohe Priorität.

4430203 c Hervorzuheben ist sein bestimmtes und zugleich kompromißbereites Verhalten bei der Lösung aller auftretenden Sachprobleme.

4430204 d Herr NAME ist je nach der Art der Aufträge vielseitig einsetzbar. Er kann Projektaufträge gut eigenständig lösen. Er wirkte aber auch sehr produktiv und kooperativ in den wechselnden Projektgruppen mit.

4430205 e In den Gesprächen und Verhandlungen mit dem Betriebsrat bewies er Durchsetzungsvermögen und Flexibilität, so daß tragfähige Kompromisse im Firmeninteresse erreicht wurden.

4430206 f Als PERSONALLEITERIN zeigte sie großes Geschick im täglichen Umgang mit den Betriebsangehörigen aller Abteilungen.

4430207 g Sein überzeugender und argumentativer Stil machte ihn zu einem geschätzten Gesprächs- und Verhandlungspartner, dessen Kompromißvorschläge in Personal- und Sachfragen stets Zustimmung fanden.

4430208 h Als Projektleiter stellte er zu allen beteiligten Abteilungen gute Kontakte her. Auftretende Prioritätskonflikte zwischen der Projektarbeit und den Routinetätigkeiten meisterte er stets zur allseitigen vollen Zufriedenheit.

4430209 i Positiv hervorzuheben sind seine Aufgeschlossenheit und seine gute Eignung für interdisziplinäre Teamarbeit.

4430210 j Positiv hervorzuheben sind seine Aufgeschlossenheit und seine gute Eignung für die Mitwirkung in international besetzten Projektteams.

4430211 k Für alle Mitglieder der Geschäftsführung war er stets ein anerkannter Gesprächspartner.

4430212 l Herr NAME besaß Format, die Fähigkeit zur Veränderung, Durchsetzungskraft sowie eine teamfähige Persönlichkeit.

4430213 m Die Zusammenarbeit mit Herrn NAME war stets in jeder Hinsicht von Vertrauen und gutem Einvernehmen getragen.

4430214 n Frau NAME hat mit der Geschäftsleitung vertrauensvoll zusammengearbeitet.

4430215 o Herr NAME war ein sehr anregender Partner, der seine eigene Auffassung gut vertreten konnte, der aber auch bereit war, vorgegebene Rahmenbedingungen und Optionen zu akzeptieren und durch Eigeninitiative gut zu nutzen.

4430300 Sonstiges Verhalten bei befriedigender Beurteilung

4430301 a Erwähnenswert ist sein Überzeugungs- und Durchsetzungsvermögen.

4430302 b Die Interessen der Firma hatten für Frau NAME hohe Priorität.

4430303 c Erwähnenswert ist sein unbedingt kompromißbereites Verhalten bei der Lösung aller Sachprobleme.

4430304 d Herr NAME ist je nach der Art der Aufträge vielseitig einsetzbar. Er kann Projektaufträge eigenständig lösen. Er wirkte aber auch produktiv und kooperativ in den wechselnden Projektgruppen mit.

4430305 e In der Verhandlung mit dem Betriebsrat über THEMA bewies er Durchsetzungsvermögen und Flexibilität, so daß ein tragfähiger Kompromiß erreicht wurde.

4430306 f Als PERSONALLEITERIN bewies sie Geschick im Umgang mit den Betriebsangehörigen aus den verschiedenen Abteilungen.

4430400 Sonstiges Verhalten bei ausreichender Beurteilung

4430401 a Erwähnenswert ist auch seine Überzeugungs- und Durchsetzungsbereitschaft.

4430402 b Frau NAME räumte den Interessen der Firma, falls wirklich notwendig, Priorität ein.

4430403 c Herr NAME akzeptierte bei der Lösung aller auftretenden Sachprobleme Kompromisse.

4430404 d Herr NAME fügte sich zu unserer Zufriedenheit in verschiedene Projektgruppen ein.

4430405 e In der Verhandlung mit dem Betriebsrat über THEMA erreichte er einen Kompromiß.

4430406 p Seine Loyalität war nicht zu kritisieren.

4430407✶ Erwähnenswert ist sein zurückhaltendes und bescheidenes Auftreten.

4430500 Sonstiges Verhalten bei mangelhafter Beurteilung

4430501 a Erwähnenswert ist, daß diese Position Überzeugungs- und Durchsetzungsvermögen erforderte.

4430502 b Frau NAME erkannte an, daß die Interessen der Firma Priorität verdienen.

4430503 c Herr NAME neigte bei der Lösung aller Sachprobleme zur Kompromißbereitschaft.

4430504 d Herr NAME fügte sich insgesamt zu unserer Zufriedenheit in verschiedene Projektgruppen ein.

4430505 e In den Gesprächen und Verhandlungen mit dem Betriebsrat war er stets an tragfähigen Kompromissen interessiert.

4430506 p Es erübrigt sich zu sagen, daß sie stets loyal war.

Sozialverhalten – Auszubildende   II./443 – 451

4430507* Diese Vertrauensposition erforderte absolute Loyalität gegenüber dem Vorstand/der Geschäftsführung/dem Inhaber.

4430508* Wir waren bis zur Beendigung des Arbeitsverhältnisses stets von seiner Ehrlichkeit/Zuverlässigkeit/Vertrauenswürdigkeit/Integrität überzeugt.

4430509* Wir waren bis zur Kündigung stets von seiner Ehrlichkeit/Zuverlässigkeit/Vertrauenswürdigkeit/Integrität überzeugt.

4430510* Frau NAME war grundsätzlich bestrebt, das seitens der Geschäftsleitung in sie gesetzte Vertrauen zu rechtfertigen.

4430511* Er führte die Aufgaben seiner Vertrauensstellung mit der ihm eigenen Loyalität und Zuverlässigkeit durch.

4430512* Am KRUMMES DATUM wurde die Verantwortung für BEZEICHNUNG einer anderen Person übertragen.

4430513* Die Grundsätze und die Handlungsweise eines ordentlichen Kaufmanns waren ihm stets bekannt. *(Hat sie nicht eingehalten)*

4430514* Herr NAME war ein sehr anspruchsvoller und in allen Fragen kritischer Manager. *(Nörgler)*

4430515* Seine individuelle Sichtweise in geschäftspolitischen Fragen vertrat er mit großem Nachdruck.

4430516* Frau NAME verstand es, ihre Interessen mit denen des Unternehmens in Einklang zu bringen.

4500000   Sozialverhalten von Auszubildenden

Bitte wählen Sie unter Beachtung der Notenstufen je einen Baustein aus den Gruppen 4510 Sozialverhalten gegenüber Internen (Vorgesetzte, Ausbilder, Mitarbeiter, Mitauszubildende), ggf. 4520 Sozialverhalten gegenüber Externen (Kunden und andere) und 4530 Sonstiges Verhalten.

4510000   Sozialverhalten von Auszubildenden gegenüber Internen

4510100   Sozialverhalten gegenüber Internen bei sehr guter Beurteilung

4510101a Sein Verhalten gegenüber Vorgesetzten, Ausbildern, Mitarbeitern und Mit-Auszubildenden war stets einwandfrei.

4510102b Die Zusammenarbeit mit Frau NAME war stets sehr gut.

4510103c Frau NAME verhielt sich gegenüber Vorgesetzten, Ausbildern und Mitarbeitern aller Abteilungen stets sehr entgegenkommend und freundlich und gegenüber ihren Mit-Auszubildenden jederzeit kameradschaftlich und hilfsbereit.

II./451 Bausteinübersicht S. 113 – 116, Beurteilungsbögen S. 117 – 125

4510104 d Herr NAME war wegen seines freundlichen Wesens und seiner Aufgeschlossenheit bei seinen Vorgesetzten, Ausbildern, unseren Mitarbeitern und den anderen Auszubildenden stets sehr anerkannt und beliebt.

4510105 e Frau NAME wurde allseits wegen ihrer Zuverlässigkeit und ihres freundlichen Wesens stets sehr gelobt. Von den Auszubildenden wurde sie wegen ihrer kameradschaftlichen Art sehr geschätzt.

4510106 f Sein Verhalten gegenüber Vorgesetzten, Ausbildern, Mitarbeitern und Mit-Auszubildenden war stets vorbildlich.

4510107 g Herr NAME war bei Vorgesetzten, Ausbildern, Mitarbeitern und Mit-Auszubildenden jederzeit sehr geschätzt und beliebt.

4510200 Sozialverhalten gegenüber Internen bei guter Beurteilung

4510201 a Sein Verhalten gegenüber Vorgesetzten, Ausbildern, Mitarbeitern und Mit-Auszubildenden war einwandfrei.

4510202 b Die Zusammenarbeit mit Frau NAME war stets gut.

4510203 c Frau NAME verhielt sich gegenüber Vorgesetzten, Ausbildern und Mitarbeitern aller Abteilungen sehr entgegenkommend und freundlich und gegenüber ihren Mit-Auszubildenden kameradschaftlich und hilfsbereit.

4510204 d Herr NAME war wegen seines freundlichen Wesens und seiner Aufgeschlossenheit bei seinen Vorgesetzten, Ausbildern, unseren Mitarbeitern und den anderen Auszubildenden sehr anerkannt und beliebt.

4510205 e Herr NAME wurde allseits wegen seiner Zuverlässigkeit und seines freundlichen Wesens sehr gelobt. Von den Auszubildenden wurde er wegen seiner kameradschaftlichen Art sehr geschätzt.

4510206 f Sein Verhalten gegenüber Vorgesetzten, Ausbildern, Mitarbeitern und Mit-Auszubildenden war stets gut.

4510207 g Frau NAME war bei Vorgesetzten, Ausbildern, Mitarbeitern und Mit-Auszubildenden jederzeit geschätzt und beliebt.

4510300 Sozialverhalten gegenüber Internen bei befriedigender Beurteilung

4510301 a Sein Verhalten gegenüber Mit-Auszubildenden, Mitarbeitern, Ausbildern und Vorgesetzten war einwandfrei. *(Reihenfolge-Technik)*

4510302 b Die Zusammenarbeit mit Frau NAME war gut.

4510303 c Frau NAME verhielt sich gegenüber Vorgesetzten, Ausbildern und Mitarbeitern aller Abteilungen freundlich und gegenüber ihren Mit-Auszubildenden kameradschaftlich.

Sozialverhalten – Auszubildende

4510304 d	Herr NAME war wegen seines freundlichen Wesens und seiner Aufgeschlossenheit bei seinen Vorgesetzten, Ausbildern, unseren Mitarbeitern und den anderen Auszubildenden beliebt.
4510305 e	Herr NAME wurde wegen seiner Zuverlässigkeit und seines freundlichen Wesens gelobt. Von den Auszubildenden wurde er wegen seiner kameradschaftlichen Art geschätzt.
4510306 h	Sie fügte sich gut in unsere Firma ein und wurde allenthalben akzeptiert.

4510400 Sozialverhalten gegenüber Internen bei ausreichender Beurteilung

4510401 a	Sein Verhalten gegenüber den Mit-Auszubildenden / Mitarbeitern / Ausbildern / Vorgesetzten war einwandfrei. *(Alternativ)*
4510402 b	Die Zusammenarbeit mit Frau NAME war zufriedenstellend.
4510403 h	Sie fügte sich in unsere Firma ein und war allenthalben gelitten.
4510404 i	Ihr Verhalten gegenüber Mit-Auszubildenden, Mitarbeitern, Auszubildenden und Vorgesetzten war ohne Beanstandungen und ohne Tadel.

4510500 Sozialverhalten gegenüber Internen bei mangelhafter Beurteilung

4510501 a	Sein Verhalten gegenüber Mit-Auszubildenden, Mitarbeitern, Ausbildern und Vorgesetzten war insgesamt einwandfrei.
4510502 b	Die Zusammenarbeit mit Frau NAME war größtenteils und ganz weitgehend zufriedenstellend.
4510503 h	Ihr Verhalten war insgesamt ohne Tadel. Sie fügte sich in die betriebliche Gemeinschaft ein und war gelitten.
4510504 i	Wir können zusammenfassend sagen, daß ihr Betragen gegenüber Mit-Auszubildenden, Mitarbeitern, Auszubildenden und Vorgesetzten ohne Beanstandungen und ohne Tadel war.

4520000 Sozialverhalten von Auszubildenden gegenüber Externen

Auf eine Beurteilung des Verhaltens gegenüber Externen wird in vielen Zeugnissen verzichtet. Man kann daher aus einer fehlenden Beurteilung (Leerstelle) nicht auf Mängel im Verhalten zu Externen schließen.

4520100 Sozialverhalten gegenüber Externen bei sehr guter Beurteilung

4520101 a	Auch ihr Verhalten gegenüber unseren Mandanten / Patienten / Klienten / Gästen / Kunden / Auftraggebern / Bauherren / Geschäftsfreunden war stets vorbildlich / einwandfrei. *(Alternativ)*

II./452 Alle Bausteine können für Männer und Frauen verwendet werden

4520102 b Unsere Kunden bediente sie stets sehr zuvorkommend.

4520103 c Auch im Publikumsverkehr kam er stets sehr gut zurecht.

4520104 d Durch sein akkurates und positives Erscheinungsbild trug er stets zu einer überzeugenden Präsentation unseres Hauses bei.

4520200 Sozialverhalten gegenüber Externen bei guter Beurteilung

4520201 a Auch sein Verhalten gegenüber unseren Mandanten/Patienten/ Klienten/Gästen/Kunden/Auftraggebern/Bauherren/Geschäftsfreunden war einwandfrei. *(Alternativ)*

4520202 b Unsere Kunden bediente sie sehr zuvorkommend.

4520203 c Auch im Publikumsverkehr kam er stets gut zurecht.

4520204 d Durch sein akkurates und positives Erscheinungsbild trug er stets zu einer guten Präsentation unseres Hauses bei.

4520300 Sozialverhalten gegenüber Externen bei befriedigender Beurteilung

4520301 a Auch sein Verhalten gegenüber unseren Mandanten/Patienten/ Klienten/Gästen/Kunden/Auftraggebern/Bauherren/Geschäftsfreunden war voll zufriedenstellend. *(Alternativ)*

4520302 b Unsere Kunden bediente sie zuvorkommend.

4520303 c Auch im Publikumsverkehr kam er gut zurecht.

4520304 d Durch sein korrektes Erscheinungsbild trug er zu einer guten Präsentation unseres Hauses bei.

4520400 Sozialverhalten gegenüber Externen bei ausreichender Beurteilung

4520401 a Auch sein Verhalten gegenüber unseren Mandanten/Patienten/ Klienten/Gästen/Kunden/Auftraggebern/Bauherren/Geschäftsfreunden war zufriedenstellend. *(Alternativ)*

4520402 b Unsere Kunden bediente sie willig.

4520403 c Auch im Publikumsverkehr kam er zu unserer Zufriedenheit zurecht.

4520404 d Durch sein Erscheinungsbild hat er zur Wirkung unseres Hauses gegenüber den Gästen beigetragen.

4520500 Sozialverhalten gegenüber Externen bei mangelhafter Beurteilung

4520501 a Auch sein Verhalten gegenüber unseren Mandanten/Patienten/ Klienten/Gästen/Kunden/Auftraggebern/Bauherren/Geschäftsfreunden war insgesamt zufriedenstellend. *(Alternativ)*

4520502 b	Unsere Kunden bediente sie insgesamt willig.
4520503 c	Auch im Publikumsverkehr kam er im großen und ganzen zu unserer Zufriedenheit zurecht.
4520504 d	Er war stets bestrebt, durch sein Erscheinungsbild zur Präsentation unseres Hauses gegenüber den Gästen beizutragen.

4530000 Sozialverhalten von Auszubildenden – Sonstiges Verhalten

4530100 Sonstiges Verhalten bei sehr guter Beurteilung

Auf eine Beurteilung des sonstigen Verhaltens wird in vielen Zeugnissen verzichtet. Man kann daher aus einer fehlenden Beurteilung (Leerstelle) nicht auf Mängel im sonstigen Verhalten schließen.

4530101 a	Er fügte sich als Auszubildender stets sehr gut in die wechselnden Abteilungen / Arbeitsgruppen ein.
4530102 b	Frau NAME verhielt sich jederzeit sehr hilfsbereit und kameradschaftlich.
4530103 c	Mit seinen Umgangsformen waren wir jederzeit außerordentlich zufrieden.
4530104 d	Herr NAME war ein verantwortungsbewußter Auszubildender, der in unserer Lehrwerkstatt mit den ihm anvertrauten Maschinen, Werkzeugen und Materialien stets sehr sorgfältig umging und seinen Ausbildungsplatz jederzeit in vorbildlicher Ordnung hielt.
4530105 e	Herr NAME hat seine Mit-Auszubildenden vielfach in schwierigen Fragen mit seinem sehr guten Wissen unterstützt.
4530106 f	Frau NAME war eine ausgeglichene Auszubildende, die auch mit schwirigen Mitarbeitern und Mit-Auszubildenden stets sehr gut zurechtgekommen ist.
4530107 g	Aufgrund seiner guten Umgangsformen und seiner gewinnenden, freundschaftlichen Art wurde er von unseren Mitarbeitern jederzeit gerne in deren Aufgabengebiete eingeführt. Sie haben ihn auch gern mit schwirigen und interessanten Problemen ihres Aufgabengebiets bekannt gemacht.
4530108 h	Frau NAME war eine aufgeschlossene Auszubildende, die stets sehr aktiv unsere Anstrengung zur Eingliederung unserer ausländischen Auszubildenden unterstützte.
4530109 i	Besonders hervorzuheben ist, daß Frau NAME ihren Mit-Auszubildenden sehr beim Lernen geholfen hat und so deren Ausbildungserfolg sicherte.
4530110 j	Frau NAME war stets in jeder Hinsicht absolut vertrauenswürdig und ehrlich.

4530111*	Lobend heben wir hervor, daß Frau NAME einen behinderten Auszubildenden in vielfältiger Weise unterstützt hat und dadurch maßgeblich zu dessen Berufsausbildung beitrug.
4530112*	Besonders hervorzuheben ist sein großes Engagement bei der Organisation des jährlichen Sportfestes unserer Auszubildenden.
4530113*	Frau NAME ist eine engagierte und aufgeschlossene junge Frau, die den Ausbildungsleiter bei auftretenden Ausbildungsfragen wiederholt sehr gut unterstützt hat.
4530200	**Sonstiges Verhalten bei guter Beurteilung**
4530201 a	Er fügte sich als Auszubildender stets gut in die wechselnden Abteilungen / Arbeitsgruppen ein.
4530202 b	Frau NAME verhielt sich sehr hilfsbereit und kameradschaftlich.
4530203 c	Mit seinen Umgangsformen waren wir stets voll zufrieden.
4530204 d	Herr NAME war ein verantwortungsbewußter Auszubildender, der in unserer Lehrwerkstatt mit den ihm anvertrauten Maschinen, Werkzeugen und Materialien sehr sorgfältig umging und seinen Ausbildungsplatz jederzeit in guter Ordnung hielt.
4530205 e	Frau NAME war jederzeit bereit, ihre Mit-Auszubildenden in schwierigen Fragen mit ihrem sehr guten Wissen zu unterstützen.
4530206 f	Herr NAME war ein ausgeglichener Auszubildender, der auch mit schwierigen Mitarbeitern und Mit-Auszubildenden stets gut zurechtkam.
4530207 g	Aufgrund seiner guten Umgangsformen und seiner gewinnenden, freundschaftlichen Art wurde er von unseren Mitarbeitern gerne in deren Aufgabengebiete eingeführt.
4530208 h	Frau NAME war eine aufgeschlossene Auszubildende, die aktiv unsere Anstrengung zur Eingliederung unserer ausländischen Auszubildenden unterstützte.
4530209 i	Hervorzuheben ist, daß Frau NAME ihren Mit-Auszubildenden beim Lernen geholfen hat und so zu deren Ausbildungserfolg beitrug.
4530300	**Sonstiges Verhalten bei befriedigender Beurteilung**
4530301 a	Er fügte sich als Auszubildender gut in die wechselnden Abteilungen / Arbeitsgruppen ein.
4530302 b	Frau NAME verhielt sich hilfsbereit und kameradschaftlich.
4530303 c	Mit seinen Umgangsformen waren wir voll zufrieden.

4530304 d   Herr NAME war ein verantwortungsbewußter Auszubildender, der in unserer Lehrwerkstatt mit den ihm anvertrauten Maschinen, Werkzeugen und Materialien sorgfältig umging und seinen Ausbildungsplatz in Ordnung hielt.

4530305 e   Frau NAME war bereit, ihre Mit-Auszubildenden in schwierigen Fragen mit ihrem sehr guten Wissen zu unterstützen.

4530306 f   Herr NAME war ein ausgeglichener Auszubildender, der auch mit schwierigen Mitarbeitern und Mit-Auszubildenden gut zurechtkam.

4530400   Sonstiges Verhalten bei ausreichender Beurteilung

4530401 a   Er fügte sich als Auszubildender zufriedenstellend in die wechselnden Abteilungen / Arbeitsgruppen ein.

4530402 b   Frau NAME war, wenn notwendig, hilfsbereit.

4530403 c   Mit seinen Umgangsformen waren wir zufrieden.

4530500   Sonstiges Verhalten bei mangelhafter Beurteilung

4530501 a   Er fügte sich als Auszubildender im großen und ganzen zufriedenstellend in die wechselnden Abteilungen / Arbeitsgruppen ein.

4530502 b   Frau NAME war um ein hilfsbereites Verhalten bemüht.

4530503 c   Mit seinen Umgangsformen waren wir insgesamt zufrieden.

4530504 j   Wir erwarten von unseren Auszubildenden jederzeit absolute Vertrauenswürdigkeit und Ehrlichkeit.

4600000   Sozialverhalten von Praktikanten und Volontären

Bitte wählen Sie unter Beachtung der Notenstufen je einen Baustein aus den Gruppen 4610 Sozialverhalten gegenüber Internen (Vorgesetzte und Mitarbeiter), ggf. 4620 Sozialverhalten gegenüber Externen (Kunden und andere) und 4630 Sonstiges Verhalten.

4610000   Sozialverhalten von Praktikanten und Volontären gegenüber Internen

4610100   Sozialverhalten gegenüber Internen bei sehr guter Beurteilung

4610101 a   Ihr Verhalten gegenüber Vorgesetzten und Mitarbeitern war jederzeit einwandfrei.

4610102 b   Sein Verhalten gegenüber Vorgesetzten und Mitarbeitern war jederzeit vorbildlich / mustergültig.

4610103 c   Wegen ihrer sachlichen und zuvorkommenden Art wurde sie von Vorgesetzten und Mitarbeitern jederzeit sehr geschätzt.

4610200 Sozialverhalten gegenüber Internen bei guter Beurteilung

4610201 a Ihr Verhalten gegenüber Vorgesetzten und Mitarbeitern war einwandfrei.

4610202 b Sein Verhalten gegenüber Vorgesetzten und Mitarbeitern war stets gut.

4610203 c Wegen ihrer sachlichen und zuvorkommenden Art wurde sie von Vorgesetzten und Mitarbeitern sehr geschätzt.

4610300 Sozialverhalten gegenüber Internen bei befriedigender Beurteilung

4610301 a Ihr Verhalten gegenüber Mitarbeitern und Vorgesetzten war einwandfrei. *(Reihenfolge-Technik)*

4610302 b Ihr Verhalten gegenüber Vorgesetzten und Mitarbeitern war voll zufriedenstellend.

4610303 c Wegen ihrer sachlichen und zuvorkommenden Art war sie bei Vorgesetzten und Mitarbeitern beliebt.

4610400 Sozialverhalten gegenüber Internen bei ausreichender Beurteilung

4610401 a Ihr Verhalten gegenüber den Vorgesetzten / Mitarbeitern war einwandfrei. *(Alternativ)*

4610402 b Ihr Verhalten gegenüber Mitarbeitern und Vorgesetzten war zufriedenstellend.

4610500 Sozialverhalten gegenüber Internen bei mangelhafter Beurteilung

4610501 a Sie war stets um ein einwandfreies Verhalten gegenüber den Vorgesetzten und Mitarbeitern bemüht.

4610502 b Ihr Verhalten gegenüber Mitarbeitern und Vorgesetzten war insgesamt zufriedenstellend.

4610503 ✶ Sein Verhalten gegenüber Vorgesetzten und Mitarbeitern war insgesamt korrekt.

4620000 Sozialverhalten von Praktikanten und Volontären gegenüber Externen

Auf eine Beurteilung des Verhaltens gegenüber Externen wird in vielen Zeugnissen verzichtet. Man kann daher aus einer fehlenden Beurteilung (Leerstelle) nicht auf Mängel im Verhalten zu Externen schließen.

4620100	**Sozialverhalten gegenüber Externen bei sehr guter Beurteilung**
4620101 a	Auch ihr Verhalten gegenüber unseren Mandanten / Patienten / Klienten / Gästen / Kunden / Auftraggebern / Bauherren / Geschäftsfreunden war stets vorbildlich / einwandfrei. *(Alternativ)*
4620102 b	Aufgrund seines fundierten Spezialwissens im Bereich BEZEICHNUNG und seines überzeugenden Auftretens ließen wir Herrn NAME einen Teil unserer Lösungskonzeption beim Kunden präsentieren, was er absolut sicher und mit sehr großem Erfolg realisierte.
4620103*	Besonders heben wir hervor, daß es uns durch die Vermittlung von Herrn NAME gelungen ist, zum TRANSFERZENTRUM seiner Fachhochschule für uns wertvolle Beziehungen aufzunehmen.
4620200	**Sozialverhalten gegenüber Externen bei guter Beurteilung**
4620201 a	Auch sein Verhalten gegenüber unseren Mandanten / Patienten / Klienten / Gästen / Kunden / Auftraggebern / Bauherren / Geschäftsfreunden war einwandfrei. *(Alternativ)*
4620202 b	Aufgrund seines fundierten Spezialwissens im Bereich BEZEICHNUNG und seines überzeugenden Auftretens ließen wir Herrn NAME einen Teil unserer Lösungskonzeption beim Kunden präsentieren, was er sicher und mit gutem Erfolg realisierte.
4620300	**Sozialverhalten gegenüber Externen bei befriedigender Beurteilung**
4620301 a	Auch sein Verhalten gegenüber unseren Mandanten / Patienten / Klienten / Gästen / Kunden/ Auftraggebern / Bauherren / Geschäftsfreunden war voll zufriedenstellend. *(Alternativ)*
4620400	**Sozialverhalten gegenüber Externen bei ausreichender Beurteilung**
4620401 a	Auch sein Verhalten gegenüber unseren Mandanten / Patienten / Klienten / Gästen / Kunden / Auftraggebern / Bauherren / Geschäftsfreunden war zufriedenstellend. *(Alternativ)*
4620500	**Sozialverhalten gegenüber Externen bei mangelhafter Beurteilung**
4620501 a	Auch sein Verhalten gegenüber unseren Mandanten / Patienten / Klienten / Gästen/ Kunden / Auftraggebern / Bauherren / Geschäftsfreunden war insgesamt zufriedenstellend. *(Alternativ)*
4630000	**Sozialverhalten von Praktikanten und Volontären – Sonstiges Verhalten**
	Auf eine Beurteilung des sonstigen Verhaltens wird in vielen Zeugnissen verzichtet. Man kann daher aus einer fehlenden Beurteilung (Leerstelle) nicht auf Mängel im sonstigen Verhalten schließen.

4630100 Sonstiges Verhalten bei sehr guter Beurteilung

4630101 a Herr NAME besitzt ein sehr gutes Kontaktvermögen, ist jederzeit zur Kooperation bereit und kann daher sehr gut im Team arbeiten.

4630102 b Besonders heben wir hervor, daß Frau NAME von sich aus unsere Auszubildenden mit ihrem sehr guten Wissen unterstützt hat.

4630103 c Bei der Präsentation und bei der Einführung der von ihm entwickelten Lösung für BEZEICHNUNG bewies Herr NAME trotz seines Praktikantenstatus ein sehr beachtliches Überzeugungs- und Durchsetzungsvermögen, das in jeder Hinsicht unsere volle Anerkennung fand.

4630104* Aufgrund ihrer absoluten Vertrauenswürdigkeit konnten wir Frau NAME während ihres Praktikums an der strategischen Unternehmensplanung mitarbeiten und an den damit verbundenen vertraulichen Sitzungen teilnehmen lassen.

4630105* Aufgrund seiner Kreativität und seiner absoluten Vertrauenswürdigkeit konnten wir Herrn NAME in unserer Entwicklungsabteilung auch an vertraulichen Neuentwicklungen mitarbeiten lassen.

4630200 Sonstiges Verhalten bei guter Beurteilung

4630201 a Herr NAME besitzt ein gutes Kontaktvermögen, ist zur Kooperation bereit und kann daher gut im Team arbeiten.

4630202 b Wir heben hervor, daß Frau NAME unsere Auszubildenden mit ihrem sehr guten Wissen unterstützt hat.

4630203 c Bei der Präsentation und bei der Einführung der von ihm entwickelten Lösung für BEZEICHNUNG bewies Herr NAME trotz seines Praktikantenstatus ein beachtliches Überzeugungs- und Durchsetzungsvermögen, das unsere volle Anerkennung fand.

4630300 Sonstiges Verhalten bei befriedigender Beurteilung

4630301 a Herr NAME besitzt ein gutes Kontaktvermögen, ist zur Kooperation bereit und kann daher im Team arbeiten.

4630400 Sonstiges Verhalten bei ausreichender Beurteilung

4630401 a Herr NAME kann auch im Team arbeiten.

4630500 Sonstiges Verhalten bei mangelhafter Beurteilung

4630501 a Herr NAME war stets bestrebt, gut mit den Teammitgliedern zurechtzukommen.

5000000	**Beendigungsformel**
5100000	**Beendigungsformel für alle Arbeitnehmergruppen**

Bitte wählen Sie einen Baustein aus einer der nachfolgenden Gruppen: 5110 Arbeitnehmerseitige Kündigung oder 5120 Aufhebungsvertrag/ Vergleich oder 5130 Arbeitgeberseitige Kündigung oder 5140 Vertragsablauf bei befristeten Arbeitsverhältnissen oder 5150 Ausstellungsgrund für Zwischenzeugnis.

5110000 Arbeitnehmerseitige Kündigung für alle Arbeitnehmergruppen

Bitte wählen Sie einen Baustein aus einer der nachfolgenden drei Gruppen: 5111 Kündigung mit Begründung oder 5112 Kündigung ohne Begründung oder 5113 Kündigung mit Vertragsbruch durch Nichteinhaltung der Kündigungsfrist.

5111000 Arbeitnehmerseitige Kündigung mit Begründung

Begründungen der Beendigung sind nur mit Einverständnis des Arbeitnehmers zulässig.

Verschiedene Begründungen

5111001 Frau NAME verläßt uns auf eigenen Wunsch, um sich beruflich zu verändern. *(Leerfomelhafte Begründung)*

5111002 Am heutigen Tage verläßt uns Herr NAME auf eigenen Wunsch, weil er seinen Wohnsitz nach ORT/REGION verlegt.

5111003 Frau NAME verläßt uns zum AUSTRITTSTERMIN auf eigenen Wunsch. Wir haben volles Verständnis dafür, daß sie zu einem wesentlich näher zu ihrem Wohnort gelegenen Arbeitgeber wechselt.

5111004 Frau NAME verläßt unsere Firma auf eigenen Wunsch, weil ihr Ehemann nach ORT/REGION versetzt wird.

5111005 Frau NAME scheidet bei uns wegen ihrer Eheschließung auf eigenen Wunsch aus.

5111006 Frau NAME hat das Beschäftigungsverhältnis auf eigenen Wunsch gelöst, um sich nach der Geburt ihres Kindes künftig ganz der Familie widmen zu können.

5111007 Frau NAME beendet das Arbeitsverhältnis mit Ablauf des Erziehungsurlaubes zum AUSTRITTSTERMIN auf eigenen Wunsch, um sich weiterhin ganz ihrer Familie zu widmen.

5111008 Frau NAME verläßt uns auf eigenen Wunsch, um in einem anderen/ größeren Unternehmen eine weiterführende Aufgabe zu übernehmen.

5111009 Herr NAME hat den Ruf, in einem anderen Unternehmen eine Geschäftsleitungsfunktion zu übernehmen, angenommen. Er verläßt uns daher auf eigenen Wunsch.

II./511 Alle Bausteine können für Männer und Frauen verwendet werden

5111010 Im Jahre ZAHL kam es zu einem deutlichen Umsatzrückgang. Dieser Trend setzte sich im laufenden Jahr fort. Herr NAME scheidet aus diesem rein objektiven Grund (auf Bitten der Geschäftsleitung) auf eigenen Wunsch aus unseren Diensten aus.

5111011 Unsere wirtschaftliche Lage erfordert durchgreifende Restrukturierungs- und Sanierungsmaßnahmen. Frau NAME scheidet aus diesen rein objektiven Gründen (auf Bitten der Geschäftsleitung) auf eigenen Wunsch aus.

Zusätzliche Begründungen für ungewöhnliche Beendigungstermine

5111012 Frau NAME verläßt uns auf eigenen Wunsch, um BEGRÜNDUNG. Sie hatte das Arbeitsverhältnis fristgerecht zum DATUM gekündigt. Wir haben jedoch (aufgrund des sehr guten wechselseitigen Verhältnisses) ihrem Wunsch entsprochen und das Arbeitsverhältnis vorzeitig zum AUSTRITTSTERMIN enden lassen.

5111013 Herr NAME verläßt uns auf eigenen Wunsch, um BEGRÜNDUNG. Er hatte das Arbeitsverhältnis fristgerecht zum DATUM gekündigt. Wegen des guten wechselseitigen Verhältnisses waren wir trotz der Überbrückungsprobleme für uns aber bereit, das Arbeitsverhältnis auf Wunsch und im Interesse von Herrn NAME vorzeitig zum AUSTRITTSTERMIN enden zu lassen.

5111014 Herr NAME verläßt uns auf eigenen Wunsch, um BEGRÜNDUNG. Er hatte das Arbeitsverhältnis fristgerecht zur Monatsmitte / zum Monatsende / zum Quartalsende gekündigt. Da sein neuer Arbeitgeber ihn bat, möglichst frühzeitig zu wechseln, waren wir trotz der Überbrückungsschwierigkeiten für uns wegen des sehr guten wechselseitigen Verhältnisses im Interesse von Herrn NAME mit einem vorzeitigen Wechsel einverstanden.

Wechsel innerhalb eines Unternehmens oder eines Konzerns

5111015 Herr NAME verläßt uns auf eigenen Wunsch zum AUSTRITTSTERMIN, da er aufgrund eines Angebots der Unternehmensleitung in einem anderen eigenständigen Betrieb des Unternehmens eine größere Aufgabe übernimmt. *(In diesem Falle könnte auch ein Zwischenzeugnis ausgestellt werden)*

5111016 Frau NAME scheidet auf eigenen Wunsch aus, um im Anschluß in einem anderen Unternehmen des Konzerns / der Unternehmensgruppe die Position der BEZEICHNUNG zu übernehmen.

5111017 Herr NAME verläßt uns zum AUSTRITTSTERMIN auf eigenen Wunsch, da er aufgrund eines Angebotes des Zentralvorstandes in einem anderen Unternehmen des Konzerns eine größere Aufgabe übernimmt.

5111018 Herr NAME scheidet bei uns auf eigenen Wunsch aus, um im Anschluß bei unserer Tochtergesellschaft FIRMA in LAND neue Aufgaben zu übernehmen.

Folgende gut gemeinten Begründungen können im nachhinein negativ wirken, wenn die angesprochenen Pläne nicht erfolgreich realisiert werden.

5111019 Herr NAME verläßt uns auf eigenen Wunsch, um eine BEZEICHNUNG-Schule zu besuchen.

5111020 Herr NAME verläßt uns auf eigenen Wunsch, um ein Studium an der Fachhochschule BEZEICHNUNG zu beginnen.

5111021 Frau NAME verläßt uns auf eigenen Wunsch, um an der Universität BEZEICHNUNG STUDIENFACH zu studieren.

5111022 Frau NAME verläßt uns auf eigenen Wunsch, um im Ausland ihre SPRACHE Sprachkenntnisse zu vervollkommnen.

5111023 Zum AUSTRITTSTERMIN hat Frau NAME das bestehende Arbeitsverhältnis auf eigenen Wunsch gekündigt, um sich selbständig zu machen.

5111024 Herr NAME verläßt uns auf eigenen Wunsch, um eine außergewöhnliche Karrierechance wahrzunehmen.

Folgende Formeln wirken meist negativ.

5111025 Herr NAME verläßt uns auf eigenen Wunsch, um sich finanziell zu verbessern.

5111026 Frau NAME verläßt uns auf eigenen Wunsch, um ihren fachlichen Horizont zu erweitern und um beruflich weiterzukommen.

5111027 Herr NAME verläßt uns auf eigenen Wunsch, da sich ihm bei uns keine Aufstiegschancen bieten.

5111028 Herr NAME verläßt uns auf eigenen Wunsch, um in einem anderen Unternehmen eine seinen Fähigkeiten entsprechende Aufgabe zu finden.

5111029 Frau NAME verläßt unser Unternehmen zum AUSTRITTSTERMIN auf eigenen Wunsch, um in Zukunft in anderen Bereichen beruflichen Erfolg zu suchen.

5112000 Arbeitnehmerseitige Kündigung ohne Begründung

5112001 Herr NAME scheidet auf eigenen Wunsch aus unseren Diensten.

5112002 Frau NAME verläßt unsere Firma auf eigenen Wunsch.

5112003 Auf eigenen Wunsch beendet Herr NAME seine Tätigkeit bei uns.

5112004 Frau NAME kündigte das Arbeitsverhältnis zum AUSTRITTSTERMIN. *(Auf eigenen Wunsch?)*

5112005 Herr NAME trennt sich zum AUSTRITTSTERMIN von uns aus eigenem Entschluß. *(Nahegelegte Eigenkündigung)*

5112006	Das Arbeitsverhältnis wurde auf Wunsch von Frau NAME zum AUSTRITTSTERMIN gelöst. *(Nahelegte Eigenkündigung)*
5112007	Wir wünschen Herrn NAME, der aus eigenem Entschluß bei uns ausscheidet, alles Gute. *(Als Schlußabsatz negativ)*
5113000	**Arbeitnehmerseitige Kündigung mit Vertragsbruch durch Nichteinhaltung der Kündigungsfrist**
5113001	Herr NAME beendete das Arbeitsverhältnis auf eigenen Wunsch am KRUMMER AUSTRITTSTERMIN.
5113002	Frau NAME verließ uns vorzeitig am KRUMMER AUSTRITTSTERMIN, um ihren Berufsweg sofort in einem anderen Unternehmen fortzusetzen.
5113003	Herr NAME schied zum KRUMMER AUSTRITTSTERMIN auf eigenen Wunsch aus, um sofort eine neue Stelle antreten zu können.
5113004	Frau NAME verließ uns kurzentschlossen auf eigenen Wunsch am KRUMMER AUSTRITTSTERMIN.
5113005	Herr NAME wechselte am AUSTRITTSTERMIN im eigenen Interesse und auf eigenen Wunsch kurzfristig / vorzeitig in ein anderes Unternehmen.
5120000	**Beendigung durch Aufhebungsvertrag oder Vergleich für alle Arbeitnehmergruppen**
	Es kommen bei einer einvernehmlichen Beendigung des Arbeitsverhältnisses auch Bausteine aus den Gruppen 5111 und 5112 in Frage, da mit der Unterschrift des Arbeitnehmers sein Wunsch zur Vertragsauflösung zum Ausdruck kommt.
5120001	Das Arbeitsverhältnis endete am AUSTRITTSTERMIN im gegenseitigen Einvernehmen.
5120002	Das Arbeitsverhältnis endete am AUSTRITTSTERMIN im beiderseitigen besten Einvernehmen.
5120003	Das Arbeitsverhältnis endete auf Wunsch des Arbeitnehmers im beiderseitigen besten Einvernehmen.
5120004	Das Arbeitsverhältnis wurde zum AUSTRITTSTERMIN einvernehmlich per Aufhebungsvertrag beendet.
5120005	Das Ausscheiden von Frau NAME erfolgte im beiderseitigen Einverständnis.
5120006	Das Anstellungsverhältnis wird auf Wunsch von Herrn NAME im besten und freundschaftlichen Einvernehmen mit uns beendet.

5120007	Das Arbeitsverhältnis wurde im Rahmen einer Betriebsänderung in bester Harmonie per Aufhebungsvertrag beendet.
5120008	Das Dienstverhältnis als GmbH-Geschäftsführer wurde anläßlich eines Eigentümerwechsels in bestem Einvernehmen beendet.
5120009	Die Muttergesellschaft FIRMA in ORT hat aufgrund der Preisentwicklung und aus produktpolitischen Gründen sowie aus übergeordneten strategischen Erwägungen entschieden, die Produktion, den Vertrieb und die Wartung von PRODUKT einzustellen. Aus diesen rein objektiven Gründen wird die stets harmonische Zusammenarbeit zum AUSTRITTSTERMIN im besten und freundschaftlichen Einvernehmen beendet.
5120010	Unsere Trennung von Frau NAME erfolgte im gegenseitigen Einvernehmen. *(Unsere Trennung = auf Initiative des Arbeitgebers)*
5120011	Das Arbeitsverhältnis endete durch einvernehmliche Trennung am AUSTRITTSTERMIN. *(Trennung = auf Initiative des Arbeitgebers)*
5120012	Wir kamen mit Herrn NAME überein, das Arbeitsverhältnis zu beenden. *(Kann Probleme andeuten)*
5120013	Das Arbeitsverhältnis wurde nach vorangegangener ordentlicher und fristgerechter arbeitnehmerseitiger Kündigung in bestem Einvernehmen zum AUSTRITTSTERMIN beendet. Wir haben aufgrund unserer angenehmen Zusammenarbeit und angesichts der langen Restlaufzeit des Arbeitsverhältnisses seinem Wunsch entsprochen, schon früher seine neuen Aufgaben übernehmen zu können.
5130000	**Arbeitgeberseitige Kündigung für alle Arbeitnehmergruppen**
	Bitte wählen Sie einen Baustein aus einer der nachfolgenden drei Gruppen: 5131 Betriebsbedingte Kündigung oder 5132 Andere Formeln oder 5133 Fristlose Kündigung.
5131000	**Betriebsbedingte arbeitgeberseitige Kündigung**
5131001	Das Ausscheiden von Herrn NAME erfolgte betriebsbedingt unter Einhaltung der Sozialauswahl.
5131002	Nach der Umstrukturierung unseres EINKAUFS-Bereichs konnten wir Frau NAME keinen neuen Arbeitsplatz in unserem Unternehmen mehr anbieten und mußten daher leider das Arbeitsverhältnis mit ihr betriebsbedingt beenden.
5131003	Leider müssen wir das Arbeitsverhältnis mit Herrn NAME aufgrund der Stillegung des Betriebs zum AUSTRITTSTERMIN beenden. Bedauerlicherweise können wir ihm auch keine Weiterbeschäftigung in einem anderen Betrieb unseres Unternehmens anbieten.

5131004	Leider müssen wir das Arbeitsverhältnis mit Herrn NAME aufgrund einer Einschränkung des Betriebs unter Beachtung der Sozialauswahl beenden. Bedauerlicherweise können wir ihm auch keine Weiterbeschäftigung auf einer anderen Stelle anbieten.
5131005	Leider mußte das Arbeitsverhältnis aus konjunkturellen Gründen fristgemäß betriebsbedingt gekündigt werden.
5131006	Leider müssen wir das Arbeitsverhältnis mit dieser guten Mitarbeiterin beenden, da der Betrieb nach ORT verlegt wird und Frau NAME aus familiären Gründen ihren Wohnsitz nicht verlegen kann.
5131007	Leider müssen wir das Arbeitsverhältnis mit Herrn NAME wegen Personalabbau betriebsbedingt aus Gründen der Sozialauswahl beenden.
5131008	Leider müssen wir das Arbeitsverhältnis mit Herrn NAME wegen einer grundlegenden Änderung der Betriebsorganisation betriebsbedingt beenden. Bedauerlicherweise können wir ihm auch keine Weiterbeschäftigung an anderer Stelle anbieten.
5131009	Wegen BEGRÜNDUNG sind wir mit Herrn NAME übereingekommen, das Arbeitsverhältnis betriebsbedingt zum AUSTRITTSTERMIN aufzulösen, da wir ihm zur Zeit leider keine andere seiner Ausbildung und seinem beruflichen Können entsprechende Position in unserem Unternehmen bieten können.
5131010	Das Arbeitsverhältnis endet zum Saisonende durch betriebsbedingte Kündigung.
5132000	**Andere Formeln für eine arbeitgeberseitige Kündigung**
5132001	Die Trennung von Frau NAME erfolgte zum AUSTRITTSTERMIN.
5132002	Das Arbeitsverhältnis endete am AUSTRITTSTERMIN.
5132003	Die Beendigung des Arbeitsverhältnisses erfolgte zum AUSTRITTSTERMIN.
5132004	Die Vertragsauflösung erfolgte zum AUSTRITTSTERMIN.
5132005	Frau NAME verläßt uns, um in einem anderen Unternehmen eine anspruchsvollere Aufgabe zu finden.
5132006	Das Arbeitsverhältnis endete mit Ablauf des Monats BEZEICHNUNG innerhalb der Probezeit. Wir bedauern, daß es nicht zu einer Festanstellung gekommen ist.
5132007	Aufgrund des Wunsches, den beruflichen Horizont zu erweitern, scheidet er aus unserem Unternehmen aus. *(Andeutung von mangelhafter Eignung)*

5132008	Herr NAME verläßt uns, um seine Berufserfahrung zu erweitern. *(Andeutung von mangelhafter Eignung)*
5132009	Zu unserem Bedauern mußten wir das Arbeitsverhältnis mit Ablauf der Freistellung zum AUSTRITTSTERMIN auflösen.
5132010	Leider sahen wir uns nicht mehr in der Lage, Herrn NAME weiter zu beschäftigen.
5132011	Wir hatten Frau NAME sehr geschätzt. Um so mehr bedauern wir, daß wir das Arbeitsverhältnis beenden mußten. *(Andeutung von Unregelmäßigkeiten)*
5132012	Das Arbeitsverhältnis mit Herrn NAME, der bei uns eine Vertrauensstellung innehatte, wurde beendet. *(Andeutung von Unregelmäßigkeiten)*
5132013	Auf Wunsch von Frau NAME haben wir das Arbeitsverhältnis zum AUSTRITTSTERMIN beendet. *(Vom Arbeitnehmer erbetene Kündigung)*

5133000	**Fristlose arbeitgeberseitige Kündigung**
	Die folgenden Bausteine drücken in Verbindung mit einem sog. krummen Austrittstermin eine fristlose Kündigung an.
5133001	Das Arbeitsverhältnis endet mit dem heutigen Tage.
5133002	Wir trennten uns am KRUMMER AUSTRITTSTERMIN.
5133003	Das Arbeitsverhältnis endete sofort / ungeplant / kurzfristig / vorzeitig /unwiderruflich am KRUMMER AUSTRITTSTERMIN.
5133004	Das Arbeitsverhältnis endete aus besonderen Gründen.
5133005	Das Arbeitsverhältnis endete gemäß § 626 BGB.
5133006	Bedauerlicherweise sahen wir uns gezwungen, das Arbeitsverhältnis zum KRUMMER AUSTRITTSTERMIN aufzulösen.
5133007	Wir hatten Frau NAME sehr geschätzt. Um so mehr bedauern wir, daß wir das Arbeitsverhältnis kurzfristig beenden mußten. *(Andeutung von Unregelmäßigkeiten)*
5133008	Das Arbeitsverhältnis mit Herrn NAME, der bei uns eine Vertrauensstellung innehatte, wurde zum KRUMMER AUSTRITTSTERMIN beendet. *(Andeutung von Unregelmäßigkeiten)*

5140000	**Beendigung durch Vertragsablauf bei befristetem Arbeitsverhältnis für alle Arbeitnehmergruppen**
5140001	Das befristete Arbeitsverhältnis endet mit Ablauf der vereinbarten Zeit.

5140002	Das Arbeitsverhältnis endet durch Zeitablauf. Zu unserem großen Bedauern können wir Herrn NAME zur Zeit keine Dauerbeschäftigung bieten.
5140003	Das Arbeitsverhältnis endet mit dem heutigen Tage durch Ablauf der vereinbarten Frist. Wir bedauern, daß wir Frau NAME zur Zeit betriebsbedingt kein unbefristetes Arbeitsverhältnis anbieten können.
5140004	Das zweckbefristete Arbeitsverhältnis endete zum AUSTRITTSTERMIN, da sich der Überbrückungsanlaß erledigt hat.
5140005	Wir lassen die Beschäftigung mit Ablauf der vereinbarten Vertragsdauer enden. *(Kann Kritik andeuten)*
5140006	Wir setzen dieses befristete Probearbeitsverhältnis nicht über die vereinbarte Dauer hinaus fort. *(Kann Kritik andeuten)*
5140007	Das befristete Arbeitsverhältnis endet auf Wunsch von Herrn NAME mit Ablauf der vereinbarten Zeit. Wir hätten das Arbeitsverhältnis gerne unbefristet fortgesetzt.
5140008	Das Arbeitsverhältnis endet zum Saisonende durch Ablauf der vereinbarten Frist.

5150000   **Grund für Zwischenzeugnis für alle Arbeitnehmergruppen**

Bitte wählen Sie einen Baustein aus einer der folgenden Gruppen 5151 bis 5159.

5151000   **Feststehendes Ende des Arbeitsverhältnisses**

5151001	Herr NAME erbat dieses vorläufige Zeugnis, da er das Arbeitsverhältnis auf eigenen Wunsch zum AUSTRITTSTERMIN beendet.
5151002	Frau NAME erhält (unaufgefordert) dieses vorläufige Zeugnis, da das Arbeitsverhältnis am AUSTRITTSTERMIN in gegenseitigem / bestem Einvernehmen beendet wird.
5151003	Herr NAME erhält dieses Zwischenzeugnis, da das Arbeitsverhältnis zum AUSTRITTSTERMIN wegen der Schließung / Verlegung des Werkes / der Filiale / der Abteilung BEZEICHNUNG enden wird.
5151004	Frau NAME erhält (unaufgefordert) dieses vorläufige Zeugnis, da das befristete Arbeitsverhältnis zum AUSTRITTSTERMIN enden wird. *(Gegen Ende längerer befristeter Arbeitsverhältnisse)*

5152000   **Mögliches Ende des Arbeitsverhältnisses**

5152001	Frau NAME erbat dieses Zwischenzeugnis anläßlich des absehbaren Endes unseres (staatlich geförderten) Großprojektes BEZEICHNUNG. Das Arbeitsverhältnis ist ungekündigt.

5152002	Herr NAME erbat dieses Zwischenzeugnis, da in unserem Unternehmen seit längerer Zeit Kurzarbeit geleistet wird.
5152003	Die bekannte wirtschaftliche Lage unseres Unternehmens macht einschneidende Restrukturierungsmaßnahmen erforderlich. Es ist möglich / geplant / entschieden, daß die BEZEICHNUNG-Aktivitäten in absehbarer Zeit beendet werden. Wegen dieser Unsicherheit der künftigen Entwicklung haben wir Frau NAME eine berufliche Neuorientierung nahelegen müssen. Dieses Zeugnis soll ihr dabei helfen, eine neue gleichwertige Aufgabe zu finden.
5152004	Grundlegende Rationalisierungs- und Dezentralisierungsmaßnahmen führen dazu, daß es künftig den Zentralbereich BEZEICHNUNG nicht mehr geben wird. Da wir Herrn NAME zum gegenwärtigen Zeitpunkt keine gleichwertige Aufgabe in unserem Unternehmen bieten können, erhält er auf eigenen Wunsch dieses Zwischenzeugnis, um sich auch außerhalb unseres Unternehmens bewerben zu können.
5152005	Herr NAME erhält (unaufgefordert) dieses Zwischenzeugnis anläßlich der Aufnahme von Sozialplanverhandlungen. Das Arbeitsverhältnis ist ungekündigt.
5152006	Frau NAME erhält (unaufgefordert) dieses Zwischenzeugnis anläßlich der Eröffnung des Vergleichsverfahrens / Konkursverfahrens.
5152007	Herr NAME bat um die Ausstellung eines Zwischenzeugnisses, da er sich auf eigenen Wunsch beruflich verändern möchte.
5153000	**Versetzung und andere Änderungen des Arbeitsverhältnisses**
5153001	Herr NAME erhält wunschgemäß dieses Zwischenzeugnis anläßlich des Abschlusses seiner Trainee-Ausbildung. Das Arbeitsverhältnis ist ungekündigt.
5153002	Frau NAME wird ab DATUM in die BEZEICHNUNG-Abteilung versetzt. Sie erhält (unaufgefordert) dieses Zwischenzeugnis anläßlich der Übernahme dieser neuen Aufgabe.
5153003	Frau NAME übernimmt zum DATUM aufgrund ihrer erfolgreichen Bewerbung auf eine interne Stellenausschreibung die Aufgabe BEZEICHNUNG. Diese Zeugnis wird ihr anläßlich der Beendigung der bisherigen Aufgabe (unaufgefordert) ausgestellt.
5153004	Mit Wirkung vom DATUM übernimmt Frau NAME in unserem Hause die Position einer BEZEICHNUNG. Das Zeugnis wird anläßlich dieser Beförderung (unaufgefordert) ausgestellt.
5153005	Herr NAME erhält dieses Zeugnis anläßlich seiner Bestellung zum Geschäftsführer / Vorstandsmitglied.

5153006	Frau NAME bat um dieses Zwischenzeugnis, da sich ihr Arbeitsgebiet aufgrund einer Neuverteilung der Aufgaben innerhalb der Abteilung wesentlich geändert hat.
5153007	Frau NAME wechselt zum DATUM auf eigenen Wunsch zu unserer Geschäftsstelle BEZEICHNUNG und bat um dieses Zwischenzeugnis.
5153008	Herr NAME erhält (unaufgefordert) dieses Zwischenzeugnis anläßlich der Übernahme/Übertragung eines anderen Verkaufsgebietes.
5153009	Dieses Zwischenzeugnis wird Frau NAME anläßlich der Neustrukturierung der Verantwortungsbereiche der Geschäftsleitung (unaufgefordert) ausgestellt.
5153010	Dieses Zwischenzeugnis erhält Herr NAME aufgrund der Umstrukturierung unseres Unternehmens zu einer Divisionalorganisation.
5153011	Dieses Zwischenzeugnis erhält Frau NAME (unaufgefordert) anläßlich ihrer Delegierung in das Großprojekt BEZEICHNUNG.
5153012	Herr NAME erhält dieses Zwischenzeugnis (unaufgefordert) anläßlich der Beendigung seiner Tätigkeit in der Arbeitsgemeinschaft BEZEICHNUNG. |//
5154000	**Wechsel des Vorgesetzten**
5154001	Frau NAME bat um dieses Zwischenzeugnis, da ihr langjähriger Vorgesetzter aus unserer Firma ausscheidet.
5154002	Dieses Zwischenzeugnis wird Herrn NAME anläßlich der Versetzung des Vorgesetzten (unaufgefordert) ausgestellt.
5154003	Herr NAME bat um dieses Zwischenzeugnis, da ein Wechsel des Vorgesetzten stattfinden wird.
5154004	Dieses Zwischenzeugnis wird Herrn NAME anläßlich der Pensionierung des Vorgesetzten (unaufgefordert) ausgestellt.
5154005	Herr NAME erbat dieses Zwischenzeugnis anläßlich eines Revirements in der Geschäftsleitung.
5155000	**Eigentümerwechsel und Rechtsformänderung**
	(Insbesondere bei Leitenden Angestellten und bei Organmitgliedern)
5155001	Frau NAME erhält dieses Zwischenzeugnis anläßlich des Übergangs des Betriebes/Betriebsteiles im Sinne von § 613a BGB auf einen anderen Inhaber.
5155002	Herr NAME erhält dieses Zeugnis anläßlich eines grundlegenden Gesellschafterwechsels.

Beendigungsformel – Alle Arbeitnehmergruppen II./515

5155003	Frau NAME erhält dieses Zeugnis anläßlich der Änderung unserer Rechtsform von BEZEICHNUNG in BEZEICHNUNG.
5156000	**Unterbrechung des Arbeitsverhältnisses**
5156001	Dieses Zwischenzeugnis wird anläßlich des Beginns des Erziehungsurlaubes (unaufgefordert) ausgestellt.
5156002	Herr NAME erbat dieses Zwischenzeugnis anläßlich seiner Einberufung zum Wehrdienst.
5156003	Herr NAME erbat dieses Zwischenzeugnis, da er ab MONAT JAHR seinen Zivildienst ableisten wird.
5156004	Herr NAME erhält dieses Zwischenzeugnis (unaufgefordert) anläßlich einer längeren Delegation ins Ausland / in eine überbetriebliche Arbeitsgemeinschaft / in ein Gemeinschaftsunternehmen.
5157000	**Vorlage bei externen Institutionen**
5157001	Herr NAME bat um dieses Zwischenzeugnis zur Vorlage bei INSTITUTION.
5157002	Herr NAME bat um dieses Zwischenzeugnis, um eine MEISTERAUSBILDUNG beginnen zu können.
5158000	**Übernahme von (politischen) Mandaten**
	Der Ausstellungsgrund darf nur mit Zustimmung des Arbeitnehmers angegeben werden.
5158001	Herr NAME erhält (unaufgefordert) dieses Zwischenzeugnis anläßlich der Übernahme eines Stadtratsmandats / Kreistagsmandats / Landtagsmandats.
5158002	Frau NAME erhält (unaufgefordert) dieses Zwischenzeugnis anläßlich ihrer Wahl in den Betriebsrat / Personalrat / Sprecherausschuß / Aufsichtsrat.
5158003	Herr NAME erhält (unaufgefordert) dieses Zwischenzeugnis anläßlich seiner Wahl zum Schwerbehindertenvertreter.
5158004	Frau NAME erhält (unaufgefordert) dieses Zwischenzeugnis anläßlich ihrer Freistellung für die Betriebsratsarbeit / Personalratsarbeit.
5159000	**Weitere Gründe**
5159001	Frau NAME erbat das Zwischenzeugnis, weil sie sich für eine weitere Teilzeitbeschäftigung bewerben möchte.
5159002	Herr NAME erhält dieses Zwischenzeugnis, da er sich beruflich verändern / verbessern möchte. *(Kann negativ wirken)*

5159003	Dieses Zwischenzeugnis wird in Erfüllung des tarifvertraglichen Anspruches auf Verlangen von Herrn NAME erstellt.
5159004	Herr NAME erhält dieses Zwischenzeugnis gemäß NUMMER des Manteltarifvertrages / Rahmentarifvertrages.
5159005	Dieses Zwischenzeugnis wird auf Wunsch von Frau NAME erstellt. Das Beschäftigungsverhältnis ist ungekündigt. Dieses Zwischenzeugnis verliert beim Erstellen eines Endzeugnisses seine Gültigkeit. *(Letzter Satz kann entfallen)*
5159006	Frau NAME erbat ein Zwischenzeugnis, da GRUND. Wir haben diesen Wunsch gern erfüllt.
5159007	Herr NAME bat die Geschäftsführung / den Vorstand / Aufsichtsrat / Beirat, seinen mehrjährigen / langjährigen Werdegang in unserem Unternehmen in einem Zwischenzeugnis darzustellen. Wir erfüllen diesen Wunsch gerne.

5500000   Beendigungsformel für Auszubildende

1. Bitte wählen Sie bei Ausbildungsabschluß unter Beachtung der Notenstufen zunächst einen Baustein aus der Gruppe 5541 Information zum Prüfungsergebnis. Bitte wählen Sie sodann einen Baustein aus einer der nachfolgenden Gruppen: 5542 Ausbildungsende mit Übernahme oder 5543 Ausbildungsende ohne Übernahme.

2. Bitte wählen Sie bei Ausbildungsabbruch im Laufe der vereinbarten Ausbildungszeit einen Baustein aus der Gruppe 5544.

3. Bitte wählen im Falle eines Zwischenzeugnisses einen Baustein aus der Gruppe 5550 Ausstellungsgrund für Zwischenzeugnis.

5540000   Beendigungsformel für Auszubildende bei Vertragsablauf

5541000   Information zum Prüfungsergebnis

(Danach Fortsetzung mit den Gruppen 5542 oder 5543)

5541100   Sehr gutes Prüfungsergebnis

5541101 a	Herr NAME hat seine Ausbildung (vorzeitig) mit sehr gutem Prüfungsergebnis / Erfolg abgeschlossen.
5541102 b	Frau NAME hat die Abschlußprüfung (vorzeitig) vor der Industrie- und Handelskammer BEZEICHNUNG mit der Gesamtnote Sehr gut abgeschlossen. Sie ist die Beste ihres Ausbildungsjahrganges in unserem Hause.
5541103 c	Herr NAME hat seine Abschlußprüfung (vorzeitig) mit der Note Sehr gut bestanden. Er wurde hierfür mit einem Preis ausgezeichnet.
5541104 d	Herr NAME hat seine Ausbildung mit sehr gutem Ergebnis (vorzeitig) abgeschlossen. Er ist der Beste seines Ausbildungsjahrganges in unserem Hause.

Beendigungsformel – Auszubildende   II./554

5541105 e Frau NAME legte am DATUM vor der Handwerkskammer BEZEICH-NUNG die Abschlußprüfung (vorzeitig) mit der Note Sehr gut ab.

5541106 f Wir beglückwünschen Frau NAME zu ihrem (vorzeitigen) Ausbildungsabschluß mit der Note Sehr gut.

5541200   Gutes Prüfungsergebnis

5541201 a Herr NAME hat seine Ausbildung (vorzeitig) mit gutem Prüfungsergebnis/Erfolg abgeschlossen.

5541202 b Frau NAME hat die Abschlußprüfung (vorzeitig) vor der Industrie- und Handelskammer BEZEICHNUNG mit der Gesamtnote Gut abgeschlossen.

5541203 c Herr NAME hat seine Abschlußprüfung (vorzeitig) mit der Note Gut bestanden.

5541204 d Herr NAME hat seine Ausbildung (vorzeitig) mit gutem Ergebnis abgeschlossen.

5541205 e Frau NAME legte am DATUM vor der Handwerkskammer BEZEICH-NUNG die Abschlußprüfung (vorzeitig) mit der Note Gut ab.

5541206 f Wir beglückwünschen Frau NAME zu ihrem (vorzeitigen) Ausbildungsabschluß mit der Note Gut.

5541300   Befriedigendes Prüfungsergebnis

5541301 a Herr NAME hat seine Ausbildung (vorzeitig) mit befriedigendem Prüfungsergebnis/Erfolg abgeschlossen.

5541302 b Frau NAME hat die Abschlußprüfung (vorzeitig) vor der Industrie- und Handelskammer BEZEICHNUNG mit der Gesamtnote Befriedigend abgeschlossen.

5541303 c Herr NAME hat seine Abschlußprüfung (vorzeitig) mit der Note Befriedigend bestanden.

5541304 d Herr NAME hat seine Ausbildung (vorzeitig) mit befriedigendem Ergebnis abgeschlossen.

5541305 e Frau NAME legte am DATUM vor der Handwerkskammer BEZEICH-NUNG die Abschlußprüfung (vorzeitig) mit der Note Befriedigend ab.

5541400   Ausreichendes Prüfungsergebnis

5541401 a Herr NAME hat seine Ausbildung (vorzeitig) zu unserer Zufriedenheit mit Erfolg abgeschlossen.

5541402 b Frau NAME hat die Abschlußprüfung (vorzeitig) vor der Industrie- und Handelskammer BEZEICHNUNG mit der Gesamtnote Ausreichend abgeschlossen.

5541403 c Herr NAME hat seine Abschlußprüfung (vorzeitig) mit der Note Ausreichend bestanden.

5541404 d Herr NAME hat seine Ausbildung (vorzeitig) mit einem ausreichendem Ergebnis abgeschlossen.

5541405 e Frau NAME legte am DATUM vor der Handwerkskammer BEZEICHNUNG die Abschlußprüfung (vorzeitig) mit der Note Ausreichend ab.

5541500   Mangelhaftes Prüfungsergebnis

Ein endgültiges Nichtbestehen der Abschlußprüfung kann auch durch eine fehlende Aussage zur Prüfungsleistung ausgedrückt werden (Leerstelle).

5541501 a Herr NAME hat versucht, seine Ausbildung zu unserer Zufriedenheit mit Erfolg abzuschließen.

5541502* Herr NAME nahm an der Abschlußprüfung teil.

5542000   Ausbildungsende mit Übernahme

5542001 Sie wird nach Ausbildungsende in das Angestelltenverhältnis übernommen, wobei sie ihrem Wunsch entsprechend zunächst in der BEZEICHNUNG-Abteilung eingesetzt wird.

5542002 Nach Beendigung seiner Ausbildungszeit haben wir Herrn NAME gern ab DATUM in unsere BEZEICHNUNG-Abteilung übernommen.

5542003 Mit Wirkung von DATUM haben wir Frau NAME als BERUFSBEZEICHNUNG in ein festes/befristetes Arbeitsverhältnis übernommen.

5542004 Herr NAME wird nach Ausbildungsende seinen WEHRDIENST/ZIVILDIENST antreten. Wir hoffen, daß er danach in unseren Betrieb zurückkehrt.

5542005 Auf Wunsch der Abteilung und auf Wunsch von Herrn NAME übernehmen wir ihn nach Ende der Ausbildung als BERUFSBEZEICHNUNG in die Abteilung BEZEICHNUNG.

5542006 Herr NAME setzt als BERUFSBEZEICHNUNG seine berufliche Weiterentwicklung in unserer Abteilung BEZEICHNUNG fort, was wir sehr begrüßen.

5542007 Mehrere Abteilungen wollten Frau NAME nach dem Ausbildungsende übernehmen. Ab DATUM wird sie in unserer Abteilung BEZEICHNUNG als BERUFSBEZEICHNUNG arbeiten. Wir freuen uns auf die weitere Zusammenarbeit und hoffen, daß sie unserem Unternehmen noch lange erhalten bleibt.

Beendigungsformel – Auszubildende

5542008	Nach Beendigung der Ausbildung übernehmen wir Frau NAME aus betrieblichen Gründen / Budgetgründen / haushaltsrechtlichen Gründen zunächst im Rahmen eines befristeten Arbeitsverhältnisses in unsere Abteilung BEZEICHNUNG.
5542009	Zum DATUM wird Herr NAME in ein festes Arbeitsverhältnis übernommen. *(Kann bei fehlendem Ausbildungsabschluß gewählt werden)*
5543000	**Ausbildungsende ohne Übernahme**
	Falls ein Auszubildender wegen Leistungsmängel nicht übernommen wird, kann auf eine Aussage zur Übernahme auch verzichtet werden (= Leerstelle).
5543001	Frau NAME verläßt uns mit Abschluß der Ausbildung. Da wir über Bedarf ausgebildet haben, können wir dieses Mal (leider) unsere Auszubildenden nicht in ein Arbeitsverhältnis übernehmen.
5543002	Herr NAME verläßt uns mit Abschluß der Ausbildung. Da wir über Bedarf ausgebildet haben, können wir dieses Mal (leider) nicht alle Auszubildenden in ein Arbeitsverhältnis übernehmen.
5543003	Frau NAME verläßt uns mit Abschluß der Ausbildung, da wir aus Budgetgründen / wegen knapper Haushaltsmittel nicht alle ausgelernten Auszubildenden in ein Arbeitsverhältnis übernehmen können.
5543004	Herr NAME verläßt uns mit Ausbildungsende auf eigenen Wunsch. Wir hätten ihn gerne als Mitarbeiter übernommen.
5543005	Frau NAME verläßt unser Unternehmen nach Beendigung ihrer Berufsausbildung (auf eigenen Wunsch), um die Hochschulreife zu erlangen / zu studieren.
5543006	Herr NAME leistet nach der Ausbildung WEHRDIENST / ZIVILDIENST. Da er sich anschließend weiterbilden möchte, wurde von der Übernahme in ein Arbeitsverhältnis abgesehen.
5544000	**Ausbildungsende durch Ausbildungsabbruch**
5544001	Herr NAME verläßt uns auf eigenen Wunsch, um eine andere Ausbildung aufzunehmen.
5544002	Das Ausbildungsverhältnis endete auf Wunsch von Frau NAME am AUSTRITTSTERMIN.
5544003	Frau NAME verläßt unser Unternehmen am AUSTRITTSTERMIN auf eigenen Wunsch.
5544004	Herr NAME hat erkannt, daß seine Begabungsschwerpunkte auf einem anderen Gebiet liegen, und beabsichtigt deshalb, eine neue Ausbildung zu beginnen.

II./554 – 560   Bausteinübersicht S. 113 – 116, Beurteilungsbögen S. 117 – 125

5544005	Herr NAME verläßt uns auf eigenen Wunsch, um die begonnene Ausbildung in einem anderen Unternehmen fortzusetzen. *(Kein endgültiger Abbruch)*
5544006	Frau NAME verläßt uns zum AUSTRITTSTERMIN, da sie die Ausbildung nicht fortsetzen will.
5544007	Das Ausbildungsverhältnis endet während der Probezeit.
5544008	Das Ausbildungsverhältnis endet mit Ablauf der Probezeit. Wir haben Herrn NAME empfohlen, einen anderen Beruf zu erlernen.
5544009	Das Ausbildungsverhältnis endete kurzfristig am KRUMMER AUSTRITTSTERMIN. *(Fristlose Kündigung durch den Ausbildenden)*
5544010	Das Ausbildungsverhältnis endete gemäß § 15 Abs. 2 Ziffer 1 Berufsbildungsgesetz. *(= Fristlose Kündigung durch den Ausbildenden)*
5550000	**Grund für Zwischenzeugnis**
5550001	Dieses Zwischenzeugnis erhält Herr NAME auf eigenen Wunsch.
5550002	Dieses Zwischenzeugnis erhält Frau NAME zur Vorlage bei INSTITUTION.
5550003	Dieses Zwischenzeugnis erhält Herr NAME, um für die Zeit nach Ausbildungsende ein Arbeitsverhältnis finden zu können. Da wir über Bedarf ausgebildet haben, können wir dieses Mal unsere Auszubildenden nicht in ein Arbeitsverhältnis übernehmen.
5550004	Dieses Zwischenzeugnis erhält Frau NAME, um für die Zeit nach Ausbildungsende ein Arbeitsverhältnis finden zu können. Da wir in der Vergangenheit über Bedarf ausgebildet haben, können wir dieses Mal nicht alle unsere Auszubildenden in ein Arbeitsverhältnis übernehmen.
5550005	Wir stellen allen Auszubildenden Zwischenzeugnisse aus, da zur Zeit eine Übernahme nach Ausbildungsende noch nicht zugesagt werden kann.
5550006	Herr NAME bat um dieses Zwischenzeugnis, weil er nach Ausbildungsende seine Kenntnisse durch neuartige Erfahrungen in einem anderen Unternehmen ausbauen möchte.
5550007	Frau NAME erhält (unaufgefordert) dieses Zwischenzeugnis anläßlich ihrer Wahl zur Jugend- und Auszubildendenvertreterin. *(Angabe des Grundes nur mit Zustimmung der Auszubildenden)*
5600000	**Beendigungsformel für Praktikanten und Volontäre**
5600001	Frau NAME verläßt uns nach Beendigung des ZAHL-monatigen Praktikums vertragsgemäß.

5600002	Herr NAME verläßt uns nach Ablauf der vereinbarten Praktikumszeit, um sein Studium an der HOCHSCHULE fortzusetzen.
5600003	Frau NAME verläßt uns nach Ablauf der vereinbarten Frist.
5600004	Frau NAME beendet ihr Volontariat in unserem Hause mit Ablauf der vereinbarten Zeit.
6000000	**Dankes-Bedauern-Formel**
6100000	**Dankes-Bedauern-Formel für alle Arbeitnehmergruppen**
6110000	**Dankes-Bedauernsformel im Endzeugnis für alle Arbeitnehmergruppen**
6110100	**Sehr gute Dankes-Bedauernsformel im Endzeugnis**
6110101 a	Wir bedauern sehr, eine so exzellente Fach- und Führungskraft zu verlieren. Für die stets vorbildliche Leitung unseres Bereiches BEZEICHNUNG sind wir ihm zu großem Dank verpflichtet. Er hat einen entscheidenden Beitrag zur Entwicklung des Unternehmens und des Goodwills geleistet.
6110102 b	Wir danken Herrn NAME für die stets sehr gute und produktive Zusammenarbeit und bedauern sehr, ihn zu verlieren. Zugleich haben wir Verständnis dafür, daß er die ihm gebotene (einmalige) Chance nutzt.
6110103 c	Wir danken Frau NAME für ihre stets sehr hohen Leistungen und bedauern den Verlust dieser sehr guten Facharbeiterin. *(Ihren späteren Wiedereintritt würden wir begrüßen.)*
6110104 d	Wir danken Herrn NAME für sein stets unermüdliches und erfolgreiches Wirken und bedauern seinen Unternehmenswechsel sehr. Wir sind überzeugt, daß er auch in seinem neuen Verantwortungsbereich außerordentliche Erfolge erzielen wird.
6110105 e	Wir danken ihr für ihre stets sehr guten Leistungen und bedauern ihr Ausscheiden sehr.
6110106 f	Wir bedauern ihr Ausscheiden sehr und danken dieser erstklassigen und bewährten Fachkraft für ihr stets weit überdurchschnittliches Engagement. Wir können sie fachlich und persönlich bestens empfehlen.
6110107 g	Wir danken dieser stets sehr guten Fachkraft und bedauern ihr Ausscheiden. Bei einer Besserung der Unternehmenslage werden wir sie gern wieder beschäftigen. *(Bei betriebsbedingter Kündigung)*
6110108 h	Für die langjährige fruchtbare und wertvolle Zusammenarbeit sind wir Herrn NAME zu Dank verpflichtet. Wir bedauern es sehr, diesen ausgezeichneten Mitarbeiter zu verlieren.

II./611 Alle Bausteine können für Männer und Frauen verwendet werden

6110109 i   Wir danken Frau NAME für die stets produktive und äußerst erfolgreiche Zusammenarbeit und bedauern ihr Ausscheiden sehr.

6110110 j   Wir verlieren mit dem Weggang von Herrn NAME einen stets sehr tüchtigen Mitarbeiter, was wir außerordentlich bedauern.

6110111 k   Wir bedauern es außerordentlich, daß Frau NAME uns verläßt, und danken ihr für die stets sehr gute Mitarbeit in unserem Hause.

6110112 l   Wir danken ihm für seine stets sehr guten Leistungen und die äußerst angenehme Zusammenarbeit. Wir bedauern aufrichtig, ihn zu verlieren.

6110113 m   Wir sagen ihm Dank für ZAHL Jahre engagierter und treuer Arbeit in unserem Unternehmen, zu dessen Erfolg er durch sein Wirken maßgeblich beigetragen hat. *(Pensionierung)*

6110114 n   Wir sagen diesem äußerst tüchtigen Experten Dank für ZAHL Jahre engagierter und treuer Mitarbeit. Er hat auf seinem Arbeitsplatz maßgeblich zum Erfolg der Abteilung beigetragen. *(Pensionierung)*

6110115 o   Wir bekräftigen unsere sehr gute Beurteilung von Frau NAME, indem wir ihr für ihre Leistungen danken und ihr Ausscheiden außerordentlich bedauern.

6110116 p   Wir danken ihr für ihre wertvollen Dienste und bedauern, diese tüchtige und angenehme Mitarbeiterin zu verlieren. Es wird sehr schwer sein, eine gleichwertige Nachfolgerin zu finden.

6110117 q   Wir danken Frau NAME für die stets sehr hohen Leistungen und bedauern ihr Ausscheiden sehr. Zugleich haben wir aber volles Verständnis für ihre weitergehenden Ausbildungspläne. Wir würden es begrüßen, wenn sie sich nach der Weiterbildung erneut bei uns bewürbe.

6110118 r   Wir danken ihm für seine außergewöhnlichen Leistungen und die stets angenehme Zusammenarbeit. Wir bedauern sehr, einen Mitarbeiter mit so vielseitigen Potentialen und eine so fähige Führungskraft zu verlieren.

6110119 s   Wir danken Herrn NAME für seine sehr guten Leistungen und seine herausragenden Erfolge und bedauern sein Ausscheiden sehr, da wir mit ihm eine unternehmerisch handelnde Führungspersönlichkeit verlieren.

6110120 ∗   Wir danken ihm für sein äußerst wertvolles Wirken an verantwortlicher Stelle und bedauern es außerordentlich, ihn zu verlieren.

6110121 ∗   Wir bedauern den Weggang von Herrn NAME sehr. Wir verlieren mit ihm einen tüchtigen und nur schwer ersetzbaren Mitarbeiter.

6110122* Wir bedauern sein Ausscheiden sehr und danken für die überaus konstruktive Arbeit. Aufgrund seiner Verdienste können wir ihn bestens empfehlen. Ein künftiger Wiedereintritt würde in der Geschäftsleitung allseits befürwortet.

6110123* Wir danken Frau NAME für die stets sehr hohen Leistungen und bedauern ihr Ausscheiden sehr. Wir haben Verständnis für ihre Entscheidung, da wir ihr zur Zeit kein Vollzeit-Arbeitsverhältnis, sondern leider nur ein Teilzeit-Arbeitsverhältnis bieten können.

6110124* Wir verlieren mit ihm einen aufgeschlossenen und förderungswürdigen jungen Mitarbeiter mit guten beruflichen Perspektiven. Wir bedauern seinen Weggang, haben jedoch Verständnis für seinen Wunsch.

6110125* Wir sind Herrn NAME wegen seines engagierten Wirkens für das Unternehmen zu großem Dank verpflichtet. Wir bedauern sein Ausscheiden, weil wir mit ihm eine Persönlichkeit mit hoher Fach- und Führungskompetenz verlieren. Wir haben aber Verständnis für seine Entscheidung, eine Leitungsposition mit noch größerer Verantwortung zu übernehmen, die wir ihm leider zur Zeit nicht bieten können.

6110126* Wir danken Frau NAME für die hervorragende Zusammenarbeit. Wir verlieren mit ihr eine erfahrene Spezialistin, verstehen aber, daß sie im Rahmen ihrer beruflichen Entwicklung ihr Tätigkeitsspektrum vergrößern will.

6110127* Wir bedauern sein Ausscheiden außerordentlich und danken ihm für seine wertvolle Mitarbeit. Herr NAME hat sich um unser Unternehmen bleibende Verdienste erworben.

6110128* Wir bedauern außerordentlich, aus den genannten rein objektiven Gründen die effiziente und angenehme Zusammenarbeit nicht fortsetzen zu können. Wir sind Herrn NAME für sein engagiertes Wirken zu großem Dank verpflichtet. Er hat mit der Aufbauarbeit und mit seiner langjährigen Geschäftsführung maßgeblich zum Ansehen unseres Unternehmensverbundes beigetragen. Sein herausragender Erfolg prädestiniert ihn zur Übernahme noch anspruchsvollerer Herausforderungen.

6110200 Gute Dankes-Bedauernsformel im Endzeugnis

6110201 a Wir bedauern, eine so gute Fach- und Führungskraft zu verlieren. Für die stets gute Leitung unseres Bereiches BEZEICHNUNG sind wir ihm zu großem Dank verpflichtet. Er hat einen großen Beitrag zur Unternehmensentwicklung geleistet.

6110202 b Wir danken Herrn NAME für die stets gute Zusammenarbeit und bedauern sehr, ihn zu verlieren. Zugleich haben wir Verständnis dafür, daß er die ihm gebotene (einmalige) Chance nutzt.

6110203 c Wir danken Frau NAME für ihre hohen Leistungen und bedauern den Verlust dieser guten Facharbeiterin.

6110204 d Wir danken Herrn NAME für sein unermüdliches und erfolgreiches Wirken und bedauern seinen Unternehmenswechsel sehr. Wir sind überzeugt, daß er auch in seinem neuen Verantwortungsbereich bedeutende Erfolge erzielen wird.

6110205 e Wir danken ihm für seine stets guten Leistungen und bedauern sein Ausscheiden sehr.

6110206 f Wir bedauern ihr Ausscheiden und danken dieser guten und bewährten Fachkraft für das weit überdurchschnittliche Engagement. Wir können sie fachlich und persönlich empfehlen.

6110207 g Wir danken dieser stets guten Fachkraft und bedauern ihr Ausscheiden. Bei einer Besserung der Unternehmenslage werden wir sie gern wieder beschäftigen. *(Bei betriebsbedingter Kündigung)*

6110208 h Wir danken für die langjährige wertvolle Zusammenarbeit und bedauern es, diesen guten Mitarbeiter zu verlieren.

6110209 i Wir danken Frau NAME für die stets gute und erfolgreiche Zusammenarbeit und bedauern ihr Ausscheiden sehr.

6110210 j Wir verlieren mit dem Weggang von Herrn NAME einen stets tüchtigen Mitarbeiter, was wir sehr bedauern.

6110211 k Wir bedauern es sehr, daß Frau NAME uns verläßt, und danken ihr für die stets gute Mitarbeit in unserem Hause.

6110212 l Wir danken ihm für seine stets guten Leistungen und die angenehme Zusammenarbeit. Wir bedauern wirklich, ihn zu verlieren.

6110213 m Wir sagen ihm Dank für ZAHL Jahre engagierter und treuer Arbeit in unserem Unternehmen, zu dessen Erfolg er wesentlich beigetragen hat. *(Pensionierung)*

6110214 n Wir sagen diesem tüchtigen Experten Dank für ZAHL Jahre engagierter und treuer Mitarbeit. Er hat auf seinem Arbeitsplatz wesentlich zum Erfolg der Abteilung beigetragen. *(Pensionierung)*

6110215 o Wir bekräftigen unsere gute Beurteilung von Frau NAME, indem wir ihr für ihre Leistungen danken und ihr Ausscheiden sehr bedauern.

6110216 p Wir danken ihr für ihre hohen Leistungen und bedauern, diese tüchtige und angenehme Mitarbeiterin zu verlieren. Es wird schwer sein, eine gleichwertige Nachfolgerin zu finden.

6110217 q Wir danken Frau NAME für ihre stets hohen Leistungen und bedauern ihr Ausscheiden sehr. Zugleich haben wir aber Verständnis für ihre weitergehenden Ausbildungspläne. Wir würden es begrüßen, wenn sie sich nach ihrer Weiterbildung erneut bei uns bewürbe.

| | Dankes-Bedauern-Formel – Alle Arbeitnehmer | II./611 |

| 6110218 r | Wir danken ihm für seine guten Leistungen und die stets angenehme Zusammenarbeit. Wir bedauern, einen Mitarbeiter mit solchen Potentialen und eine so fähige Führungskraft zu verlieren. |

| 6110219 s | Wir danken Herrn NAME für seine guten Leistungen und seine großen Erfolge und bedauern sein Ausscheiden, da wir mit ihm eine unternehmerisch handelnde Führungskraft verlieren. |

6110300 Befriedigende Dankes-Bedauern-Formel im Endzeugnis

| 6110301 a | Wir bedauern, eine so gute Fach- und Führungskraft zu verlieren. Für die gute Leitung unseres Bereiches BEZEICHNUNG danken wir. |

| 6110302 b | Wir danken Herrn NAME für die gute Zusammenarbeit und bedauern, ihn zu verlieren. Zugleich haben wir Verständnis dafür, daß er die ihm gebotene Chance nutzt. |

| 6110303 c | Wir danken Frau NAME für die gute Leistung und bedauern den Verlust dieser Facharbeiterin. |

| 6110304 d | Wir danken Herrn NAME für sein Wirken und bedauern seinen Unternehmenswechsel. Wir sind überzeugt, daß er auch in seinem neuen Verantwortungsbereich gute Erfolge erzielen wird. |

| 6110305 e | Wir danken ihm für seine gute Leistung und bedauern sein Ausscheiden. |

| 6110306 f | Wir bedauern ihr Ausscheiden und danken dieser guten und bewährten Fachkraft für das stete Engagement. |

| 6110307 g | Wir danken dieser bewährten Fachkraft und bedauern ihr Ausscheiden. Bei einer Besserung der Unternehmenslage würden wir sie wieder beschäftigen. *(Bei betriebsbedingter Kündigung)* |

| 6110308 h | Wir danken für die langjährige gute Zusammenarbeit und bedauern es, daß dieser Mitarbeiter uns verläßt. |

| 6110309 i | Wir danken Frau NAME für die erfolgreiche Zusammenarbeit und bedauern das Ausscheiden. |

| 6110310 j | Mit dem Weggang von Herrn NAME verläßt uns ein tüchtiger Mitarbeiter, was wir bedauern. |

| 6110311 k | Wir bedauern es, daß Herr NAME uns verläßt, und danken für seine Mitarbeit. |

| 6110312 l | Wir danken ihm für seine guten Leistungen und die angenehme Zusammenarbeit. Wir bedauern, daß er uns verläßt. |

| 6110313 m | Wir danken ihm für ZAHL Jahre treuer Arbeit in unserem Unternehmen, an dessen Erfolg er mitgewirkt hat. *(Pensionierung)* |

6110314n Wir danken dieser tüchtigen Fachkraft für ZAHL Jahre treuer Mitarbeit. Sie hat auf ihrem Arbeitsplatz zum Erfolg der Abteilung beigetragen. *(Pensionierung)*

6110400 Ausreichende Dankes-Bedauern-Formel im Endzeugnis

In folgenden Bausteinen wird den Mitarbeitern zwar schwach oder mit Ironie gedankt. Das Ausscheiden wird nicht bedauert. Will man einem Mitarbeiter nicht danken und bedauert man sein Ausscheiden nicht, so kann auf diese Zeugniskomponente auch verzichtet werden.

6110401 a Für die Leitung unseres Bereiches BEZEICHNUNG bedanken wir uns.

6110402 b Wir bedanken uns (für die Zusammenarbeit).

6110403 * Wir bedanken uns für die Zugehörigkeit zu unserem Hause.

6110404 * Wir waren mit ihm zufrieden und danken.

6110405 * Wir haben keine Bedenken, uns bei Herrn NAME zu bedanken.

6110406 * Wir danken (ihr).

6110500 Mangelhafte Dankes-Bedauern-Formel im Endzeugnis

Will man einem Mitarbeiter nicht danken und bedauert man sein Ausscheiden nicht, so kann auf diese Zeugniskomponente auch verzichtet werden.

6110501 a Für das stete Bestreben, unseren Bereich BEZEICHNUNG gut zu leiten, bedanken wir uns.

6110502 b Wir bedanken uns für das stete Interesse an einer guten Zusammenarbeit.

6110503 * Wir können unseren Dank für die stets gegebene Arbeitsbereitschaft nicht versagen.

6110504 * Für sein stetes Streben nach einer guten Arbeit bedanken wir uns.

6110505 * Wir bedanken uns für seine Mitarbeit, da er stets bestrebt war, den hohen Anforderungen des Arbeitsplatzes gerecht zu werden.

6110506 * Wir bedanken uns dafür, daß wir Herrn NAME kennengelernt haben. *(Ironie)*

6110507 * Frau NAME hat sich im Rahmen ihrer Fähigkeiten engagiert, wofür wir uns bedanken.

6110508 * Wir danken ihm für sein Bemühen.

6110509 * Wir bedauern, auf die weitere Mitarbeit von Frau NAME verzichten zu müssen.

6110510 * Wir danken ihr bei dieser Gelegenheit. *(Weil sie geht)*

6110511* Es erübrigt sich zu sagen, daß wir Herrn NAME danken und sein Ausscheiden bedauern.

6110512* Wir bedauern die Trennung, möchten uns dem Wunsch nach einer beruflichen Veränderung aber nicht in den Weg stellen.

6110513* Wir bedauern die Notwendigkeit / Gründe / Umstände des Ausscheidens.

6150000 Dankes-Bedauern-Formel im Zwischenzeugnis für alle Arbeitnehmergruppen

6150100 Sehr gute Dankes-Bedauern-Formel im Zwischenzeugnis

6150101 a Wir danken Herrn NAME für seine stets sehr guten Leistungen (und freuen uns auf eine weiterhin fruchtbare und angenehme Zusammenarbeit).

6150102 b Wir bedauern den von Frau NAME beabsichtigten Fortgang außerordentlich. Für die stets sehr guten Leistungen danken wir sehr.

6150103* Dem Wunsch nach einem Zwischenzeugnis sind wir gern nachgekommen. Wir wünschen uns auch zukünftig die Fortsetzung der konstruktiven und angenehmen Zusammenarbeit.

6150200 Gute Dankes-Bedauern-Formel im Zwischenzeugnis

6150201 a Wir danken Herrn NAME für seine stets guten Leistungen (und freuen uns auf eine weiterhin fruchtbare und angenehme Zusammenarbeit).

6150202 b Wir bedauern den von Frau NAME beabsichtigten Fortgang sehr. Für die stets guten Leistungen danken wir sehr.

6150300 Befriedigende Dankes-Bedauern-Formel im Zwischenzeugnis

6150301 a Wir danken Herrn NAME für seine gute Leistung.

6150302 b Wir bedauern den von Frau NAME beabsichtigten Fortgang. Für die gute Leistung danken wir.

6150400 Ausreichende Dankes-Bedauern-Formel im Zwischenzeugnis

6150401 a Wir bedanken uns bei Herrn NAME für seine Mitarbeit.

6150402* Wir bedanken uns für die Zusammenarbeit.

6150500 Mangelhafte Dankes-Bedauern-Formel im Zwischenzeugnis

6150501 a Wir bedanken uns bei Herrn NAME für sein Interesse.

6150502* Für sein stetes Streben nach einer guten Leistung bedanken wir uns.

II./650 – 651   Bausteinübersicht S. 113 – 116, Beurteilungsbögen S. 117 – 125

6500000 **Dankes-Bedauern-Formel für Auszubildende**

6510000 **Dankes-Bedauern-Formel im Endzeugnis für Auszubildende**

Bedauern kommt in einem Ausbildungszeugnis nur in Frage, wenn der Auszubildende das Unternehmen verläßt.

6510100 **Sehr gute Dankes-Bedauern-Formel bei Ausbildungsende**

6510101 a Wir danken ihr für die sehr gute und angenehme Zusammenarbeit während der Ausbildungszeit.

6510102 b Wir bedauern es sehr, diese tüchtige junge Kraft zu verlieren. Zugleich haben wir aber Verständnis dafür, daß Herr NAME durch die Tätigkeit in einem anderen Unternehmen seine berufliche Bildung erweitern möchte. Für die Entlastung, die seine Mitarbeit mit fortschreitendem Berufswissen brachte, möchten wir ihm ausdrücklich danken.

6510103 c Wir bedauern es sehr, Frau NAME zu verlieren. Wir haben aber Verständnis dafür, daß sie ihre langfristigen beruflichen Möglichkeiten durch ein Studium ausbauen möchte. Gegen Ende der Ausbildung arbeitete sie wie eine vollwertige Kraft, wofür wir ihr ausdrücklich danken.

6510104 d Wir bedauern es sehr, mit Herrn NAME unseren besten Auszubildenden zu verlieren. Wir haben aber Verständnis dafür, daß ein junger Mann nach dem Ausbildungsende auch andere Unternehmen kennenlernen will. Für seine entlastende Mitarbeit und für seine Unterstützung der anderen Auszubildenden danken wir ihm ausdrücklich.

6510105 e Wir bedauern den Fortgang von Frau NAME außerordentlich. Für ihre entlastende Mitarbeit danken wir sehr.

6510200 **Gute Dankes-Bedauern-Formel bei Ausbildungsende**

6510201 a Wir danken ihr für die gute und angenehme Zusammenarbeit während der Ausbildungszeit.

6510202 b Wir bedauern es, diese tüchtige junge Kraft zu verlieren. Zugleich haben wir aber Verständnis dafür, daß Herr NAME durch die Tätigkeit in einem anderen Unternehmen seine berufliche Bildung fortsetzen möchte. Für seine Arbeit danken wir ihm sehr.

6510203 c Wir bedauern es, Frau NAME zu verlieren. Wir haben aber Verständnis dafür, daß sie ihre langfristigen beruflichen Möglichkeiten durch ein Studium ausbauen möchte.

6510204 d Wir bedauern es, mit Herrn NAME einen unserer besten Auszubildenden zu verlieren. Wir haben aber Verständnis dafür, daß ein junger Mann nach dem Ausbildungsende auch andere Unternehmen kennenlernen will.

Dankes-Bedauern-Formel – Auszubildende II./651 – 655

6510205 e Wir bedauern den Fortgang von Frau NAME sehr. Für ihre Mitarbeit danken wir ihr.

6510300 Befriedigende Dankes-Bedauern-Formel bei Ausbildungsende

6510301 a Wir danken ihr für die angenehme Zusammenarbeit während der Ausbildungszeit.

6510302 b Wir bedauern den Fortgang dieser jungen Kraft. Zugleich haben wir aber Verständnis dafür, daß Herr NAME in einem anderen Unternehmen seine berufliche Bildung ergänzen und fortsetzen möchte.

6510303 c Wir bedauern den Fortgang von Frau NAME. Wir haben aber Verständnis dafür, daß sie ein Studium aufnehmen möchte.

6510304 d Wir bedauern es, mit Herrn NAME einen ausgelernten Auszubildenden zu verlieren. Wir haben aber Verständnis dafür, daß ein junger Mann nach dem Ausbildungsende auch andere Unternehmen kennenlernen will.

6510305 e Wir bedauern den Fortgang von Frau NAME und danken ihr.

6510400 Ausreichende Dankes-Bedauern-Formel bei Ausbildungsende

6510401 a Wir bedanken uns für die Zusammenarbeit während der Ausbildungszeit.

6510402 * Wir waren zufrieden und bedanken uns.

6510500 Mangelhafte Dankes-Bedauern-Formel bei Ausbildungsende

6510501 a Wir bedanken uns für die Bemühungen während der Ausbildungszeit.

6510502 * Wir bedanken uns dafür, daß wir ihn kennengelernt haben.

6550000 Dankes-Bedauern-Formel im Zwischenzeugnis für Auszubildende

6550100 Sehr gute Dankes-Bedauern-Formel im Zwischenzeugnis

6550101 a Wir danken ihr für die sehr gute und angenehme Zusammenarbeit während der bisherigen Ausbildungszeit.

6550102 b Wir bedauern den bevorstehenden Fortgang von Frau NAME außerordentlich. Für ihre bisherige entlastende Mitarbeit danken wir ihr schon heute sehr.

6550103 c Wir bedauern es außerordentlich, daß betriebsbedingt in diesem Jahr keine Übernahme in ein Arbeitsverhältnis möglich ist.

6550200 Gute Dankes-Bedauern-Formel im Zwischenzeugnis

6550201 a Wir danken ihr für die gute und angenehme Zusammenarbeit während der bisherigen Ausbildungszeit.

II./655 – 660 Alle Bausteine können für Männer und Frauen verwendet werden

6550202 b Wir bedauern den bevorstehenden Fortgang von Frau NAME sehr. Für ihre Mitarbeit danken wir ihr schon heute.

6550203 c Wir bedauern es sehr, daß betriebsbedingt in diesem Jahr keine Übernahme in ein Arbeitsverhältnis möglich ist.

6550300 Befriedigende Dankes-Bedauern-Formel im Zwischenzeugnis

6550301 a Wir danken ihr für die angenehme Zusammenarbeit während der bisherigen Ausbildungszeit.

6550302 b Wir bedauern den bevorstehenden Fortgang von Frau NAME und danken ihr.

6550303 c Wir bedauern es, daß betriebsbedingt in diesem Jahr keine Übernahme in ein Arbeitsverhältnis möglich ist.

6550400 Ausreichende Dankes-Bedauern-Formel im Zwischenzeugnis

6550401 a Wir bedanken uns für die Zusammenarbeit während der bisherigen Ausbildungszeit.

6550402 b Wir waren zufrieden und bedanken uns anläßlich des bevorstehenden Fortganges.

6550500 Mangelhafte Dankes-Bedauern-Formel im Zwischenzeugnis

6550501 a Wir bedanken uns für die Bemühungen während der Ausbildungszeit.

6550502 b Wir bedanken uns anläßlich des bevorstehenden Fortganges für das wiederholt an der Ausbildung gezeigte Interesse.

6600000 Dankes-Bedauern-Formel für Praktikanten und Volontäre

6600100 Sehr gute Dankes-Bedauern-Formel

6600101 a Wir danken Herrn NAME für seine stets sehr guten Leistungen. Die von ihm entwickelte Problemlösung für BEZEICHNUNG hat uns absolut überzeugt, so daß wir sie einführen werden.

6600102 b Für die stets sehr gute Zusammenarbeit danken wir.

6600103 c Wir danken Frau NAME für ihr stets großes Engagement und die praktische Anwendung ihrer sehr guten Kenntnisse im Bereich BEZEICHNUNG. So konnten auch wir von diesem Praktikum profitieren.

6600104 ✶ Für sein Engagement und seine überzeugenden Leistungen danken wir ihm sehr. Er gab durch seine Arbeit die beste Empfehlung, auch künftig wieder Praktikanten der Fachhochschule / Universität BEZEICHNUNG zu beschäftigen.

6600200	**Gute Dankes-Bedauern-Formel**
6600201 a	Wir danken Herrn NAME für seine stets guten Leistungen. Die von ihm entwickelte Problemlösung für BEZEICHNUNG hat uns überzeugt, so daß wir sie einführen werden.
6600202 b	Für die stets gute Zusammenarbeit danken wir.
6600203 c	Wir danken Frau NAME für ihr großes Engagement und die praktische Anwendung ihrer guten Kenntnisse im Bereich BEZEICHNUNG. So konnten auch wir von diesem Praktikum profitieren.
6600300	**Befriedigende Dankes-Bedauern-Formel**
6600301 a	Wir danken Herrn NAME für seine gute Leistung. Die von ihm entwickelte Problemlösung hat uns zugesagt.
6600302 b	Für die gute Zusammenarbeit danken wir.
6600303 c	Wir danken Frau NAME für ihr Engagement und die Anwendung ihrer Kenntnisse im Bereich BEZEICHNUNG.
6600400	**Ausreichende Dankes-Bedauern-Formel**
6600401 a	Wir bedanken uns bei Herrn NAME für seine Mitarbeit.
6600402 b	Für die Zusammenarbeit bedanken wir uns.
6600500	**Mangelhafte Dankes-Bedauern-Formel**
6600501 a	Wir bedanken uns bei Herrn NAME für sein Interesse an der Praxis.
6600502 b	Es erübrigt sich zu sagen, daß wir uns für die Zusammenarbeit bedanken.
7000000	**Zukunftswünsche**
7100000	**Zukunftswünsche für alle Arbeitnehmergruppen**
7100100	**Sehr gute Zukunftswünsche**
7100101 a	Wir wünschen diesem engagierten, tüchtigen, vorwärtsstrebenden Mitarbeiter auf seinem weiteren Berufs- und Lebensweg alles Gute und weiterhin viel Erfolg.
7100102 b	Wir wünschen Frau NAME auf ihrem weiteren Berufs- und Lebensweg alles Gute und weiterhin viel Erfolg.
7100103 c	Wir wünschen Frau NAME für ihre weitere Karriere in unserem Hause alles Gute und weiterhin viel Erfolg. *(Zwischenzeugnis)*
7100104 d	Wir wünschen Herrn NAME und seiner Ehefrau im wohlverdienten Ruhestand alles Gute, beste Gesundheit und einen erfüllten, langen Lebensabend. *(Pensionierung)*

7100105 e	Wir wünschen Frau NAME, daß sie die Zeit im wohlverdienten Ruhestand bei bester Gesundheit aktiv und mit viel Freude genießen kann. *(Pensionierung)*
7100106 f	Wir wünschen diesem allseits anerkannten Mitarbeiter auf seinem weiteren Berufs- und Lebensweg alles Gute und weiterhin viel Erfolg.
7100107 g	Wir wünschen dieser vorbildlichen Mitarbeiterin beruflich und persönlich alles Gute und weiterhin viel Erfolg.
7100108 h	Wir wünschen Herrn NAME, einem unserer besten FACHARBEITER, beruflich und persönlich alles Gute und weiterhin viel Erfolg.
7100109 i	Wir wünschen dieser exzellenten Fach- und Führungskraft für den weiteren Berufs- und Lebensweg in jeder Hinsicht alles Gute und weiterhin viel Fortune.
7100110 j	Wir wünschen Herrn NAME, der sich in unserem Hause außerordentliche/bleibende Verdienste erworben hat, in jeder Hinsicht alles Gute und weiterhin unternehmerischen Erfolg.
7100111 k	Wir wünschen ihr alles Gute und für ihre weitere Arbeit zum Nutzen unseres Unternehmens/unserer Unternehmensgruppe weiterhin viel Erfolg. *(Bei internem Wechsel)*
7100112*	Wir wünschen Herrn NAME, der entscheidend zu unserer heutigen führenden Stellung beigetragen hat, beruflich weiterhin den Erfolg des Tüchtigen und für seine persönliche Zukunft in jeder Hinsicht alles Gute.
7100113*	Wir wünschen Herrn NAME auf seinem weiteren Berufs- und Lebensweg alles Gute und weiterhin den Erfolg des Tüchtigen.
7100114*	Die Mitglieder des Aufsichtsrats/Die Gesellschafter wünschen Herrn NAME, der richtungsweisend und entscheidend die positive Entwicklung des Unternehmens gestaltet hat, alles Gute und weiterhin unternehmerische Fortune.

7100200 **Gute Zukunftswünsche**

Viele Aussteller verbinden mit den Zukunftswünschen keine Erfolgswünsche. Daher sind auch Wunschformeln ohne Erfolgshinweis als gut zu werten.

7100201 a	Wir wünschen diesem engagierten und tüchtigen Mitarbeiter auf seinem weiteren Berufs- und Lebensweg alles Gute (und weiterhin Erfolg).
7100202 b	Wir wünschen Frau NAME auf ihrem weiteren Berufs- und Lebensweg alles Gute (und weiterhin Erfolg).
7100203 c	Wir wünschen Frau NAME für ihren weiteren Weg in unserem Hause alles Gute (und weiterhin Erfolg). *(Zwischenzeugnis)*

Zukunftswünsche – Alle Arbeitnehmergruppen II./710

7100204 d Wir wünschen Herrn NAME und seiner Ehefrau im Ruhestand alles Gute, beste Gesundheit und einen erfüllten, langen Lebensabend. *(Pensionierung)*

7100205 e Wir wünschen Frau NAME, daß sie die Zeit im Ruhestand bei bester Gesundheit aktiv und mit Freude genießen kann. *(Pensionierung)*

7100206 f Wir wünschen diesem allseits anerkannten Mitarbeiter auf seinem weiteren Berufs- und Lebensweg alles Gute (und weiterhin Erfolg).

7100207 g Wir wünschen dieser tüchtigen Mitarbeiterin beruflich und persönlich alles Gute (und weiterhin Erfolg).

7100208 h Wir wünschen Herrn NAME, der zu unseren sehr guten FACHARBEITERN gehörte, beruflich und persönlich alles Gute (und weiterhin Erfolg).

7100209 i Wir wünschen dieser guten Fach- und Führungskraft für den weiteren Berufs- und Lebensweg alles Gute (und weiterhin Erfolg).

7100210 j Wir wünschen Herrn NAME, der sich in unserem Hause große Verdienste erworben hat, alles Gute (und weiterhin Erfolg).

7100211 k Wir wünschen ihr alles Gute und für ihre weitere Arbeit zum Nutzen unseres Unternehmens / unserer Unternehmensgruppe weiterhin Erfolg. *(Bei internem Wechsel)*

7100300 Befriedigende Zukunftswünsche

7100301 a Wir wünschen ihm für seine weitere Tätigkeit alles Gute.

7100302 b Wir wünschen Frau NAME für ihre weitere Arbeit alles Gute.

7100303 c Wir wünschen Frau NAME für ihre weitere Tätigkeit bei uns alles Gute. *(Zwischenzeugnis)*

7100304 d Wir wünschen Herrn NAME und seiner Ehefrau im Ruhestand alles Gute. *(Pensionierung)*

7100305 e Wir wünschen Frau NAME, daß sie die Zeit im Ruhestand genießen kann. *(Pensionierung)*

7100400 Ausreichende Zukunftswünsche

7100401 a Wir wünschen ihm alles Gute.

7100402 b Wir wünschen Frau NAME alles Gute.

7100403 ✳ Wir wünschen diesem korrekten und pünktlichen Mitarbeiter für die Zukunft alles Gute.

7100404 ✳ Wir wünschen alles Gute und wieder viel Erfolg.

7100500	**Mangelhafte Zukunftswünsche**
7100501 a	Wir wünschen diesem ehemaligen Betriebsangehörigen, der mit Interesse bei der Arbeit war, alles Gute.
7100502 b	Wir wünschen Frau NAME auf ihrem weiteren Berufs- und Lebensweg außerhalb unseres Unternehmens alles Gute.
7100503*	Wir wünschen ihr für den weiteren Weg in anderen Unternehmen viel Glück.
7100504*	Unsere besten Wünsche begleiten ihn.
7100505*	Unsere besten Wünschen begleiten seine weitere Entwicklung.
7100506*	Wir wünschen ihm für die Zukunft alles nur erdenklich Gute. *(Ironie durch Übertreibung)*
7100507*	Wir wünschen alles Gute, insbesondere auch Erfolg.
7100508*	Wir wünschen und hoffen mit ihm, daß er auf seinem künftigen Berufs- und Lebensweg viel Erfolg haben wird.
7100509*	Wir wünschen ihm, daß er in seinem neuen Aufgabengebiet seine Leistungsfähigkeit voll entfalten kann.
7100510*	Wir wünschen ihm, daß er die Anforderungen seiner neuen Position stets voll erfüllen möge.
7100511*	Wir wünschen ihr eine Position, die ihren Fähigkeiten / Ambitionen gerecht wird.
7100512*	Wir wünschen Herrn NAME eine Position, in der er seine vielfältigen Talente überzeugend entfalten kann. *(Andeutung von Problemen oder Unregelmäßigkeiten)*
7100513*	Wir wünschen und hoffen, daß sie sich an ihrer neuen Arbeitsstelle wiederum so bewähren wird, wie wir es von ihr gewohnt waren. *(Andeutung von Problemen oder Unregelmäßigkeiten)*
7100514*	Wir wünschen ihm alles Gute, vor allem Gesundheit. *(Andeutung von Krankheitsfehlzeiten)*
7100515*	Wir wünschen diesem anspruchsvollen und kritischen Mitarbeiter für die Zukunft alles Gute. *(Anspruchsvoller Nörgler)*
7100516*	Wir wünschen ihr für die Zukunft jedoch alles Gute.
7500000	**Zukunftswünsche für Auszubildende**
7500100	**Sehr gute Zukunftswünsche**
7500101 a	Wir wünschen dieser vielversprechenden jungen Kraft (in unserem Hause) beruflich weiterhin viel Erfolg und persönlich alles Gute.

Zukunftswünsche – Auszubildende

7500102 b Wir wünschen Frau NAME auf ihrem weiteren Berufs- und Lebensweg alles Gute und weiterhin viel Erfolg.

7500103 c Für ihre berufliche Zukunft und für ihr persönliches Wohlergehen wünschen wir Frau NAME alles Gute und weiterhin viel Erfolg.

7500104 * Wir wünschen Herrn NAME auf seinem weiteren Berufs- und Lebensweg alles Gute und weiterhin viel Erfolg. Wir sind davon überzeugt, daß dieser engagierte, vorwärtsstrebende junge Mann seinen beruflichen Weg erfolgreich gehen wird.

7500200 Gute Zukunftswünsche

Auch Wunschformeln ohne Erfolgshinweis sind als gut zu werten.

7500201 a Wir wünschen dieser vielversprechenden jungen Kraft (in unserem Hause) beruflich (weiterhin Erfolg) und persönlich alles Gute.

7500202 b Wir wünschen Frau NAME auf ihrem weiteren Berufs- und Lebensweg alles Gute (und weiterhin Erfolg).

7500203 c Für ihre berufliche Zukunft und für ihr persönliches Wohlergehen wünschen wir Frau NAME alles Gute (und weiterhin Erfolg).

7500204 d Wir wünschen Herrn NAME für seine neue/weitere Ausbildung und seine spätere Berufstätigkeit alles Gute und viel Erfolg. *(Bei Wechsel des Ausbildungsberufes oder des Ausbildungsbetriebes)*

7500300 Befriedigende Zukunftswünsche

7500301 a Wir wünschen dieser jungen Kraft (in unserem Hause) weiterhin alles Gute.

7500302 b Wir wünschen Frau NAME für ihre weitere Entwicklung alles Gute.

7500303 c Für ihre berufliche Entwicklung wünschen wir alles Gute.

7500304 d Wir wünschen Herrn NAME für seine neue/weitere Ausbildung alles Gute. *(Bei Wechsel des Ausbildungsberufes oder des Ausbildungsbetriebes)*

7500400 Ausreichende Zukunftswünsche

7500401 a Wir wünschen dieser jungen Kraft nur Gutes.

7500402 b Wir wünschen Frau NAME alles Gute.

7500500 Mangelhafte Zukunftswünsche

7500501 a Unsere besten Wünsche begleiten diese junge Kraft.

7500502 b Wir wünschen Frau NAME für ihre Weiterentwicklung in anderen Unternehmen alles Gute.

7500503 * Wir wünschen ihm künftig Erfolg.

II./710 – 760   Bausteinübersicht S. 113 – 116, Beurteilungsbögen S. 117 – 125

7500504✶ Wir wünschen ihr, daß sie künftig in der Arbeitswelt gut zurechtkommen möge.

7600000 Zukunftswünsche für Praktikanten und Volontäre

7600100 Sehr gute Zukunftswünsche

7600101 a Wir wünschen Herrn NAME für sein Studium und seinen weiteren Berufs- und Lebensweg alles Gute und weiterhin viel Erfolg. (Wir würden ihm nach Abschluß des Studiums gern eine Aufgabe in unserem Hause übertragen.)

7600102 b Wir wünschen Frau NAME im Studium weiterhin viel Erfolg und in persönlicher Hinsicht alles Gute. (Wir würden es begrüßen, wenn sie sich nach Abschluß des Studiums bei uns bewürbe.)

7600103 c Wir wünschen Herrn NAME für den weiteren Berufs- und Lebensweg alles Gute und weiterhin viel Erfolg. (Wir würden es begrüßen, wenn er auch sein nächstes Praktikum bei uns machen könnte.)

7600200 Gute Zukunftswünsche

Auch Wunschformeln ohne Erfolgshinweis sind als gut zu werten.

7600201 a Wir wünschen Herrn NAME für sein Studium und seinen weiteren Berufs- und Lebensweg alles Gute (und viel Erfolg).

7600202 b Wir wünschen Frau NAME im Studium (weiterhin Erfolg) und in persönlicher Hinsicht alles Gute.

7600203 c Wir wünschen Herrn NAME für den weiteren Berufs- und Lebensweg alles Gute (und weiterhin Erfolg).

7600300 Befriedigende Zukunftswünsche

7600301 a Wir wünschen ihm weiterhin alles Gute.

7600302 b Wir wünschen ihr für die Zukunft alles Gute.

7600400 Ausreichende Zukunftswünsche

7600401 a Wir wünschen ihm alles Gute.

7600402✶ Wir wünschen alles Gute.

7600500 Mangelhafte Zukunftswünsche

7600501 a Unsere besten Wünsche begleiten seine weitere Entwicklung.

7600502✶ Wir hoffen mit ihr, daß sie ihr Studium abschließen und künftig in der Praxis Erfolg haben wird.

7600503✶ Wir wünschen ihm, daß er nach seinem Studium in der Praxis zurechtkommen wird.

Literatur

BAUNSCHEIDT, K.-U.: Freie Meinungsäußerung des Arbeitgebers?, in: Der Arbeitgeber. Jg. 1989, Nr. 2/41. S. 67 – 69

BAUER, D.: Gestaltung von Arbeitszeugnissen. Unveröffentliche Diplomarbeit an der Fakultät Wirtschaftswissenschaften der Technischen Universität Dresden. September 1996

BECKER-SCHAFFNER, R.: Die Rechtsprechung zum Zeugnisrecht, in: Betriebs-Berater (1989) H. 30. S. 2105 – 2110

BECKER-SCHAFFNER, R.: Die Abwicklung des beendeten Arbeitsverhältnisses. Berlin 1983 (Zeugnis: S. 47 – 57)

BERNOLD, H.: Die Zeugnispflicht des Arbeitgebers. Diss. Zürich 1983

BIRK, U.: Auskünfte über Arbeitnehmer. München 1985

BISCHOFF, H.: Die Haftung gegenüber Dritten für Auskünfte, Zeugnisse und Gutachten, Diss. Tübingen 1973

BLOCK, B.: Die Eignungsprofilerstellung von Führungspersonen des mittleren Managementbereiches zur Auslese externer Bewerber. Bochum 1981

BOLDT, G.: Zeugnis und Auskunft im Arbeitsrecht, in: Neue Wirtschafts-Briefe. (Fach 26. S. 2065 – 2070). Nr. 16/1987. S. 1135 – 1140

BRILL, W.: Angabe der Betriebsratstätigkeit im Zeugnis?, in: Betriebs-Berater (1981) H. 10. S. 616 – 619

BUNDESANSTALT FÜR ARBEIT (J. Kühl, A.G. Paul, D. Blunk): Überlegungen II zu einer vorausschauenden Arbeitsmarktpolitik. Nürnberg 1978

CHRISTMANN, C.M.: Arbeitszeugnisse. Rechtsgrundlagen, Muster, Argumentationshilfen. Köln 1996

CLASS, E., BISCHOFBERGER, S.: Das Arbeitszeugnis und seine Geheimcodes. 3. Aufl. Zürich 1994

COELIUS, C.: Zeugnisse. Arbeitszeugnisse und was sie aussagen. Wie Sie böse Überraschungen vermeiden. Hamburg 1992

DACHRODT, H.-G.: Zeugnisse lesen und verstehen. Formulierungen und ihre Bedeutung. Köln 1984

DÄUBLER, W., KITTNER, M., KLEBE, Th., SCHNEIDER, W. (Hg.): Betriebsverfassungsgesetz. Kommentar für die Praxis. 3. Aufl. Köln 1992

DIETZ, K.: Arbeitszeugnisse ausstellen und beurteilen. 9. Aufl. Planegg/München 1995

DITTRICH, H.: Arbeitszeugnisse schreiben und verstehen. München 1988

EISBRECHER, Christian: Haftung bei Zeugniserteilung und Auskünften unter Arbeitgebern über Arbeitnehmer. Frankfurt/M. u. a. 1994

FAESCH, L.: Das Arbeitszeugnis im schweizerischen Arbeitsvertragsrecht OR Art. 330 a. Diss. Basel 1984

FITTING, K., AUFFAHRT, F., KAISER, H., HEITHER, F.: Betriebsverfassungsgesetz. Handkommentar. 17. Aufl. München 1992

FREY, H.: Zeugnisse, Auskünfte und Referenzen, in: Personalwirtschaft 7. Jg. (1980) 3. S. 74 – 82

FRIEDRICH, H.: Zeugnisse im Beruf. Niedernhausen 1981 (1986)

GAUL, D.: Das Arbeitsrecht im Betrieb. Band 2. 8. Aufl. Heidelberg 1986, S. 218 – 224 (L III) und S. 487 – 488 (O VII)

GAUL, D.: Arbeitszeugnis, in: Gaugler, E. (Hg.): Handwörterbuch des Personalwesens. Stuttgart 1975. Sp. 451 – 455

GEISSLER, M.: Der Anspruch auf Erteilung eines Arbeitszeugnisses in der Vollstrekkungspraxis des Gerichtsvollziehers, in: Deutsche Gerichtsvollzieherzeitung. 103. Jg. (1988). Nr. 2. S. 17 – 22

GLEISBERG, G.: Der Schadensausgleich zwischen Arbeitgebern wegen eines unwahren Arbeitszeugnisses, in: Der Betrieb (1979) H. 25.S. 1227 ff.

GÖLDNER, S.: Die Problematik der Zeugniserteilung im Arbeitsrecht, in: Zeitschrift für Arbeitsrecht 22. Jg. (1991) H. 2. S. 225 – 256

GÖLDNER, S.: Grundlagen des Zeugnisrechts. Unter besonderer Berücksichtigung des Wahrheitsgebots, der Leistungsbeurteilung und der prozessualen Durchsetzung. Ammersbeck bei Hamburg 1989

GRASSL, G.: Leistungsbeurteilung und Zeugnis – zwei verschiedene Dinge? in: Personal 31. Jg. (1979) H. 6. S. 253 – 254

GRIMM, I.: Das Zeugnis, in: Arbeitsrechts-Blattei. (D) Zeugnis I. Jg. 1987. (445)

HAAS, H., MÜLLER, W.: Dienstzeugnisse. In öffentlichen Verwaltungen und Betrieben. Mit 99 Zeugnismustern. 2., unv. Aufl. Stuttgart, München, Berlin 1991

HAUPT, A., WELSLAU, D.: Neuerungen im Zeugnisrecht, in: Personalwirtschaft 20. Jg. (1993) H. 8. S. 49 – 56

HAUPT, A., WELSLAU, D.: Ausgewählte Probleme des Zeugnisrechts, in: Personalwirtschaft 19. Jg. (1992) H. 1. S. 37 – 45

HENSING, A.: Dienstzeugnisse der Bundeswehr. Interpretationshilfen, Hinweise und Ratschläge, in: Personal 40. Jg. (1988) H. 2.S. 50 – 52

HOECHST, O.: Rezension von „Schleßmann, Das Arbeitszeugnis, 6. Aufl.", in: Arbeit und Recht (1986) H. 5. S. 152 – 154

HOFFMANN, H.J.: Die Berichtigung von Arbeitszeugnissen, in: Blätter für Steuer-, Sozial- und Arbeitsrecht. (1969). S. 318 – 319

HUBER, G.: Das Arbeitszeugnis in Recht und Praxis. 3., durchges. und erg. Aufl. Freiburg 1994

HUNOLD, W.: Aktuelle Rechtsprobleme der Personalauswahl, in: Der Betrieb 46. Jg. (1993) H. 4. S. 224 – 229

HUNOLD, W.: Musterarbeitsverträge und Zeugnisse für die betriebliche Praxis. Loseblattsammlung. Band 3. Teil 12: Musterzeugnisse. Kissing 1988

HUNOLD, W.: Dichtung und Wahrheit. Arbeitszeugnisse, in: Management Wissen. (1987) H. 4. S. 86 – 91

INSTITUT MENSCH UND ARBEIT, München, Sandstraße 3 (Hg.) (Hauptautoren: Hentschel/Augst/Pfützner): Zeugnisse rationeller schreiben. Von der individuellen Beobachtung über den formalisierten Beobachtungsbogen bis zum automatisch geschriebenen Zeugnistext. 2 Teile. 3. Aufl. München 1994 (zit. als: Institut 1994) 1. Aufl. München 1985 (zit. als: Institut 1985)

JANSSEN, S.: Die Zeugnispflicht des Arbeitgebers. Schriften zum Schweizer Arbeitsrecht. Bern 1996

KADOR, F.J.: Arbeitszeugnisse richtig lesen – richtig formulieren. 4., überarb. Aufl. Bergisch-Gladbach 1992

KEMPE, H.-J.: Das Zeugnis in der Betriebspraxis (1) und (2), in: Der Industriemeister. Heft 5/1987. S. 104 – 106 und Heft 6/1987. S. 128 – 131
KEMPE, H.-J.: Zeugnisse. Alptraum für Verfasser. Hieroglyphen für Leser. Roulette für Betroffene, in: Personalführung. (1984) H. 5. S. 140 - 147
KLEMPERER, V.: LTI – Lingua Tertii Imperii. Notizbuch eines Philologen. 15. Aufl. Leipzig 1996
KLEY, A.Z.: Das Dienstzeugnis im mitteleuropäischen Privatrecht (eine rechtsvergleichende Darstellung). Diss. Gießen 1921
KNOLL, L., DOTZEL, J.: Personalauswahl in deutschen Unternehmen. Eine empirische Untersuchung, in: Personal 48. Jg. (1996) H. 7. S. 348 – 353
KNOPP, A., KRAEGELOH, W.: Berufsbildungsgesetz. Taschenkommentar. 2. Aufl. Köln u. a. 1982
KÖLSCH, R.: Die Haftung des Arbeitgebers bei nicht ordnungsgemäßer Zeugniserteilung, in: Neue Zeitschrift für Arbeits- und Sozialrecht. (NZA) (1985) H. 12. S. 382 – 385
KONSTROFFER, O.F.: American Job Titles – und was sie bedeuten. Hgg. von der Frankfurter Allgemeine Zeitung. Frankfurt 1996
KROHNE, H.: Arbeitnehmer und Arbeitszeugnis. Eine Anleitung zum kritischen Beurteilen von Zeugnissen, in: Das Mitbestimmungsgespräch 24. Jg. (1978) H. 11. S. 288 – 292
KRUMMEL, L.G.: Zeugnis und Auskunft im Arbeitsrecht. Diss. Bielefeld 1983
KÜCHLE, E., BOPP, P. Zeugnismuster für die betriebliche Praxis. 12. Aufl. Stuttgart u. a. 1997

LANGER, K.A.: Gesetzliche und vereinbarte Ausschlußfristen im Arbeitsrecht. München 1993
LEPKE, A.: Kündigung bei Krankheit. 8. Aufl. Stuttgart 1991
LIEDTKE, W.: Der Anspruch auf ein qualifiziertes Arbeitszeugnis, in: Neue Zeitschrift für Arbeits- und Sozialrecht (NZA) (1988) H. 8. S. 270 – 272
LIEGERT, F.: Das „Arbeitszeugnis" in der Praxis. Ein Leitfaden mit Formulierungshilfen und Zeugnisbeispielen. München 1975
LIST, K.-H.: Arbeitszeugnisse offener und treffender formulieren. Sparkassenheft 142. Stuttgart 1994
LIST, K.-H.: Qualifiziertes Zeugnis – ein Thema, über das wir noch einmal nachdenken sollten, in: Personal (1981) H. 5. S. 212 – 213
LOEWENHEIM, U.: Schadenshaftung unter Arbeitgebern wegen unrichtiger Arbeitszeugnisse, in: Juristenzeitung (1980). S. 469 – 473
LUCAS, M.: Arbeitszeugnisse richtig deuten. 14. Aufl. Düsseldorf 1993
LUDWIG, R.: Vorläufiges Zeugnis für Arbeitnehmer in ungekündigten Arbeitsverhältnissen, in: Der Betrieb. (1967) H. 50. S. 2163 – 2165

MELL, H.: Karriereplanung. Stuttgart 1990
MELL, H.: Bewerbung auf dem Prüfstand. Stuttgart 1988
MERKL, J., TSCHÖPE, U.: Zwischen den Zeilen. Arbeitszeugnisse: Was Sie beachten müssen, in: Capital 26. Jg. (1987) H. 9. S. 271 – 276
MERTENS, K., PLÜSKOW, H.-J.: Notenblatt – Was im Arbeitszeugnis stehen muß, in: Capital 24. Jg. (1985) H. 12. S. 260 – 274
MEYER, W.: Arbeitsrecht für die Praxis. 3. Aufl. Planegg/München 1988
MÖLLER, P.-A.: Bedeutungen von Einstufungen in qualifizierten Arbeitszeugnissen. Möglichkeitsbedingungen zur Identität sprachlicher Zeichen als Problem einer

pragmalinguistischen Untersuchung von normierten Texten. Eine empirische Untersuchung. Frankfurt a.M. 1990

MOHRBUTTER, H.: Zeugnisanspruch des GmbH-Geschäftsführers? Urteilsanmerkungen zum Urteil des OLG Oldenburg, in: Betriebs-Berater (1967). S. 1354 – 1355

MONJAU, H.: Das Zeugnis im Arbeitsrecht. 2. Aufl. Düsseldorf 1970

MÜLLER, A., SCHÖN, W.: Modelle zu zweckmäßigen und rechtlich abgesicherten Arbeitsverträgen und Arbeitszeugnissen. Kissing 1978

NASEMANN, A.: Arbeitszeugnisse durchschauen und interpretieren. Rechtslage, Zeugnissprache, Experteninterviews. Niedernhausen/Ts. 1993 (Nasemann 1993 a)

NASEMANN, A.: Die neuen Geheimcodes der Personalchefs, in: Capital (1993) H. 5. S. 193 – 201 (Nasemann 1993b)

NEUMANN, G.: Das Arbeitszeugnis – Hinweise für die betriebliche Praxis, in: Betriebs-Berater (1951) H. 8. S. 226 – 228

NIKISCH, A.: Arbeitsrecht. 3. Auflage. Tübingen 1961

OEHMANN, W., BÜRGER, K., MATTHES, H.-Chr. (Hg.): Handwörterbuch des Arbeitsrechts für die tägliche Praxis. Art. Zeugnis. Stand Juni 1988

OHNE VERFASSER: Zwischen den Zeilen. Arbeitszeugnis: Was Sie beachten müssen, in: Capital (1987) H. 9. S. 271 – 276

PALME, A.: Das Arbeitszeugnis in der neueren Rechtsprechung, in: Blätter für Steuerrecht, Sozialversicherung und Arbeitsrecht (1979). S. 261 – 264

PILLAT, R.H., ROTHE, P.: Ausbildungs- und Arbeitszeugnisse als Orientierungshilfe bei der Vorauswahl, in: Berthel, J., Groenewald, H. (Hg.): Handbuch Personal-Management. IV. Schwerpunkte: Punkt 2.3 – 4. Nachlieferung 12/1991. Landsberg 1991. S. 1 – 20

PREIBISCH, A.: Das Arbeitszeugnis im kommunikativen Handlungsumfeld eines Arbeitsplatzwechsels. Eine empirische Untersuchung. Hgg. vom Forschungsschwerpunkt Massenmedien und Kommunikation an der Universität – Gesamthochschule Siegen. Siegen 1982 (Die Ergebnisse sind zum Teil auch wiedergegeben in: Institut 1985, Teil 2)

PRESCH, G.: verdeckte beurteilungen in qualifizierten arbeitszeugnissen: beschreibung, erklärung, änderungsvorschläge, in: Januschek, F. (Hg.): Politische Sprachwissenschaft. Opladen 1985. S. 307 – 360

PRESCH, G.: Verschlüsselte Formulierungen in Arbeitszeugnissen. Beschreibung und Erklärung von verdeckten Urteilen, in: Krenn, H. u. a. (Hg.): Sprache und Gesellschaft. Tübingen 1984. S. 176 – 189

PRESCH, G.: arbeitszeugnisse: entstehung, wandel und funktion von verschlüsselten formulierungen, in: Zeitschrift für Semiotik. 2 (1980). S. 233 – 251 (Presch 1980 a)

PRESCH, G.: Über schwierigkeiten zu bestimmen, was als fehler gelten soll, in: Cherubim, D. (Hg.): Fehlerlinguistik zum Problem der sprachlichen Abweichung. Tübingen 1980. S. 224 – 252 (Presch 1980 b)

PRESCH, G., ELLERBROCK, J., MICHALLIK, H.: Die beurteilung von personen in arbeitszeugnissen, in: Praxis Deutsch 12. Jg. (1985). S. 42 – 47

PRESCH, G., ELLERBROCK, J.: Arbeitszeugnisse als Teil alltäglicher Sprachpraxis, in: Kreuzer, H., Bonfig, W. (Hg.): Entwicklungen der siebziger Jahre. Gerabronn 1978. S. 264 – 286

PRESCH, G., GLOY, K.: Exklusive Kommunikation: Verschlüsselte Formulierungen in Arbeitszeugnissen, in: Presch, G., Gloy, K. (Hg.): Sprachnormen II. Stuttgart 1977. S. 168 – 181

PROLLIUS, G.: Aufbau und Gestaltung von Zeugnissen. Renningen 1996

RAFFENBERG, E.: Die Haftungsmöglichkeit des Ausstellers eines unrichtigen Dienstzeugnisses gegenüber Dritten. Diss. Marburg 1931

RISCHAR, K.: Zeugnis, in: Management-Enzyklopädie. Band 10. 2. Aufl. Landsberg 1985, S. 486 – 495

ROB, W.: Dienstliche Beurteilungen / Beförderungen. 3. Aufl. Neuenahr 1995

RUNGGALDIER, U.: Arbeitszeugnis, in: Gaugler, E., Weber, W. (Hg.): Handwörterbuch des Personalwesens. 2. Aufl. Stuttgart 1992. Sp. 471 – 481

RUNGGALDIER, U., EICHINGER, J.: Arbeitszeugnis. Wien 1989 (Darstellung des österreichischen Zeugnisrechts)

RUPPERT, E.: Das Dienstzeugnis. Grundfragen aus der Praxis im Lichte arbeitsrechtlicher Literatur und Rechtsprechung, in: Die Personalvertretung (1983). S. 443 – 455

SABEL, H.: Arbeitszeugnisse richtig schreiben und bewerten. Die gebräuchlichsten Formulierungen und ihre Bedeutung. 2. Aufl. Bamberg 1995

SCHAUB, G.: Arbeitsrechts-Handbuch. 6., überarb. Aufl. München 1987. 146: Zeugnis. S. 988 – 995

SCHEER, B.: Die Analyse von Arbeitszeugnissen durch Personalberater, in: Personal 47. Jg. (1995) H. 5. S. 396 – 399

SCHLESSMANN, H.: Das Arbeitszeugnis. 14. Aufl. Heidelberg 1994

SCHLESSMANN, H.: Das Arbeitszeugnis, in: Betriebs-Berater (1988) H. 19. S. 1320 – 1326

SCHLESSMANN, K.: Geheimzeichen und Merkmale bei Arbeitszeugnissen, in: Betriebs-Berater (1975) H. 7. S. 329 – 330

SCHMID, K.: Leistungsbeurteilungen in Arbeitszeugnissen und ihre rechtliche Problematik, in: Der Betrieb. (1982) H. 21. S. 1111 – 1114

SCHMID, K.: Rechtsprobleme bei der Einholung von Auskünften über Bewerber, in: Der Betrieb (1983) H. 14. S. 769 – 775

SCHMID, K.: Aussagen über Führungsleistungen in Arbeitszeugnissen und ihre rechtliche Problematik, in: Der Betrieb. (1986) H. 25.S. 1334 – 1337

SCHMID, K.: Zur Interpretation von Zeugnisinhalten, in: Der Betrieb. Heft (1988) H. 44. S. 2253 – 2255

SCHMIDT, K.: Zum Zeugnisanspruch des Arbeitnehmers im Konkurs einer Handelsgesellschaft, in: Der Betrieb (1991) H. 37. S. 1930 – 1933

SCHULZ, G.-R.: Alles über Arbeitszeugnisse. 4. Aufl. München 1995

SCHWARB, Th.M.: Das Arbeitszeugnis als Instrument der Personalpraxis. Studie Nr. 21 des Wirtschaftswissenschaftlichen Zentrums der Universität Basel. Neuauflage Juli 1991

SCHWERES, M.: Zwischen Wahrheit und Wohlwollen. Zum Eiertanz kodierter Zeugniserteilung, in: Betriebs-Berater (1986) H. 23. S. 1572 – 1573

SCHWERDTNER, P.: § 630 Zeugniserteilung, in: Westermann, H.P. (Red.): Münchner Kommentar zum Bürgerlichen Gesetzbuch. Band 3. 1. Halbband. (433 – 656). München 1980. S. 1537 – 1554

SPIEGELHALTER, H.J. (Red.): Arbeitsrechtslexikon. München 1988. Stichwort „Zeugnis" (= Nr. 405) und Stichwort „Zeugnisformulierungen für Auszubildende" (= Nr. 406)

STOFFELS, M.: Der Vertragsbruch des Arbeitnehmers. Heidelberg 1994
STURN, H.: Inhalt und Form des Arbeitszeugnisses, in: Arbeits- und Sozialrecht (1980). S. 178 – 179
STURN, H.: Vom Arbeitszeugnis, in: Arbeits- und Sozialrecht (1974). S. 105 – 106

TENCKHOFF, U.: Das unrichtige Zeugnis und die unrichtige Auskunft im Arbeitsrecht. Diss. Heidelberg 1962
TILKA, B.: Das Zwischenzeugnis, in: Arbeit und Recht (1958). S. 79 – 81

VENROOY, G. J. van: Das Dienstzeugnis. Ein dogmatischer Diskurs zum Dienstvertragsrecht. Baden-Baden 1984
VOGEL, H.-W.: Geheim-Code Arbeitszeugnis. Berlin u. a. 1994

WEIMAR, W.: Die Verpflichtung zur Schadensersatzleistung bei Fortloben von Angestellten, in: Juristische Rundschau (1969). S. 257 – 258
WEIMAR, W.: Diskriminierende Zeugnisse, in: Blätter für Steuer-, Sozial- und Arbeitsrecht (1961). S. 315 – 316
WEUSTER, A.: Der Arbeitsvertrag mit Außendienstmitarbeitern. 2., überarb. und erw. Auflage. München, Zürich, Dallas 1996
WEUSTER, A.: Arbeitsgerichtliche Zeugnisprozesse, in: Arbeitsrecht im Betrieb 16. Jg. (1995) H. 11, S. 701 – 705
WEUSTER, A.: Personalauswahl und Personalbeurteilung mit Arbeitszeugnissen. Göttingen 1994 (Weuster 1994 a)
WEUSTER, A.: Plädoyer für eine Normalisierung des Zwischenzeugnisses, in: Arbeitsrecht im Betrieb 15. Jg. (1994) H. 5. S. 280 – 288 (Weuster 1994b)
WEUSTER, A.: Zeugnisse, in: Strutz, H. (Hg.): Handbuch Personalmarketing. 2., erw. Aufl. Wiesbaden 1993, S. 325 – 338 (Weuster 1993 a)
WEUSTER, A.: Zeugnis-Analyse, in: Die Neue Personal-Praxis von A bis Z. Loseblattwerk. Nr. 8/1993. Gruppe 2/Z44. S. 1 – 24 (Weuster 1993b)
WEUSTER, A.: Erstellung und Analyse von Arbeitszeugnissen, in: Tägliche Betriebspraxis (TBp). (1993) H. 3. Gruppe 12/C. S. 175 – 198 (Weuster 1993c)
WEUSTER, A.: Arbeitszeugnisse, in: Fix, D. (Hg.): Karriere Guide. Stuttgart 1993. S. 199 – 207 (Weuster 1993d)
WEUSTER, A.: Zeugnisse für GmbH-Geschäftsführer, in: PraxisGmbH – Erfolgswissen für den Geschäftsführer. Hgg. vom Information Verlag. (1993) H. 5. S. 75 – 90 (Weuster 1993 e)
WEUSTER, A.: Exemplarische Interpretation von Arbeitszeugnissen und Ausbildungszeugnissen, in: Berthel, J., Groenewald, H. (Hg.): Handbuch Personalmanagement. IV. Schwerpunkte: Punkt 2.3 PB: Zeugnisinterpretation. Nachlieferung 2/1993. Landsberg 1993 (Weuster 1993 f)
WEUSTER, A.: Zeugnisgestaltung und Zeugnissprache zwischen Informationsfunktion und Werbefunktion, in: Betriebs-Berater 47. Jg. (1992) H. 1. S. 58 – 66 (Weuster 1992 a)
WEUSTER, A.: Arbeits- und Ausbildungszeugnisse, in: Arbeitsrecht im Betrieb 13. Jg. (1992) H. 6. S. 328 – 341 (Weuster 1992 b)
WEUSTER, A.: Handelsblatt Karriere-Aktion für Fach- und Führungskräfte: Professionelle Analyse von Arbeitszeugnissen. 12 Folgen. Handelsblatt-Ausgaben Nrn. 2, 6, 10, 15, 18, 22, 27, 32, 36, 41, 46 und 50 im Jahre 1992, jeweils Seite K 3 (Weuster 1992 c)

WEUSTER, A.: Leser-Aktion zur Zeugnisanalyse in der Zeitschrift Personalwirtschaft: „Testen Sie Ihre Kenntnisse in der Zeugnistechnik und -sprache" in: Personalwirtschaft 18. Jg. (1991) H. 10. S. 38 sowie „Dienstzeugnis: Wie hätten Sie geurteilt?", in: Personalwirtschaft 18. Jg. (1991) H. 11. S. 32 – 34 sowie „Auswertung der Leser-Kommentare zum Dienstzeugnis", in: Personalwirtschaft 19. Jg. (1992) H. 1. S. 22 – 27 (Weuster 1991/92)

WEUSTER, A.: Das Arbeitszeugnis als Instrument der Personalauswahl, in: Schuler, H., Funke, U. (Hg.): Eignungsdiagnostik in Forschung und Praxis. Stuttgart 1991. S. 177 – 181 (Weuster 1991 a)

WEUSTER, A.: Formulierung und Analyse von Ausbildungszeugnissen, in: Wirtschaft und Berufserziehung. Zeitschrift für Berufsbildung 43. Jg. (1991) H. 3. S. 70 – 77 (Weuster 1991 b)

WEUSTER, A.: Informative und einwandfreie Ausbildungszeugnisse, in: Personal 43. Jg. (1991) H. 6. S. 204 – 208 (Weuster 1991c)

WEUSTER, A.: Arbeitszeugnisse – eine Aufgabe für Betriebsräte, in: Arbeitsrecht im Betrieb. 11. Jg. (1990). H.4. S. 154 – 156

WEUSTER, A.: Mehr Glasnost in der Zeugnisssprache, in: Personalwirtschaft 16. Jg. (1989).H.12. S. 47 – 52

WEUSTER, A.: Führungsleistung und Sozialverhalten in Arbeitszeugnissen, in: Personalwirtschaft. 15. Jg. (1988) H. 2. S. 92 – 95

WEUSTER, A.: Das Arbeitszeugnis. Formulierung und Analyse, in: Personalwirtschaft. (1985) H. 12. S. 485 – 489

WITT, C.: Die Erwähnung des Betriebsratsamts und der Freistellung im Arbeitszeugnis, in: Betriebs-Berater 51 1. Jg. (1996) H. 42, S. 2194 – 2197

WYPIJEWSKI, W.: 99 Zeugnisse. München 1986

ZACKER, Chr.: Arbeitszeugnisse richtig lesen und verstehen. München 1996

Sachregister

(Fett gedruckte Zahlen verweisen auf den Schwerpunkt des Stichwortes)

Abkürzungen 89
Abmahnung 23, 64
Alkohol 259 – 260
Aktivformulierung 44
Akzeptanzfunktion 26, 30, 66
Alkoholkonsum 57, 72, 260, 269
Amnestiegedanke 70
Analyse / Interpretation d. Z. 21 – 22, 27, 36, 41, 43, 47, 51, 57, 60 – 61, 64, 67, 88, **96 – 98**, 99, 101, **102**
Andeutung(stechnik) **28**, 45, 57, 78, 89, 112
Angestellte, AT- / Leitende / Führungskräfte 36, 41 – 43, 45, 47, 51, 57, 61 – 62, 72 – 73, 79, 87, 91 – 92, 96, 108, 112
Angestellte / Tarifangestellte 37, 47, 51, 57, 70, 96, 104
Anrede 90
Anspruch auf Z. **13 – 18**, 86, 105 – 106
Arbeiter (gewerbliche Arbeitnehmer) 38, 47, 51, 57, 104
Arbeitnehmer-Vertreter 19, 46
Arbeitsbefähigung 33, **47 – 51**, 53, 66, 147 – 149, 169 – 172, 196 – 199
Arbeitsbereitschaft / Motivation 33, 47 – 48, 51, 53, 66, 145 – 147, 166 – 169, 194 – 196
Arbeitserfolg / Verdienste 33, **52 – 53**, **57 – 59**, 156 – 161, 180 – 181, 206 – 218
Arbeitsgüte / -qualität 52, 64, 156 – 158, 180 – 182
Arbeitsmarkt 26, 43, 57
Arbeitsmenge / -quantität 51 – 52, 58, 158 – 160, 182 – 185
Arbeitstempo / -intensität 33, 51, 64
Arbeitsweise 33, **51 – 52**, 66, 145 – 147, 166 – 169, 194 – 196
Aufbau / Gliederung d. Z. 32, **33**, 54, 90, 94
Aufbauarbeit 54, 58, 61, 186, 311
Auffassungsgabe 33, 48, 143, 147 – 148, 170 – 171, 186, 196, 198, 200, 213, 235 – 236, 245 – 246
Aufgaben(-beschreibung) 23, 33 – 34, **36 – 47**, 51 – 52, 90, 95, 99, **134 – 142**
Aufhebungsvertrag / Vergleich / einvernehml. Trennung 14, 30 – 31, 35, 76 – 77, **78 – 79**, 84, 103, 106, 110, **296 – 297**
Ausbildung, allgemein 35, 54, 59, 61, 80 – 81, 87, 89

Ausbildung, Übernahme nach 80, 89, **306 – 307**
Ausbildungsabbruch 13, 81, **307 – 308**
Ausbildungsdauer 13, 35, 81
Ausbildungszeugnis 13, 35, 37, 41, 58, 59, 67, 87
Ausbildungsziel 13, 35
Ausgleichsquittung 15, 106
Auskunft, Referenz, Rückfragen 29, 90, 93, 102, **103 – 104**, 112
Ausschlußfrist 16, 105, 111
Ausstellungsdatum 33, **84 – 86**
Ausweichstechnik **28**, 43, 49 – 50, 62, 72
Außendienst 29, 39, 43, 52, 58, 73, 85, 185 – 186, 210 – 213
Austrittsdatum 35, 36, 84
Äußere Form d. Z. 85, **91 – 92**, 108

Beendigungsdatum 17, 78, 80
Beendigungsformel 33, 75, **76 – 81**, 100, 293 – 300, 304 – 309
Beförderung, Aufstieg, Karriere 19, 23, 31, 40 – 41, 58, 77, 105, 187, 217, 301
Befristetes Arbeitsverhältnis / Vertragsablauf 14, 77, 80, 129 – 130, 134, 299 – 300, 306 – 309
Belastbarkeit 28, 33, 48, 52, 147 – 148, 170 – 171, 196 – 199
Berichtigung, Änderung d. Z. **16 – 17**, 85, **107 – 110**
Berufserfahrung 35 – 37, 44, 77, 100
Betriebs-, Personalrat 19, **45 – 46**, 50, 70, 107 – 109, 112
Betriebsübergang 16, 19
Beurteilung,
– allgemein 17, 19, 21, 23, **25**, 29, 31, 34, 45, 52 – 53, 60, 64, 66, 72, 82, 90, 95, 99, 100
– Fehler 25
– Potentialbeurteilung 52, 59
– System, -bogen 22, 54, 94, 107, **117 – 125**
Beweislast, Beweiswert 54, 99, **109**, 112
Bewerbung / Bewerber / Arbeitsplatzsuche 19, 27, 37, 40 – 41, 55, 57, 67, 77, 97, 102, 105, 108, 112
Bildungsurlaub 50
Branche 43, 82, 89, 99, 100
Buchhalter 39, 68, 73 – 74

Dankes-Bedauern-Formel 29, 33, 74 – 75, **81 – 84**, 100, **309 – 319**

333

Sachregister

Dauer der Beschäftigung 13, 16, 25, 32 – 33, **34**, 35 – 36, 55, 61, 79 – 80, 90, 98, **99**, 128 – 132
Delegation 19, 22, 36, 61, 220 – 221, 223 – 225, 302 – 303
Dilettanten-Zeugnis 34, 95 – 96
Diskretion 33, 73, 267, 269, 280
Distanzierung durch Aussteller 87, 89, 91, 93 – 94
Durchsetzungsvermögen 33, 61, 69, 88, 213, 215, 220, 222, 224, 279 – 282, 292

Ehrlichkeit / Diebstahl 72, **73 – 74**, 89, 181 – 182, 257, 259, 267, 270, 283, 287, 289, 299
Einarbeitung 48, 53, 61, 137, 140, 147 – 148, 168 – 169, 189, 196, 198, 219, 244
Einfaches Zeugnis **13**, 27, 41, 74, 93, 98, **99**, 103, 106
Eingangssatz / Einleitung 33, **34 – 36**, 90, **128 – 134**
Einheitlichkeit d. Z. 40
Einkauf 37, 39, 43, 73
Einschränkungstechnik 28, 40, 83, 89
Empfehlung 33, 79, 207 – 208, 309, 311 – 312, 318
Endzeugnis 13, 20 – 21, 34, 64, 75 – 76, 84 – 86, 111
Engagement, Einsatz 28, 33, 45, 47, 67, 89, 92
Erziehungsurlaub 19, 77, 84, 303

Fachwissen, Kenntnisse 13, 33, **48 – 49**, 77, 92, 149 – 152, 172 – 178, 199 – 203, 236 – 237, 246 – 247
Fehlverhalten 26, 29, 72, 74
Fehlzeit, Abwesenheit 19, 35, **36**, 55, 61, 129, 322
Fertigkeiten 13, 41, 142 – 144, 236 – 237
Fleiß 33, 47, 51, 66, 72, 82
Formulierungs(souveränität) **31**, 38, 53, 68, 71, 79, 83, **88 – 90**, 94 – 95, 109 – 110
Forscher 53, 73, 85, 214 – 215
Fortkommen, berufliches 26, 80
Freistellung 19, 34, 36, 45 – 46, 85
Fürsorgepflicht 26, 64

Ganzheitscharakter d. Z. 29, 32, 97, 110
Geburtsdatum, -name, -ort 33, 34
Gefälligkeitszeugnis 30, 57, 79
Geheimfloskel, -merkmal 18, 28, 87, **92 – 94**, 108, **110**
Gerechtigkeit 30, 61
Gesamtwürdigung / –bild 26, 29, 53, 70, 80, 82, 102

Geschäftsführung / Vorstand 14, 37, 39, 43, 58, 66, 69, 73, 79, 86 – 87, 132, 141
Gewissenhaftigkeit 51, 74, 178 – 179, 204, 241 – 242, 248
Gleichbehandlung 25, 95

Handelsvertreter 14, 18
Hierarchie(effekt) 25, 33, 36 – 37, 41, 46, 57, 64, 77, 86
Hotelgewerbe, Gastronomie 70, 73

Individualitätsgrundsatz 24, **57**, 83, 95
Informationsfunktion d. Z. 24, 26 – 28
Informationswert d. Z. 22 – 23, 35, 67, 94, **98 – 104**
Ingenieur, Konstrukteur 43, 44, 49
Inhaltsanalyse von Originalzeugnissen 22, 43, 47, 51, 57, 60, 64, 68, 70, 76 – 77, 81, 83, 85 – 86, 90, 93
Initiative 28, 33, 45, 47, 89
Innovation, innovativ 186, 194, 196 – 198, 211, 213, 215, 220, 223
Interesse an Arbeit 47, 66, 82

Jugendvertreter 45 – 46

Kassierer 49, 73
Knappheitstechnik **28 – 29**, 38, 63, 100
Kompetenz / Vollmacht / Zuständigkeit 23, 28, 33, 36, 39, 41, 60, 99, 139 – 142, 187, 216
Kompromißbereitschaft 69 – 70, 217, 267 –268, 279 – 282
Konflikt 30, 61, 68, 70, 227, 264, 281
Konkurs 14, 17, 19, 76, 79
konstruktiv, sachkritisch 147 – 148, 170 – 171, 186, 196, 198, 214, 220, 221, 261 – 262, 274, 275 – 276, 279, 311, 315
kostenbewußt 160, 178 – 182, 204 – 206, 208, 216, 218
Kontakt(fähigkeit) 33, 52, 71, 73, 172, 175 – 176, 202, 212, 271, 274, 276 – 279, 281, 292
Kontext, Textumfeld 29, 66, 97
Kopie d. Z. 18, 21, 85, 87, 93, 112
Kosten d. Z. 96
Krankheit / Gesundheit 52, **55 – 57**, 76, 322
Kreativität 33, 48, 186, 196, 198, 207, 222, 245, 292
Kritik / Beanstandung / Tadel 26, 28 – 29, 54, 61, 69, 83, 88, 97, 100, 259, 269, 283, 322
Kunden / Klienten 29, 33, 39, 43, 52, 56, 58, 70 – 71, 73, 89, 188, 210 – 212, 255 – 256, 264 – 267, 274 – 278

Sachregister

Kündigung, Beendigung
- allgemein 14, 18, 30, 55, 57, 70, 81, 84 – 85, 90, 111
- durch Arbeitgeber **76 – 77**, 78, 84, **297 –299**
- durch Arbeitnehmer 31, **76 – 77**, 78, 84, 293 – 296
- betriebsbedingt 20, 30, 76, 78, **79**, **297 – 298**
- fristlos 14, 35, 74, 76, **80**, 84, **299**
- Initiative 28, **76 – 77**, 100
- Kündigungsschutzklage 15, 31, 36, 76, 85, **109 – 111**
- Verständnis für 33, 84, 293, 309 – 313, 316 – 317
- Grund 30, 55, **76 – 78**, 80, 293 – 295

Lager / Lagerleiter 59, 73, 186, 216
Langzeitwirkung d. Z. 23, 103
Leerstellentechnik 26, **27**, 54, 68, 70, 72, 80 – 81, 83, 95 – 97, 99
Leiharbeit 14
Leistung
- Beurteilung der L. 25, 28 – 29, **33**, 35, 41 – 43, **47 – 67**
- Führungsleistung 33, 34, **60 – 62**, 98, **218 – 227**
Lernerfolg, -leistung 41, 50, 80, 239 – 243, 304 – 306
Loyalität 33, 71, 268 – 269, 280, 282 – 283

Meister 13, 37, 46, 59, 61, 150 – 151, 160, 252 – 255, 303
Mischarbeit / Doppelfunktion 40, 54
Mitarbeiterzahl / Leitungsspanne 33, 43, 60 – 61, **219**
Mitarbeiterzufriedenheit 33, 60 – 61

Nebentätigkeit 40
Negationstechnik 28, 69, **88**
Neu-, Ersatzausfertigung 18, 75, 85, 109 – 110

Öffentlicher Dienst 14, 16, 93, 97
Organisation / Reorganisation 50, 54, 58, 70, 80, 186, 213 – 214
Organisationstalent 196, 198, 220, 223

Passivierungstechnik 28, 35, 45, 129, 133, 135
Pensionierung 14, 76 – 77
Personalabteilung 22, 25, 96, 108
Personalakte 16, 23, 108
Personal(vor)auswahl 24, 35, 42, 46, 54, 67, 72, 92, 96, **98 – 99**, 101, 102, 104, 105
Personalberater-Befragung 22, 27, 67, 78, 83, 91 – 92, 98, 102, 104 – 105

Personalleiter 18, 27, 31 – 32, 43, 46, 85 – 86, 102, 109
Personalreferent 70, 96
Position, Stelle 16, 19, 28, 33, **36 – 47**, 54, 77, 91, 98
Positivskalatechnik 27, 54
Praktikantenzeugnis 13
Probearbeitsverhältnis / Probezeit 14, 35, 76, 298, 300, 308
Produktmanager 39, 66, 70, 185, 206, 211
Projektarbeit 19, 31, 33, 37, 39, 53, 58, 61, 70, 84, 186, 213 – 214, 267 – 268, 279, 281
Prokura / Handlungsvollmacht 33, **39**, 58, 80, 87, 131 – 132, 136, 140 – 142, 187, 216
Prüfung 13, 50 – 51, 59, **80 – 81**, 93, **304 – 306**
Pünktlichkeit 51, 72, 146, 177, 192 – 193, 226, 259, 269, 321

Qualifikation 39, 41 – 42, **49**, 51, 60, 70, 104
Qualifiziertes Zeugnis 13, 26 – 27, 32, 36, 72, 86, 99 – 100, 103, **106**, 110

Rechtschreib- und Tippfehler 91 – 92
Reihenfolgetechnik 28, 32, 42, 54, 68, 71, 97, 253, 262, 272
Rückdatierung 85
Rückgabe d. Z. 15, 21, **75**, 106

Schadensersatz 17 – 18, 31, 44, 74, 78, 80, 103, **111 – 112**
Schwerbehinderte 45, **57**, 61
Sekretärin 37 – 38, 42 – 43, 49, 51, 73, 96
Selbstausstellung / Mitwirkung **31 – 32**, 42, 91, 95, **100**, 107
Selbständigkeit 28, 33, **39 – 40**, 45, **51**
Sexualverhalten 71
Sorgfalt 33, 51
Sozialauswahl 79, 297 – 298
Spezialarbeit / Spezialist / Experte 38, 41 – 42, 49, 58 – 59, 61 – 62, 89
Stabs- / Assistenzfunktion 39, 87
Stellenbeschreibung 17, 23, 38, 44
Stellvertretung 43, 58, 61, 86
Straftaten 72, 74
Streitwert d. Z. 111
Streß 33, 48, 196 – 197, 265
Studium 36, 77

Tarifgruppe, -vertrag 16, 18, 20 – 21, 39 – 40, 55, 57, 135 – 136
Team(fähigkeit) 33, 62, 67, 71

335

Sachregister

Techniker 13, 35, 45, 59, 73, 77, 80, 150, 160, 174, 255 – 257
Teilzeitarbeit 14, 19, 35, 84, 130
Termingerechte Arbeit 33, 52, 58
Textbausteinsystem 94 – 96, 106, 113 – 116
Titel, Grade 33, 34, 113 – 116

Überschrift d. Z. 34, 85, 93, 97, 128
Umfang d. Z. 90 – 91, **100**
Unfall(verhütung) / Sicherheit 51, 56, 58 – 59, 215
Unternehmens-Befragung 13, 20, **22**, 42, 55, 57, 73, 82, 94 – 96
Unternehmens-, Betriebsgröße
- allgemein 36, 38, 43, 46, 96, 100
- Großunternehmen 22, 85, 88, 94, 99 – 100
- Mittelunternehmen 22, 36, 100
- Kleinunternehmen 36, 38, 86, 93, 96, 100, 108

Unternehmensimage / -ruf 31, 88
unternehmerisch 141, 206, 210 – 211, 214, 229, 310, 313, 320
Unterschrift 31, 33, **86 – 87**, 93

Verantwortung 33, 36, 39, 59, 78
Verbesserungsvorschlag 23, 53, 58, 160, 186, 213 – 214
Verdachtskündigung 72
Verdeckte Aussagen 18, **27 – 29**, 66, 84, 93, 102, 108, 111 – 112
Verhalten, Sozialverhalten
- Beurteilung 13, 20, 22, 25, 33, 54, 66, **67 – 75**, 83 – 84, 88, 90, 97, 106
- verbindliches 61, 69, 71
- zu Vorgesetzten 25, 33, **67 – 70**, 252 – 255, 260 – 264, 270 – 273, 283 – 285, 289 – 290
- zu Kollegen 33, **67 – 70**, 88, 252 – 255, 260 – 264, 270 – 273, 283 – 285, 289 – 290
- zu Externen 33, **70 – 71**, 255 – 256, 264 – 267, 274 – 278, 285 – 287, 291
- sonstiges 70, **71 – 75**, 257 – 260, 267 – 270, 279 – 283, 287 – 289, 292
- in Privatsphäre 71, 89

Verhandlung über Z. 29 – 30, 106
Verhandlungsgeschick 45, 70, 170 – 171, 217
Verhandlungs-, Gesprächspartner 33, 45, 48, 69 – 71, 112
Verjährung 16, 106
Verlangen d. Z. 13, 16 – 18, 85, 105 – 106

Verlust d. Z. 18
Versetzung 17, 19 – 20, 23, 40 – 42, 81
Vertragsbruch 78, 296
Vertrauensmann 45
Vertrauensstellung 74, 141, 269 – 270, 283, 299
Vertrauenswürdigkeit 33, 73 – 74, 90, 187, 259, 269 – 272, 274, 276, 280, 283, 287, 289, 292
Vertrieb(sleiter) 43, 58, 83, 185 – 186, 210 – 213
Verwirkung **16 – 18**, 105, 110
Verzicht auf Z. 16, 106
Vollständigkeit d. Z. 26, 32, **33**, 40, 78, 94
Vorgesetzten-Zeugnis 34
Vorläufiges Zeugnis 19, 21, 106, 109
Vorstellungsgespräch 26, 56, 75, 102, 104, 110, 112

Wahrheit **23 – 26**, 29 – 30, 40, 43, 46, 55, 65, 76, 85, 95, 105
Wechsel der Zeugnisart 106
Wehr-, Zivildienst 13, 19, 36
Weiterbildung 19, **50 – 51**, 59, 61, 77, 81, 149 – 152, 172 – 178, 199 – 203
Wettbewerbsverbot 42
Widerruf d. Z. 75
Widerspruchstechnik **29**, 32, 43, 66 – 67, 82, 84
Wiedereinstellung, -bewerbung 33, 79, 81 – 82
Wohlwollen **26**, 27, 29 – 30, 42, 54, 62, 79 – 80, 82, 95, 98 – 102, 106 – 108
Wohnort, Anschrift 34, 77, 91

Zeitaufwand 94 – 96
Zeugnisklage / Gericht / Urteil 30, 53, 65, 96, 103, **109 – 110**, 111
Zeugnissprache 16, 23 – 25, **27 – 29**, 32, 64 – 65, 69, 71, 86, 88, 92, 94, 96, 97, 101, 108, 110
Zufriedenheitsformel 27 – 28, 30, 33, 54, 60, **63 – 66**, 67, 74, 89, 99, 101, 161 – 166, 188 – 193, 227 – 232, 241 – 243, 250 – 251
Zukunftswünsche 33, 75, **82 – 84**, 97, 100, 319 – 324
Zurückbehaltungsrecht 15
Zuverlässigkeit 33, **51 – 52**, 72, 74, 78, 90
Zwangsvollstreckung 110
Zwischenzeugnis 15, 17, **18 – 21**, 34, 40, 64, 75, 81, **90, 101, 105,** 106, 109, 111, **300 – 304, 308,** 315, 317 – 318